대학생을 위한 **예비부모교육**

사랑, 결혼 그리고 부모됨

대학생을 위한

예비부모교육

사랑, 결혼 그리고 부모됨

PARENT
EDUCATION

이희영 · 최영미 · 임희수 · 김문정 공저

동문사

서 문

Preface

현대 사회는 핵가족화로 인하여 자녀양육에 대한 정보를 자연스럽게 습득할 수 있는 기회가 줄어들었고, 범람하는 양육 관련 지식은 부모역할에 혼란을 야기하고 있다. 부모가 되는 것은 쉬우나 부모역할을 수행하기란 어렵다. 바람직한 부모역할을 수행하기 위해서는 부모가 되기 전에 부모됨과 관련된 지식, 기술, 태도 등을 습득할 필요가 있다.

전통적으로 우리 사회에서는 부모가 되기 위한 교육의 필요성에 대한 인식이 높지 않았다. 이런 이유로 대부분의 부모들이 부모됨의 의미와 중요성에 대한 별다른 인식 없이 부모가 되며, 이로 인해 자녀양육에 혼란과 어려움을 겪고 있다.

하지만 최근 들어 부모교육의 필요성과 중요성에 대한 인식이 증가하고, 실제로 도처에서 부모교육이 이루어지고 있다. 그리고 이러한 교육이 자녀를 둔 부모뿐만 아니라 예비부모로까지 확대되어야 한다는 공감대가 확산되고 있으며, 이에 부응하여 많은 대학에서 예비부모교육 관련 교과목을 개설하고 있다. 매우 고무적인 일이다.

이 책은 예비부모교육 교재로 집필되었다. 저자들이 예비부모교육을 가르치면서 경험하고 배운 내용들을 담아내려고 했고, 예비부모들이 부모가 되기 전에 생각해 보았으면 하는 내용들로 채워져 있다. 이러한 취지로 본서에서는 사랑, 결혼, 부모됨이라는 세 가지 주제를 중심으로 집필하였다. 남녀가 만나 사랑을 하고 결혼을 하여 부모가 되는 것은 자연스러운 과정이기에 어떻게 하면 아름다운 사랑을 할 수 있을지, 어떻게 하면 행복한 결혼생활을 유지할 수 있을지 그리고 어떻게 하면 좋은 부모로서의 역할을 수행할 수 있을지를 생각해볼 수 있는 기회를 제공하고자 하였다.

본서는 총 3부로 제1부 '사랑', 제2부 '결혼', 제3부 '부모됨'으로 구성하였다. 1부는 최영미 박사가 집필하였고, 사랑의 이해, 사랑의 이론,

남성과 여성의 이해, 이성교제로 이루어져 있다. 2부는 이희영 교수가 집필하였고, 배우자 선택, 결혼, 부부로 이루어져 있다. 마지막으로 3부는 임희수 박사와 김문정 선생이 집필하였는데, 부모됨, 태아기·영아기·유아기·아동기 발달과 부모역할, 부모가 되면 보이는 세상으로 이루어져 있다.

최선을 다해 집필하였지만 아쉬움이 남는다. 미흡한 부분은 보완을 통해 계속 발전시키고자 한다. 미래에 부모가 될 젊은이들이 아름다운 사랑을 하고 행복한 결혼 생활과 바람직하고 좋은 부모가 되는데 본서가 도움이 되길 바란다. 아울러 다양한 전공분야의 대학생들에게 교양과정으로 자신을 성찰할 기회와 성숙한 인간으로 성장하는데 유익한 자료가 되길 바란다. 부디 본서가 대학생들에게 부모됨의 긍정적인 이미지 형성과 미래에 경험하게 될 부모로서의 역할 수행에 도움이 되기를 바라며, 대학생들을 위한 예비부모교육 도서로 많이 활용되기를 바란다.

끝으로 본서의 집필을 제안해 주신 동문사 유재영 상무님과 늘 저술을 지원해 주시는 이중수 대표님께 감사의 마음을 드린다.

2020년 12월

저자대표 이희영 씀

차 례

Contents

▸▸▸ Part 02 결혼

▸▸▸ Part 03 부모됨

Contents

01 PART 사랑

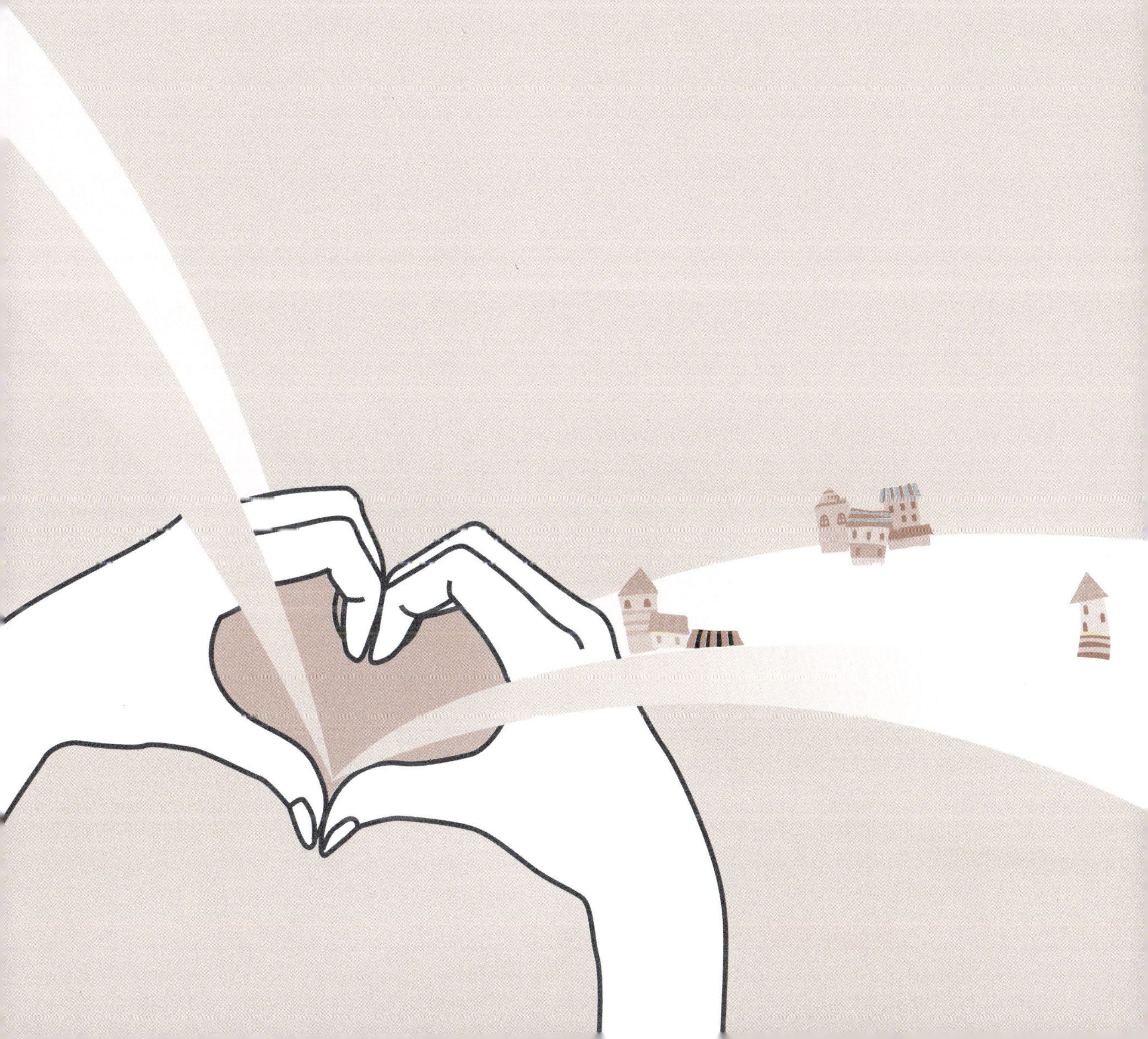

01 Chapter 사랑의 이해

1. 사랑의 의미와 특성

1) 사랑의 의미

인간은 사랑하기 위해 태어난 존재라고 한다. 이는 인간 삶의 모든 순간이 사랑과 관련되어 있어서 이렇게 표현된 것 같다. 인간은 사람과 사람 사이의 사랑에 의해 태어났고, 자신의 삶을 통해 사랑을 실천하며, 사랑하는 사람을 만나 사랑을 완성하는 존재라 생각하니 우리의 삶에 사랑이 필수불가결한 요소인 것 같다.

사랑의 감정과 행위는 다양한 형태로 존재하는데 특히 이성 간의 사랑은 지속적인 만남을 일으키는 동기가 되고, 궁극적으로는 결혼의 중요한 동기이자 과정이기도 한다.

사랑의 사전적 의미는 '인간의 근원적인 감정으로 인류에게 보편적이며, 인격적인 교제 또는 인격 이외의 가치와의 교제를 가능하게 하는 힘'(두산백과사전, 검색일 2020.02.01), '어떤 사람이나 존재를 몹시 아끼고 귀중히 여기는 마음, 남을 이해하고 돕는 마음, 남녀 간에 그리워하거나 좋아하는 마음, 성적인 매력에 이끌리는 마음, 열렬이 좋아하는 대상'(국립국어원 표준국어대사전, 검색일 2020.02.01)이라 정의되어 있다. 사전적 의미에서 보더라도 사랑이란 추상적이고 복잡 미묘한 감정임에 틀림없다.

대다수의 사람들은 사랑이 주는 행복이 인간이 삶을 풍요롭게 할 것이라 생각하고, 특히 이성 간의 사랑이 인간의 경험 중 가장 가치가 있고 충만감을 주는 감정이며 내면의 잠재력을 발휘하게 만드는 강력한 감정이기 때문에(Satir, 1988) 우리 삶의 모든 관계에 존재해야만 하는 중요한 요소로 생각할 것이다.

심리학자이자 사회학자인 Fromm(1959/2019)은 사랑을 자신의 기쁨과 흥미, 지식과 슬픔 등 내면에 존재하는 모든 것의 표현은 물론 생명까지 줌으로써 상대방을 감동시키고 생활을 풍요롭게 만들고, 그로 인해 자신이 살고 있음을 느끼고, 그러한 사랑으로 참된 자아를 찾아 보다 성숙한 인간이 되는 것이라고 하였다. 그의 저서 「사랑의 기술(The Art of Loving)」에는 사랑을 돌봄, 책임감, 존중감, 지식으로 정의하였다. 먼저 사랑은 돌봄(caring)이라 사랑하는 사람의 성장과 삶에 대해 관심을 가지는 것이다. 둘째, 사랑은 책임감(responsibility)이라 사랑하는 사람에 대해 자발적으로 반응할 준비가 되어 있다는 것이다. 셋째, 사랑은 존중감(respect)이라 사랑하는 사람의 개성을 알고 수용해 준다는 것이다. 넷째, 사랑은 지식(knowledge)이라 사랑하는 사람의 입장을 객관적인 시각으로 이해할 수 있는 능력이라 하였다.

> 사랑한다는 것은 관심(interest)을 갖는 것이고, 존중(respect)하는 것이며, 책임감(responsibility)을 느끼는 것이며, 이해(understanding)하는 것이며, 주는 것(give)이다.
>
> – Erich Fromm(1956/2019) –

Rubin(1973)은 사랑에 대해 사랑이란 상대방을 도와주고 싶어서 돌보기를 원하는 것이고, 상대방이 나를 생각해 주고 신경 써 주기를 원하는 것이며, 서로의 마음 깊은 이야기까지 털어 놓을 수 있을 만큼 상대방을 신뢰하는 것이며, 상대방의 단점을 수용할 수 있는 것이라고 하였다. Nass와 McDonald(1982)는 사랑이란 자신이 믿고 있는 것을 상대방에게 알리고 행동함으로써 상대방이 성장하도록 도와주고, 공통된 목표와 꿈, 희망을 함께 하며, 어렵고 힘든 일에도 기꺼이 상처를 받을 수 있는 감정이라 하였다.

이와 같이 사랑에 대한 견해는 학자마다 다르다. 지구상에 존재하는 사람 수만큼 사랑은 우리가 느끼는 것을 통해 여러 가지 형태로 다양하게 표현될 수 있을 것이다. 부모와 자식 간의 관계, 형제관계, 연인관계, 친구관계 등 어떤 형태로든 우리는 사랑을 하고 있기 때문이다. 이 때문에 추상적인 개념인 사랑의 의미를 정의하기란 쉽지 않다. 사랑은 시대와 문화에 따라 다양한 의미를 부여하며 변화하고, 사랑을 하는 사람들의 다양한 특성이 반영된 것이며, 각자 느끼는 감정이 다르기 때문에 사랑의 의미는 광범위하고 다양할 수밖에 없다. 이는 사랑의 의미가 개인의 성장환경과 사회성에 근거한다 할 수 있다. 따라서 사랑의 의미가 광범위한 요소를 포함하고 있으므로 본 장에서는 사랑을 남녀 간의 연애 감정을 가리키는 의미로 한정하여 사용하려고 한다.

표 1-1 연령별 사랑의 정의

연령	성별	정의	특징
10대	남	운명, 맥주, 축복, 슬픔, 힘든 것, 아름답고 아픈 것, 신비, 성숙, 불꽃	사랑에 대한 환상과 기대감 표현. 추상적인 묘사가 대부분임.
	여	그림사, 나눔, 부시개, 아름다운 것	
20대	남	자꾸 보고 싶은 것, 삶의 활력소, 놀이, 투자, 사탕, 양팔 저울, 스카이다이빙, 촛불, 전쟁	열정적이고 낭만적인 사랑의 의미가 강함.
	여	별똥별, 생크림, 한끼의 식사, 오아시스, 2% 부족한 것	
30대	남	양보, 배워가는 과정, 인연, 아껴주는 것	과정으로써의 사랑을 강조. 책임감이 나타나기 시작함.
	여	과정, 아껴주는 것, 의지	
40대	남	관심, 그림자, 양파껍질(살아봐도 속이 보이지 않음)	친밀감의 의미가 강함. 그러나 그 속에는 책임감이 있음.
	여	책임, 동반, 헌신	
50대	남	서로 품어 안는 것, 서로 받아들이는 것, 풍성한 것, 시들어 가는 꽃	책임감의 의미가 강함. 그러나 그 속에는 친밀감이 있음.
	여	존경, 양보, 없으면 허전한 것	
60대	남	주고받는 것, 한 길로 지속하는 것, 공기와 같은 것, 살아봐야 아는 것	인생을 관조하는 입장. 열정보다 책임감과 친밀감이 강함.
	여	베푸는 것, 든든한 것, 시련 뒤에 느끼는 행복	

출처: 함승애(2017). 대인관계 심리학: 기독교세계관을 중심으로, p.143.

2) 사랑의 특성

사랑은 오묘하고 강렬한 감정 상태에 빠지게 하는 정서적인 경험으로 기쁨과 슬픔, 평화와 고통, 행복과 불행을 좌우하기도 한다.

Fehr(1988)는 사랑의 개념을 연구하면서 12가지 중심적인 사랑의 특성을 신뢰감, 돌봄, 정직성, 우정, 존중, 배려, 관심, 충실, 헌신, 수용, 지지, 상대방과 함께 있기를 원하는 것이라고 하였다. 이처럼 사랑은 사랑과 관련된 사람의 행동이나 태도, 감정 등으로 알 수 있으며, 상대방에게 긍정적인 태도와 서로 나누고자 하는 마음 하나로 함께 할 수 있게 만든다(Kelley, 1983). 그렇다면 사랑은 어떤 특성이 있을까?

사랑의 일반적인 특성을 살펴보면(김혜선, 박혜인, 옥선화, 2003; 전선옥, 2019) 다음과 같다. 첫째, 사랑은 현실생활에 존재한다. 사랑은 실제로 존재하고 진실성을 가지고 있으며, 사랑에 대한 경험은 인간에게 가장 강력한 경험이 될 수 있다. 둘째, 사랑의 능력은 개인의 문화와 환경에 의해 학습된다. 사랑이나 애정 표현 방법이 문화마다 다른 이유는 그들의 문화방식에 따라 어렸을 때부터 학습한 대로 사랑하기 때문이다. 셋째, 사랑은 여러 단계로 존재할 수 있다. 단순히 좋아함의 호의에서부터 강렬한 애정에 이르기까지 여러 단계의 사랑이 있다. 넷째, 사랑의 형태도 여러 가지가 있다. 이타적인 사랑, 낭만적 사랑, 동료적 사랑, 성적인 사랑 등이 있다. 다섯째, 사랑은 성장한다. 사랑은 성장과정의 경험을 통해 개인의 성격이나 인성 속에서 성장하고 발달한다. 따라서 개인의 건강한 정서적 성장은 타인에 대한 건전한 사랑으로 성장한다.

사랑은 특정한 상대에게 매력을 느끼고 더 많은 것을 이해하려고 하는 각별한 노력을 통해 형성된다. 이러한 과정은 신비롭고 황홀한 경험이기도 하지만 때로는 고통스러운 것이기도 하다. 그래서 사랑에 빠졌거나 실연의 아픔을 경험한 사람에게는 영화나 드라마 속의 상황이 나와 같고 유행가 가사가 마치 나의 감정과 같다고 느낀다. 사랑에 빠지면 온통 설레고, 상대방을 생각하면 잦은 미소를 짓게 되고, 보고도 또 보고 싶고, 아낌없이 주고 싶고, 잘 보이고 싶고, 챙겨주고 싶은 마음을 느끼며 타인을 의식하지 않은 애정 행동을 마다하지 않는다. 이처럼 사랑하게 되면 상대방을 이상화할 뿐만 아니라 없는 장점도 있는 것처럼 보이게 되어 흔히들 눈에 콩깍지가 씌워진다. '사랑이란 하나를 주고 하나를 바라는 것이 아니라 둘을 주고 하나를 바라는 것도 아니다. 아홉을 주고도 미처 주지 못한 하나를 안타까워하는 것이다.'라는 말은 사랑은 주어도 끊임없이 또 주고 싶은 마음임을 강조한다.

읽을거리

사랑에 관여하는 호르몬

사랑을 하게 되면 마음의 변화뿐만 아니라 몸의 변화도 경험하게 된다. 이는 다양한 호르몬이 사랑이라는 현상에 관련되기 때문이다. 호르몬은 우리 몸의 내분비기관에서 생성되는 일종의 화학물질로 인체라는 유기체를 작동시키기 위한 명령을 전달하는 역할을 한다. 따라서 우리 몸의 한 부분에서 분비되어 혈액을 타고 표적기관으로 이동한다.

사랑에 빠진 사람은 도파민(Dopamine)이라는 사랑의 전도사 혹은 행복호르몬이 분비되어 행복감에 빠지게 된다. 사랑을 하게 되면 도파민은 이러한 행복한 느낌을 뇌에 전달하게 되어 사랑의 시작에 시동을 걸게 되기 때문에 정상적인 생활이 어려울 정도로 쾌감을 주게 되고 마음을 흔들어 놓는다. 그리고 노르에피네프린(Norepinephrine)이라는 용기를 주는 호르몬 때문에 사랑을 하게 되면 자신이 해야 할 일을 미루거나, 위험을 감수하거나, 용기가 필요한 행동을 과감하게 하게 된다. 이 노르에피네프린 덕분에 사랑하는 사람이 눈에 들어오는 순간 그리고 사랑하는 연인을 생각하기만 해도 심장이 빠르게 뛰고 들뜨고 설레게 한다. 또한 정신적인 안정감을 주는 역할을 하는 세로토닌(Serotonin)의 수치가 평균보다 낮아지게 되면서 수면장애가 유발되고 잠 못 드는 밤이 많아지고 불안 증세가 유발되어 일상적인 느낌이나 안정감에서 벗어난 상태가 된다. 아울러 사랑의 호르몬인 페닐아틸아민(Phenylethylamine)이 증가하는데 감정과 기억에 관여하는 희노애락의 중심 부위인 변연계에 가득 차게 되어 심장박동을 증가시키고 마약과 같은 행복감을 준다. 이로 인해 연인과 지치지 않고 밤새 사랑을 나눌 수 있다. 그러나 이 페닐아틸아민은 그 효과가 길어야 30개월이다. 일반적으로 사랑에 빠진 지 6개월이 지나면 처음의 흥분은 차츰 가라앉게 되고 이성과 합리적 판단의 뇌인 신피질(Neocortex)로 옮겨가게 되어 로맨틱한 사랑은 동료애와 같은 형태로 변화하게 된다.

출처: 남승규(2017). 긍정심리학, pp.178-179에서 내용 재구성

2. 사랑의 발달과정

1) 사랑에 대한 관점

누군가를 사랑한다는 것은 단순히 정열적이고 강렬한 감정만이 있는 것이 아니다. 사랑의 관점을 통해 우리는 왜 사랑을 하게 되는지 그 이유를 짐작해 볼 수 있다(남승규, 2017). 대표적인 관점을 살펴보면, 먼저 진화심리학적 관점에서는 사랑을 생존을 위한 본능으로 본다. 즉, 사랑의 원인을 종족보존의 본능적 욕구로 보는 것이다. 그렇기 때문에 남성은 자신의 자손을 건강하게 낳아 기를 수 있는 건강하고 아름다운 여성에게 매혹을 느끼고, 여성은 자신과 자녀를 보호하고 돌볼 수 있는 강인하고 유능한 남성에게 매력을 느낀다. 정신분석적 관점에서는 사랑을 건강한 성격을 형성한 사람들의 무의식적 행동으로 본다. 정신분석의 대가 Freud는 사랑을 성적 욕구가 승화되어 나타나는 것으로 본다. 그의 심리성적 발달 이론의 5단계 중 세 번째 단계인 남근기(phallic stage: 만 3~5세경)에 겪는 오이디푸스 콤플렉스(Oedipus complex)를 원만하게 해결하게 되면 건강한 성정체감 형성, 초자아와 자아의 발달, 건강한 이성관계를 형성할 수 있는 능력이 발달한다고 본다. 애착 이론적 관점에서는 아동기에 안정적 애착을 형성한 사람이 진정한 사랑을 나눌 수 있다고 보았다. 애착 이론을 제시한 Bowlby는 아이의 애착행동에 대해 어머니가 일관적이고 수용적이며, 우호적인 행동의 안정애착을 형성하면 성인이 되어서 타인을 신뢰하게 되고, 지나친 의존을 하지 않으며 안정되고 친밀한 인간관계가 형성된다고 보았다. 따라서 사랑의 스타일은 양육자와의 애착관계에 의해 영향을 받으므로 부모역할의 중요성을 강조하고 있다. 인지 이론적 관점에서는 개인이 사회적으로 학습된 사랑에 대한 믿음이나 기대가 사랑의 행동과 경험에 영향을 미치게 되고, 실제적인 이성관계에 투영되어 강렬한 감정을 생성시킨다고 보았다. 따라서 사랑을 체험하기 위해 정서적, 신체적인 흥분을 경험하고 그 흥분이 이성에 대한 사랑으로 여기는 인지적 평가가 있어야 한다는 것이다.

이상과 같이 사랑에 대한 관점은 인간이 사랑을 하게 되는 이유를 설명하고 있으므로 어느 한 관점에서만 사랑을 이해하는 것보다 진화심리학적, 정신분석적, 애착 이론적, 인지 이론적 관점을 골고루 반영하여 사랑을 이해하는 것이 적절하리라 본다.

2) 사랑의 발달 단계

남녀가 만나 사랑에 빠지는 과정은 일반적으로 6단계로 설명된다(Masters, Johnson, & Klodny, 1995; 현성용 외, 2016).

첫 번째 단계는 사랑의 준비 단계(love readiness)이다. 자신에 대한 긍정적이고 안정적인 생각이 타인과의 관계를 맺는데 중요한 역할을 하기 때문에 자신에 대한 사랑이 먼저 이루어져야 한다. 이성과 함께 시간을 보내고, 이성에게 투자하는 것이 아깝지 않으며, 이성과의 교제가 자신에게 바람직하다 생각하고 원하는 마음이 있어야 한다. 따라서 사랑을 하면 상대방도 나를 사랑해 줄 것이라는 희망이 있어야 이성관계를 추구하게 된다.

두 번째 단계는 사랑에 빠지는 단계(failing love)이다. 남녀가 갑자기 사랑에 빠지는 과정은 구체적으로 설명할 수 없는 신비한 과정으로 상대방에 대한 정서적인 친밀감과 성적인 흥분을 포함한 열정을 느낀다.

세 번째 단계는 사랑 안에 있는 단계(being in love)이다. 남녀의 사랑이 지속되기 위해서는 상호성이 있어야 한다. 사랑하는 관계에 있는 남녀는 서로 편안함, 만족감, 정서적인 안정감을 누리게 된다.

네 번째 단계는 전환기의 사랑 단계(love in transition)이다. 이 단계는 초기의 낭만적인 감정이 식어 가고 성적 매력이 떨어지고 상대방의 단점과 약점이 밖으로 드러나면서 실망과 좌절, 불안과 화남 등의 감정을 가지게 된다. 따라서 남녀가 현실을 직시하고 사랑을 현실화시킬 가능성에 대해 알아보는 시기이다.

다섯 번째 단계는 사랑에서 빠져 나오는 단계(falling out of love)이다. 이 단계의 사람은 상대방보다는 자신의 이익을 우선하고 관심이 많으며, 이전에 비해 덜 개방적이고, 감정을 숨기거나 표현하지 않으려 하고, 상대방에 대한 관심도 적고 애정이 식어가는 것이 특징이다.

여섯 번째 단계는 사랑에서 완전히 벗어나는 단계(being out of love)이다. 사랑의 반대는 무관심으로 연인과의 사랑에서 완전히 벗어나면 상대방에 대한 심리적인 원망, 증오, 사랑의 관심이 무덤덤해진다. 이러한 사람은 첫 단계인 사랑의 준비 단계로 들어가 이전의 경험을 토대로 새로운 이성을 사귀려고 시도할 수 있다. **그림 1-1**을 참고하여 사랑의 발달 단계를 이해하기 바란다.

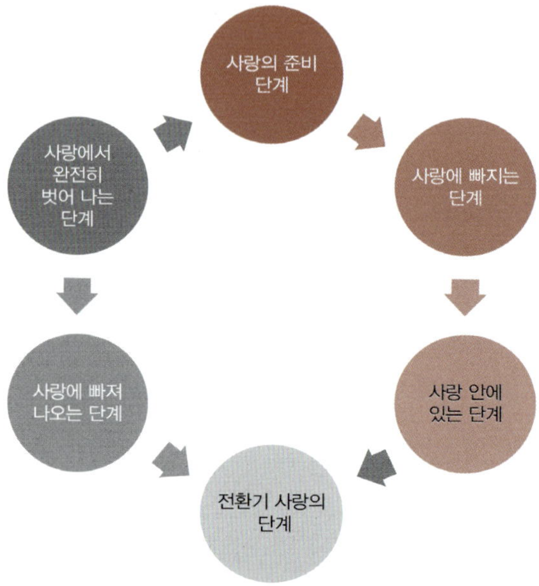

그림 1-1 사랑의 발달 단계

읽을거리 **나는 사랑의 몇 단계에 와 있을까?**

미국 럿거스대 인류학자 Helene Fisher 교수는 이성 간의 사랑이 3단계를 거치며 인체는 각 단계마다 다른 화학물질의 영향을 받는다고 설명하였다.

갈망 → 홀림 → 애착의 3단계 화학작용

첫 번째 단계는 '갈망'이다.

이때 서로에게 호감을 느끼는 것은 남성호르몬인 테스토스테론과 여성호르몬인 에스트로겐이 많이 분비되기 때문이다. 이 같은 성호르몬은 뇌와 생식기에 분비되며 생식기능과 성적 욕구에 관련한다.

이탈리아 피사대 Donatella Marazziti 교수 연구팀이 사랑에 빠진 커플 12쌍의 테스토스테론 수치를 6개월 동안 측정했다. 그 결과 남성은 테스토스테론 수치가 정상보다 낮았고, 여성은 정상보다 높았다. Marazziti 교수는 "남성은 어느 정도 여성화되고, 여성은 어느 정도 남성화된 것"이라며, "본능적으로 남녀가 서로 간의 차이를 없애려는 것처럼 보인다"고 말했다. 그러나 1~2년쯤 지나자 이들의 테스토스테론 수치가 정상 수준으로 되돌아왔다.

두 번째 단계는 '홀림'이다.

이때는 밤낮으로 온통 연인생각뿐이다. 페닐에틸아민, 엔돌핀, 노르에피네프린, 세로토닌, 도파민 등이 주로 분비된다. 도파민이 많으면 만족감과 자신감이 생기고, 페닐에틸아민이 뇌를 자극하면 마치 상대방에게 홀린 듯한 느낌을 갖는다.

엔돌핀은 안정적이고 평온한 기분을, 노르에피네프린은 육제적인 쾌감을 느끼게 한다. "초콜릿을 먹을 때도 뇌에서 사랑할 때와 비슷한 반응이 일어난다."고 Fisher 교수는 밝혔다. 더군다나 사랑의 느낌을 표현하면 반응이 더 활발해졌다고 한다. 연인에게 자주 사랑한다고 속삭일수록 애정이 깊어진다는 것이 증명된 셈이다.

세 번째 단계는 '애착'이다.

이성 간의 홀림 단계는 영원히 지속되지는 못한다. 그 후에는 오래된 연인이나 아기를 낳은 부부처럼 서로의 관계가 더욱 끈끈해지는 '애착' 단계로 넘어간다. 이런 역할을 해주는 호르몬이 옥시토신과 바소프레신이다. 미 노스캐롤라이나대 정신과 의사인 캐슬린 파이드 박사는 연인들이 손을 잡거나 포옹하거나 로맨틱 영화를 볼 때 옥시토신 수치가 증가하는 것을 발견했다. 또한 영국 런던대 안드레아스 바텔스 연구팀이 젊은 엄마에게 아기와 남편 사진을 보여줬더니 뇌에서 비슷한 부위가 활성화됐다. 사랑이 성숙할수록 로맨스와 모성애의 경계가 갈라지는 것일지도 모르겠다.

출처: 과학동아, 러브 사이언스: 나는 사랑의 몇 단계에 와 있을까?, 2004년 6월호, pp.124-125.

3. 사랑에 대한 남녀의 차이

연애기간 동안 갈등상황을 경험하는 것은 극히 자연스러운 일이다. 남성과 여성은 왜 사랑하는 감정을 갖고 연애하는 것임에도 불구하고 서로 다투는 것일까? 미국의 심리학자인 Gray(1998/2002)는 이러한 다툼의 이유를 이성간의 차이라고 하였다. 그가 집필한 「화성에서 온 남자, 금성에서 온 여자」라는 도서는 수많은 이혼 직전의 부부들을 대상으로 30년 이상 상담한 것을 기초로 이성과의 효과적인 관계 기술을 알려주고 있다. 즉, 남녀의 서로 다름을 의사소통이나 갈등해결방법뿐만 아니라 사랑의 욕구에도 그 차이가 있음을 강조하였다. 남녀를 행성에 비유하여 남자는 화성에서, 여자는 금성이라는 서로 다른 행성에서 왔기 때문에 사고방식이나 생활양식 등이 다르고 다툼이 일어날 수 있다고 하였다. 따라서 연애 초기에는 서로의 차이를 인정하고 사랑하고 조화를 이루며 지내지만, 어느 날 그들이 새로운 행성인 지구에 왔을 때 서로가 다른 행성에서 왔음을 그리고 그 차이를 인식하지 못한 채 충돌하기 시작한다. 이러한 충돌 과정에서 남녀가 서로의 차이를 인정하고 존중하며 어떻게 하는 것이 상대방에게 가장 바람직한 사랑과 보살핌을 줄 수 있는지 터득하게 된다는 것이다. 이처럼 남녀 간의 갈등에 대처하는 진정한 사랑은 서로의 차이점을 인식하고 그 차이점을 극복하려 노력하는 것이라 할 수 있다.

Gray(1998/2002)는 사랑할 때 남녀의 차이점 또한 설명하였다. 먼저 남성은 사랑을 하게 되면 타인을 위해 최고가 되기를 원한다. 자신이 중요한 변화를 일으킬 것이라는 자신감에 차 있고 자신의 잠재능력을 펼칠 기회가 되면 자신의 가장 뛰어난 모습을 마음껏 펼쳐 보인다. 또한 자기 자신만큼 타인에게도 관심을 갖기 시작하며 자신의 일에만 열의를 보이던 것을 순수한 마음으로 타인에게도 관심을 기울이게 된다. 따라서 남성은 사랑할 때 연인으로부터 신뢰, 인정, 찬사를 받고 싶어 하고 목표 지향적이고 유능함과 자율성을 과시하고 싶어 한다. 여성은 사랑을 하게 되면 자신이 사랑하는 사람으로부터 보호받고 있다는 느낌이 중요하다고 생각한다. 상대방이 자신의 입장이 되어 생각해 주고 이해해 주며, 함께 공감해 주어 도움을 주는 것이라 생각하기 때문에 기꺼이 상대방의 도움을 받으며 고마움을 느낀다. 사랑을 받으려 굳이 애쓰지 않아도 자신이 사랑받을 가치가 있으며 조금 주어도 많이 받을 수 있는 존재로 생각하면서 마음을 안심하게 된다. 여성은 자신의 욕구가 충족될 때 행복을 느낀다. 따라서 여성은 관심, 이해, 공감을 받고 싶어 하고 관계 지향적이라 친밀감, 관심, 보살핌, 이해, 존중, 대화를 원한다.

이상과 같은 남녀의 특성을 정리해 보면 남성의 경우는 누군가 자기를 필요하다고 느낄 때 의욕이 생기고 마음이 움직이지만, 여성의 경우는 누군가 자기를 사랑하고 있다고 느낄 때 의욕이 생기고 마음이 움직이게 된다는 것을 알 수 있다. 남성과 여성의 주된 사랑의 욕구를 표로 제시하면 **표 1-2**와 같다.

표 1-2 남성과 여성의 주된 사랑의 욕구

남성이 받고자 하는 것		여성이 받고자 하는 것	
신뢰감	자신이 최선을 다해 노력하고 있다는 사실과 자신의 능력과 진심에 대해 믿어 주는 것	관심	자신의 감정에 관심을 보여주고 자신의 행복을 진심으로 염려해 주는 것
인정	자신을 변화시키려 하지 않고 있는 그대로의 자신을 받아주고 인정해주는 것	이해	감정 표현에 대해 비판하지 않고 공감과 호응을 나타내 주는 것
감사 표현	자신의 노력 덕분에 도움과 이익을 얻었음을 인정하고, 그에 대해 상대가 감사를 표현할 때 자신의 노력이 헛되지 않았음을 알고 자신이 사랑받고 있다고 느끼는 것	존중	자신의 권리와 욕구, 바람을 인정하고 그 해결책을 우선적으로 배려해 주는 것
찬미	자신의 재능에 대해 경이와 기쁨 그리고 즐거움으로 자신을 바라보고 인정해 주는 것	헌신	상대방이 일이나 공부, 취미생활 같은 자신의 관심사보다 여성의 감정이나 욕구를 중요시하고 우선순위에 두는 것
찬성	자신의 좋은 점을 인정해 주고 자신에게 전반적으로 만족하고 있음을 표현하는 것. 자신의 어떤 행동에 대해 충분히 그럴 만한 이유가 있었으리라고 생각하고 믿어주는 것	공감	자신의 감정에 이의를 제기하거나 시비를 걸지 않고 그 타당성을 기꺼이 인정해 주고 그렇게 느낄 권리가 있음을 인정해 주는 것
격려	자신의 능력과 인격을 염려하기보다 신뢰감을 표현함으로써 희망과 용기를 불어넣어 주는 것	확신	자신에게 지속적으로 관심과 이해, 존중과 공감을 보여주는 것

읽을거리 **사랑은 900일 간의 폭풍**

사랑에 빠지면 우리 뇌는 '미상핵(caudate nucleus)'이라는 부위가 활성화되어 쾌락과 행복을 느끼게 된다. 그로 인해 사랑의 묘약으로 불리는 '도파민'이 활성화되어 기쁨의 감정이 최고조에 이른다. 그러나 시간이 지나면 '미상핵'의 활동이 약해지게 되고, 심장의 두근거림이나 열정적 감정이 감소되는데, 사랑에 빠진지 1년 후에는 도파민이 50% 이상 감소한다. 즉, '미상핵'의 활동이 줄어들면서 이성적인 판단을 하는 '대뇌피질'의 활동이 늘어나는데, 이 부위의 작용으로 사랑의 콩깍지가 벗겨지고, 상대방을 있는 그대로 객관적으로 보게 된다. 초반에는 상대방의 장점만 보이지만, 900일이 지나면 상대방의 단점도 보이면서 사랑의 표현도 달라지게 된다.

출처: 송웅달(2005). 감성과학다큐멘터리: 사랑<제1편. 900일간의 폭풍-사랑하면 예뻐진다>; EBS(2014.01.01 방영), 사랑은 900일간의 폭풍.

4. 사랑을 위한 준비

많은 문학작품이나 영상물에 그려진 사랑은 미화된 로맨스로 그려진 낭만적 사랑인데, 많은 사람들이 로맨스를 사랑의 원형으로 보고 영화와 같은 사랑을 동경하는 경향이 있다. 사랑하는 연인이 자신을 사랑하고 있다고 확인될 때 환희와 기쁨을 느끼지만, 연인이 자신을 거부하거나 떠나려고 하거나, 떠날 때 괴롭고 쓰라린 고통을 경험하게 된다.

우리는 사랑에 대해 무지한 상태로 이성관계에 노출되고 이러한 무지는 사랑에 대한 막연한 환상과 신비감에 젖어들 수 있으나, 때로는 미숙하고 파괴적인 사랑으로 이끌게 되어 고통과 불행에 빠질 수도 있다. 성숙된 사랑을 하기 위해서는 사랑에 대한 이해와 제대로 사랑하는 방법에 대한 배움이 필요하다.

그렇다면 사랑을 위해 무엇을 준비해야 할까? 가장 중요한 것은 자신에 대한 긍정적인 자아개념을 가지는 것이다. 자신을 사랑할 수 있는 사람은 긍정적인 자아개념이 형성된 사람이다. 즉, 자신을 긍정적으로 생각하고 가치있게 생각하는 사람은 다른 사람도 긍정적으로 생각하고 소중하게 생각하며 사랑할 수 있는 사람이다. 또한 자아존중감이 높은 사람은 자신을 생각하듯이 타인의 존재를 존중하고 수용할 뿐만 아니라 열린 마음을 갖고 있으며 상대의 욕구를 알아차리고 충족시키기 위해 탐색하고 배려하며 노력한다. 자신에 대한 사랑과 이해는 타인을 진정으로 사랑하는 데 필요한 조건이 된다.

Fromm은 사랑을 감정이 아니라 의지라고 보았기 때문에 사랑할 수 있는 능력을 배워서 익혀야 하는 기술이 사랑이라 하였다. 따라서 사랑하기 위해서는 사랑에 관한 지식을 배우고 익히는 노력이 필요하며, 경험과 학습을 통해 사랑할 수 있는 능력을 얻도록 하는 것이 중요하다고 하였다. 이를 위해 먼저 사랑의 의미와 가치를 안 다음 사랑의 기술을 배우고 실행할 수 있어야 한다.

Fromm(1956/2019)이 제시한 사랑의 기술을 살펴보면 다음과 같다.

첫째, 상대방에게 자신의 욕구를 분명하게 밝혀야 한다. 자신의 기본적인 욕구가 무엇인지 바로 알고 나 자신이 상대방에게 무엇을 원하는지 분명하게 알려 주어야 한다. 사랑하는 사람끼리 대화를 통해 어떻게 사랑받고 싶은지 자유롭게 얘기할 수 있어야 한다. 둘째, 상대방의 욕구를 알고 충족시키기 위해 노력하여야 한다. 즉, 상대방의 욕구가 무엇인지 알고 이해하며 그것을 충족시켜 주도록 노력하여야 한다. 그러기 위해서는 많은 노력과 다양한 기술이 필요하다. 셋째, 상대방의 사랑하는 방식에 대해 이해하고 존중하여야 한다. 사람마다 사랑의 표현방식이 다르다. 이는 자신이 살아온 방식과 어린 시절의 경험을 토대로 하여 사랑을 표현하기 때문이다. 따라서 상대방의 사랑하는 방식을 이해하고 존중하는 것이 필요하다. 넷째, 사랑을 지킬 용기와 인내가 있어야 한다. 사랑하는 과정에는 여러 가지 우여곡절을 겪을 수 있다. 실망, 좌절, 상실감, 욕구불만, 고통, 위험도 있을 수 있지만, 상대방을 진정으로 사랑하고 사랑하는 관계를 유지하고 싶다면 이러한 모든 것을 잘 견디는 용기와 인내가 필요하다. 이와 더불어 상대방이 원하는 바를 알고 그에 맞게 자신을 변화시키려는 유연함도 필요하다.

사랑을 하면 모든 것이 행복한 상황만 있는 것은 아니다. 갈등과 위기 상황이 올 때 감정적으로 대처하지 말고 이성적으로 현명하게 대처하고 해결하는 것이 필요하다. 그러기 위해서는 성공된 사랑에 대한 이해와 노력이 필요하다. 그렇다면 어떻게 하는 것이 성공된 사랑일까? 성공된 사랑을 하기 위해 필요한 요건은 다음과 같다(문혁준 외, 2014).

첫째, 사랑하는 사람끼리 서로의 마음을 헤아려 주는 것이다. 이성의 심리,

행동과 표현방식 등의 차이를 서로 인지하고 이해하며 그에 따른 대처방식 또한 숙지하는 것이 필요하다. 둘째, 서로가 상대방의 사랑하는 방식을 존중하여야 한다. 남녀가 사랑하는 순간부터 서로를 알아가는 과정을 다양한 상황에서 충분히 경험하면서 사랑하는 것이 필요하다. 이러한 과정은 결국 결혼까지 할 수 있고 성공된 사랑을 통해 평생을 함께 할 수 있을 것이다. 그러나 결혼을 해야 성공한 사랑이라는 잘못 생각하는 경우가 있을 수 있으나, 무엇보다 중요한 것은 사랑을 성공한 후 결혼을 선택하는 것임을 인식하는 것이 필요하다. 셋째, 사랑하는 사람과의 관계에서 위기 상황이 올 때 갈등을 잘 해결할 줄 알아야 한다. 서로가 상처를 주지 않는 선에서 어떻게 하는 것이 가장 잘 해결할 수 있는 것인지 생각하고 고민하고 대화하는 것이 중요하다.

사랑의 기본은 존중이다. 상대방을 존중하고, 이해하고, 배려하며, 충분한 의사소통이 기초가 되어야 한다. 이러한 기본이 중심이 되어야 완전하고 안정적이며 성숙한 사랑을 할 수 있게 된다. 건강한 사랑은 올바른 시각과 서로에 대한 깊은 이해를 갖춘 사랑으로 서로가 노력으로 만들 수 있다.

02 Chapter 사랑의 이론

1. Sternberg의 사랑의 삼각형 이론

1) 사랑의 삼각형 이론이란

심리학자 Sternberg(1986, 2006)는 사랑을 심리학적으로 분석하여 사랑의 삼각형 이론(A triangular theory of love)을 제시하였다. 그는 사랑이 삼각형을 구성하는 세 가지 구성요소의 측면에서 이해될 수 있다고 하였다. 그가 말하는 사랑의 세 요소는 친밀감, 열정, 결심/헌신이고, 세 요소의 복합으로 사랑이 이루어지며, 각 요소들의 비중이 어떠한지에 따라 다양한 사랑의 유형이 나타난다. 이때 사랑의 강도는 삼각형의 면적(area) 또는 크기에 따라 좌우되고, 사랑의 균형은 삼각형의 형태(shape) 또는 모양을 결정한다. 따라서 사랑의 삼각형 모양이 정삼각형일수록, 정삼각형 모양의 크기가 클수록 완전한 사랑에 가깝다. 이는 사랑의 세 요소의 균형이 성숙한 사랑이 될 수 있음을 의미한다. Sternberg의 사랑의 구성요소를 자세히 설명하면 다음과 같다.

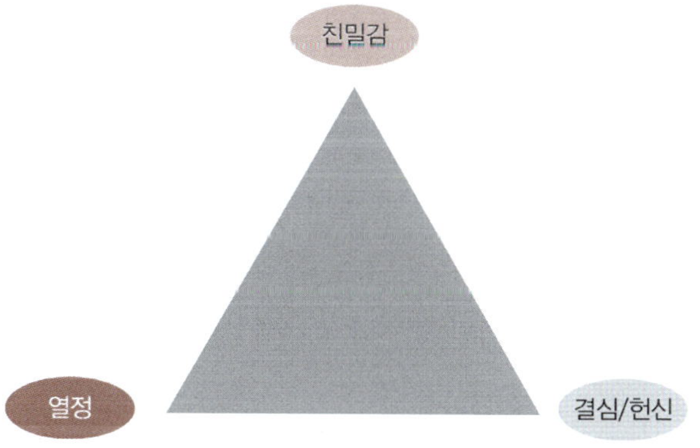

그림 2-1 Sternberg의 사랑의 세 요소

(1) 친밀감(Intimacy)

친밀감이란 사랑의 정서적인 요소로 두 사람이 서로에게 느끼는 정서적인 일체감을 말한다. Sternberg는 이를 '따뜻한 느낌(warmth)'으로 표현하였다. 친밀감은 관계를 유지시켜 주는 역할로 서서히 나타난다. 사랑하는 관계 안에서 함께 있으면 행복하고 서로에게 호의와 관심을 보이고, 서로 이해하고 소중히 여기며, 친밀하게 의사소통을 하면서 지지하고 의지하며 상대의 행복을 바란다. 즉, 서로 가깝고, 연결되어 있으며, 결합되어 있다는 느낌이다. 그러나 이러한 친밀감은 처음에는 계속 상승하다가 어느 정도 이상의 시점에 이르면 더 이상 증가한다고 느끼지 못하는 경우가 있는데, 이는 친밀한 관계가 사라져 가는 경우와 잠재적으로 존재하는 경우로 나타난다. 특히 친밀감이 잠재적으로 존재하는 경우는 관계가 깊어지고 있어 서로 의존하고 있음을 의식하지 못할 정도로 순탄한 상태가 된 것을 의미한다. 이러한 예로 연인관계나 부부 관계에서 이별, 별거, 사별 후 평소에는 느끼지 못한 상대방의 친밀감을 확인하고 후회하는 경우가 이에 해당된다.

가까운 관계에서 친밀감을 나타내는 열 가지 징표는 다음과 같다(Sternberg & Grajek, 1984).

- 사랑하는 사람의 행복이 증진되기를 바라는 것
- 사랑하는 사람과 함께 있을 때 행복을 느끼는 것
- 사랑하는 사람에 대해 존경심을 갖는 것
- 필요할 때 사랑하는 사람에게 의지할 수 있는 것
- 사랑하는 사람끼리 서로 이해하는 것
- 자신의 소유물을 사랑하는 사람과 나눌 수 있는 것
- 사랑하는 사람으로부터 정서적 지지를 받는 것
- 사랑하는 사람에게 정서적 지지를 주는 것
- 사랑하는 사람과 친밀한 의사소통을 하는 것
- 자신의 인생에서 사랑하는 사람의 가치를 높게 평가하는 것

(2) 열정(Passion)

열정은 사랑의 동기적 요소로 신체적인 측면에서 사랑하는 사람과 하나가 되고 싶어 하는 결합을 갈망하는 성적 욕망 등을 의미한다. Sternberg는 이를 '뜨거운 느낌(hot)'으로 표현하였다. 열정은 사람들 간의 관계를 맺어 주는 역할을 하지만, 일순간에 나타나고 오래 지속되지 않으며 시간이 지나면 저절로 감소한다. 이러한 열정은 상황과 대상에 따라 다르게 나타나는데, 부모와 자녀 간 양육의 동기, 의존의 욕구, 복종의 욕구, 자아실현의 욕구 등으로 나타나고, 이성 간에는 생리적으로 흥분시켜 들뜨게 하고 하나가 되고자 하는 결합의 강한 갈망으로 나타나게 된다. 이때 이성 간의 열정은 상대방을 이상적이거나 신성 시 하여 생각하려는 경향으로 상대의 모습을 제대로 직시하지 못하는 경향이 있고, 마치 중독처럼 상대방이 곁에 없으면 그리움에 강한 갈망을 한다. 또한 상대방에 대한 긍정적 충동이 어느 시점에 도달하면 이와 반대의 부정적인 충동인 혐오감정이 생겨나 부정적 충동만 남게 된다. 그 예로 연인 간의 불같이 달아올랐던 사랑의 긍정적인 충동은 사라지고 어느새 서로 미움만 남아 헤어져 후회와 깊은 우울로 한동안 괴로워한 후 원래의 평정을 되찾게 되는 현상이 이에 해당된다.

친밀감과 열정은 상호 밀접하게 작용하는데 열정이 친밀감으로 발전할 수도 있고 친밀감이 열정으로 발전할 수도 있기 때문이다.

(3) 결심(Decision) / 헌신(Commitment)

결심과 헌신은 인지적 요소로 감정보다 생각과 의지에 기초한 책임감을 의미한다. 이는 두 가지 측면으로 구성되는데 단기적인 것으로 상대방을 사랑하기로 결심하는 것과 장기적으로 그 사랑을 지속하기 위해 노력하고 책임지는 헌신을 뜻한다. 하지만 이러한 두 측면은 항상 동반되지 않는데 사랑하지만 관계를 종료하고자 하려는 경우와 관계를 지속하고 책임지려고 하는 것은 사랑의 결심을 의미하지는 않는다. 즉, 결심과 헌신은 어렵거나 힘든 상황이 와도 언제나 일정하게 사랑의 관계를 지속시켜 주는 역할을 한다. 따라서 사랑의 감정이 침체되어도 관계를 유지시켜 주며 어려운 시기를 함께 넘기고 회복하는

데 중요하다.

일반적으로 친밀감과 열정이 형성되고 결심과 헌신이 따르지만 반대로 결심과 헌신 후에 친밀감과 열정이 수반되기도 한다. 헌신은 관계 초기부터 빠르게 발달하며 시간이 지날수록 그 비중이 커진다. 즉, 부모의 자녀에 대한 사랑, 오랫동안 함께 한 부부간의 사랑이 이에 해당된다.

그림 2-2는 사랑의 세 요소인 친밀감, 열정, 결심/헌신이 시간에 따라 어떻게 변화하는지 그 과정을 쉽게 이해하는데 도움이 된다.

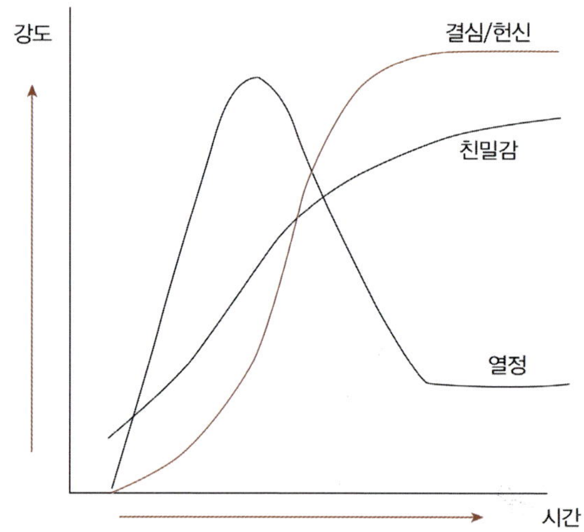

그림 2-2 사랑의 세 요소의 시간에 따른 변화 과정

출처: Sternberg, R. J.(1986). A triangular theory of love, pp.126-127에서 그림 재구성.

2) 사랑의 세 요소에 의한 관계 유형

사랑의 세 요소인 친밀감, 열정, 결심/헌신의 강도와 균형을 통해 자신과 상대방 간의 관계를 예견할 수 있다. 이때 강도는 자신이 상대방에게 느끼는 사랑의 크기로 강도가 클수록 상대방을 향한 사랑 삼각형의 크기(면적)가 커지게 된다. 그리고 균형은 삼각형의 모양을 결정하게 되는데 사랑의 세 요소가 균형을 이룬 정삼각형으로 나타날 때 완숙한 사랑이라 할 수 있다. 따라서 사랑의 삼각형은 자신과 상대방의 사랑 삼각형의 크기와 모양을 비교해 보는데 유용하다. 자신과 상대방의 사랑 삼각형의 크기와 모양이 균형 잡힌 정삼각형으로 나타날 경우 만족스러운 관계를 맺을 것이지만, 삼각형의 크기와 모양이 조화를 이루지 못할수록 관계에 불만족스러울 가능성이 크다. 이처럼 사랑의 삼각형 이론은 자신과 상대방이 인식한 사랑의 삼각형을 구분할 수 있기 때문에 자신이 상대방에게 표현하고 인식하는 사랑의 삼각형과 상대방이 느끼고 인식하는 사랑의 삼각형에 차이가 있을 수 있다.

사랑의 삼각형 이론은 서로가 가진 사랑의 균형 상태를 확인하고 사랑의 불균형일 경우 어떤 부분에서 불일치가 일어나는지 비교해 봄으로써 서로 변화를 모색할 수 있는 방향을 제시할 수 있다.

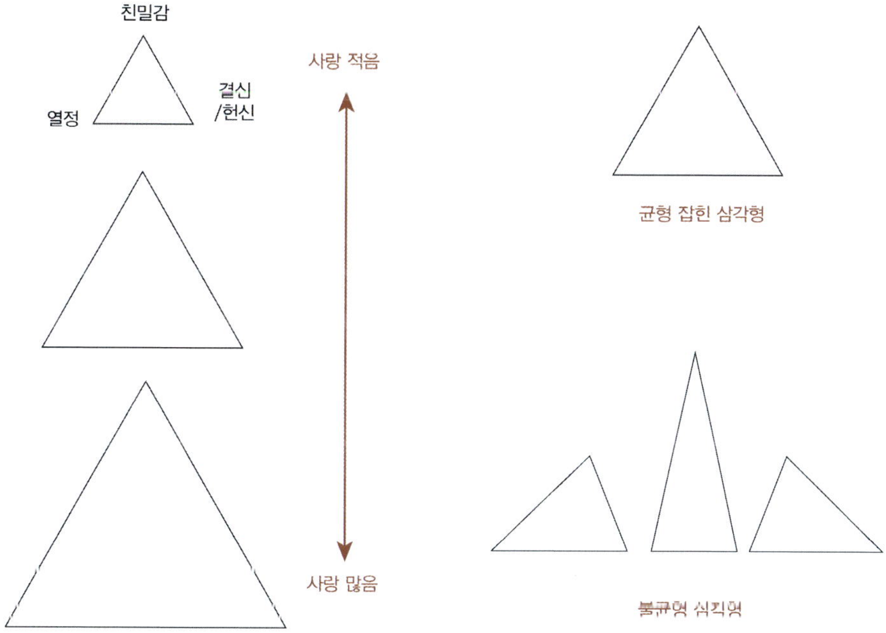

그림 2-3 사랑의 세 요소에 의한 삼각형의 크기와 모양

출처: Sternberg, R. J.(1986). A triangular theory of love, p.128.

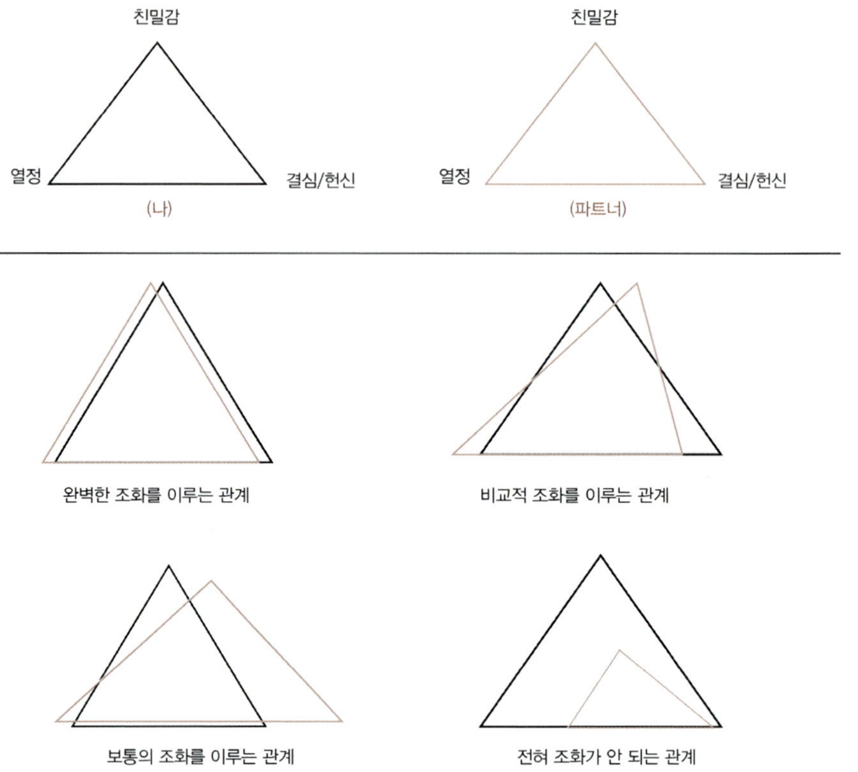

그림 2-4 사랑의 세 요소에 의한 관계 유형

출처: Sternberg, R. J.(1986). A triangular theory of love, p.129에서 그림 재구성.

3) 사랑의 유형

Sternberg는 사랑의 세 요소인 친밀감, 열정, 결심/헌신을 조합해서 사랑의 유형을 8가지로 분류하였는데, 8가지 사랑의 유형은 사랑이 아님, 좋아함, 도취적 사랑, 공허한 사랑, 낭만적 사랑, 우애적 사랑, 허구적 사랑, 완숙한 사랑이다(전선옥, 2019; 정미경 외, 2017).

(1) 사랑이 아님(nonlove)

사랑의 세 가지 구성 요소인 친밀감, 열정, 결심/헌신이 모두 결핍된 관계로 피상적이고 단편적인 관계이다. 일상생활의 표면적이고 사무적인 관계가 이에 해당된다.

(2) 좋아함(liking)

친밀감이 주된 요소로 친구와의 우정처럼 정서적으로 따뜻하고 친밀하고 익숙하지만, 열정이나 결심과 헌신이 없는 유형이다. 즉, 가까움과 편안함만을 느끼는 우정과 같은 사랑이다.

(3) 도취적 사랑(infatuation love)

'눈먼 사랑' 또는 '열정적 사랑'이라고도 하는데 신체적 증상을 동반하는 강한 열정은 있으나 친밀감이나 결심/헌신이 없는 유형이다. 이 유형은 상대를 이상화시켜 보는 사랑이라 문제가 될 수도 있으며, 그 순간은 뜨겁지만 오래 지속되지 않는 사랑이다. 첫눈에 반한 사랑(첫눈에 반했으나 다가가거나 말을 걸어보지 못하고 혼자 가슴앓이 하는 경우), 청소년기의 사랑, 첫사랑 등이 이에 해당된다.

(4) 공허한 사랑(empty love)

의무적 사랑으로 결심/헌신만 있는 유형이다. 즉, 사랑해야 한다는 의지와 결심, 상대방에 대한 책임감으로 이루어진 사랑으로 친밀감이나 열정이 없는 유형이다. 중매결혼의 초기가 이에 해당되며 결혼한지 오래되어 싫증이 난 부부, 침체된 결혼생활, 빈둥지 시기의 결혼생활에서 경험하게 된다. 또한 정략적이거나 조건 때문에 어쩔 수 없이 관계를 유지하는 상태도 이에 해당된다.

(5) 낭만적 사랑(romantic love)

친밀감과 열정의 요소가 결합되어 있고 결심/헌신이 결여된 유형이다. 서로에게 강한 친밀감과 상대에 대한 열정과 매력을 느껴 육체적, 감정적으로 밀착되어 있다. 첫눈에 반한 남녀가 애정관계를 유지할 경우 성적 매력이 불러일으키는 열정과 친밀감이 있는 사랑이지만, 의무나 책임이 없는 솜사탕 같은 사랑이다.

(6) 우애적 사랑(companionate love)

동반자적 사랑이라고도 하는데 열정은 없고 친밀감, 결심/헌신만 존재하는 사랑의 유형으로, 오래된 결혼생활에서처럼 열정은 사라지기 시작하지만 상대방을 인생의 동반자나 친구처럼 느끼게 되는 유형으로 서로를 잘 이해하게 된다. 이러한 우애적 사랑은 장기적이며 깊은 애정으로 대체될 수 있는 사랑이다. 즉, 서로 편하고 거절당할 염려가 없는 편안한 사랑, 정은 들었지만 더 이상 가슴이 뛰지 않고 성적 매력이 사라진 사랑, 열정이 식어버린 결혼에서 친밀감과 헌신에 기초한 장기적 우정 같은 사랑이다.

(7) 허구적 사랑(fatuous love)

'얼빠진 사랑' 또는 '어리석은 사랑'이라고도 하는데 열정과 결심/헌신의 요소가 결합된 사랑의 유형으로 친밀감이 결여되어 있다. 열정을 느껴 사랑을 하지만 친밀감이 발달하지 않아 단기간에 관계가 종료된다. 친밀감을 형성할 겨를도 없이 열정에 근거하여 급하게 결혼하는 경우 그 관계는 오래가지 않는다.

(8) 완숙한 사랑(consummate love)

완전한 사랑으로 친밀감, 열정, 결심/헌신의 요소가 모두 존재하고 균형 있게 갖추어진 성숙한 사랑이다. 완벽하고 이상적인 사랑의 유형이다. 이 유형은 도달하기도 어렵지만 지키는 것 또한 어렵다.

이상의 내용에 기반하여 Sternberg의 사랑의 유형을 그림으로 나타내면 **그림 2-5**와 같다.

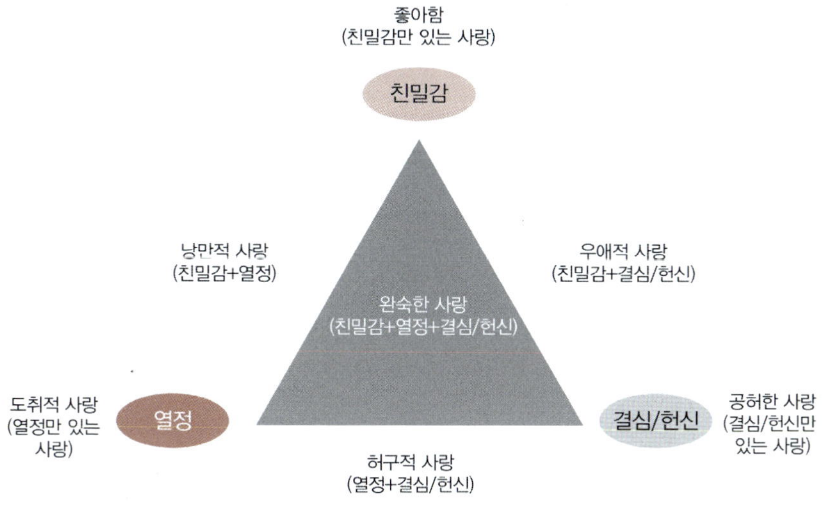

그림 2-5 Sternberg의 사랑의 세 요소를 조합하여 나타낸 사랑의 유형

Sternberg는 사랑의 세 요소인 친밀감, 열정, 결심/헌신을 측정하기 위해 도구를 개발하였다. 바로 사랑의 삼각형 척도(Sternberg's Triangular Love Scale)이다. 이 측정도구는 사랑하는 관계에 있는 두 사람 간의 사랑의 차이를 알 수 있고 변화가 필요한 사랑의 요소가 무엇인지 쉽게 알 수 있는데 도움이 된다. **표 2-1**은 Sternberg가 개발한 '사랑의 삼각형 척도'이다.

표 2-1 Sternberg의 사랑의 삼각형 척도

사랑의 삼각형 척도		
아래 각 문항의 ㅇㅇ은 사랑하는 사람의 이름이다. 그 사람을 생각하며 각 문항을 읽고 자신의 경우와 일치하는 정도를 아래의 척도(①~⑨) 중 선택하여 빈칸에 V표시 하시오.		
전혀 그렇지 않다(1) · 대체로 그렇지 않다(3) · 대체로 그렇다(7) · 매우 그렇다(9) 1 2 3 4 5 6 7 8 9		
1	나는 ㅇㅇ의 행복을 적극적으로 지지한다.	1 2 3 4 5 6 7 8 9
2	나는 ㅇㅇ와 다정한 관계를 맺고 있다.	1 2 3 4 5 6 7 8 9
3	나는 ㅇㅇ가 필요할 때 ㅇㅇ에게 기댈 수 있다.	1 2 3 4 5 6 7 8 9
4	ㅇㅇ은 내가 필요할 때 나에게 기댈 수 있다.	1 2 3 4 5 6 7 8 9
5	나는 나 자신과 내가 소유한 것들을 ㅇㅇ와 기꺼이 나누고 있다.	1 2 3 4 5 6 7 8 9
6	나는 ㅇㅇ에게서 정서적으로 큰 지지를 얻고 있다.	1 2 3 4 5 6 7 8 9
7	나는 ㅇㅇ에게 정서적으로 큰 지지를 주고 있다.	1 2 3 4 5 6 7 8 9
8	나는 ㅇㅇ와 서로 의사소통이 잘된다.	1 2 3 4 5 6 7 8 9
9	나는 나의 삶에서 ㅇㅇ를 매우 소중하게 생각한다.	1 2 3 4 5 6 7 8 9
10	나는 ㅇㅇ를 친밀하게 느낀다.	1 2 3 4 5 6 7 8 9
11	나는 ㅇㅇ와의 관계를 편안하게 느낀다.	1 2 3 4 5 6 7 8 9
12	나는 내가 ㅇㅇ를 진실로 이해한다고 느낀다.	1 2 3 4 5 6 7 8 9
13	나는 ㅇㅇ가 나를 진실로 이해한다고 느낀다.	1 2 3 4 5 6 7 8 9
14	나는 내가 ㅇㅇ을 정말로 신뢰할 수 있다고 느낀다.	1 2 3 4 5 6 7 8 9
15	나는 나 자신의 극히 사적인 부분까지도 ㅇㅇ에게 털어놓는다.	1 2 3 4 5 6 7 8 9
16	나는 ㅇㅇ을 보기만 해도 흥분이 된다.	1 2 3 4 5 6 7 8 9
17	나는 하루에도 몇 번씩 ㅇㅇ을 생각하고 있는 나 자신을 발견하곤 한다.	1 2 3 4 5 6 7 8 9
18	나와 ㅇㅇ, 우리 둘의 관계는 매우 낭만적이다.	1 2 3 4 5 6 7 8 9
19	나는 ㅇㅇ이 나에게 매우 매력적인 사람이라고 생각한다.	1 2 3 4 5 6 7 8 9
20	나는 ㅇㅇ을 이상형으로 생각한다.	1 2 3 4 5 6 7 8 9
21	세상에서 ㅇㅇ처럼 나를 행복하게 만드는 사람은 상상도 할 수 없다.	1 2 3 4 5 6 7 8 9
22	나는 다른 어떤 사람보다도 ㅇㅇ와 함께 있고 싶다.	1 2 3 4 5 6 7 8 9

23	ㅇㅇ와의 관계보다 더 중요한 것은 이 세상에 없다.	1 2 3 4 5 6 7 8 9
24	나는 ㅇㅇ와 신체적으로 접촉하는 것을 특히 좋아한다.	1 2 3 4 5 6 7 8 9
25	ㅇㅇ와의 관계에는 뭔가 '마법에 걸린 듯한' 점이 있다.	1 2 3 4 5 6 7 8 9
26	나는 ㅇㅇ에게 흠뻑 빠져 있다.	1 2 3 4 5 6 7 8 9
27	나는 ㅇㅇ 없는 인생은 상상할 수 없다.	1 2 3 4 5 6 7 8 9
28	나는 ㅇㅇ와 열렬한 관계에 있다.	1 2 3 4 5 6 7 8 9
29	낭만적인 영화나 책을 보면 ㅇㅇ을 생각하게 된다.	1 2 3 4 5 6 7 8 9
30	나는 ㅇㅇ에 대한 환상에 사로잡히곤 한다.	1 2 3 4 5 6 7 8 9
31	나는 내가 ㅇㅇ에게 마음을 쓰고 있다는 것을 안다.	1 2 3 4 5 6 7 8 9
32	나는 ㅇㅇ와의 관계를 지속시키기 위해 최선을 다하고 있다.	1 2 3 4 5 6 7 8 9
33	나는 ㅇㅇ와의 관계를 지속시키기 위해서 다른 사람이 우리 사이에 끼어들지 않도록 할 것이다.	1 2 3 4 5 6 7 8 9
34	나는 ㅇㅇ와 헤어지지 않을 자신이 있다.	1 2 3 4 5 6 7 8 9
35	어떠한 것도 ㅇㅇ에 대한 나의 사랑을 막을 수 없다.	1 2 3 4 5 6 7 8 9
36	ㅇㅇ에 대한 나의 사랑은 죽을 때까지 변치 않을 것이다.	1 2 3 4 5 6 7 8 9
37	나는 ㅇㅇ에 대하여 언제나 강한 책임감을 가질 것이다.	1 2 3 4 5 6 7 8 9
38	ㅇㅇ에 대한 나의 사랑은 확고하다고 생각한다.	1 2 3 4 5 6 7 8 9
39	ㅇㅇ와 헤어진다는 것은 상상도 할 수 없다.	1 2 3 4 5 6 7 8 9
40	나는 ㅇㅇ에 대한 나의 사랑을 확신한다.	1 2 3 4 5 6 7 8 9
41	나는 ㅇㅇ와의 관계가 영원할 것이라고 생각한다.	1 2 3 4 5 6 7 8 9
42	ㅇㅇ을 사랑하기로 결심한 것은 잘한 결정이라고 생각한다.	1 2 3 4 5 6 7 8 9
43	나는 ㅇㅇ에 대해 책임감을 느낀다.	1 2 3 4 5 6 7 8 9
44	나는 ㅇㅇ와의 관계를 계속 유지할 것이다.	1 2 3 4 5 6 7 8 9
45	설혹 ㅇㅇ와 갈등이 생긴다 해도 나는 우리의 관계를 계속 유지할 것이다.	1 2 3 4 5 6 7 8 9

〈 채점방식 〉
*친밀감: 1~15문항의 합계 ÷ 15 = 친밀감 점수
*열정: 16~30문항의 합계 ÷ 15 = 열정 점수
*결심/헌신: 31~45문항의 합계 ÷ 15 = 결심/헌신 점수

위 세 요소의 점수를 이용하여 자신의 사랑의 삼각형을 그려보자. 삼각형이 중심이 되는 한 점(0점 기준)으로부터 60도 간격의 세 방향으로 각 요소의 점수만큼 선을 그리고, 세 선분이 끝나는 바깥쪽의 세 점들을 연결하여 삼각형을 만든다. 삼각형의 모양과 크기로 자신의 사랑을 진단한다.

출처: Sternberg, R. J.(1988): 홍길회, 황정해(2012), pp.73-74에서 발췌 및 보완.

2. Lee의 사랑의 색채 이론

1) 사랑의 색채 이론이란

사회학자 Lee(1988)는 사랑을 다양한 색깔에 비유하고 사랑의 방식에서 나타나는 개인차를 연구하였다. 사람마다 좋아하는 색이 있듯이 사랑도 선호하는 유형이 다양하게 나타날 수 있다는 것이다. 그래서 색에도 기본색인 삼원색이 있듯이 사랑에도 일차색인 기본 사랑 [에로스(Eros: 낭만적 사랑), 루더스(Ludus: 유희적 사랑), 스토르게(Storge: 친구 같은 사랑)]이 있고, 삼원색을 혼합하여 혼합색이 있듯이 사랑에도 기본 사랑이 혼합된 이차색인 혼합 사랑 [마니아(Mania: 소유적 사랑), 프래그마(Pragma: 실용적 · 논리적 사랑), 아가페(Agape: 이타적 사랑)]이 있다고 보았다. 따라서 개인이 어떤 색깔을 좋아하고 선호하듯이 사랑도 색처럼 유형이 있고, 어떤 유형이 다른 유형보다 더 훌륭하고 가치가 있으며 성숙하다고 할 수는 없다. 아울러 사랑의 유형은 사람에 따라 변화될 수 있고, 관계 대상에 따라 다르게 나타날 수 있다고 하였다.

흔히 내가 좋아하는 색깔, 어떻게 배합하면 나에게 가장 잘 어울리는 색깔이 되는지, 나에게 맞는 사랑의 색깔이 잘 어울리는 사람, 즉 나와 가장 잘 어울리는 유형의 사람이 누구인가를 찾는 것이 중요하다. Lee가 설명하고 있는 사랑의 유형 여섯 가지를 그림과 표로 제시하면 **그림 2-6**, **표 2-2**와 같다.

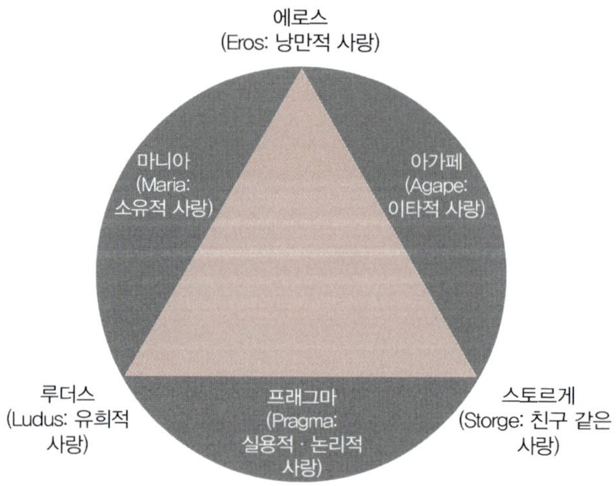

그림 2-6 Lee의 사랑의 유형

표 2-2 사랑의 일차색과 이차색

사랑의 일차색 (기본 사랑)	사랑의 이차색 (혼합 사랑)		
에로스 (Eros: 낭만적 사랑)	마니아 (Mania: 소유적 사랑)	→	Eros(낭만적 사랑)+Ludus(유희적 사랑)
루더스 (Ludus: 유희적 사랑)	프래그마 (Pragma: 실용적·논리적 사랑)	→	Ludus(유희적 사랑)+Storge(친구 같은 사랑)
스토르게 (Storge: 친구 같은 사랑)	아가페 (Agape: 이타적 사랑)	→	Storge(친구 같은 사랑)+Eros(낭만적 사랑)

2) 사랑의 유형

Lee는 사랑을 사랑의 일차색인 기본 사랑과 사랑의 이차색인 혼합 사랑으로 분류하여 총 여섯 가지 사랑의 유형을 제시하였는데, 낭만적 사랑, 유희적 사랑, 친구 같은 사랑, 소유적 사랑, 실용적·논리적 사랑, 이타적 사랑 등을 구체적으로 설명하면 다음과 같다.

(1) 에로스(Eros: 낭만적 사랑)

신체적인 매력에 강하게 끌려 첫눈에 반하는 사랑으로 열정적 사랑, 육체적 사랑이라고도 한다. 강력하고도 육체적 자극을 추구하고, 사랑의 속도가 빠르며, 자주 만나기를 원하며, 자신의 이상형을 만나서 함께 사는 것이 가장 중요하다고 생각한다. 상대방의 신체적 매력이 덜해지면 사랑도 시들해지고 현재의 새로운 상대를 이상화하여 보기도 한다. 따라서 사랑은 조건을 따지는 것이 아니라 느낌대로 가는 것이라 생각하며 이성보다 감정이 우선이다. 이 유형은 어린 시절이 행복했다 생각하고, 긍정적이며, 일을 즐기고 사랑을 위해선 어떠한 위험도 감수할 수 있다는 태도가 특징이다.

(2) 루더스(Ludus: 유희적 사랑)

사랑을 진지한 것이 아니라 놀이나 즐기기 위한 게임으로 생각하고 한 사람과의 지속적인 관계나 헌신을 거부한다. 상대방이 자신에게 너무 몰입하는 것을 피하기 위해 잦은 만남도 싫어하고, 질투심이 많은 것도 사랑의 재미를 망친다고 생각한다. 쉽게 만나고 쉽게 헤어지며, 연인을 단지 쾌락의 관계로 생각한다. 그리고 여러 명을 사귀어도 죄책감도 느끼지 못한다. 사랑은 삶에 있어 그렇게 중요한 것이 아니라고 생각한다. 이 유형은 어린 시절이 평범했다 생각하지만 성인이 되어서는 쉽게 좌절을 겪는다.

(3) 스토르게(Storge: 친구 같은 사랑)

우정과 같은 감정을 느끼는 좋은 친구관계에서 시작하여 서서히 사랑으로 발전된 유형이다. 서로 편안한 관계를 유지하며 평온한 사랑을 원한다. 애인이 없는 것에 걱정하지 않으며 시간이 지나면 자연히 만날 것이라고 생각한다. 많은 시간과 활동을 공유하면서 서로가 좋은 동반자적 감정을 가지고, 상호보완적이며, 성장 지향적이다. 언제부터 사랑하게 되었는지 모르지만 같이 있으면 편하고, 좋으며, 말이 잘 통하고 감추는 것 없이 얘기할 수 있는 친구이자 애인이 된다. 이 유형은 어린 시절 가족관계가 끈끈한 유대적인 가정에서 자랐으며, 안정되고 격려와 존중받으며 자란 사람이 많다.

(4) 마니아(Mania: 소유적 사랑)

광적이고 중독된 사랑을 말한다. 낭만적 사랑과 유희적 사랑이 결합된 이 유형은 강렬하고 육체적 자극이 있는 사랑을 원하지만 자신감이 결여되고 소신이 부족하며, 자기중심적으로 상대를 가리는 유희적 사랑이다. 자신의 부족함을 상대에게서 찾으려 하기 때문에 자신과 어울리지 않는 연인을 선택할 가능성이 많다. 사랑에 대해 너무 많은 사랑을 갈구하기 때문에 냉정하게 처신하지 못하고 자신과 이상형에 대한 확신이 없다. 사랑한다는 것은 완전히 소유하는 것으로 생각하기 때문에 자신이 상대를 소유하려 하고, 자신도 상대가 소유해

주기를 원한다. 자신이 상대를 사랑하는 만큼 상대가 자신을 사랑하지 않을 것에 대한 앞선 두려움 때문에, 상대방의 사랑을 확인하려 하고 속박하려 하여 사랑하는데 장애가 되기도 한다. 또한 심한 질투심과 헌신을 갈구하고, 사랑을 증명하기 위해 극단적인 행동을 하기도 한다. 이 유형은 어린 시절이 불행했다고 생각하며 성인이 되어도 외로움, 고독감을 느끼며 자신의 일에 쉽게 만족하지 못한다. 또한 사랑할 필요를 강하게 느끼면서도 사랑하는 것에 많은 두려움을 가지는 유형이다.

(5) 프래그마(Pragma: 실용적 · 논리적 사랑)

친구 같은 사랑과 유희적 사랑이 결합된 사랑으로 자신에게 어울리는 상대를 만날 때 목록을 작성하여 상대를 고르기도 한다. 자신의 배경(성격, 취미생활, 종교, 가정배경, 교육 정도, 외모 등)과 살 어울리는지 논리적으로 고려한 다음 사랑을 시작한다. 그렇기 때문에 자신이 원하는 조건에 부합한 사랑이 나타날 때까지 기다리거나 보류한다. 연인을 정확히 파악하기 전에는 미래에 대한 약속이나 대화를 꺼려하며, 어울리는 상대를 만나기 위해서는 노력하여 해결하는 현실적인 문제라 생각한다. 또한 이성이 감정보다 우선시 한다. 논리적이고 분별력 있으며, 실용적인 사랑의 상대를 찾고 부모나 친구에게 자문을 구하기도 한다. 이런 유형의 사랑은 중매결혼으로 성공한 연인들의 경우가 많다. 이 유형은 어린 시절과 현재의 삶에 차이를 못 느끼며, 성인이 되어서도 노력을 통해 목적을 달성할 수 있으며 성공된 삶을 살 수 있다고 생각한다.

(6) 아가페(Agape: 이타적 사랑)

타인중심적이며 나를 내어 주는 사랑이다. 낭만적 사랑과 친구 같은 사랑이 결합된 사랑으로 조건 없는 사랑, 이타적 사랑을 의미한다. 사랑은 나보다 상대방의 필요성에 따라 결정된다고 생각한다. 상대방에게 조건 없이 베풀고, 돌보아 주며, 자기희생이 따르는 사랑이며, 받는 것을 기대하지 않는다. 사랑하는 감정이 없더라도 보살핌과 베풂을 해야 할 의무를 강하게 느끼며, 연인이 다른 상대를 찾고 더 행복할 것이라 생각하게 되면 상대를 위해 기꺼이 단념하고 물러나는 자기희생적인 사랑의 유형이다. 이 유형의 사랑은 마음이 아닌 머리가 더 많은 작용을 하고 감정이 아닌 의지의 표출이다.

이상으로 Lee의 여섯 가지 사랑의 유형을 살펴보았다. 그러나 현실에서 경험하는 사랑은 여섯 가지 사랑으로 정확하게 구분되지 않을 수 있으며, 때로는 혼합되어 있을 수도 있다. 또한 교제하는 상대방에 따라 각각 다른 색깔의 사랑을 할 수도 있다. 따라서 어떤 유형의 사랑이 자신의 자존감을 높일 수 있고, 인격을 성숙시키며, 삶의 가치를 느낄 수 있게 하는지 세심하게 생각해 보아야 한다.

쉬어가기

나의 사랑의 색 유형 알아보기

다음 각 문항을 읽고 자신과 가장 가깝다고 판단되는 점수(1점~5점)를 찾아 빈칸에 쓰시오.

1점 전혀 그렇지 않다	2점 별로 그렇지 않다	3점 중간이다	4점 약간 그렇다	5점 매우 그렇다	점수

	문항	점수
1	우리(나와 애인)는 처음 만나자마자 서로에게 끌리기 시작했다.	
2	나는 애인에게 헌신하고자(마음을 다하고자) 하는 결심을 확실하게 해두고 싶지는 않다.	
3	나는 한참 지나고 나서야 내가 상대방을 사랑하고 있다는 사실을 알게 되었다.	
4	나는 애인에게 헌신하기로 결심하기 전에 우선 인생이란 어떻게 살아야 하는가에 관해 깊이 생각한다.	
5	애인과 나 사이에 일이 잘 풀리지 않으면 속상해서 소화가 잘 되지 않는다.	
6	애인이 어려울 때 나는 언제나 그를 도와주려고 한다.	
7	우리는 서로에게 금방 신체적으로 흥분한다.	
8	애인이 비록 나에 관해 잘 모르고 있다고 해도 상처를 받지 않을 것이다.	
9	진실한 사랑이란 상대방을 먼저 보살펴 주는 것이다.	
10	내 인생을 주도면밀하게 계획하고 나서야 애인을 선택하고자 한다.	
11	사랑하는 사람과의 관계가 깨지면 너무 우울해져서 자살하고 싶은 생각까지 든다.	
12	애인이 고통을 당하도록 내버려 두는 것보다 차라리 내가 고통을 당하는 편이 낫다.	

13	우리의 사랑은 매우 강렬하고 만족스럽다.	
14	나는 때로 애인을 둘씩 사귀면서 두 사람이 서로 알지 못하도록 한 적이 있다.	
15	내가 사랑했던 사람과 언제나 친구처럼 지내기를 바란다.	
16	배경이 비슷한 사람끼리 사랑하는 것이 가장 좋다.	
17	때로 나는 사랑에 빠져있다는 것이 너무 흥분되어 잠을 이룰 수가 없다.	
18	애인이 먼저 행복해야 나도 행복할 수 있다.	
19	우리는 서로를 위해 존재한다는 느낌이 있다.	
20	나는 연애사건을 쉽게 그리고 빨리 벗어날 수 없다.	
21	최상의 사랑은 오랜 우정에서 시작되어 발전한다.	
22	애인을 선택할 때 매우 중요하게 생각하는 점은 애인이 우리 가족의 일원으로 잘 어울리느냐 하는 점이다.	
23	사랑에 빠져 있을 때 나는 다른 어떤 일에도 집중할 수 없다.	
24	애인이 소망하는 바를 이루도록 하기 위해 나 자신의 소망을 희생할 용의가 있다.	
25	우리는 만나자마자 일나 안 돼서 신체적인 접촉을 시작하였다.	
26	만약 애인이 내가 다른 사람들에게 했던 몇 가지 일을 안다면 속상해할 것이다.	
27	우리의 사랑은 우정에서 서서히 발전하였다.	
28	파트너를 선택할 때 중요한 것은 그 사람이 좋은 부모가 될 수 있을까 하는 점이다.	
29	애인이 누군가 다른 사람하고 있다는 의심이 들면 나는 견딜 수가 없다.	
30	내가 가지고 있는 것은 무엇이든 애인이 원하는 대로 써도 좋다.	
31	우리는 진실로 서로를 이해한다.	
32	애인이 나에게 너무 의존적이 되려 할 때, 나는 약간 뒤로 물러서고 싶다.	
33	사랑은 진실로 깊은 우정이지, 신비스럽거나 알기 어려운 감정은 아니다.	
34	파트너를 선택할 때 중요한 것은 내 앞길에 도움이 될까 하는 점이다.	
35	애인이 나에게 관심을 기울이지 않으면 나는 전체가 아픈 것 같다.	
36	사랑하는 사람을 위해서라면 모든 것을 참고 견디겠다.	
37	내 애인의 외모는 나의 이상형에 꼭 들어맞는다.	
38	나는 여러 파트너와 사랑놀이 하기를 좋아한다.	
39	내 경우 가장 만족스러운 사랑의 관계는 우정으로부터 발전되었다.	
40	어떤 사람과 가까워지기 전에 내가 그 사람과의 사이에 자녀를 둘 경우 자녀가 좋은 유전형질을 물려받을 수 있을까를 먼저 알아보고자 한다.	
41	애인이 잠시라도 나에게 무관심하면 나는 그의 관심을 돌리기 위해 이상한 짓을 할 때가 있다.	
42	애인이 나에게 화를 낼 때도 나는 그 사람을 무조건적으로 한없이 사랑한다.	

〈 채점방식 〉

각 사랑의 유형별 문항은 아래의 표와 같다. 각 문항에 답한 점수를 근거로 하여 사랑의 유형별로 합계를 산출한다. 합계가 가장 높은 사랑의 유형이 자신의 유형이 된다.

사랑의 유형											
낭만적 사랑		유희적 사랑		친구 같은 사랑		실용적·논리적 사랑		소유적 사랑		이타적 사랑	
문항1		2		3		4		5		6	
7		8		9		10		11		12	
13		14		15		16		17		18	
19		20		21		22		23		24	
25		26		27		28		29		30	
31		32		33		34		35		36	
37		38		39		40		41		42	
합계		합계		합계		합계		합계		합계	

출처: Hendrick, C., & Hendrick, S.(1986): 정아란, 유정희(2014), pp80~81에서 발췌 및 보완.

3. Reiss의 사랑의 수레바퀴 이론

1) 사랑의 수레바퀴 이론이란

Reiss(1971)는 사랑의 발달과정을 수레바퀴 이론에 비유하여 설명하였다. 사랑은 친밀감 형성 단계, 자기개방 단계, 상호의존 단계, 개인의 욕구충족 단계의 과정이 유기적으로 관련을 맺으면서, 마치 수레바퀴가 계속 돌아가듯이 순환 과정을 거치며 관계 형성에 작용하는 것으로 보았다. 즉, 친밀감이 느껴지면 자기개방을 잘 하고, 상호의존도 증가하고, 개인의 욕구충족이 이뤄진다. 그러나 친밀감이 약화되면 자기개방이 감소하고, 상호의존도 약화되어 개인의 욕구충족도 감소된다. 이런 경우 회전이 멈추고 관계가 종료된다.

수레바퀴 이론은 사랑의 발달과정인 친밀감 형성, 자기개방, 상호의존, 욕구충족을 증가시키는 요인을 탐색할 뿐만 아니라 그 관계를 저해시키는 사회문화적인 배경과 성역할 개념을 탐색하는데 도움이 되는 이론이다.

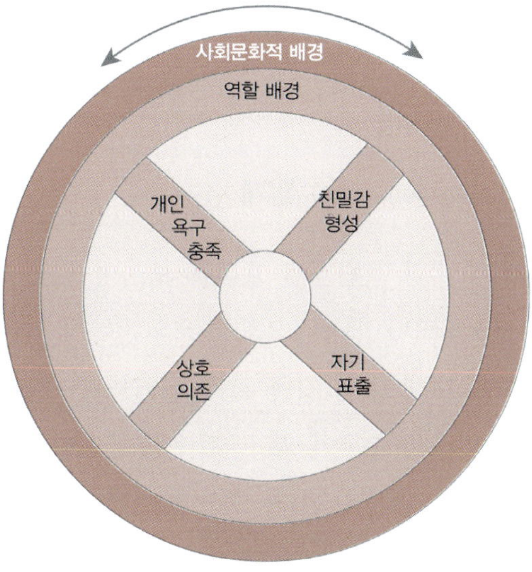

그림 2-7 Reiss의 사랑의 수레바퀴 이론 모형

출처: Reiss, I. L.(1971): 홍길회, 황정해(2012), p. 84에서 그림 발췌 및 보완.

2) 사랑의 발달과정

(1) 친밀감 형성(rapport) 단계

서로 좋아하고 원하는 단계로 두 사람이 마음을 열고 편안해 하며 우호적인 감정을 느끼며 신뢰감을 형성하는 단계이다. 이 단계는 상대에 대한 탐색기이며 적정한 신뢰의 감정이 쌓이게 된다. 개인차가 있어 친밀감을 쉽게 형성하는 사람이 있고 어렵게 느끼는 사람도 있다. 사회적 배경, 가정환경, 종교, 교육수준, 직업 등 유사성이 높은 연인은 쉽게 친밀감을 형성한다.

(2) 자기 표출(self-revelation) 단계

서로에게 자신에 대한 정보를 교환하는 단계로 자기를 표현하고 개방하며 충분한 대화를 나누게 된다. 이를 통해 마음을 열고 자기를 표현하며 상대방이 다가오기를 희망하는 자기 표출을 통해 관계가 더욱 돈독해지고 헌신과 신뢰, 사랑의 느낌을 주고받게 된다. 이 단계는 사랑의 발달에 필수적인 요소라 할 수 있으며, 서로를 받아들이는 준비과정에 충실하도록 하는 중요한 단계이다.

상호 간의 자기 표출을 계속하게 되면 친밀한 관계가 상호의존의 관계로 발전하게 된다.

(3) 상호의존(mutual dependence) 단계

많은 시간을 함께 보내면서 관심과 호의를 보이며 더욱 친밀한 관계를 맺게 되는 단계이다. 정서적으로나 행동적으로 상호의존하게 되며 서로의 존재를 필요로 한다. 즉, 서로에 대해 많은 것을 알게 된 연인은 차츰 상대방에게 더 많은 부분을 의존하고 있음을 깨닫게 되고 기대도 증가하게 된다. 이때 어느 정도 상대에 대한 구속력이 생기게 된다. 그러나 이런 점이 상대방에게 간섭이나 통제, 집착 등의 감정으로 다소 오해할 여지가 있어 이별의 위기가 올 수도 있으므로 상대의 관점에서 배려하고 존중하며 공감하는 현명한 대처가 필요하다.

상호의존 단계는 행동적 상호의존 관계에서 시작해서 감정적 상호의존 관계로 발전하며 마지막 단계인 욕구충족 단계를 유도한다.

(4) 개인의 욕구충족(fulfillment of personality needs) 단계

서로 간의 욕구를 만족시켜 주는 단계이다. 주요 사회적 역할과 관련된 가족의 역할이나 직업상의 역할 등을 서로 충족시켜 줌으로써 친밀감 형성이 더 잘 되면서 자기 표출, 상호의존의 심화가 이루어져 사랑이 심화·발전된다.

Reiss는 욕구충족 단계를 가족역할, 직업상의 역할과 같은 성인의 주요 사회적 역할과 관련됨을 강조하고 있다. 따라서 개인의 욕구가 충족됨에 따라 앞 단계에서 시작되었던 친밀감 형성이 더 잘 되면서 사랑은 수레바퀴가 회전하듯이 관계가 계속적으로 진행된다. 이 단계의 연인은 완성되고 성숙한 사랑으로 욕구충족의 증대를 경험하게 된다.

이상으로 Reiss의 사랑의 발달과정을 살펴보았다. 사랑은 순환적인 효과가 있으나 가역적이기도 하기 때문에 사랑에 빠진 사람은 언제까지 사랑에 머물러 있지 않다. 따라서 사랑을 유지하기 위해서는 자신과 상대방을 끊임없이 탐색하고 계속적인 노력이 필요하며, 그러한 노력은 사랑의 관계가 성장하고 발전해 나가는데 중요한 역할을 하게 된다. 사랑하는 연인이 서로를 이해하고 격려하고 지지하며 보듬어 줄 수 있는 마음가짐이 전제될 때 사랑의 수레바퀴는 멈추거나 역행하지 않고 가치 있고 순환적인 수레바퀴처럼 순조롭게 유지될 것이다. 따라서 사랑을 유지하기 위해서는 자신과 사랑하는 사람에 대한 끊임없는 탐색과 공감, 존중과 노력이 필요하다.

03 Chapter 남성과 여성의 이해

1. 남녀의 성

성은 생물학적 성의 특성을 통해 남녀를 구분하는 인간의 본능이며 생명의 근원일 뿐만 아니라 성별에 따른 사회적 역할을 규명하고 성적인 행동까지 포함하고 있다. 성(性)의 개념은 명확하게 정의되기보다는 자주 혼동하여 사용되는 경향이 있다. 성(性)을 한사로 표현하면 마음(心)과 몸(生)의 양면을 뜻하는 것으로 정신과 육체를 총칭하는 전체적인 인간 자체를 의미한다. 이는 성이 인간의 생물학적인 욕구 표현뿐만 아니라 개인의 인격, 윤리 및 도덕성까지 겸비해야 할 중요한 요소라는 것을 보여준다.

성과 관련된 용어로는 sex, gender, sexuality 등을 사용하는데 그 개념을 살펴보면 다음과 같다. 첫째, 섹스(sex)는 생물학적 특성으로서의 성(sex)이다. 유전적, 해부학적 차이에 의해 구분되는 남성과 여성을 의미하거나 성적 행동을 언급할 때 사용되는 복합적인 의미이다. 둘째, 젠더(gender)는 사회적 성을 의미하는 것으로 자신이 태어난 사회문화적 환경에 의해 학습된 후천적인 성을 말한다. 즉, 사회적, 문화적, 심리적으로 학습된 태도, 행동, 기대 등을 언급할 때 사용하는 것으로 남성됨의 상태 또는 여성됨의 상태를 의미한다. 셋째, 섹슈얼리티(sexuality)는 인격적 성을 의미하는 것으로 육체적인 측면과 성에 대한 가치, 믿음, 의지, 행동방식 등의 심리적, 사회적 요소들을 포함한 포괄적인 개념이다. 즉, 성적 욕망, 성행위, 이와 관련된 사회규범과 문화적 기대를 포함한 성에 관한 모든 것을 말한다. 예를 들면, 성의 의미, 성에 관한 표상, 성윤리, 성심리, 성가치관 등이다. 섹슈얼리티는 자신이 성장해 온 사회문화적 환경에 의해 형성되는 것으로 이성교제나 부부 관계에서 이성에게 보이는 태도, 감정,

행동 등으로 표출된다.

표 3-1 남녀의 생물학적 성차

남성	여성	특성
XY 성 염색체	XX 성 염색체	여성 염색체 X와 남성 염색체 Y에 의해 성이 결정됨
안드로겐, 테스토스테론	에스트로겐, 프로게스테론	남성·여성호르몬
음경	음핵	발기성 외부생식기
한쌍의 고환 내의 음낭	음문(대음순, 소음순)	예민하고 부드러운 외부생식기
고환 (고환 한 쌍의 생식선)	난소 (골반 내 한 쌍의 생식선)	사춘기에서 성인에 이르기까지 남성, 여성의 성세포
정액 (사춘기부터 적당한 간격을 두고 계속됨)	난자 (사춘기에서 폐경기까지)	각기 새로운 유전학적 성질을 결정하는 DNA와 RNA 문자를 포함하는 성세포
정관	난관	정액과 난자가 포함하는 한 쌍의 튜브
전립선 (요도 주위의 내분비선)	바르톨린선 (음문과 질을 매끄럽게 하는 내분비선)	남성과 여성의 외부생식기를 윤활하게 하는 내분비선
사정	월경, 배란, 산고와 출산, 젖의 분비	각 성 기관으로부터 생성물 방출
좁은 둔부, 넓은 어깨	넓은 둔부, 좁은 어깨	사춘기부터 각 성의 특수한 몸의 형태
여성에 비해 강하고 무거운 근육	적은 근육과 피하지방층	사춘기에서부터 각 성의 특수한 몸 형태
사춘기에 확장되는 후두	남성에 비해 상대적으로 적은 후두	사춘기에 남성 목소리는 저음, 여성 목소리는 상대적으로 고음

출처: 옥선화(2000): 정아란, 유정희(2014). 대학생을 위한 행복한 성과 결혼, pp.14-15.

2. 성역할과 성인지 감수성

1) 성역할

(1) 성역할의 의미

성역할(sex role)이란 한 개인이 자신이 속한 사회와 문화 내에서 생물학적 성에 적절하다고 특징지을 수 있는 성격, 태도, 행동양식, 가치관 등을 총칭하여 일컫는 말이다. 즉, 남녀의 성별에 따라 기대되는 역할이라 할 수 있으며 이는 사회문화적인 영향에 의해 학습되고 결정된다. 그 이유는 모든 사회가 남성과 여성에 대한 고유한 행동에 대한 기대와 규준을 가지고 있고, 여기서 일탈할 경우 부정적인 것으로 제재되기 때문에 성역할의 사회문화적 요인은 개인의 삶에 많은 영향을 미치게 된다(유희정, 2000).

(2) 성역할의 발달 관점

성역할의 발달과정을 이해하기 위해서는 성역할에 대한 이론적 관점을 살펴보는 것이 도움이 된다.

첫째, 정신분석 이론에서는 남녀의 성역할 차이를 Freud의 심리성적 발달 단계 중 남근기에 서로 다른 경험에서 비롯된다고 보았다. Freud에 의하면 인생 초기 발달 단계에 따라 성적 에너지(libido)가 구강-항문-남근으로 옮겨가게 되는데, 이때 유아는 자신의 성기에 관심을 가지게 되어 성기를 자극함으로써 성적 기쁨을 얻게 되고, 성별에 대한 신체적 차이를 인식하며, 출산에 대한 관심이 높아지는 등 성기 자극에 대한 가치를 부여하게 된다. 그 과정에서 남아는 오이디푸스 콤플렉스(Oedipus complex)를, 여아는 엘렉트라 콤플렉스(Electra complex)를 경험하게 되는데, 이러한 콤플렉스의 해결 과정에서 동성 부모에 대한 성역할을 동일시(identification)하게 된다.

오이디푸스 콤플렉스란 남아가 어머니를 사랑하고 성적 애착 대상으로 느끼게 되며, 아버지를 경쟁자로 보고 심리적인 갈등을 겪게 된다. 하지만 아버지는 자신보다 강하고 힘센 존재임을 알게 되고 그러한 아버지를 능가할 수 없다는 사실을 알게 되면서 상실의 두려움과 적대감을 느끼게 된다. 그리고 아버지가 자신의 중요한 부분인 성기를 없앨지도 모른다는 거세불안(castration anxiety)을 느껴 아버지를 동일시하게 된다. 이러한 과정에서 남아는 아버지로부터 성역할을 습득하게 된다. 엘렉트라 콤플렉스란 여아가 애정의 대상으로 아버지를 원하지만 어머니에 의해 좌절을 느끼게 되고, 아버지의 사랑을 잃지 않을까 하는 두려움을 느끼게 된다. 여아는 자신에게는 남근이 없다는 사실을 알게 되고 남근선망(penis envy)을 하지만, 자신에게 남근이 없는 이유를 어머니 때문이라고 생각하여 어머니를 원망하게 되며, 아버지의 사랑을 잃지 않을까 두려움을 가지며 아버지에게 더욱 집중하게 된다. 그러나 여아는 어머니가 아버지로부터 사랑받고 있음을 보게 되고, 아버지의 사랑을 얻기 위해 자신도 어머니처럼 행동해야 한다고 믿으며 어머니를 동일시하게 되면서 성역할을 습득하게 된다.

정신분석 이론에서의 성역할 학습은 인생 초기의 무의식적이고 내적인 동기에서 일어난다고 보고 특별한 강화가 없어도 유지된다고 본다.

읽을거리 **Freud의 심리성적 발달 단계 중 남근기의 콤플렉스에 대한 그리스 신화 배경**

•오이디푸스 콤플렉스(Oedipus complex)

남아가 아버지를 증오하고 어머니에 대해 품는 무의식적인 성적 애착을 의미한다. 이 명칭은 그리스 신화의 오이디푸스 왕의 이름에서 유래되었다. 오이디푸스는 테베의 왕 라이오스와 이오카스테의 아들이지만 신탁의 예언으로 인해 태어나자마자 버림을 받고, 장성하여 운명적으로 라이오스(아버지)를 죽이게 되고, 괴물 스핑크스의 수수께끼를 풀어 테베의 왕으로 추대된다. 그리고 선왕비(先王妃)인 이오카스테(어머니)와 결혼을 하게 된다. 결국 오이디푸스는 자신도 모르게 친아버지를 죽이고 친어머니의 남편이 된 것이다. 오랜 시간이 흘러 진실을 알게 된 그들은 큰 충격으로, 이오카스테는 스스로 목숨을 끊고, 오이디푸스는 자신의 눈을 찔러 실명시킨 뒤 정처없이 방랑길에 오른다.

•엘렉트라 콤플렉스(Electra complex)

여아가 아버지에게 강한 애정을 가지고 어머니를 경쟁자로 느끼며 반감을 갖는 정신분석학 용어이다. 이 명칭은 그리스 신화에서 아가멤논의 딸 엘렉트라가 아버지를 죽인 어머니에 대한 복수의 이야기에서 비롯된 것으로, 아버지에 대한 집념과 어머니에 대한 증오에서 유래하였다. 엘렉트라의 아버지인 미케네 왕 아가멤논은 10년 동안의 트로이전쟁을 마치고 귀국한 날 밤에 왕비 클리템네스트라(어머니)와 간부(姦夫)인 아이기스토스에게 살해를 당한다. 아가멤논이 전쟁에 나간 사이 클리템네스트라와 아이기스토스의 불륜 행위를 알게 되고 아가멤논이 살해를 당한 사실까지 알게 된 엘렉트라는 격분하여 동생인 오레스테스와 힘을 합쳐 클리템네스트라(어머니)와 아이기스토스를 죽이고 복수를 한다.

출처: 네이버 백과사전(검색일 2020.02.15)에서 내용 재구성.

둘째, 사회학습 이론에서는 성역할이 후천적인 환경에 의해 인간이 수동적으로 반응한 결과라고 보며, 아동의 행동에 대한 환경의 강화를 중요한 요인으로 본다. 즉, 아동이 자신의 성에 적합한 행동을 하였을 때 보상을 받고 적합한 행동을 하지 않았을 때는 처벌을 받게 되며, 또래 동성의 모델을 관찰하고 모방하는 과정에서 강화를 받게 된다. 이러한 성유형화 학습의 영향으로 인해 여아와 남아는 자신에게 적합한 행동을 배우게 되고 정형화하게 된다. 따라서 아동은 동성의 부모와 동성의 또래를 모방함으로써 점차 부모와 사회가 기대하는 행동을 자연스럽게 배우게 되어 자신의 성에 부합하는 성역할을 학습하게 된다는 것이다.

셋째, 인지발달 이론에서는 성역할을 아동 자신의 경험에 의해 구조화되는 것으로 본다. 자신의 성별을 인지함에 따라 성 개념에 적합한 행동을 관찰하게 되고, 동성의 또래 집단과 어울리면서 자신의 성에 적합한 행동을 하며 집단 속에서의 성역할을 발달시키게 된다. 즉, 개인의 인지발달에 따라 자신이 속한 환경 속에서 자신의 성을 지각하게 되고, 관찰학습을 통해 자신의 성에 적합한 태도나 행동, 역할 등을 내면화하여 습득 또는 변형시킨다. 이때 부모, 교사, 친구 등의 인적요인과 다양한 매체를 통한 경험과의 상호작용은 큰 영향 요인이 된다. 따라서 인지발달 이론에서는 아동이 자신의 성을 인식함으로써 성역할의 발달이 이루어지며 인지능력 발달에 따라 성역할을 학습한다고 본다.

(3) 성역할에 영향을 미치는 요인

성역할의 사회화는 가족, 학교, 대중매체 등에 의해 주도되며 이러한 요인이 성역할 발달에 중요한 영향으로 작용한다. 먼저 가정은 아동이 출생과 동시에 그 사회의 가치와 규범을 학습하는 1차적인 장소로 부모가 중요한 담당자라 할 수 있다. 부모가 가진 성의식과 태도는 자녀가 성별에 따른 성역할 학습에 고정적인 성역할을 갖게 하는 것으로 자녀의 성역할 발달에 중요한 영향을 미친다. 이는 부모가 아이의 성별을 어떻게 인식하고 기대하는지를 반영하는데, 일반적으로 남아는 좀 더 적극적이고 활동적인 행동을 기대하고, 여아는 수동적이고 귀엽고 예쁜 모습을 기대하고 장려한다(정아란, 유정희, 2014). 따라서 부모의 성의식과 태도, 자녀양육에서의 강화와 모델 등은 자녀의 성역할 발달에 중요한 영향력이 있음을 간과해서는 안 된다.

형제의 출생 순위, 형제의 수, 형제 관계 또한 성역할 발달에 영향을 준다. 즉, 형제 간에도 모방이나 동일시가 일어나며 이는 성역할 발달을 촉진시킬 수 있다.

학교 또한 영향을 주는 요인으로 학교의 조직, 학교의 교육 과정, 교사가 학생을 대하는 성역할 태도가 학생들의 성역할 습득에 영향을 주며, 성역할 태도를 배우게 된다. 즉, 교과를 통해 성역할 정보를 제공받게 되는데 씩씩하고 주체적이며 독립적인 남성과 아름답고 순하고 착한 여성의 이미지 등은 대부분 교과과정을 통해 그려지게 된다. 또한 교사가 가장 좋아하는 남학생은 '똑똑한 학생', 가장 싫은 여학생은 '당돌한 학생'으로 지목된다(이신동, 2013). 이런 것을 볼 때 교육목적 및 교육내용, 교사의 태도가 성평등적인 방향으로 진행되는 것이 필요하다. 특히 교사 자신이 성역할에 대한 올바른 인식을 갖고 있는지 점검해 보아야 한다.

마지막으로 대중매체 또한 성역할에 영향을 미치는 요인으로 대중매체가 성역할 모델링이나 동일시의 대상이 된다. 드라마나 오락, 광고, 책 등에서 남녀의 역할과 관계를 고정화시키고 왜곡된 것으로 묘사하는 것은 개인의 성역할 인식에 부정적인 영향을 미치므로 대중매체를 통한 성역할 모델의 재고가 필요하다.

2) 성인지 감수성

전통적으로 성역할을 남성의 역할, 여성의 역할이라는 이분화된 개념으로 접근하고 있다. 그러나 이러한 이분화된 접근은 현대사회와 맞지 않고 인간의 잠재력을 계발하는데 장애요인이 된다. 시대의 변화에 따라 오늘날 남녀의 역할이 변하고 있고, 전통적인 여성성과 남성성보다는 다양한 상황에서 융통성을 발휘하는 사람이 요구되고 있다. 이러한 측면에서 여성과 남성의 역할에 대한 새로운 인식이 필요하게 되었고, 양성적인 성역할을 강조하게 되었다. 바로 양성성이 그것이다.

양성성(androgyny)이란 그리스어로 남성(andro)을 뜻하는 단어와 여성(gyn)을 뜻하는 단어가 합쳐진 용어로(문혁준 외, 2014), 한 개인의 내면에 바람직한 여성적인 특성과 남성적인 특성이 공존하고, 기존의 성역할 고정관념이 없는 건강하고 적응적인 성격으로 상황에 따라 융통성 있게 여성적 역할과 남성적 역할을 적절하게 수행할 수 있는 것을 의미한다. 보다 유능하고 사회적으로 적응을 잘 하는 성인일수록 양성적 역할을 잘 수행한다. 따라서 바람직한 여성과 남성으로 발전하기 위해서는 남성성과 여성성을 통합하고, 개인의 능력과 선호에 따라 융통성 있게 양성성을 발휘하는 것이 필요하다. 일반적으로 양성적인 남성은 평등한 남녀관계를 이루는 기초가 될 수 있다. 친밀하고 인습적이지 않으며 자존감이 높고, 여성의 사회생활을 개방적인 시각으로 바라보며 가사노동을 분담하는 경향이 높다.

성역할 고정관념의 불편함을 없애기 위해서는 특정한 상황에서 요구되는 역할을 성별에 편중되지 않고, 필요한 상황에서 적절하고 융통성 있게 선택하고 수행할 수 있는 능력을 갖추어야 한다. 이를 위해서는 무엇보다 개인과 우리 사회의 인식 변화가 필요하다. 그러나 우리 사회의 비공식적이고 암묵적인 성차별과 성 고정관념은 이러한 인식 변화의 장애요인으로 작용한다. 즉, 생물학적 성에 기반한 특정한 성에 대해 편견이나 차별이 적지 않다. 이러한 성차별은 특정한 성에 대한 부정적인 정서와 성역할 고정관념에서 발생하는 것으로 일반적으로 남성보다는 여성에게 더 많이 존재한다. 따라서 성별에 따른 특성과 성역할에 대한 이해를 위해서는 성역할 고정관념에서 벗어난 편견 없는 있는 그대로의 사람을 보는 것이 필요하다. 성별에 관계없이 자신이 원하는 것을 할 수 있는 잠재적 선택이 가능해야 하고, 어떤 이유든 성에 의해 거부당하지 않아야 한다. 이를 위해 우리는 성인지 감수성을 갖고 있어야 한다. 여기서 성인지 감수성의 성(性)은 생물학적 성(sex)이 아니라 사회적으로 형성된 성

(gender)을 의미하는 것으로, 사회 문화권에 따라 다양한 특성을 지니게 된다. 그럼 성인지 감수성은 무엇일까?

성인지 감수성(gender sensitivity)이란 남성과 여성 등 성별 차이에서 오는 불평등한 상황을 인식하고 성차별적인 요소를 감지하는 감수성을 말하는 것으로 젠더 감수성이라고도 한다. 즉, 성차별적이거나 젠더불평등한 상황을 예민하게 감지하고 인지하는 능력이며, 성평등에 대한 의식과 실행의지, 실천하는 능동적인 지적인 과정까지 포함한다.

일반적으로 성인지 감수성이 높은 사람은 전통적인 성역할 고정관념에서 벗어난 성평등한 태도를 가진 사람이다. 즉, 성인지 감수성이 높은 사람은 성역할에 대한 반성적 사고를 하고, 성찰하며, 비폭력적인 삶에 대한 신뢰와 성역할에 대한 개방성을 갖고 있다(이진영, 2011). 또한 성별에 구애됨이 없이 다른 사람을 인격적으로 대하고 관심을 가지며, 정서적인 배려와 책임감을 느끼고, 성불평등한 인식을 갖고 있지 않다(박은혜, 부성숙, 김정원, 최혜영, 2005). 이와 같은 연구결과들은 성인지 감수성이 개인의 정서적 태도 및 가치관과 관련된다는 것을 보여준다. 따라서 성평등에 대한 지식을 알고, 성차별적이고 젠더이분법적인 사고방식의 문제점 및 해결을 위한 실천 방법에 대한 교육이 이루어져야 한다. 이러한 교육은 성차별 개선을 위한 실천의지를 발휘하게 하는 것이고, 남녀가 평등하다는 이념을 바탕으로 서로 존중하고 조화로운 인간관계를 발전시킬 수 있도록 할 것이다.

쉬어가기

나의 양성평등지수는?			
아래의 내용을 읽고 자신의 견해와 같으면 '그렇다', 같지 않으면 '아니다'에 ∨ 표시를 하시오.			
	내용	그렇다	아니다
	사회문화영역		
1	부드러움과 상냥함은 여성의 타고난 미덕이다.		
2	파마, 화장, 액세서리 등 치장하는 남자는 부자연스럽다.		
3	"여자가~", "남자가~"라는 말이 무의식적으로 나오는 것은 자연스럽다.		
4	남자는 되도록 다른 사람 앞에서 울지 않아야 한다.		
5	여자는 폭넓은 대인관계를 형성하는 능력이 남자에 비해 부족하다.		
	공적생활영역		
1	민원 접수나 안내 업무는 여성에게 더 어울린다.		
2	기획, 예산, 인사, 감사 부서의 경우 야근 등 업무 특성상 남성이 더 적합하다.		
3	남성은 육아휴직을 하지 않는 것이 좋다.		
4	여성 상사는 남성 상사보다 부하 직원들을 잘 통솔하지 못한다.		
5	여성할당제나 여성승진목표제는 남성에 대한 역차별이다.		
	가정생활영역		
1	가계부양의 일차적 책임은 남성에게 있다.		
2	자녀가 잘못했을 경우 부부 중 아내 쪽의 책임이 더 크다.		
3	딸은 여자답게, 아들은 남자답게 기우는 것이 좋다.		
4	설거지 등의 집안일은 아들보다 딸에게 시키는 것이 자연스럽다.		
5	아픈 가족을 간병하는 것은 여성(딸이나 며느리)의 몫이다.		
	교육(양육)영역		
1	여성과 남성은 타고난 지적 능력의 차이가 있다.		
2	남학생과 여학생을 위한 교육 목표는 달라야 한다.		
3	여자는 남자보다 선천적으로 과학이나 수학에 대한 소질이 적다.		

4	학교에서 남학생에게 바느질, 요리 등을 가르치는 것에 반대한다.		
5	남녀의 신체적 차이 때문에 체육수업과 스포츠 활동은 남학생 위주로 될 수밖에 없다.		
	성(섹슈얼리티)영역		
1	남성의 성욕은 여성보다 통제하기 어렵다.		
2	성교육은 남학생보다 여학생에게 더 많이 시켜야 한다.		
3	광고에서 여성의 몸을 선정적으로 그리는 것은 상품을 팔기 위한 것이지 성차별은 아니다.		
4	성희롱은 여성의 과다한 신체 노출이 주요 원인이다.		
5	여성의 혼외관계는 남성의 혼외관계보다 도덕적으로 더 심각한 문제이다.		

〈평가〉

각 문항에 대해 '그렇다'로 답변할 경우만 1점으로 처리

- 16~25점: 성별에 꽤 얽매여 있군요. 한 번 더 일상생활을 살펴보세요.
- 8~15점: 의외의 구석에서 성별에 구애받고 있군요. 양성평등을 지향하세요.
- 0~7점: 성별에 구애받지 않고 활달하시군요. 양성평등사회의 실현을 위해 힘을 발휘해 보세요.

출처: 한국양성평등교육진흥원(www.kigepe.or.kr), '양성평등지수 테스트'에서 발췌 및 보완.

3. 성태도와 성행동

1) 성태도

성은 인간의 본성에 기인하지만 사회적, 윤리적인 규범과 규약에 의해 형성되기도 한다. 이는 성에 대한 바람직한 이해와 인식, 올바른 가치관과 행동에 대한 규범이 필요하고 중요함을 의미한다.

현대사회는 빠른 속도로 변화하고 있고 다양한 매스미디어를 통해 성적 영상은 넘쳐나고 있다. 이러한 성개방 문화는 성에 보다 자유롭고 개방적인 태도를 지향하도록 하고 있다. 그러나 과도한 성적 자극이 증가하면서 인간의 성이 합목적성을 잃어버리게 되어 성도덕의 문란과 왜곡된 성지식이라는 심각한 사회문제가 부각되고 있다. 성은 생물학적 인간의 표현이고 인격과 사회성의 표현이기 때문에 성적 무질서가 사회적 혼란을 야기하는 것은 어쩌면 당연한 결

과일 것이다. 현대사회의 이러한 변화는 젊은 세대들의 애정관계도 빠르게 변화시키고 있다. 즉, 성에 대한 어떤 결정을 내려야 할 상황에서 신중하지 않고 성급히 결정하는 경향을 가지게 된다. 성급한 결정은 추후 발생될 결과에 대한 문제를 고려하지 않은 행동일 가능성이 높다. 성과학자들은 신체적, 심리적, 경제적, 사회적, 성관계 후의 결과를 다룰 수 없을 때는 성행동 준비가 되지 않은 것이라고 한다. 성행동을 시작하기 전 그러한 결정에 대한 책임을 가져야 하고 바람직한 성행동에 대한 가치기준을 갖고 있어야 한다. 만약 자신에게 성에 대한 어떤 결정을 내릴 상황이 주어진다면 지금 현재 자신을 잘 인지하고 있는지, 상대를 받아들일 준비가 되었는지, 성숙한 가치관을 갖고 결과에 따른 행동을 취할 수 있는지를 숙고할 필요가 있다.

바람직한 성행동에 대한 올바른 성적 기준과 윤리의식을 갖고 있는 것은 성행동으로 인해 발생되는 어떠한 결과에도 책임을 질 수 있으며, 이후의 삶에 부정적인 영향을 끼치지 않도록 노력할 수 있게 해준다. 이는 성에 대한 바른 이해와 바람직한 가치관을 갖기 위해 올바른 성태도가 중요함을 시사한다. 그럼 성태도는 무엇을 의미할까?

성태도란 사회문화적인 환경 속에서 형성된 성에 대한 의식과 가치관을 의미한다(조혜영, 2012). 즉, 성과 관련된 인지적 관점이자 그에 따라 반응하는 경향과 그 행동이라 할 수 있다. 성태도에 대한 견해는 다양하나 크게 세 가지로 분류할 수 있다(안순덕, 1985). 첫째, 전통적인 도덕성에 근거한 성태도이다. 이는 성에 대한 통제가 강하고 결혼생활을 기반으로 한 성행위만 인정한다. 따라서 성을 부끄럽고 드러내면 안 된다고 생각하며 결혼관계 이외의 성행동은 부도덕한 것으로 보고 거부한다. 이러한 성태도는 성의 안정성 유지를 중요하게 생각하므로 결혼이 성의 안전성을 보장해 줄 것이라 믿는다. 둘째, 새로운 도덕성에 근거한 성태도이다. 당사자 간의 애정을 중요시 하고 결혼관계가 아니더라도 서로 애정만 있으면 성관계를 할 수 있다고 본다. 셋째, 반도덕성에 근거한 성태도이다. 성행동이 자유롭게 허용되는 것은 개인의 행복과 만족이 증대되고 불안, 긴장, 좌절이 감소된다고 보는 성태도이다.

이처럼 성태도는 자신의 성에 대한 의식과 가치관에 따라 성을 바라보는 경향이 다를 수 있다. 순간의 열정이 이성을 앞질러 무책임한 성행동으로 이어질 수 있으므로 성적으로 책임있는 행동을 통해 자신을 더욱 성숙시키고 결과를 고려한 행동을 하는 것이 필요하다. 따라서 성에 대한 자신의 바람직한 가치관을 정립시키는 성태도가 무엇보다 중요하다. 이미 형성된 성태도는 쉽게 고치기가 어렵지만 교육과 환경에 의해 변화가 가능하고 훈련과 개인의 노력에 의해 바뀔 수 있다. 이처럼 성은 이성과 의지에 의해 조절될 수 있으므로 올바른 성지식과 성에 대한 건전한 시각, 성에 대한 올바른 사고와 감정, 태도를 길러야 한다. 또한 성이 인간의 삶에 어떤 의미를 주는지, 성에 대한 건강한 대처방법에 대한 논의와 내적 성찰이 함께 이루어져야 한다.

2) 성행동과 성적 자기결정권

성행동이란 성과 관련된 광범위한 경험으로 육체적인 행동뿐만 아니라 성행동을 통해 사랑을 하고 받아들이는 정신적, 사회적 의미까지 포함된다. 따라서 성행동은 생식과 관련된 행동 외에도 손잡기, 포옹, 입맞춤, 애무, 임신, 간접적인 성행동 등을 포함한다(전선옥, 2019).

성행동은 문화와 시대에 따라 다르게 나타나는데 오늘날 청년세대는 성숙의 가속화로 인해 성에 대한 정보와 자극에 쉽게 노출되고 있다. 성적인 자극을 유도하는 다양한 매스미디어는 젊은이들의 성에 대한 관심을 더 유도하게 하고 성행위를 거부감 없이 받아들이게 한다. 이로 인해 이성교제를 시작하면서 성적인 욕구와 각자의 가치관과 사회적 규범에서 갈등을 경험하거나 무책임한 성행동으로 곤경에 처하기도 한다. 그러나 성행동에 대한 책임은 스스로가 져야 하고, 학습이나 훈련을 통해 그리고 자신의 노력을 통해 얼마든지 성행동을 조절하고 현명하게 대처할 수 있다.

성행동은 성태도에 영향을 받는데 허용적인 성태도를 가질수록 성행동이 더욱 개방적이다(조승희, 2011). 특히 성관계는 두 사람의 상호작용 속에서 이루어지는 과정으로, 두 사람의 관계를 고려해야 하며 친밀한 관계에서 성적 의사결정에 의해 이루어져야 한다. 하지만 원치 않거나 상대의 일방적인 강요에 의해 이루어질 경우 이에 대한 분명하고 명료한 거부의사를 표현하여야 한다. 이때 성적 자기결정권을 발휘하여야 한다.

성적 자기결정권이란 연인 간의 성적인 상황에서 자신의 신체에 대한 주인의식을 가지고 자기감정의 균형, 자신의 이득, 자부심, 사회적으로 떳떳함 등을 추구하는 자율성을 행사할 수 있는 능력을 의미하는 것(신상숙, 2001)이며 성적 자율성이라고도 한다. 즉, 다른 사람이나 사회의 간섭이나 강요에 의하지 않고 자신의 의지와 판단에 따라 자율적으로 성적 행위를 결정하는 권리이며, 자신이 원하지 않는 성적 행위에 분명하게 거부하고 거절할 수 있는 권리, 상대방의 성적 수치심, 모욕감을 느끼는 말이나 행동에 대해 분명하게 반대 의사를 밝히는 것을 포함한다. 다시 말하면 자신의 의지와 판단에 따라 책임성 있게 자신의 성적인 행동을 결정하고 선택하는 권리라고 할 수 있다. 따라서 성적 자기결정권은 자신이 원하지 않거나 안전하지 않다고 판단되는 성 접촉 상황에서 자신을 보호하고 안전한 성 건강을 유지하기 위해 중요하다.

쉬어가기

나의 성적 자기결정권 인식은 어느 정도일까?

다음의 내용에 대해 자신의 견해와 같은 답변을 ①~⑤ 중에 선택하여 V 표시를 하시오.

① 매우 그렇지 않다 ② 그렇지 않다. ③ 보통 ④ 그렇다 ⑤ 매우 그렇다

	내용	①	②	③	④	⑤
1	좋아하다가도 싫어지는 감정이 생길 수 있다는 걸 인정하고 받아들일 수 있다.					
2	나는 나의 성적 욕망이나 지식에 대해 상대에게 이야기할 수 있다.					
3	상대에게 화났을 때, 고마울 때 나의 감정을 상대에게 표현할 수 있다.					
4	상대가 어떻게 반응할지 걱정되더라도 감정을 감추거나 왜곡하지 않는다.					
5	상대의 일방적인 요구에 대해 '부당함'을 이야기할 수 있다.					
6	나는 원하지만 상대가 싫다고 하면 강요하지 않고 상대의 의사를 존중한다.					
7	나는 여전히 좋아하는데 상대는 헤어지려할 때 억지로 붙잡지 않는다.					

8	나는 나의 성적인 욕망에 대해 그대로 인정한다.					
9	나는 나에게 맞는 안전한 피임법에 대해 알고 있다.					
10	성적 욕망이 생기면 나름대로 해소할 수 있는 방법을 알고 있다.					
11	성관계 의사 없이도 상대와 여행을 함께 할 수 있다.					
12	내 감정과 느낌이 소중한 만큼 상대의 상태를 충분히 고려할 수 있다.					
13	상대의 감정을 통제하기 위해 내 감정을 과장, 왜곡 표현하지 않는다.					
14	합의된 신체적 접촉(예: 키스)을 하는 중에 내 맘대로 다른 행동을 하지 않는다.					
15	상대의 신체적 접촉에 대한 제안을 내가 원하지 않을 경우엔 거절할 수 있다.					
16	연애하고 싶은 사람이 생길 때 상대에게 제안해 볼 수 있다.					
17	나는 사람을 사귈 때 '이 사람은 내꺼다'라는 생각을 우선하지 않는다.					
18	내가 고백했을 때 상대가 관심 없다고 말해도 자존심 상하지만 받아들일 수 있다.					
19	상대가 취해서 정신없을 때를 기회로 평소에 원했던 접촉을 시도하지는 않는다.					
20	성적으로 끌리는 대상이 있으면 상대방의 동의를 구하면서 성관계를 제안할 수 있다.					

〈평가〉

- 93점 이상: 파란불! 비교적 안전합니다. 실전에서도 잘 할 수 있으면 좋겠습니다.
- 80점~92점: 노란불! 잘하고 있지만 좀 더 노력합시다.
- 80점 이하: 빨간불! 위험! 훈련이 필요합니다. 원치 않는 임신, 낙태의 가해자나 피해자가 될 수도 있습니다.

출처: 한양대학교 양성평등센터(www.ehrc.hanyang.ac.kr), '성적자기결정권 테스트'에서 발췌 및 보완.

4. 남녀의 심리적 특성

1) 남녀의 심리적 특성

남녀의 특성은 호르몬이 분비되는 두뇌에서부터 차이가 있다. 여성은 남성보다 감각 중 청각, 후각, 촉각이 더 예민하고 민감하다. 우뇌의 정서와 좌뇌의 언어영역이 더 잘 연결되어 직관력, 의사소통 기술이 남성보다 뛰어나다. 또한 타인과의 관계에서 상호작용을 하려고 하고 교류를 중요시 여긴다. 남성은 한 가지 일에 집중력이 뛰어나고, 공간지각력이 뛰어나다. 또한 문제해결능력에 있어 더 실용적이어서 자신에게 이익이 되는 방식으로 문제를 해결하려고 한다. 이를 통해 여성은 남성보다 인간관계성과 친밀감을 중요시 하고 타인과의 관계에 더 관심이 많기 때문에 성공여부도 잘 파악하며, 정서나 마음과 관계되는 일에 더 실용적이라 심적으로 남성보다 강한 면을 발견할 수 있다(문혁준 외, 2014).

좀 더 구체적으로 남녀의 성격 특성과 심리적 특성을 알아보자. 먼저 남성과 여성의 성격 특성을 살펴보면 다음과 같다(홍길회, 황정해, 2012).

첫째, 남성은 목표 지향적이고 여성은 관계 지향적이다. 즉, 남성은 능력, 업적, 성공 등을 중요시하고 사회적으로 인정받을 때, 여성은 사랑, 조화, 협력관계 등을 중요시하고 사랑받고 있을 때 행복감을 더 많이 느끼는 경향이 있다. 둘째, 남성은 감정표현을 억제하는 경향이 있고 여성은 감정표현을 자유롭게 하는 경향이 있다. 그래서 여성은 문제가 생기면 자신의 마음을 공유할 누군가를 찾고 말을 하면서 위로받기를 원한다. 셋째, 남성은 이론적이고 논리적이며 추리하고 판단하는 경향이 있다. 이에 비해 여성은 감정적이라 느낌이 많이 작용하며 직관력이 우수하여 주변 상황을 잘 파악하는 경향이 있다. 따라서 여성은 어떤 사실을 추측해낼 수 있는 능력이 있어 사물을 통합적으로 볼 수 있는 경향이 강하다. 넷째, 남성은 대화의 주목적이 정보교환이고 이성과 대화를 하기보다는 자신의 취미생활을 함께 하기를 원하는 경향이 있다. 여성은 관계를 향상시키려 대화를 하려는 경향이 있고, 서로 간의 친밀감을 높이는 것이 주목적이다. 다섯째, 남성은 사실을 중요시하기에 어떤 상태를 그대로 단순하게 받아들이는 경향이 있고, 여성은 감정을 중요시하기에 모든 것을 인간관계와 연관하여 생각하고 감정을 개입하여 생각하는 경향이 있다. 여섯째, 구애방법에 있어서도 남성은 능동적이고 직접적이며 확실하지만 여성은 수동적이고 간접적인 경향이 있다. 그러나 전통적으로 남성이 구애자, 여성이 구애를 받고 그러기를 원하는 경향으로 알려져 있으나, 현대사회는 이러한 전통적 행동방식을 깨고 남성보다 여성이 더 적극적이고 열애적인 경향을 보인다.

이러한 남녀의 성격 특성을 이해한다면 심리적 특성(Moir & Jessel, 1992/2009) 또한 이해할 필요가 있다.

첫째, 남성의 경우 연애를 할 때 여성보다 언어적 표현이 서툴기 때문에 사물로 표현하는 것이 애정을 표시하는 연애 기술이고 전략적이라 생각한다. 그렇기 때문에 초콜릿, 보석, 꽃 등으로 애정을 표시한다. 그러나 여성의 경우 선물보다는 선물 속에 담긴 연애카드나 연애편지에 더 감동을 받는다. 이처럼 남성이 언어표현에 미약하다는 사실을 인지한다면 기대하는 방향이 서로 달라야 한다.

둘째, 여성은 남성이 생각하는 긍정적인 상황이나 부정적인 상황, 고민 등을 공유하기를 원하지만 남성은 여성이 자신의 생각을 알 것이라 생각한다. 그러나 여성의 경우 남성이 표현을 하지 않으면 알 수 없고 자신의 속마음을 얘기하지 않아 자신이 남성에게 중요한 존재가 아니라고 자각하면서 실망한다. 이러한 연구 사례를 보면 한 남성에게 자신의 애인을 위해 애정을 보이도록 하는 실험을 한 결과 그 남성은 애인의 차를 닦아 주고, 식사 초대, 배를 함께 타거나 축구경기를 같이 보러 가는 등으로 애정을 표현하였다. 하지만 애인은 남성이 자신의 비밀을 공유해 주는 것만으로도 애정을 느끼고 있었다.

셋째, 남성의 경우 기분이 좋지 않을 때는 더욱 대화하려 하지 않는다. 이는 자신의 생각에 빠져 들게 하는데 자신의 남성다움을 나타내고 강하지 못한 면을 드러내고 싶지 않은 마음에서이다. 이는 성역할 고정관념에 의해 남성이 말이 많으면 안 된다는 인식 때문이다. 여성의 경우 기분이 좋지 않을 때는 자신의 기분을 풀기 위해 많은 대화를 시도하려 하는데, 이러한 대화를 통해 자신의 감정을 풀기도 하고 공감하는 경향이 높다.

넷째, 스트레스 상황 시 남성의 경우 스트레스를 받으면 언어적 표현보다 땀을 흘리는 운동 또는 작업에 몰두한다. 겉으로 드러나는 태도는 냉정하고 상대가 뭐라 얘기해도 듣지 못하거나 부주의하고 반응이 없으며 건성으로 대하게 된다. 이런 태도에 여성은 좌절감과 상실감을 느끼게 된다. 여성의 경우 스트레스를 받으면 상대방과 이야기를 하면서 해소하고 대화를 통해 위로받기를 원한다. 이것을 볼 때 여성은 문제해결보다 스트레스를 받아 상처받은 자신의 감정을 먼저 표현하는 것을 알 수 있다.

이상과 같이 남녀의 성격 특성과 심리적 특성을 알아보았다. 남녀관계에서 서로의 정서적 기대와 충족이 일치하는 것은 쉬운 일이 아니다. 따라서 남녀 모두 자신의 방식대로 사랑을 표현하는 것이 아니라 상대방의 입장에서 생각하고 느끼고 반응하는 방식을 고려하고 자신과 어떻게 다른지 터득할 필요가 있다. 또한 서로의 심리적 특성을 이해하고 배려하며 노력하는 것이 필요하다.

2) 남녀의 의사소통 방법

남녀 의사소통 방법의 차이에 대해 많은 심리학자들은 비록 남녀가 같은 어휘를 사용한다 하더라도 서로 다른 의미로 사용된다고 하였다. 그 이유는 남성의 언어는 사실전달 중심, 여성의 언어는 감정표현 중심의 언어를 사용하기 때문이라고 한다. 두뇌 구조를 보더라도 남성은 공간지각력과 관계되는 오른쪽 두뇌를 많이 사용하고, 여성은 언어지각력과 관계되는 왼쪽 두뇌를 많이 사용한다. 따라서 여성이 남성보다 언어 기능이 발달되어 있다(홍길회, 황정해, 2012). 좀 더 구체적으로 남녀의 의사소통 방법의 특징을 알아보자(허혜경, 박인숙, 2015).

먼저 여성의 의사소통 방법은 다음과 같다. 첫째, 사소한 대화를 즐긴다. 수다떨기를 좋아하고 그 과정에서 서로의 의견을 나누고 감정을 주고받으면서 친밀감을 느낀다. 둘째, 문제해결보다는 과정을 중시한다. 대화 과정에서 상대로부터 지지와 관심 받기를 즐긴다. 즉, 대화의 결론이나 해결보다는 그 과정에서의 감정을 묘사하고 잘 들어 주기를 바란다. 셋째, 대화를 통해 공감과 정서적인 지지를 원한다. 대화할 때 상대가 맞장구쳐 주기를 원하고 이러한 과정의 정서적 지지를 원한다. 넷째, 대체로 부드러운 억양으로 대화하기를 원하기 때문에 대화를 통해 다정다감한 정을 느끼고 싶어 한다. 다섯째, 남성의 목소리에 민감하다. 남성의 전화 목소리와 대화 음성이 부드러우면 더 호감을 느낀다. 여섯째, 남성과 대화를 할 때 대체로 수동적이고 주저하는 경향이 있다. 사회화 과정에서 남성이 먼저 다가와 적극적으로 대화해 주기를 기다리는 편이다. 일곱째, 친밀감을 추구하고 외로움을 회피하기 위한 대화를 원한다. 여성의 대화는 서로 가까운 감정을 느끼려고 하는 목적에 있다. 여덟째, 순차적이고 논리적이기보다는 전체적인 관점을 반영하여 대화하는 경우가 많다. 즉, 전체적인 관점과 여러 가지 가능성을 함께 고려해 생각하는 경우가 많다. 예를 들면, 사업하려는 남편에게 만일을 대비하여 계획대로 안 될 경우나 혹시 실패하였을 경우를 고려하여 남편에게 조언을 하는 경우가 많다.

남성의 의사소통 방법은 다음과 같다. 첫째, 정치적인 문제나 스포츠 등에 관한 대화를 좋아한다. 자신의 삶이나 사소한 대화의 주제를 가급적 회피하려고 한다. 하지만 정치나 스포츠에 관한 최근 정보를 수집하면 자연스러운 대화에 많은 도움이 된다. 둘째, 문제해결 중심의 대화에 관심을 갖는다. 사랑하는 연인의 이야기를 들으면 보호본능이 발동하면서 문제를 해결하고 처리해주려는 시도를 한다. 셋째, 설교식 대화를 좋아한다. 원칙에 근거하여 논리를 전개하는 대화 방식을 한다. 평소에 대화가 적거나 안하더라도 한 번 대화를 하면 길게 설교식으로 하는 경우가 많다. 넷째, 대화 도중 자존심이 상하지 않을까 민감한 반응을 보인다. 여성에게 인정받고 체면을 유지하려는 욕구가 강하다. 다섯째, 선형적, 직선적 방식의 대화이다. 어떤 문제 발생 시 논리적으로 사건을 순차적인 발생 관점에서 분석하고 핵심 요소를 파악하려고 한다. 여섯째, 사생활을 다른 사람에게 공개하는 것을 싫어한다. 자기에 관한 사적인 이야기를 남에게 하는 것을 싫어하는데 이로 인해 여성이 자신을 흉보거나 배신하는 행위로 간주해 기분상해 하거나 상처받기도 한다. 이는 자신의 체면을 지키고자 하는 마음이 강하기 때문이다. 일곱째, 대화 도중 상대방에게 도전하고 대화에 끼어드는 경향이 있다. 대화를 통해 자신의 위치(지위)를 과시, 확인하려하고 타인을 통제하려는 경향이 있다. 이는 여성이 볼 때 자신을 무시하거나 공격하는 것으로 오해를 일으키기도 한다. 여덟째, 여성이 불평을 많이 하거나 요구 사항이 많으면 철회하려는 경향이 있다. 여성과 대화할 경우 자신을 존경하는지 공격하는지를 보면서 여성의 대화 의도를 파악하려는 경향이 있다. 즉, 상대 여성이 말이 많고 요구 사항이 많으면 자신을 싫어하거나 존경하지 않아서 그렇다고 오해한다. 그래서 자존심이 상하거나 상처를 받고 동시에 방어적인 태도를 보여 공격하는 경우가 많다. 또한 상대의 의견을 귀담아 듣지 않고 흘려버리는 벽 쌓기로 대응하기도 한다.

앞에서 설명한 남녀의 의사소통 방법의 특징을 통해 여성은 남성에게 요구하거나 바라는 사항이 있을 경우 명확하고 구체적으로 표현해야 하고, 남성이 말을 하지 않을 때 자신이 어떻게 받아들일지, 상대가 필요한 것이 무엇인지, 어떻게 도움을 제공할 것인지를 생각할 필요가 있다. 그리고 남성은 여성이 간접적으로 이야기하거나 암시적으로 이야기하는 경향성을 고려하여 여성이 말하려는 의도를 파악하고 부드러운 목소리로 친근하게 공감하는 대화를 해야 함을 기억할 필요가 있다.

쉬어가기

남녀의 대하에서 나타나는 반응의 차이를 짐작해보자

남성의 반응	질문 및 대화	여성의 반응
예쁘냐?	미팅할래?	자는 있어?
예쁘냐?	여동생 있어.	맨날 싸우겠다.
예쁘냐?	나 여자 친구 생겼어.	그래? 잘 됐네~
예쁘냐?	어제 나이트에서 부킹을 했는데….	누군데? 너 혼자 나이트 갔냐?
예쁘냐?	어제 탤런트 누구더라… 암튼 봤다!	실물은 별로지?

출처: 문혁준 외(2014). 결혼과 가족, p.92.

3) 남녀의 의사소통 향상의 방법

남녀의 원만한 의사소통을 위해서는 구체적인 대화 내용이 제시될 필요가 있다. 도움이 되는 대화 방법을 제시하고자 한다(허혜경, 박인숙, 2015에서 재인용).

첫째, 말하기 전에 자신이 표현하고자 하는 것이 무엇인지 말하고자 하는 것이 무엇인지 자신의 입장을 구체적으로 정리한다. 둘째, 상대에게 요구할 때는 한꺼번에 요구하지 말고 가장 중요한 것부터 순차적으로 이야기한다. 한 번에 많은 요구 사항을 제시하는 것은 상대방 입장에서는 당황하거나 힘들어 하는 경우가 많다. 셋째, 가능하면 현재에 초점을 두고 요구 사항을 간결하면서 구체적으로 분명하게 표현한다. 이때 배경 설명을 장황하게 하거나 과거 일을 들

춰내는 것은 삼가야 한다. 넷째, 상대방에게 명령식으로 말하지 않는다. 이는 거부하고자 하는 마음이 일어난다. 일방적으로 이야기하지 말고 상대방도 의견을 제시할 수 있는 기회를 준다. 다섯째, 상대방을 비난하거나 비판하는 말투로 시작하지 않도록 한다. 가급적이면 상대의 좋은 점을 칭찬하고 난 후 원하는 것을 구체적으로 말하는 것이 좋다. 여섯째, 상대방의 의견을 자주 물어본다. 자신의 이야기를 한 후 상대방이 어떻게 생각하는지 묻고 대답할 기회를 준다. 일곱째, 말로 하기 힘들면 편지를 쓴다. 표현력이 부족한 남성이 글로 쓴 내용은 감동적이어서 여성에게 많은 긍정적인 효과를 얻을 것이다. 편지쓰기는 자신이 상대방에게 원하는 것이 무엇인지 구체적으로 쓰면서 자신의 감정을 표현하는 데 도움이 된다.

쉬어가기

남성 콤플렉스 척도

아래의 내용에 대해 자신의 생각을 ①~④까지의 척도 중 선택하여 답해 보세요.

		전혀 그렇지 않다 ①	대체로 그렇지 않다 ②	대체로 그렇다 ③	매우 그렇다 ④
1	나는 일에서 성공하는 것을 생의 목표로 삼고 있다.				
2	나는 가족을 위해 돈을 벌어야 한다.				
3	나는 과중한 일도 서슴없이 한다.				
4	남자는 가족의 존경을 받아야 한다.				
5	남자는 주장을 굽혀서는 안 된다.				
6	나는 감정적이기보다는 이성적이다.				
7	남자는 항상 자부심이 강해야 한다.				
8	남자는 사소한 일에 불평하지 말아야 한다.				
9	나는 고통스러워도 내색하지 않는다.				
10	나는 남 앞에서 걱정거리를 늘어놓지 않는다.				
11	거칠어 보이는 남자가 좋다.				
12	남자는 경우에 따라 주먹을 쓸 수 있다.				

13	나는 약해 보이는 것이 싫다.				
14	남자는 육체적으로 강해야 한다.				
15	남자는 모험을 즐길 줄 알아야 한다.				
16	나는 '여자 같다' 라는 말을 들으면 기분이 나쁘다.				
17	요리나 바느질 하는 남자는 매력 없다.				
18	남자는 간호사, 보모 일을 해서는 안 된다.				
19	파마나 액세서리 등 치장하는 남자는 보기 흉하다.				
20	남자가 남 앞에서 우는 것은 부끄러운 일이다.				

- 60점 이상: 남성우월주의를 내세우는 사내대장부형
- 41~59점: 이상적인 남성형은 알고 있으나 남성으로서 부담을 버리고 안주하려는 갈등형
- 40점 이하: 자신의 감정을 솔직하게 표현하고 여성과 협력하고자 하는 수용형

출처: 여성을 위한 모임(1994). '일곱가지 남성 콤플렉스'에서 발췌 및 보완.

쉬어가기

착한 여자 콤플렉스 척도

아래의 내용에 대해 자신의 생각을 ①~④까지의 척도 중 선택하여 답해 보세요.

		전혀 그렇지 않다 ①	대체로 그렇지 않다 ②	그저 그렇다 ③	대체로 그렇다 ④	매우 그렇다 ⑤
1	기분 나쁜 일이 있어도 사람들이 보는 앞에서는 싫은 내색을 하지 않는다.					
2	여자답다는 칭찬을 듣기 위해 의식적으로 얌전하고 조용하게 행동한다.					
3	텔레비전이나 드라마에서 적극적이고 자기주장이 강한 여성이 남편과 갈등을 빚어 불행해지는 내용을 볼 때 당연한 결과라고 생각한다.					
4	남자들과 잘 어울리고 자기의견을 분명히 밝히는 여자는 불쾌하다.					
5	여성이 먼저 남성에게 데이트를 신청하거나 전화를 거는 것은 여자답지 않다.					
6	여성은 가정에서 가족을 돌보고, 남성은 바깥일을 하는 것은 당연하다.					

7	여자의 가장 큰 목표는 현모양처가 되는 것이다.					
8	미팅이나 남성을 만날 때 무조건 여성답게 보이기 위하여 바지보다는 치마를 입을 때가 있다.					
9	규칙이란 무조건 따라야 하며 지키지 않았을 때는 벌을 받아야 한다고 생각한다.					
10	학교나 단체에서 남자는 회장, 여자는 부회장을 맡는 것이 당연하다.					
11	진학, 결혼, 취직문제와 같은 중요한 결정은 주위 사람(부모, 남편, 남자친구)의 판단에 따르는 것이 좋다.					
12	토론할 때 자신과 다른 의견이 있을지라도 문제를 일으키지 않기 위해 침묵하는 경우가 많다.					
13	하고 싶지 않은 일도 다수가 결정한 경우에는 할 수 없이 그대로 따르는 편이다.					
14	지하철 같은 공공장소에서 성과 관련된 이야기를 하거나 잡지를 보고 싶어도 주위의 시선을 의식하여 참는 경우가 많다.					
15	여자가 남자에게 먼저 성관계를 요구해서는 안 된다고 생각한다.					
16	결혼 전까지 여자는 육체적으로 순결해야 한다고 생각한다.					
17	속담에 '여자 팔자 뒤웅박 팔자'라는 말이 있는데, 정말 맞는 말이라고 생각한다.					
18	여자는 결혼을 잘하는 것이 사회에서 성공하는 것보다 낫다.					
19	결혼할 상대자는 나보다 뛰어나고 키가 크며 연상이기를 원한다.					
20	칭찬받는 것을 좋아하지만 막상 칭찬을 듣게 되면 마음에도 없는 가식적인 말로 느껴져 기분이 나쁘다.					

- 80점 이상: 이들은 착한 여자, 상냥하고 관대한 여자라는 말을 듣는 여성으로 헌신적으로 타인을 위하고, 주변 사람 마음대로 좌우되면서도 그냥 참는 형이며, 자신이 이 콤플렉스에 빠진 줄도 모른다.
- 60점 이상: 정도의 차이는 있으나 알게 모르게 착한 여자 콤플렉스에 빠져 있다.
- 60점 이하: 콤플렉스는 그다지 나타나지 않으며, 자신의 능력과 가능성을 발휘하여 자립적인 삶을 추구하는 여성이다.

출처: 여성을 위한 모임(1992). '일곱가지 여성 콤플렉스'에서 발췌 및 보완.

Chapter

04 이성교제

1. 이성교제의 이해

1) 이성교제의 의의

이성교제(dating)란 남녀가 지속적으로 만나 사귀는 것으로 서로를 알게 되는 과정에서 하게 되는 다양한 활동과 친밀감을 발달시키는 과정이다. 최근에는 남녀 당사자가 스스로 이성교제를 시작하고 진행하며 종결하는 결정권을 행사하는 것이 일반적이고, 대상이 한정되지 않고, 교제 자체를 즐기며, 관계의 종결도 자유롭다. 배우자 선택에 있어서도 부모의 영향력은 감소되고 당사자가 결정권을 행사하는 경향이 증가하고 있다. 부모의 영향력 감소는 이성교제를 더욱 자유롭게 하고 낭만적이게 만드는 요인이 된다.

이성교제를 통해 이성에 대한 욕구와 흥미를 자연스럽게 표출하고 서로의 개성과 인격을 존중하는 것을 배우면서 사랑의 본질과 기쁨을 알게 된다. 또한 이성교제를 통해 자신과 이성의 성격과 특성을 이해하고 그 차이를 이해하며, 자기 자신을 상대 이성에게 투사하여 자신을 성찰하고 이해하는 계기가 될 수 있다. 즉, 자신의 성격이 상대에게 어떻게 비춰지고 반응하는지 살펴볼 수 있고, 자신의 난점을 개선할 수 있는 동기를 부여해준다. 아울러 자신이 어떤 상대와 잘 어울리고 조화를 이룰 수 있는지 느끼고 파악할 수 있는 경험과 이성에 대한 지식과 이해를 얻을 수 있는 기회가 된다. 이러한 경험을 통해 이성과 감성의 조화를 이룬 성숙한 사랑을 배우게 되는 것이다. 특히 성인기의 이성교제는 이러한 경험을 통해 친밀한 관계로 발달하여 결혼동기가 되기도 하는데, 평생을 함께 할 배우자를 만나는 기초과정이라는 점에서 중요하다. 이는 현대사회에서 결혼이 당사자 간의 사랑과 합의에 의해 이루어진다는 점에서 이성교제가 중요한 요인이기 때문이다. 따라서 배우자 선택의 해안과 원만한 결혼생활을 할 수 있는 자질을 배양하는 기회를 가지게 되는 성인기의 이성교제는 시사하는 바가 크다.

2) 이성교제의 기능

이성교제의 기능을 통해 올바른 이성교제를 하기 위한 방법을 생각해 볼 수 있다(전선옥, 2019).

첫째, 이성교제는 친밀감 충족의 기능이다. 인간은 사회적 동물로서 친밀감을 형성하고자 하는 욕구가 있다. 대학생 시기는 이성과의 의미있는 관계를 도모하며 친밀감을 형성하는 것이 중요한 발달과업으로, 특정 대상과의 이성교제를 통해 친밀감을 형성하게 된다.

둘째, 사회화의 기능이다. 이성친구와 교제를 하는 동안 이성에 대한 다양한 역할모델을 배우게 된다. 즉, 이성에 대한 적응력을 키우고 이러한 경험을 통해 대인관계 기술을 습득하게 되어 다른 사람과 어울리는 방법과 예의범절을 익히게 된다. 따라서 이성교제가 사회인으로서 성인남녀의 역할 수행을 위한 준비이며 사회적 기술을 배우는 수단이 될 수 있다.

셋째, 이성에 대한 적응의 기능이다. 이성을 사귀고 친해지는 가운데 다양한 성격의 이성을 경험하면서 자신에게 맞는 이성에 대한 안목을 키울 수 있다.

넷째, 인격도야의 기능이다. 자신의 행위가 상대방에게 어떤 영향을 주는지 그로 인해 자신의 행동을 의식하고 자제하는 반응을 보일 수 있다. 또한 자신의 장단점을 알게 되고 문제와 갈등상황이 생겼을 때 대처하고 해결 방법을 배움으로써 자기 반성과 자기 성장의 기회를 가질 수 있다.

다섯째, 오락적 기능이다. 이성과의 만남을 통해 서로 즐겁고 기쁨과 재미있는 시간을 가질 수 있어서 생활에 즐거움과 활기를 줄 수 있다.

여섯째, 배우자 선택의 기능으로 이성교제를 통해 자신과 조화를 이루며 잘 어울리는 상대의 특성을 경험하고 사랑할 수 있는 배우자를 선택하는 기회로 활용할 수 있다. 이로 인해 자신의 이상형과 현실에서 좋아할 수 있는 이성과의 차이를 깨닫게 된다. 결혼의 행복과 불행은 자신이 선택한 사람에 의해 영향을 받기 때문에 이성교제를 통해 자신과 가장 잘 어울리고 사랑할 수 있는 배우자를 선택하는 것은 매우 중요하다.

3) 이성교제에 영향을 미치는 요인

그렇다면 이성교제에 영향을 미치는 요인은 무엇일까? 남녀가 특정 이성에게 이끌리고 매력을 느끼며 점차 가까워지는 것은 다음과 같은 요인(전선옥, 2019; 정옥분, 정순화, 2014) 때문일 가능성이 높다. 첫째, 근접성(proximity)이다. 근접성은 이성 간의 이끌림에서 가장 중요한 결정 요인이라 할 수 있으며 친밀감 형성에 중요하다. 자신과 가까이 살거나 같은 직장에 다니거나 동호인 모임, 종교활동 등 근접할 가능성이 있는 경우 이성교제 대상을 선택하게 될 가능성이 크다. 이러한 과정을 통해 가까이 있으면서 자주 보게 되는 사람에게 익숙해져 그 대상에게 호감이 일어나게 된다. 둘째, 유사성이다. 상대방과 가치관, 태도, 종교, 관심, 지적인 능력, 신체적 매력 등이 서로 유사한 사람들끼리 사귈 가능성이 높다. 셋째, 호혜성이다. 상대방을 좋아하는 만큼 상대방도 자신을 좋아하는 것으로 보는 경향성을 말한다. 이러한 관계는 이성교제를 지속시키고 유지하는 데 필요하다. 넷째, 신체적 매력이다. 근접성과 유사성이 있더라도 용모나 행동에 끌리지 않으면 이성교제로 이어지기 어렵다. 따라서 신체적 매력은 첫인상과 호감에 큰 영향을 미치는 것으로 교제를 지속할 것인지 결정하는 데 영향을 준다. 주의할 사항은 외모에 대한 선호도는 주관적이라 사람마다 다를 수 있으므로 자신만의 개성을 만드는 것이 필요하다. 다섯째, 바람직한 성격이다. 이성이 성실하고 정직하고 배려심이 있고 의존할 만한 사람이라면 호감도가 높을 것이다.

읽을거리 **그 사람이 나와 잘 맞는지 알아보는 방법**

사람들은 때때로 성적 욕구, 혼자 있는 것에 대한 두려움, 경제적 안정이나 다른 사회적인 이점 등으로 인해 자기가 느끼는 감정을 사랑인 것처럼 생각하려는 경향이 있다. 따라서 결혼을 하기 전에 파트너에게 다음 질문들을 자기 스스로에게 해볼 필요가 있다.

1. 그(그녀)에게는 가까운 친구가 있는가?

친밀한 우정을 즐기고 가꾸어 온 사람은 이 성향을 결혼생활에서도 잘 활용할 수 있다. 하지만 어느 누구도 그(그녀)를 가까운 친구로 여길 만큼 충분히 좋아하지 않는다면, 당신은 왜 그(그녀)를 좋아하는지 이상하게 생각되지 않는가?

2. 당신은 친구나 친척들에게 그(그녀)를 소개시키는 일을 미루고 있는가? 또 그(그녀)는 그(그녀)의 친구나 친척들에게 당신을 소개시키는 일을 미루고 있는가?

왜 그런가? 파트너를 당신에게 가장 중요한 사람들에게 보여주기를 주저한다는 것은 당신이 아직 확신을 하지 못하고 있다는 징표이다.

3. 사랑하는 사람으로서의 관계는 끝날지라도 서로를 친구로 여기는 관계는 여전히 유지하겠는가?

어떤 연인들에게는 이것이 불가능하게 보인다. 그러나 여기서의 질문은 두 사람이 성적으로 더 이상 친밀하지 않게 되는 상황일지라도 함께 하기를 원하는 만큼 충분한 존중과 관심을 나누고 있는가이다. 결혼은 성적 매력만큼 동반자 의식도 포함된다.

4. 당신은 그(그녀)와 침대에 함께 있게 되는 상황에서 벗어나고 싶은가?

이 질문에 '그렇다'라고 대답하는 것은 두 가지 문제 중 하나를 지적한 것일 수 있다. 즉, 궁합이 안 맞든지, 아니면 당신의 파트너가 당신과는 상당히 다르게 친밀한 관계에서 성을 중요하게 생각하든지 둘 중의 하나일 것이다.

5. 그(그녀)가 다른 사람을 대하는 방식에 만족하는가?

그(그녀)가 다른 사람을 멸시하거나 무례하게 군다면(심지어 신체적 폭력까지도 한다면), 당신도 결국에는 그와 같은 취급을 당하게 될 것이다. 그(그녀)의 가족이나 친한 친구들과 함께 있을 때 그(그녀)의 행동을 탐색해 보라. 그(그녀)가 당신을 그렇게 대해주면 좋겠다고 생각하는 방식으로 그들을 대접하지 않는다면 그(그녀)는 당신과 잘 안 맞은 사람이다. 지금은 교제 중이기 때문에 당신이 예외로 다루어질 수 있지만 나중엔 그렇지 않을 수 있다.

6. 그(그녀)가 성적으로 어떠한지를 알고 있는가?

7. 당신이 그(그녀)를 만나기 전의 삶이 자극적이고 만족스러웠는가?

당신의 불만족스러운 삶을 멋진 것으로 바꾸는데 그(그녀)가 필요하다고 해서 절대로 당신 자신을 다른 누군가에게 구속시키지 말라.

8. 당신은 가끔 그(그녀)와 함께 하는 미래가 행복할지에 대해 걱정이 되는가?

약간의 불만은 정상적인 것이지만 그 걱정이 점차 커져서는 곤란하다. 낙관할 수 없을 정도로 걱정이 많이 된다면 이것은 경고의 표시이다.

9. 당신이 그(그녀)와 함께 이야기할 수 없는 금기주제가 있는가?

좋은 관계란 신뢰, 존중, 자발성, 스트레스가 없는 것 등에 기초한다. 거의 어떤 것이라도 자유롭게 말할 수 있어야 한다. 관점은 아주 다르게 가질 수 있겠지만 금기시하는 주제가 많아서는 안 된다. 특히 관계에 관련되는 화제들은 결코 금기가 될 수 없다.

출처: Lamanna, M. A. & Riedmann, A.(1988): 정아란, 유정희(2014). 대학생을 위한 행복한 성과 결혼, pp.103-104.

2. 이성교제의 발달과정

1) 이성교제의 발달 단계

이성교제를 통해 남녀는 교류를 하면서 서로를 알아가고 원만한 관계를 맺게 된다. 현대사회는 통신의 발달과 대중매체의 영향으로 이성교제에서도 빠른 변화를 보이고 있다. 이성에 대한 자신의 감정을 전달하기 쉬워졌고 사랑 또한 쉽게 표현할 수 있게 되었지만 갈등 또한 쉽게 경험하기도 한다. 대중매체의 영향으로 이성에 대한 이상형이 뚜렷해지다 보니 외향적 모습을 추구하려는 경향과 자신의 미래를 보장할 수 있는 상대를 얻고자 하는 경향이 있다.

이성교제의 양상과 태도는 사회마다 문화적 배경이 달라 일정하지 않다. 그러나 두 남녀가 애정과 친밀감을 느끼게 되고 서로 사랑하게 되면서 만남의 횟수가 증가하여 이성관계로 점차 발전하게 된다는 것은 공통적인 것 같다.

사회심리학자들은 인간관계의 심화과정을 사회적 침투(social penetration)라 지칭하고 있는데 이는 남녀가 서로 사랑하는 이성관계에서도 적용된다. Altman과 Taylor(1973)는 이를 적용하여 이성관계의 발전과정을 사회적 침투과정 5단계로 설명하고 있다. 그 내용을 제시하면 다음과 같다(허혜경, 박인숙, 김혜수, 2017; Altman & Taylor, 1973).

1단계는 첫인상 단계(first impression stage)이다. 이 단계는 이성의 외모나 행동을 관찰하면서 첫인상을 형성하게 된다. 상대방에게 호감이 가게 되면 관심과 함께 더 알고 싶은 마음이 생겨 개인적인 정보를 알기 위해 노력한다.

2단계는 지향 단계(orientation stage)이다. 이 단계는 상대방에게 좋은 인상을 주려 노력하며 상대방이 자신에게도 호감을 갖고 있는지 탐색한다. 상대방에게 긍정적으로 보이려 노력하게 되며 개인적 정보에 근거하여 관계 지속성 여부를 결정하지만, 대부분 이 단계에서 만남이 끝나는 경우도 있다. 만약 이 단계에서 상대방으로부터 거부를 당할 수는 있으나 마음의 상처는 크지 않다.

3단계는 탐색적 애정교환 단계(exploratory affective exchange stage)이다. 이 단계는 초보적 애정과 사랑의 감정을 느껴 좋아하는 감정을 상대방에게 알리려 노력하고 상대방이 자신을 사랑하는지도 확인하려 한다. 과도한 애정표현은 상대방에게 부담을 주어 관계의 이탈을 줄 가능성이 높아 다소 형식적이고 초보적인 애정교환이 이루어지므로 가장 예민하고 불안정한 단계이다. 따라서 상대에게 실망이나 거부를 당해 관계가 종결될 수 있으며 이로 인해 관계 종결에 아픔을 크게 느낄 수 있다.

4단계는 애정교환 단계(affective exchange stage)이다. 이 단계에서는 서로 좋아하고 사랑하는 연인 사이라는 것을 암묵적으로 인정하고 사랑을 표현하는데 전화통화, 만남, 선물교환, 이벤트 등으로 사랑하는 마음을 전달하며 친밀감이 형성된다. 자신의 속마음을 완전히 털어놓지는 않으며 자신의 약점과 단점을 나타내지 않으려 조심한다. 하지만 상대의 사랑을 확인하고 신뢰감을 형성해 나가는 단계라 할 수 있다.

5단계는 안정적 교환 단계(stable exchange stage)이다. 이 단계에서는 서로 마음을 터놓고 대화하며 자신의 단점이나 약점을 보이기도 한다. 상대방에 대한 확신과 친밀감 및 신뢰감을 바탕으로 안정적인 애정교환이 이루어진다. 이 단계에서는 대부분 결혼약속을 하게 되며 육체적인 애정교환이 이루어지기도 한다. 그러나 결혼에 이르지 못하고 결별할 경우 상당한 아픔과 마음의 상처를 입게 된다.

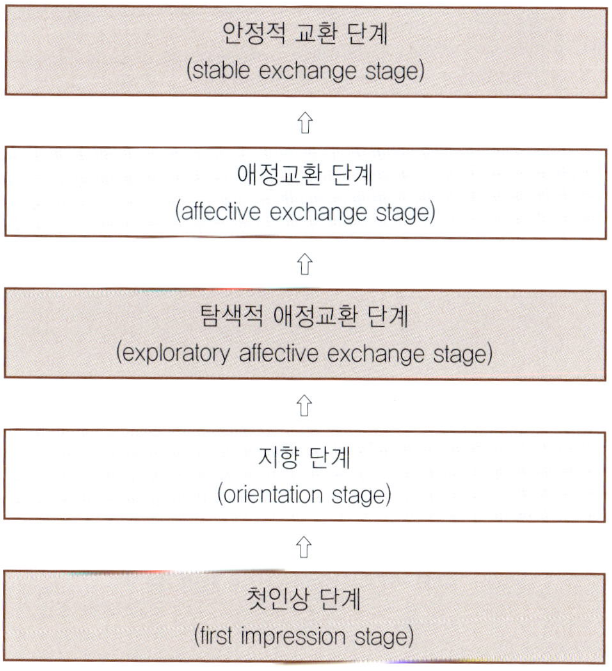

그림 4-1 이성관계 발전 과정의 사회적 침투과정 5단계

이성교제의 발달 단계를 4단계로 설명하기도 한다(문혁준 외, 2012). 1단계는 가벼운 단계(casual or random dating)에서 시작된다. 특정인이 아닌 여러 사람을 제약 없이 자유롭게 만나는 단계이다. 즉, 오락이나 고정된 데이트 상대를 구하기 위한 목적으로 자신에 대한 이해와 이성에 대한 판단 능력을 기르는 기회가 된다. 2단계는 지속적 관계의 단계(steady dating)로 자신의 관점에서 가장 매력이 있는 특정한 한 사람에게 열중하게 되며 지속적인 관계를 형성하는 단계이다. 이 단계는 상대방을 더 잘 알게 되고 애정과 의존성을 경험하게 되면서 전반적인 심리적 안정을 얻게 된다. 3단계는 진지한 단계(serious dating)로 서로 정신적으로 헌신하며 상대방에 대해 현실적인 평가를 하게 된다. 또한 장래에 대해 생각하게 된다. 마지막 4단계는 결정적 교제 단계(pinning dating)로 결혼을 전제로 만나 구혼의 단계이다. 이 단계는 정서적인 헌신과 장래를 논의하고 상대방의 가족과도 가까워지며 육체적인 친밀감 또한 증가하게 된다.

결정적 교제 단계
(pinning dating)

⇧

진지한 단계
(serious dating)

⇧

지속적 관계의 단계
(steady dating)

⇧

가벼운 단계
(casual or random dating)

그림 4-2 이성교제의 발달 단계

2) 연령별 이성교제

요즘은 이성교제를 하는 연령대가 점차 낮아지는 추세로 특히 아동이나 청소년기의 이성교제는 친구관계와 대인관계에서 중요한 의의를 가진다. 특히 사춘기가 되면 신체적 변화로 인한 성숙이 두드러지고 사고와 행동이 급격하게 변화되면서 이성에 대한 관심이 증가하게 된다. 따라서 이성에 대한 새로운 관심과 흥미를 느끼게 되고, 이성과 가깝게 지내고 싶어 하며, 친밀감을 나누고자 한다. 이 시기의 이성교제는 서로의 차이를 인정하고 존중하며 배려하는 것을 배우게 되지만, 우정의 테두리 안에서 건전한 이성교제가 이루어지도록 하여야 한다. 이성교제의 특징을 연령별로 알아보면 **표 4-1**과 같다(김양희 외, 2011).

표 4-1 연령별 이성교제 특징

연령	특징
12~15세	• 아직 이성교제에 대한 낭만적 관계를 수용하지 못하는 시기이므로 절대적인 관심을 끌지는 못한다. • 이성교제도 남학생과 여학생이 단체로 학교나 학교 외부에서 큰 부담과 걱정 없이 함께 시간을 보내는 방식으로 진행된다.
16~18세	• 이성교제가 상당히 일반화되는 시기이다. 이성과 반드시 친밀한 관계는 아니

	며 우발적으로 이루어지는 경우가 많은데, 즉 근거리에 관심을 보이는 이성을 좋아할 확률이 높아진다. • 이 시기는 이성교제의 가능성만으로도 쾌감을 갖는 경우가 많아 실제로 이루어지는 이성교제의 유형은 격식을 차리지 않는 경우가 많다. • 교제의 형태는 짝으로 이루어진 2인이 시간을 보내는 경우가 많아지며, 점차 외모를 치장하는 등 격식을 갖추는 방향으로 전환된다. 그러나 동성친구와 이성친구의 분화가 확립되지 않는 경우가 많다.
19~22세	• 점차 둘의 관계가 친밀해지며 성적인 안정을 보이며, 자기에 대한 비판력이 증가하여 자신에게 부족한 부분을 이성 및 동성친구에게서 찾길 희망하는 '이성적 연인'을 찾으려 한다. • 애정의 대상은 1인이 되고 영속적인 이성관계를 획득하게 된다. 교제의 횟수는 독립성이 인정될수록 증가하게 된다.

출처: 김양희 외(2011). 결혼과 가족, p.83.

3. 이성교제 시 고려할 사항

1) 혼전 성관계와 문제

혼전 성관계는 이성교제의 증가에 따라 남녀의 신체적인 접촉 기회가 증가하면서 가장 크게 부딪히는 문제이다(정아란, 유정희, 2014). 최근 이성교제에 대한 부모의 통제가 약화되었고, 청년들의 성에 관한 자율적 결정권이 확대되었으며, 성적 호기심을 자극하는 매체의 증가, 양성 간의 성적인 평등의식 강조, 초혼 연령의 증가 등이 혼전 성 경험에 대한 허용적인 태도를 증가시키고 있다(문혁준 외, 2012). 특히 자기표현을 적극적으로 하는 젊은 세대들은 다양한 매체를 통해 혼전 성관계에 대한 정보를 접하면서 사랑한다면 육체적 성관계가 당연한 과정으로 착각하기도 한다. 그러나 혼전 성관계에서 통제력을 상실하게 될 때 발생되는 대표적인 문제는 원하지 않는 임신이고, 이는 갈등이 원인이 될 수 있으며 정신적·육체적으로 상처를 입게 된다.

혼전 성행동에는 남녀의 태도에 차이가 있다. 특히 우리나라는 여전히 여성이 남성보다 혼전 성경험에 의한 부정적인 영향을 더 많이 받는다. 따라서 이성교제 시 자신의 성태도와 기준을 분명하게 밝히는 것이 필요하며, 성적인 관심을 조장하는 환경이나 기회를 만들지 않도록 하며, 성적 요구를 부담스럽게 하는 교제는 하지 않도록 한다.

(1) 낙태

① 낙태

낙태란 태아가 모체 밖에서 생명을 유지할 수 없는 시기에 태아와 그 부속물을 인공적으로 모체 밖으로 배출시키는 수술(김정오, 2016에서 재인용)을 의미하는 것으로 인공임신중절이라고도 한다. 낙태는 여성의 건강을 해치고 태아의 생명을 인위적으로 통제한다는 문제를 가지고 있다. 낙태로 인한 부작용으로 자궁천공, 출혈, 수술감염증, 불임 등의 위험이 따르고, 최악의 경우 사망까지 이르며 죄의식에 따른 우울증, 자살충동 등 정신적 후유증을 경험하는 것으로 보고되었다. 실제로 여성은 낙태로 인해 신체적인 부작용 문제, 아기에 대한 죄책감, 수치심, 장래 결혼에 미치는 부담감과 두려움 등 심리적인 문제를 호소하는 것으로 나타났다(박범혁 외, 2009; 조주연, 한승의, 송미승, 2006; 홍길회, 황정해, 2012). 비록 현재는 성문화가 개방되어 성의식 수준이 변했다고는 하지만, 혼전 성경험에 대한 이중 잣대는 아직도 여성에게 불리하게 작용한다. 따라서 이성교제 중인 남녀는 올바른 성태도와 현명하고 책임감이 있는 성행동을 하여야 한다.

「모자보건법」 제14조(인공임신중절수술의 허용한계)

① 의사는 다음 각 호의 어느 하나에 해당되는 경우에만 본인과 배우자(사실상의 혼인관계에 있는 사람을 포함한다. 이하 같다)의 동의를 받아 인공임신중절수술을 할 수 있다.
1. 본인이나 배우자가 대통령령으로 정하는 우생학적(優生學的) 또는 유전학적 정신장애나 신체질환이 있는 경우
2. 본인이나 배우자가 대통령령으로 정하는 전염성 질환이 있는 경우
3. 강간 또는 준강간(準强姦)에 의하여 임신된 경우
4. 법률상 혼인할 수 없는 혈족 또는 인척 간에 임신된 경우
5. 임신의 지속이 보건의학적 이유로 모체의 건강을 심각하게 해치고 있거나 해칠 우려가 있는 경우

② 제1항의 경우에 배우자의 사망·실종·행방불명, 그 밖에 부득이한 사유로 동의를 받을 수 없으면 본인의 동의만으로 그 수술을 할 수 있다.

③ 제1항의 경우 본인이나 배우자가 심신장애로 의사표시를 할 수 없을 때에는 그 친권자나 후견인의 동의로, 친권자나 후견인이 없을 때에는 부양의무자의 동의로 각각 동의를 갈음할 수 있다.

읽을거리

최근 사회적인 이슈로 낙태죄에 대한 찬반여론이 뜨거웠고 결국 법률 개정을 앞두게 되었다. 2019년 4월 11일 헌법재판소가 낙태한 여성과 의사를 처벌하도록 한 형법 제269조 제1항 자기낙태죄와 제270조 제1항 중 의사낙태죄에 대해 헌법불합치 결정을 내렸다. 즉, 임신 초기의 낙태까지 금지하면서 이를 위반했을 경우 처벌하는 것은 임산부의 자기결정권을 과도하게 침해하고 있으며, 임신한 여성의 촉탁 또는 승낙을 받아 낙태하게 된 의사를 처벌하는 것도 같은 이유에서 위헌이라고 하였다. 따라서 2020년 12월 31일까지 낙태죄 관련 법조항 개정이 이루어질 전망이며 임신 후 일정 기간 내 낙태를 부분적으로 허용하는 방식으로 법 개정이 이뤄질 것으로 예상된다. 하지만 낙태죄에 대한 논쟁은 여전히 임산부의 자기결정권과 태아의 생명존중권이라는 갈등 사이에서 해결하기 어려운 사회적 문제가 될 것으로 본다.

② 피임

오늘날 성에 대한 관점은 자신의 행동에 책임질 수 있는 성인이라면 결혼 전에 성관계를 해도 무방하다는 관점으로 바뀌고 있다. 그러나 무분별하고 책임 없는 성관계는 성병 감염의 위험과 원하지 않는 임신을 초래하는 등 남녀 모두에게 불행한 결과를 가져올 수 있다. 따라서 안전한 성생활(safer sex)을 위해 피임 등 구체적인 성교육이 강조되어야 한다. 특히 피임에 대한 지식은 인간생명 존중 관점에서 매우 중요하다.

피임(contraception)이란 생식세포인 정자와 난자의 수정현상을 막아 임신이 성립되지 못하도록 하는 인위적인 방법을 말한다. 이는 생명을 존중하고 성행위에 대한 자신의 행동에 책임지는 것이라 할 수 있다. 현재까지 알려진 피임방법에는 자연피임법, 약제를 이용한 피임법, 기구를 이용한 피임법, 수술을 이용한 피임법, 사후피임법 등 다양하다(전선옥, 2019). 하지만 아무리 발달한 피임방법이라도 가장 안전하고 완벽한 피임방법은 없다. 따라서 다양한 피임법의 장단점을 잘 파악하고 개인의 체질과 특성, 상황, 여건에 따라 자신에게 적합한 피임방법을 선택하는 것이 필요하다. **표 4-2**는 다양한 피임방법에 대해 정리한 것이다.

표 4-2 피임의 종류

종류	남성	내용	여성	내용
자연피임법	성교중단법(질외사정법)	• 성관계 시 질 밖에 사정하는 피임법 • 피임 실패율 높음	월경주기법(=자연주기법)	• 28일~32일 규칙적인 생리주기를 가진 여성의 임신 가능 시기(배란기)에 성관계를 피하는 조절법 • 부작용 없음. 실패율 매우 높음 • 규칙적인 생리주기를 가진 여성에게 비교적 효과적
			기초체온법	• 매일 아침 체온을 조사해 저온에서 고온으로 옮아가는 전후 7일간 성관계를 피하는 방법 • 체온의 변화를 활용한 피임법: 배란 시작 시 약간 하강 후 상승 → 배란 종료 시 정상 체온 → 임신 시 일정 체온 유지의 현상을 이용하는 방법
			점액관찰법	• 자궁의 경부 점막에서 분비되는 점액의 혼탁 정도와 점도의 정도에 의해 배란일을 예측하여 임신을 피하는 방법 • 생리가 끝나면 며칠 간 점액이 분비되지 않지만 배란 수일 전부터 점액 분비 시작(대체로 다음 생리 2주전, 4~6일간)
약제피임법			경구피임제	• 먹는 피임약으로 난소의 배란을 억제하는 호르몬 제제 • 간편성, 높은 피임 효과로 세계적으로 가장 많이 이용
			발포성 정제	• 질정(좌약), 크림, 젤리 등 발포성 정제는 성관계 후 자궁으로 진입하는 정자를 괴사시키는 피임법 • 성행위 10~15분 이전에 질 속 깊숙이 삽입
기구피임법	콘돔	• 성기를 덮어 정액이 자궁으로 들어가지 못하도록 하는 피임법 • 쉽게 구입 가능 • 성병예방 및 피	페미돔	• 여성용 1회용 콘돔 • 질 내부를 감싸 임신 및 성병 예방의 피임법
			다이어프램(=패서리)	• 얇은 고무로 만든 컵모양으로 앞면은 질 속 치골부위에, 후면은 자궁경관 뒤 질 후벽에 끼워 넣는 기구 • 생리기간에는 사용할 수 없음

종류	남성	내용	여성	내용
		임 효과 높음 • 피임 실패율을 줄이기 위해 올바른 사용법 숙지할 필요가 있음		• 성관계 직전 젤리를 발라 질 속에 삽입하고 성관계 8시간이 지난 후 제거 • 개인에게 맞는 크기 선택 및 올바른 장착 중요(반드시 의사의 진단을 통한 훈련 필요)
수술피임법	정관수술	• 대표적인 남성 피임법 • 정자의 통로인 수정관 일부를 절단하거나 묶어 정자의 체외 배출을 막는 피임법 • 영구적 피임법이지만 필요 시 복원수술이 가능	이식형 호르몬 피임제	• 피임 효과 외에 생리양 줄임 및 생리통 감소 효과 • 종류: 미레나, 임플라논 • 미레나: T자 모양. 자궁 내 삽입으로 매일 일정 양의 황체호르몬(레보노게스트렐) 분비로 수정란 착상을 막는 피임법. 5년 간 피임 효과 • 임플라논: 팔 안쪽 피하 부분에 얇은 막대형 피임봉(에토노게스트렐 황체호르몬 내장)을 삽입하여 배란을 억제하는 피임법. 3년 간 피임 효과
			자궁 내 장치(루프)	• 자궁강 내 피임기구(구리가 감긴 작은 기구)를 삽입하여 수정란 착상을 막는 피임법 • 피임 실패율 낮음 • 피임효과: 5~10년
			난관수술	• 난관을 묶거나, 절단하여 수정을 차단시키는 피임법 • 영구적 피임법이나 복원수술이 까다롭고 성공률이 높지 않음 • 복강경 시술 또는 제왕절개 분만 시 시술하기도 함
사후피임법			사후피임약	• 성관계 직후 고용량 복합호르몬제(고농도 에스트로겐)를 복용하여 피임을 막는 응급피임법 • 성관계 72시간 내 12시간 간격으로 2회 복용 • 성폭행, 강간 등 응급 상황 시 의사 처방 후 사용할 수 있음 • 부작용: 월경주기 불규칙, 메스꺼움

사랑에 빠진 남녀의 성적 욕구는 본능적으로 긴장상태에서 벗어나 쾌락을 추구하려는 생물학적인 동기에서 생긴다. 그러나 그 욕구를 충족시키는데 사회 문화적인 제약을 받게 되며 특정한 대상을 통해서만 충족될 수 있다. 남녀가 육체적 하나됨의 갈망이 사랑하고 있다 착각할 수는 있지만, 사랑에 의한 육체적 하나됨의 욕구는 상호 이해와 보살핌, 존경과 책임감이 수반되어야 한다는 것을 잊지 않아야 한다.

(2) 미혼모 문제

오늘날 급격한 성개방 풍조는 많은 청년들이 너무 이른 나이의 성경험으로 인해 원하지 않는 임신을 초래하기도 한다. 혼전 임신의 경우 결혼을 하거나, 낙태를 하거나, 미혼모로 남게 될 가능성이 있다. 특히 미혼모 문제는 여러 가지 심각한 사회문제 중의 하나로 점차 그 연령이 낮아지고 있고 대다수는 원치 않는 임신으로 출산을 한다.

십대 미혼모는 생물학적 미성숙으로 건강의 위험을 수반하고 죄책감, 수치심으로 우울증이나 약물중독의 위험에 빠질 가능성이 높다. 또한 학업 중단, 부적절한 산전관리, 불충분한 영양섭취 등으로 저체중, 조산, 신체결함 등의 태내 결함이 높으며, 사생아로 태어날 확률이 높다(홍길회, 황정해, 2012). 따라서 미혼모 예방을 위한 성교육과 책임감 있는 성의식, 자신의 삶에 대한 확고한 의지를 가지도록 하는 것이 필요하겠다.

혼전 임신 예방을 위해 이성교제를 하는 남녀가 유의해야 할 사항은 다음과 같다(Papalia, Olds & Feldman, 1989/1992).

첫째, 누군가가 "나를 진심으로 사랑한다면서 성관계를 갖자."고 말한다면 그것을 경계한다.

둘째, 성행위는 결코 사랑의 담보가 아니다.

셋째, 피임법을 사용하지 않고 성관계를 갖는 것은 낭만적이 아니라 어리석은 것이다.

넷째, "안 돼요."라는 말은 입으로 하는 완벽한 피임법이다.

다섯째, 성관계를 갖지 않은 것이 아주 정상적인 일이다.

여섯째, 남성들이 자신감을 갖기 위해 이용하는 남성우월주의는 다른 사람에게 상처를 입히고 착취하는 수단이다.

일곱째, 10대 여자아이를 임신시킨 남자아이의 85% 이상이 결국에는 그들을 버린다.

여덟째, 남성의 사랑을 받지 못한다면 자신은 아무것도 아니라고 생각하는 여성은 사랑을 받은 후라고 해서 대단해지는 것은 아니다.

아홉째, 관계에서 가장 중요한 요소는 사랑, 존경, 보살핌을 가지는 것이며, 상대방의 몸과 마음, 감정을 구속하지 않는 정직한 대화이다.

건강한 성은 인간의 가장 친밀하고도 밀착된 만남이다. 따라서 인간의 성을 본능에 의한 생물학적 충동에 그치지 않고, 진정으로 사랑하는 사람과 하나가 되고자 한다면, 성적 자기결정권에 따른 자유의지와 신뢰가 동반된 책임감 있는 사랑을 하게 될 때 건강한 성이 가능하게 된다. 따라서 혼전 성행위에 대해 신중한 자세로 책임있는 이성교제를 하도록 한다.

2) 데이트 폭력

(1) 데이트 폭력이란

데이트 폭력(dating violence)이란 서로 교제하는 연인 사이에서 둘 중 한 명 이상에 의해 발생하는 신체적, 정서적, 성적, 경제적 폭력의 위협 또는 실행을 의미하는 것으로 연인관계에 있는 당사자 중 한쪽이 폭력을 이용해 다른 한쪽에 대한 권력적 통제 우위를 유지하는 것도 포함한다(홍영오, 연성진, 주승의, 2015에서 재인용). 즉, 미혼 남녀가 혼인 전에 교제하는 과정에서 상대방에게 해를 끼칠 의도로 행한 모든 신체, 정서, 언어, 성적인 행위(허혜경, 박인숙, 김혜수, 2017)를 의미한다. 일반적으로 질투심이나 음주행동에 대한 견해차이, 성적 거부에서 오는 분노 등이 우발적으로 발생하면서 나타난다(정아람, 유정희, 2014).

데이트 폭력의 피해자는 교제하는 상호 간에 일어날 수 있지만 대부분 여성인 경우가 많아 감정적 상처 및 자존감 손상을 입고 있다. 피해를 입은 여성들은 폭력이 발생한 후에도 연인을 용서하고 관계를 지속하는 것으로 나타났는데, 그녀들의 대답은 항상 그러는 것은 아니어서, 헤어질 만큼 심하지 않아서, 사귀는 사이에서 자연스러운 일이므로, 나도 잘못한 부분이 있어서 라는 생각을 하는 것으로 나타났다(정아란, 유정희, 2014). 이처럼 이성교제 과정에서 낭만적 감정에 빠져 신체적, 성적 폭력의 문제를 인식하지 못할 수 있으나 이러한 폭력은 결혼 후 부부 사이의 폭력을 예고하는 전조가 될 수 있어 가정폭력이라는 유형으로 발전될 수 있다.

데이트 폭력은 사랑이란 가면 뒤에 숨은 무서운 폭력임을 인식해야 한다. 데이트 폭력을 단순한 실수로 또는 사랑이라 생각하여 쉽게 용서하게 되면 반복된 행위가 습관화되어 계속 이어질 수 있다. 경미한 폭력이라도 반복되고 지속될 경우 무뎌지고 나중에 더 큰 폭력으로 이어질 수 있으므로 연인관계에 대한 신중한 판단을 하여야 한다.

폭력에 익숙한 상황은 상대를 무기력하게 만들며 벗어나지 못하는 악순환의 연결고리를 만들게 된다. 어떠한 이유든 폭력은 정당화될 수 없고 사랑이란 이름으로 포장되어서도 안 된다. 따라서 이성교제 시 남녀 성역할과 폭력에 대한 태도나 신념을 바르게 인식하고 변화시키는 것이 필요하다.

이성교제가 상대방과 어떻게 조화를 이룰 것인가에 대한 훈련이라 할 수 있으므로 이성교제 시 상대방의 인격을 존중하고 책임감 있는 행동과 자세가 필요하다. 특히 결혼 이전의 이성교제는 남녀 간의 가치관을 비교·확인하고 적합한 결혼 상대자를 구하기 위한 준비 단계로 데이트 기간이 무엇보다 중요하다. 이는 혼전 단계에서 두 사람이 상호작용하는 양상이 결혼 후 부부 관계에도 지속될 수 있기 때문이다. 사랑은 소유와 집착이 아닌 서로 존중하는 것임을 명심해야 한다.

표 4-3 데이트 폭력의 유형

종류	행태
신체적 폭력	• 팔을 꼬집거나 비트는 행동 • 거칠게 밀거나 힘껏 움켜지는 행동(목을 조름) • 때리는 행동(뺨을 때리거나, 주먹이나 발로 때림) • 물건을 이용한 폭행(물건을 던지거나, 흉기로 위협, 뜨거운 물이나 불로 화상을 입힘)

종류	행태
정서적 폭력	• 언어적 폭력(욕이나 모욕, 비난, 고함, 위협, 악의에 찬 말 등) • 심리적 폭력(상대방의 소유물을 허락없이 만지거나 부수는 것, 발을 세게 구르거나 문을 세게 닫는 것)
성적 폭력	• 성희롱(강제 키스 또는 애무) • 원하지 않는 형태의 성관계 요구(위협, 흉기 사용)
행동통제	• 상대방을 가족과 친구들로부터 고립되게 함 • 핸드폰, 이메일, 개인 블로그 등을 점검 • 옷차림, 모임 등의 제한, 특정 행위 강요, 행동 및 상태에 대한 지속적인 확인, 통화가 될 때까지 계속 전화하는 행위 등

출처: 홍영오, 연성진, 주승희(2015); 전선옥(2019). 행복한 가족을 위한 예비부모교육, p.44.

표 4-4 데이트 폭력 현황(2016~2018년)

-데이트 폭력 유형별 현황

구분	신고건수(건)	형사 입건(명)						
		계	폭행, 상해	체포, 감금, 협박	살인		성폭력	경범 등 기타
					기수	미수		
2016년	9,364	8,367	6,233	1,017	18	34	224	841
2017년	14,136	10,303	7,552	1,189	17	50	138	1,357
2018년	18,671	10,245	7,461	1,089	16	26	99	1,554

-데이트 폭력 구속률-

구분	2016년	2017년	2018년
형사입건(명)	8,367	10,303	10,245
구속	449	417	393
비율(%)	5.4%	4.1%	3.8%

-데이트 폭력 연령대별 현황-

구분(명)	10대	20대	30대	40대	50대	60대
2016년	277	2,799	2,336	1,828	1,237	333
2017년	315	3,873	2,868	2,276	1,625	423
2018년	431	4,805	3,569	2,532	1,750	522

-데이트 폭력 피해자 성별 현황-									
구분	2016년			2017년			2018년		
	여성	남성	쌍방	여성	남성	쌍방	여성	남성	쌍방
성별	6,702	458	1,479	8,703	977	2,057	9,944	1,453	2,814

출처: 경찰청(www.police.go.kr)

(2) 데이트 폭력의 발생요인

데이트 폭력은 한 번의 폭력으로 끝나지 않고 오랜 기간 습관이 되는 경우가 많다. 가정 폭력, 남성우월사상과 가치관, 음주와 약물복용 등과 같은 원인이 특히 영향으로 나타난다.

데이트 폭력 발생의 요인을 살펴보면 다음과 같다(허혜경, 박인숙, 김혜수, 2017). 첫째, 심리적 요인으로 폭력을 수용하는 태도, 성가치관, 인성 등이 요인이 된다. 피해자가 폭력 행위를 사랑하기 때문이라는 동일시로 생각하게 되면 폭력은 지속적으로 발생 및 강화되는 요인이 될 수 있다. 둘째, 가족 요인으로 부모의 이혼, 별거, 가정폭력 등 성장기의 가족환경이나 아동기의 폭력 경험 등이 요인이 된다. 특히 어린 시절 목격된 부모 간의 폭력이나 체벌 경험은 이후 데이트 폭력, 부부 폭력에 영향을 미친다. 셋째, 인간관계 요인으로 과거 데이트에서의 폭력 경험, 대화의 질 등이 요인이 된다. 문제 상황에 직면했을 때 해결하려는 성향이 부정적이고 기술적인 부분이 미흡할 경우 폭력을 증가시킬 수 있다. 넷째, 긴장 요인으로 경제적 문제, 학업성적, 취업 등이 요인이 된다. 이처럼 데이트 폭력은 개인의 심리적 요인, 가족 요인, 인간관계 요인, 긴장 요인 등이 데이트 폭력 발생의 요인으로 작용됨을 알 수 있다.

연인관계는 서로 평등한 관계여야 한다. 상대방의 자유와 신뢰를 인정하지 않고 자신이 상대에 대한 통제의 권리가 있다 착각하는 것에서부터 폭력은 시작될 수 있다. 이러한 생각은 상대에 대한 집착으로 나타나게 된다. 따라서 데이트 폭력이 발생할 경우 개인적 수준에서 보다 적극적으로 대응하는 것이 필요하며, 당사자가 적극적으로 도움을 요청하거나 신고를 하여야 한다. **표 4-5**는 데이트 폭력 피해자를 위한 지원제도이니 참고하기 바란다.

표 4-5 데이트 폭력 피해자를 위한 지원제도

<table>
<tr><td rowspan="4">여성긴급전화 1366</td><td>전화 상담</td><td>국번없이 1366</td></tr>
<tr><td>온라인 상담</td><td>• 여성폭력 사이버 상담(www.women1366.kr): 실시간 채팅상담, 게시판 상담
• 카카오톡 플러스 친구 ID: 여성폭력 사이버 상담</td></tr>
<tr><td>내방 상담
(전국 여성긴급전화 1366센터)</td><td>• 365일 24시간 긴급 상담 및 초기지원
• 긴급피난처 운영: 30일 이내 긴급보호(피해자 또는 피해자 동반가족)
• 관련 기관 연계(쉼터, 법률, 의료 등)</td></tr>
<tr><td>성폭력상담소 연계</td><td>상담, 법률지원 등</td></tr>
<tr><td>경찰 112</td><td colspan="2">〈 데이트 폭력 발생 시 신고 방법 〉
① 긴급상황 발생 시 112에 신고 및 초동조치 요구하기
② 신변의 위협을 느낄 경우 경찰에 신변보호조치 요청하기: 신변경호, 보호시설 연계, 주거지 순찰 강화, 112 긴급신변보호대상자등록, 위치추적장치 제공(스마트워치 지급), CCTV 설치, 사후 모니터링, 신원정보 변경
③ 신변보호조치가 충분하지 않다면 법원에 접근금지가처분 신청하기(신변보호조치는 정확한 피해내용, 상해여부, 상습성 등을 검토 후 진행되므로 피해와 관련된 증거자료 제시가 도움)</td></tr>
</table>

출처: 한국여성인권진흥원(www.stop.or.kr)에서 발췌 및 재구성.

읽을거리

연인 사이를 확인해 보세요.

- 사소한 일에 과하게 화내며 소리를 지른다.
- 하루에도 수십 통씩 전화를 하거나 문자를 보낸다.
- 휴대폰을 체크하며 간섭한다.
- 매일 만나기를 원하며 다른 친구를 만나지 못하게 한다.
- 과거에 대해 캐묻거나 집착한다.
- 이별을 통보하면 자살을 하겠다는 등의 협박을 한다.
- 다른 사람과 함께 있을 때와 단둘이 있을 때 태도가 바뀐다.
- 화가 나면 감정 조절을 못하고 물건을 던지거나 벽을 치는 등의 폭력적인 모습을 보인다.

위 체크리스트 중 하나라도 해당이 된다면 당신은 연인관계에 있어 소심할 필요가 있습니다.

출처: 한국여성의전화(www.hotline.or.kr).

3) 결별

(1) 결별이란

대학생을 대상으로 이성교제 기간을 알아본 연구 결과에 의하면 교제기간이 1년 미만인 경우가 65.4%(서백임, 2017)로 나타나 최근의 이성교제 기간은 보다 짧고 빠른 변화를 나타내고 있다. 서로 합의하에 이루어진 헤어짐은 슬픔과 고통이 다소 덜 하겠지만, 상대방의 일방적인 헤어짐의 통보는 충격이 매우 클 수 있다.

이성관계의 결별은 세 가지 유형으로 설명할 수 있는데 일방적 실연, 합의된 실연, 강요된 실연이 그것이다(허혜경, 박인숙, 김혜수, 2017). 첫째, 일방적 실연은 한쪽의 일방적인 헤어짐의 통보로, 통보를 받은 상대는 우울감, 상처, 분노 등을 경험하게 된다. 둘째, 합의된 실연의 경우 서로 합의로 인한 관계 종결로 일반적으로 상대방에 대한 불만이 있어 헤어지는데, 고통은 적지만 아쉬움과 후회를 남기기도 한다. 셋째, 강요된 실연의 경우 부모의 반대, 한쪽의 죽음, 부득이한 사고 등의 외부 요인으로 관계가 중단된 경우를 말한다. 이런 경우 그리움과 아쉬움으로 사랑의 감정이 더 애틋해질 수 있다.

그럼 남녀가 결별하는 이유는 무엇일까? 개인적(미시적) 이유와 구조적(거시적) 이유로 설명할 수 있다(문혁준 외, 2012). 개인적인 이유로는 의사소통의 문제, 흥미와 관심의 차이, 정서적·신체적 학대, 상대방에 대한 과도한 애정의 집착과 통제적인 행동, 성적인 요구 등이 해당된다. 구조적인 이유로는 경제적 압박, 이사, 사회적 반응(예를 들면, 종교적, 연하연상 파트너와의 관계 등) 등이 해당된다.

연인 간의 사랑은 양가적 감정을 가지는 경향이 있어서 사랑하는 연인에게 더 많은 것을 요구하고 기대려 하는 경향이 있다. 또한 편하고 친밀하다는 이유로 참을성이 부족하고 비판적인 행동을 더 많이 하는 경향이 있다. 따라서 시간이 지날수록 연애 초기 감정과 달리 배려의 마음이 줄어들면서 맞지 않는 부분들이 보이기 시작하고, 이는 실망감, 권태감으로 나타나 마침내 적대감이 생기게 된다. 이를 극복하기 위해 남녀 상호 간의 노력이 필요하지만 그러한 생각을 하는 경우는 드물다. 이러한 실망감과 권태감, 적대감은 결국 결별의 종착점을 맞게 되어 원상회복이 어렵게 된다.

한 번 깨진 그릇은 완전한 본래의 모습으로 붙이기 어렵다. 그동안의 정과 미련 때문에 계속 붙잡아도 그 관계는 어긋날 수 있어서 점점 고통과 슬픔이 커질 수밖에 없다. 사랑이 고통과 슬픔만 준다면 진지하게 그 관계를 종결하는 것을 고려해 보아야 한다. 어떻게 하는 것이 서로가 가장 현명한 방법이고 고통을 덜 받게 되는지 진지하게 고민해 보아야 한다. 사랑은 그 관계가 미묘하기 때문에 아무리 사랑하려 노력하여도 실패할 수도 있다는 점을 인식하여야 한다.

자신을 힘들게 하는 인연이라면 놓아주는 것 또한 필요하다. 상대방에 대한 원망과 섭섭함은 생각대로 해주지 않는 상대방 때문이 아니라 내가 기대 이상의 것을 줘버렸던 나 자신에 대한 섭섭함과 원망, 미련이 아닌지 생각해보아야 한다. 상대가 아무리 좋아도 나 자신을 버려 가면서 사랑하지는 않아야 한다. 또한 상대가 나와 맞지 않는 것이 나의 허물이나 부족한 자신의 탓으로 돌리지 말아야 하며, 누구를 사랑한다는 것이 모든 것을 무조건 감싸야 한다는 것이 아님을 인식해야 한다. 따라서 자신과 맞지 않는 이성과 잘 헤어지는 것은 좋은 이성을 만나 관계를 발전시키는 것만큼이나 중요하므로, 결별로 인해 상대방이 상처를 받는다는 것을 인정하고 명확한 이유로 관계의 종료를 분명하게 밝히는 것이 필요하다.

(2) 결별을 잘 극복하는 방법

누구든지 만남에는 많은 시간과 노력을 기울이고 상대방을 포용하며 관대하지만, 결별에 있어서는 자기중심적이 되는 경향성이 있다. 이성교제를 하다가 결별을 경험할 때는 그 상황을 잘 극복하고 정리하는 것이 중요하다.

건전한 결별을 위해 먼저 자신이 관계의 종결을 진심으로 원하는지 살펴보아야 하고, 관계의 종결이 고통을 수반하고 상처가 된다는 것을 인식할 필요가 있다. 노력에도 불구하고 결별을 원한다면 솔직하게 대화를 하고 미련을 남기지 않으며 집착하기보다 아픔을 이겨내도록 하여야 한다. 서로 상처를 덜 받도록 하고 상황을 잘 극복하는 것이 원만한 인간관계의 형성과 정리에 중요한 경험이 되며, 미래의 새로운 관계 형성에도 중요한 기초가 될 수 있다. 누구나 만남이 있으면 헤어짐도 있을 수 있다.

그렇다면 어떻게 하는 것이 결별을 잘 극복하고 대처할 수 있을까? 이성교제 후 이별을 잘 극복할 수 있는 방법은 다음과 같다(문혁준 외, 2014).

첫째, 이별의 고통은 짧은 상황이라는 것을 인지해야 한다. 자신의 생각을 감성이 아닌 이성이 지배할 수 있도록 하여야 한다. 자꾸 생각이 난다면 다른 생각으로 바꿀 수 있는 사고력을 길러야 한다. 자꾸 떠올리면 고통과 괴로움의 상황이 더 심해질 수 있다. 둘째, 연인의 부정적인 측면에 집중하고 고통의 시간을 단축시키도록 노력한다. 연인을 사귀다 보면 부정적인 측면도 보였을 것이다. 고통의 시간을 단축시키기 위해 연인의 부정적인 측면을 자꾸 떠올려서 미련을 버리도록 한다. 이 방법은 상담가나 치료자들이 연인의 이별을 극복하기 위한 방법으로 권하는 기술이기도 하다. 셋째, 연인에 대한 기억을 상기시킬 수 있는 주위 환경을 정리한다. 예를 들면 주위에 추억이 될 말한 물건(선물, 사진, 기념품 ...) 등을 당분간이라도 없애고, 전화, 모바일 메시지, 방문, 편지 등도 하지 말아야 한다. 넷째, 잠시 여행을 떠나 상처받은 자신의 영혼을 위로하는 것도 좋다. 여행을 통해 자신만의 시간도 가지면서 떠난 연인과의 감정을 정리하고 자신의 마음을 새롭게 다지고 일어설 기회를 가지는 것도 좋다. 다섯째, 새로운 이성과의 만남을 적극적으로 시도해 본다. 사랑했던 연인과의 헤어짐에는 충분한 시간이 필요하지만 그러한 시간 속에 새로운 만남이 생긴다면 공허하고 실의에 찬 감정을 채울 수 있을 것이다. 단, 빨리 극복하고자 다른 이성을 찾으려 하거나 헤어진 연인과 비슷한 사람을 찾으려 하는 것은 또 다른 이별의 지름길이 된다는 것을 주의해야 한다.

결별을 극복하기란 힘들고 고통이 수반되며 의지가 필요하다. 가능한 자신과 유사한 문제를 경험한 사람들과 얘기할 기회를 가지고, 그들이 결별을 통해 배운 교훈을 참고하고 건설적인 이야기를 나누는 것도 도움이 될 것이다. 또한 자신이 좋아하거나 존경한 사람들의 결별 경험을 모델로 삼아 그대로 따라 해 보는 것도 도움이 될 것이며, 결별의 이유로 자신을 비난하고 자책하기보다는 보다 긍정적인 시각으로 자신을 뒤돌아보는 노력이 필요하다. 현재의 결별이 새로운 만남의 시작일 수 있다는 것을 생각하고, 현재의 결별이 그 후 다가올 변화가 두려워 불행한 연인관계를 지속하는 것은 어리석은 짓이다. 사랑은 고통스런 경험이 아닌 행복한 경험이어야 한다.

읽을거리

[화제의 연구] “이별의 아픔 극복하는데 11주 걸린다”

사랑하는 연인과 헤어진 후 아픔을 극복하는데 얼마나 시간이 걸릴까? 시간이 약이라는 말처럼 사람들은 평균적으로 11주 가량이면 이별의 슬픔에서 벗어날 수 있다고 한다.

미국 몬머스 대학 연구팀은 이별의 고통이 치유되기까지 얼만큼의 시간이 걸리는지 알아보기 위해 6개월 동안 이별을 경험한 성인 남녀 155명을 분석했다. 그 결과 10명 중 7명이 이별 후 11주 가량이 지나자 이별 후유증에서 벗어났다.

니콜 비즈조코 박사는 “이별 직후 남녀 모두 약 3개월 정도는 사랑하는 연인과 헤어진 고통에 헤어 나오지 못한다”면서 “그들은 폭식을 하거나 슬픈 음악을 듣고, 영화를 보는 등의 방식으로 이별의 아픔을 극복하려 하고, 11주 후에는 이별의 긍정적인 면을 보게 된다”고 설명했다. 다만 “연인과의 교제 기간과 애정의 정도 등에 따라 다를 수 있다”고 덧붙였다.

또 미국 뉴욕수립대 빙엄턴 캠퍼스 연구팀에 따르면 성별에 따라 이별의 고통 크기와 극복 시간이 다른 것으로 나타났다. 전 세계 96개국 5,700여명의 성인 남녀를 대상으로 10점 만점에서 이별 후 정신적, 신체적 고통의 정도를 표현하도록 했다. 그 결과 여성의 정신적, 신체적 고통이 각각 평균 0.26점, 0.46점 높게 나왔다. 반면 남성은 여성보다 이별의 통증이 더욱 오래 지속되는 것으로 나타났다.

크레이그 모리스 박사는 “여성이 남성보다 연인관계에 더 많이 투자하기 때문에 아픔의 크기는 크지만, 헤어진 연인에 대한 감정을 잘 정리하는 여성과 달리 남성은 연인을 대체할 수 없다고 깨닫는 순간부터 고통을 겪기 때문에 시간이 지날수록 괴로워지는 쪽은 남성”이라고 설명했다.

신기한 점은 이별을 느끼는 감정도 남녀가 서로 다르다는 것이다. 여성은 이별 직후 일반적으로 우울해지고 불안함을 느끼는 한편, 남성은 감정에 집중력을 잃고 감정과 감각에 무뎌진다고 한다. 이런 차이로 여성은 우울함을 해소하기 위해 친구를 만나고 이야기하며 고통을 이기기 위해 노력하지만 남성은 이별을 인정하고 현실과 타협하는 것으로 나타났다.

출처: 아시아경제(2018.04.16).

참고문헌

'제1부 사랑'

김양희, 전세경, 문영소, 이영세(2011). **결혼과 가족**. 경기: 양서원.

김정오(2016). 낙태에 있어 사람의 시기와 낙태의 허용범위에 관한 형사법적 고찰. 영산대학교 대학원 석사학위논문.

김혜선, 박혜인, 옥선화(2003). **가족관계학**. 서울: 한국방송통신대학교 출판부.

남승규(2017). **긍정심리학**. 경기: 양서원.

문혁준, 양성은, 김상림, 손서희, 윤수정, 천희영(2014). **결혼과 가족**. 서울: 창지사.

문혁준, 양성은, 김혜금, 천희영, 권영인, 조한숙(2012). **가족관계**. 서울: 창지사.

박범혁, 김경미, 김혜숙, 조주영, 황종귀(2009). **성과 윤리**. 서울: 동문사.

박은혜, 부성숙, 김정원, 최혜영(2005). 보육교사와 부모의 양성평등교육 현황과 프로그램 개발에 대한 욕구. **한국교원교육연구**, 22(2), 109-138.

서백임(2017). 대학생 남녀의 성인애착, 심리적 통제성, 성역할 태도가 데이트 폭력에 미치는 영향. 한국외국어대학교 대학원 석사학위논문.

송웅달(2005). 감성과학다큐멘터리: 사랑<제1편. 900일간의 폭풍-사랑하면 예뻐진다>, 생로병사의 비밀 100회 특집. 서울: KBS미디어.

신상숙(2001). 성폭력의 의미 구성과 '성적 자기결정권'의 딜레마. **여성과 사회**, 13, 6-43.

안순덕(1985). 미혼모실태에 관한 연구: 발생원인 규명과 복지대책 모색을 중심으로. **여성연구**, 6, 79-124.

여성을 위한 모임(1992). **일곱가지 여성 콤플렉스**. 서울: 현암사.

여성을 위한 모임(1994). **일곱가지 남성 콤플렉스**. 서울: 현암사.

옥선화(2000). **결혼과 가족**. 서울: 하우기획출판.

유희정(2000). 취학 전 아동의 양성평등의식 교육프로그램 개발. **여성연구**, 59, 75-91.

이신동(2013). **생활 속에서 만나는 라이프 심리학**. 경기: 양서원.

이진영(2011). 젠더감수성(Gender Sensitivity) 측정도구 개발에 관한 연구. 이화여자대학교 대학원 석사학위논문.

전선옥(2019). **행복한 가족을 위한 예비부모교육**(제2판). 서울: 창지사.

정미경, 문은식, 박선환, 박숙희, 이주희, 최순영(2017). **심리학개론(제2판)**. 경기: 양서원.

정아란, 유정희(2014). **대학생을 위한 행복한 성과 결혼**. 경기: 공동체.

정옥분, 정순화(2014). **결혼과 가족의 이해**. 서울: 학지사.

조승희(2011). 이성교제를 경험한 대학생의 성행동에 대한 연구. 명지대학교 대학원 박사학위논문.

조주연, 한승의, 송미승(2006). 여대생들의 피임행위에 대한 주관성 연구. **여성건강간호학회지**, 12(4), 338-347.

조혜영(2012). 성인애착에 따른 대학생의 성태도와 성행동 연구. 영남대학교 대학원 석사학위논문.

허혜경, 박인숙(2015). **현대사회와 젠더**. 서울: 동문사.

허혜경, 박인숙, 김혜수(2017). **현대사회와 가정**. 서울: 동문사.

함승애(2017). **대인관계 심리학: 기독교세계관을 중심으로**. 경기: 양서원.

현성용, 김교헌, 김미리혜, 김아영, 김현택, 박동건, 성한기, 유태용, 윤병수, 이순묵, 이영호,

이재호, 이주일, 진영선, 채규만, 한광희, 황상민(2016). **현대 심리학 입문(2판)**. 서울: 학지사.
홍길회, 황정해(2012). **결혼과 가족관계**. 서울: 동문사.
홍영오, 연성진, 주승희(2015). **여성 대상 폭력에 대한 연구: 친밀한 관계에서의 폭력을 중심으로**. 서울: 한국형사정책연구원.

Altman, I., & Taylor, D. A. (1973). *Social penetration: The development of interpersonal relationships*. NY: Holt, Rinehart & Winston.
Fehr, B. (1988). Prototype of analysis of the concepts of love and commitment. *Journal of Personality and Social Psychology, 55*(4), 557-579.
Fromm, E. (2019). **사랑의 기술**[*The Art of Loving*] (황문수 역). 서울: 문예출판사. (원전 1956년 출판).
Gray, J. (2002). **화성에서 온 남자 금성에서 온 여자**[*Mars and venus starting over*] (김경숙 역). 서울: 친구미디어. (원전 1998년 출판).
Hendrick, C., & Hendrick, S. (1986). A theory and method of love. *Journal of Personality and Social Psychology, 50*(2), 392-402.
Kelley, H. H. (1983). Love and commitment. In H. H. Kelley et al.(Eds.), *Close relationships*. NY: Freeman.
Lamanna, M. A., & Riedmann, A. (1988). *Marriages and families: Making choices and facing change*(3rd ed). Belmont: Wadsworth.
Lee, J. A. (1988). Love-styles. In R. Sternberg & M. Barnes(Eds.), *The psychology of love*(pp.38-67). New Haven, CT: Yale University press.
Masters, W. H., Johnson, V. E., & Kolodny, R. C. (1995). *Human sexuality*. Harper Collins College Publishers.
Moir, A., & Jessel, D. (2009). **브레인 섹스**[Brain sex] (곽윤정 역). 서울: 북스넛. (원전 1992년 출판).
Nass, G. D., & McDonald, G. W. (1982). *Marriage and the family*. Adison Wesley Company.
Papalia, D. E., Olds, S. W., & Feldman, R. D. (1992). **인간발달 Ⅱ: 청년기, 성인기, 노년기**[*Human development*] (정옥분 역). 경기: 교육과학사. (원전 1989년 출판).
Reiss, I. L. (1971). Toward a sociology of the heterosexual love relationship. *Marriage and family living, 22*(2), 139-145.
Rubin, Z. (1973). *Liking and loving: An invitation social psychology*. NY: Holt, Rinehart & Winston.
Satir, V. (1988). The new peoplemaking. Palo Alto, CA: Science and Behavior Books.
Sternberg, R. J. (1986). A triangular theory of love. *Psychological Review, 93(2)*, 119-135.
_____________ (1988). *The triangle of love: Intimacy, passion, commitment*. NY. Bassic Books.
_____________ (2006). A duplex theory of love. In R. J. Sternberg & K. Weis(Eds.), *The new psychology of love*(pp. 184-199) New Haven, CT: Yale University Press.
Sternberg, R. J., & Grajek, S. (1984). The nature of love. *Journal of Personality and Social Psychology, 47*, 312 - 329.

- 웹사이트 자료 -

과학동아, "러브 사이언스: 나는 사랑의 몇 단계에 와 있을까?", 2004년 6월호, pp.124-125.
http://dl.dongascience.com/magazine/view/S200406N041 (검색일 2020.02.13.)
국립국어원 표준국어대사전, "사랑". https://www.korean.go.kr (검색일 2020.02.01.)
네이버 백과사전, "오이디푸스 콤플렉스".
https://terms.naver.com/entry.nhn?docId=655898&cid=48639&categoryId=48639 (검색일 2020.02.15.)
https://terms.naver.com/entry.nhn?docId=3397265&cid=58345&categoryId=58345 (검색일 2020.02.15.)
______________, "엘렉트라 콤플렉스".
https://terms.naver.com/entry.nhn?docId=1125801&cid=40942&categoryId=31531 (검색일 2020.02.15.)
두산백과사전, "사랑". http://www.doopedia.co.kr (검색일 2020.02.01.)
아시아경제, "[화제의 연구] 이별의 아픔 극복하는데 11주 걸린다", 2018.04.16.
https://www.asiae.co.kr/article/2018041615523518709 (검색일 2020.10.22.)
EBS, "사랑은 900일간의 폭풍", 사이틴 플러스, 2014.01.01 방영.
http://primary.ebs.co.kr/CPG/course/view?courseId=10005921 (검색일 2020.05.31.)

경찰청 https://www.police.go.kr
한국양성평등교육진흥원 https://www.kigepe.or.kr
한국여성의전화 http://www.hotline.or.kr
한국여성인권진흥원 https://www.stop.or.kr
한양대학교 양성평등센터 https://www.ehrc.hanyang.ac.kr

02 PART 결혼

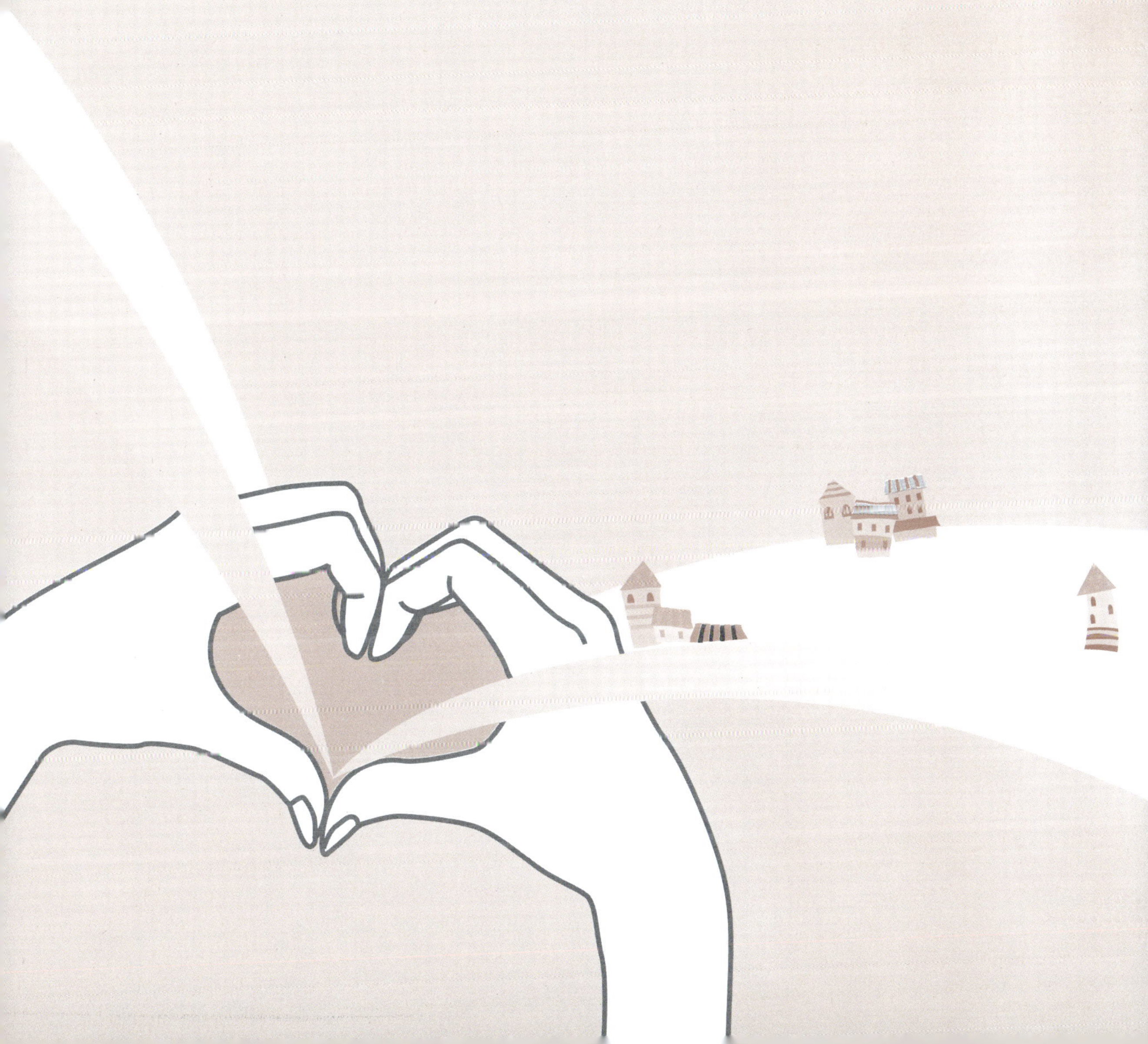

Chapter 05

배우자 선택

우리는 한평생 크고 작은 많은 선택을 하지만, 아마 배우자 선택만큼 중요한 선택은 없을 것이다. 흔히 혼인을 인륜지대사(人倫之大事)라고 일컫는다. 혼인은 개인뿐 아니라 가족 모두에게 심대한 영향을 미친다. 그러므로 배우자 선택 과정을 성공적으로 거치기 위한 지식과 판단력을 갖추는 것이 매우 중요하다.

1. 배우자 선택의 유형과 범위

1) 배우자 선택의 유형

배우자 선택의 방식은 다양하지만, 배우자 선택의 결정권이 누구에게 있느냐에 따라 중매혼, 자유혼, 절충혼으로 구분해 볼 수 있다(김영희 외, 2018; 유영주 외, 2013; 정옥분, 정순화, 2014; 허혜경, 박인숙, 김혜수, 2017; 홍길회, 황정해, 2012).

(1) 중매혼

중매혼은 배우자 선택의 결정권이 결혼하려는 당사자에게 있지 않고 부모에게 있으며, 당사자의 의견이나 조건은 무시되고 가문이나 사회경제적 지위가 중요시되며, 결혼 과정에서 중매인이 중요한 역할을 하는 유형이다. 중매혼에서는 두 개인의 결합이라기보다는 가족과 가족, 가문과 가문의 결합으로서, 결혼하는 두 사람이 결혼에 대한 적응보다는 가족이나 가문에 잘 융합될 수 있느냐를 중요하게 여긴다. 우리 전통사회의 배우자 선택유형이 이에 속하며, 친족관계가 약한 서구사회를 제외하고는 가장 널리 성행한 배우자 선택유형이다.

(2) 자유혼

자유혼은 결혼 당사자 이외에 누구의 의사도 반영하지 않고, 전적으로 결혼 당사자의 자유에 의해 배우자를 선택하는 유형이다. 이 유형의 경우 처음부터 결혼을 목적으로 만난 것이 아니라 친구집단, 학교, 직장, 사회단체, 종교단체에서 함께 생활하다가 사랑하게 되어 결혼하는 경우가 많다. 그러므로 배우자를 선택하는 기준도 서로 사랑하고 서로에게 만족할 수 있느냐에 중점을 둔다. 그러나 현실적으로 완전한 의미에서의 자유혼은 존재하기 어렵다.

(3) 절충혼

절충혼은 중매혼과 자유혼의 중간 형태이다. 이 유형은 전통사회가 서구문화의 영향을 받아 근대화되는 과정에서 생겨난 것으로, 배우자 선택의 권한이 부모로부터 점차 당사자에게 옮겨진 형태이다. 여기에는 두 가지 유형이 있는데, 하나는 당사자가 자유로운 교제를 통하여 상대자를 선택한 후 부모에게 소개하고 동의를 얻는 방식이고, 다른 하나는 부모가 상대자를 선택하여 자녀의 동의를 얻는 방식이다. 절충혼은 중매혼과 자유혼의 장점을 절충한 제도이지만, 부모와 자녀 간의 의견이 불일치할 경우 최종 선택권이 누구에게 있느냐에 따라 자유혼적인 성격이 강해지기도 하고, 중매혼적인 성격이 강해지기도 한다. 오늘날 대체로 배우자 선택에서 부모의 결정권이 점차 약화되는 경향을 보이고 있으며, 본인이 결정을 한 후에 부모의 동의를 얻는 방식이 지배적인 경향을 보이고 있다. **표 5-1**에 연애혼과 중매혼의 차이점을 제시하였으니 참고하기 바란다.

표 5-1 연애혼과 중매혼의 비교

영역	연애혼	중매혼
이성 교제	매우 중요함	고려되지 않음
사랑	매우 중요함	중요하지 않음
상대방에 대한 지식	많이 알고 있음	비교적 적음

영역	연애혼	중매혼
함께 하는 시간	많음	비교적 적음
혼전 성관계	있을 수 있음	거의 없음
부모 동의	약간 중요함	매우 중요함

출처: 신용주, 김혜수(2018). 결혼과 가족.

2) 배우자 선택의 범위

대부분의 사회에서는 누구와 결혼할 것인가 또는 어떻게 배우자를 선택할 것인가와 같은 배우자 선택에 관한 규범을 갖고 있는데, 이러한 규범은 사회, 문화, 계층 등에 따라 다르게 나타난다(Eshleman, 2000). 배우자 선택을 개인의 문제가 아니라 가족의 문제, 나아가 사회의 문제로 보았던 전통사회에서는 배우자 선택의 기준을 일정 범위 안이나 밖으로 한정하는 사회적 규범이 있었다. 배우자 선택에서 가장 중심적인 규범으로는 내혼제(endogamy)와 외혼제(exogamy)가 있다(김양희 외, 2011; 문혁준 외, 2014; 정옥분, 정순화, 2014).

내혼제는 자신이 속해 있는 특정한 집단이나 범위 안에서 결혼 대상자를 선택해야 한다는 규범으로 인종, 국적, 종교가 같거나 사회계층, 연령 등이 비슷한 사람을 선택하는 것이다. 이 입장에서는 배우자의 조건이 자신과 비슷해야 상호 공감이 쉽고 이해와 적응이 쉽게 이루어진다고 본다. 고려조까지의 성골, 진골 간의 계급 내혼제나 조선조의 양천(良賤) 불혼 원칙, 미국 남부 주에서 백인과 흑인 간의 결혼을 인정하지 않았던 것, 유대교에서 타 종교인과 결혼을 인정하지 않는 것, 인도의 카스트제도 등이 대표적인 예이다. 우리나라의 전통사회에서는 결혼은 인륜지대사로 가문의 번영과 영속을 위해 양가의 연장자나 부모가 배우자를 선택하는 경향이 컸으며, 이때 특정 계층이나 일정 범위 내에서 배우자를 선택하도록 하는 내혼제의 규범을 따랐다.

외혼제는 특정 집단이나 일정 범위 밖에서 혼인상대자를 선택하도록 하는 제도로 근친 간의 결혼을 금하거나, 우리나라 현행 민법의 동성동본 간의 결혼을 금하는 것, 관례적으로 특정 성씨들 간의 결혼을 금하는 것, 사주나 궁합을 보고 기피하는 것이 그 예이다.

과거 우리나라의 경우 신분적으로는 내혼제를, 혈연적으로는 외혼제의 규정을 준수하여 양반은 양반끼리, 평민은 평민끼리 결혼해야 했고, 신분을 초월한 결혼은 불가능했다. 또 혈연적으로는 근친상간, 동성동본, 특정 성씨 간의 결혼을 금지하여 외혼제의 규정을 따랐다. 일반적으로 내혼의 원리는 보다 큰 범위의 집단을 규정하는 것이고, 외혼의 원리는 좁은 범위의 집단을 규정하는 것이다. 이러한 규정은 급격히 변화하는 현대사회에서 점차 완화되는 추세이며, 최근에는 배우자 선택에서 개인의 자유로운 의사가 보다 존중되고 있다. 그러나 아직도 배우자 선택은 이러한 배타적인 기준의 제약을 받아 그 사회에서 바람직하다고 생각되는 기준들의 결합에 의해 이루어지며, 그 결과 배우자 선택 관행은 각 사회의 문화적 특성을 반영하게 된다.

2. 배우자 선택 이론

한 개인은 어떻게 배우자를 선택하는가? 사람들은 자신에게 적합한 배우자를 찾기 위해 복잡한 의사결정 과정을 거치며, 수많은 요인들이 이러한 의사결정 과정에 관여한다. 이 과정을 잘 이해하기 위해서는 심리적, 사회적, 정치적, 경제적 요인을 포함한 다양한 요인들이 어떻게 배우자 선택에 영향을 미치는지를 설명하는 이론적 틀이 필요하다. 당연히 어떤 한 이론이 이 모든 것을 설명할 수는 없다. 배우자 선택에 대한 여러 이론적 관점을 제시하면 아래와 같다 (정옥분, 정순화, 2014; 최규련, 2014; Schwartz & Scott, 1994).

1) 교환 이론(exchange theory)

이 이론은 아마도 배우자 선택을 설명할 때 가장 자주 언급되는 이론일 것이다. 이 이론은 애초에 배우자 선택을 설명하기 위해 개발된 이론은 아니나, 배우자 선택 과정에 대한 흥미로운 관점을 제공한다. 이 이론에 의하면 인간은 비용을 최소화하고 보상을 최대화함으로써 최대의 이익을 얻고자 한다. 이 이론에 배우자 선택을 적용하면 사람들은 배우자 선택 과정에서 비용보다는 더 많은 이득을 얻으려 하는 경향이 있으며, 그 결과 자신에게 가장 많은 보상을 주는 사람을 배우자로 선택하게 된다는 것이다. 즉, 우리의 인정 여부와 상관없이 배우자 선택이 결혼 시장에서 이루어지며, 다른 시장과 마찬가지로 남성과 여성이라는 상품을 중심으로 교환이 이루어진다는 것이다. 재벌가와 연예인의 결합, 정치계와 재벌가의 결합, 부유층과 전문직업인의 결합 등이 그 예로 볼 수 있다. 비용과 보상에 대한 평가는 시대나 사회에 따라 다르지만, 일반적으로 사회적 지위, 경세력, 직업, 학력, 외모, 연령 등이 중요한 보상 요인으로 생각되고 있다.

2) 공평 이론(equity theory)

이 이론은 교환 이론의 변형된 형태로 여기서의 공평은 공정성을 의미한다. 공평 이론은 이익이 되는 교환보다는 공정한 거래에 더 매력을 느낀다는 점을 특징으로 한다(Walster, Walster & Traupman, 1978). 즉, 어느 한쪽이 이익이나 손해를 보는 관계보다는 양쪽 모두에게 공평한 관계를 원한다고 가정한다. 이런 이유로 사람들은 교육수준이나 사회경제적 지위, 종교나 가치관 등에서 자신과 유사한 사람과 결혼하려는 경향이 있으며, 이를 동류혼이라고 한다(Blackwell & Lichter, 2000). 재벌가 상호 간의 혼인과 같은 유사한 계층 간의 혼인 풍속은 바로 두 집안 간의 공평한 거래라는 관념이 작용하는 동류혼의 예로 볼 수 있다. 이러한 동류혼적 원리는 누구도 손해 보았다는 느낌을 덜 받는 가장 안정되고 균형 잡힌 배우자 선택 방법이다.

3) 보완욕구 이론(complementary needs theory)

이 이론의 기본 가정은 사람들은 모든 가능한 데이트 대상자들 중에서 자신의 욕구 충족에 가장 큰 만족감을 줄 수 있는 보완적인 사람을 배우자로 선택한다는 것이다(Winch, 1958). 즉, 자신과 유사한 특성을 가진 사람보다는 자신의 욕구를 보완하는 사람에게 호감을 갖게 되고 배우자로 선택하게 된다는 것이다. 욕구가 보완되는 예는 지배적-순종적, 외향적-내향적, 사교적-과묵한, 활동적-정적, 보살피는-보살핌을 받는, 성취적-대리성취적, 소극적-적극적인 것처럼 높은 욕구를 가진 사람과 그렇지 않은 사람 같이 상반되는 성향을 가진 경우가 있고,

또 예술적-과학적, 학문추구-경제추구와 같이 관심 분야가 서로 다른 경우가 있다.

4) 여과망 이론(filter theory)

앞에서 살펴본 이론과는 달리 여과망 이론은 배우자 선택의 과정을 일련의 여과망으로 기술한다. 이 이론을 최초로 제안한 Kerkoff와 Davis(1962)는 대학생 커플을 대상으로 하여 사람들이 파트너를 선택하기 위해 사용하는 몇 가지 중요한 준거를 발견했다. 그들은 이 준거를 여과망이라 불렀다. 이 이론에 의하면 배우자 선택 과정에서 사람들이 사용하는 여과망으로는 물리적 근접성, 교육 수준, 사회계층, 종교 등을 포함한 사회인구학적 특징, 태도의 유사성, 상보성이 있다.

Udry(1971)는 이들의 견해를 보다 확대하여 하나의 모형으로 제시하였다. 이 모형에 의하면 모든 가능한 결혼 상대는 여섯 단계의 여과망을 하나씩 거치면서 걸러져 그 대상이 좁혀지고 최종적으로 한 사람을 배우자로 선택하게 된다는 것이다(그림 5-1 참조).

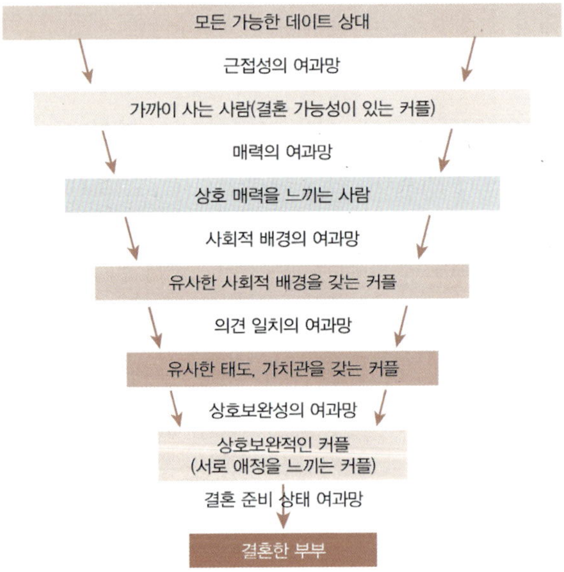

그림 5-1 배우자 선택의 여과망 이론

출처: Udry, R.(1971). The social context of marriage. New york: Lippincott, p.212.

(1) 근접성의 여과망

이 여과망을 통하여 가능한 모든 데이트 상대 가운데 지리적으로 가깝고, 만날 기회가 많은 사람들로 그 대상이 제한된다.

(2) 매력의 여과망

자주 만나는 사람 중에서 매력적이라고 생각되는 사람들로 대상이 좁혀진다. 매력을 느끼게 하는 것에는 외모, 성격, 능력 등이 작용한다.

(3) 사회적 배경의 여과망

인종, 연령, 종교, 직업, 교육수준, 사회계층 등이 유사한 사람으로 그 범위가 더 축소된다.

(4) 의견일치의 여과망

인생관이나 가치관 등 중요 문제에 대하여 유사한 가치나 태도를 가진 사람들만 남게 된다.

(5) 상호 보완성의 여과망

상호간의 욕구와 필요를 서로 충족시켜 줄 수 있고 어느 한편의 단점을 다른 편에서 보완해 줄 수 있을 때 결혼 가능성은 높아진다.

(6) 결혼준비상태의 여과망

상황적으로 결혼준비가 되어 있는 사람으로 최종 배우자 선택이 이루어진다.

5) 자극-가치-역할 이론(stimulus-value-role theory)

Murstein(1970, 1987)은 배우자 선택의 자극-가치-역할 이론을 제시하였다. 이 이론에 의하면 대부분의 사람들은 자극, 가치, 역할이라는 세 단계를 거쳐 결혼에 이르게 된다. 첫 번째는 자극 단계이다. 이 단계에서는 상대방의 신체적, 사회적, 심리적 특성(외모, 목소리, 복장, 명성, 사회지 지위 등)에 의해 상호 매력을 느끼게 되고, 이러한 특성이 공평하게 교환될 수 있는지를 분석하게 되며, 총체적 매력이 균형을 이루면 두 번째 단계인 가치 단계로 들어서게 된다. 상대방의 매력이 상호 접촉 없이 평가되는 자극 단계와는 달리, 가치 비교 단계에서는 언어적 상호작용을 통해 가치의 양립가능성을 평가하게 된다. 그들은 인생, 정치, 종교, 성, 사회와 결혼에서의 남녀의 역할 등에 대한 태도를 비교하게 되고, 상호유사성을 발견하게 되면 세 번째 단계인 역할 적합성 단계로 나아간다. 이 단계에서 중요한 것은 그들이 서로 어떻게 기능하는가 하는 것이다. 배우자나 부모의 역할에 대해 상대방이 어떻게 자신의 역할을 지각하느냐에 만족하지 못하면 비슷한 가치를 공유하는 것만으로는 결혼에 도달하기 어렵다. 즉, 상호 간의 역할에 대한 인식이 일치하면 결혼으로 발전되며 그렇지 못한 경우 관계는 종결된다(그림 5-2 참조).

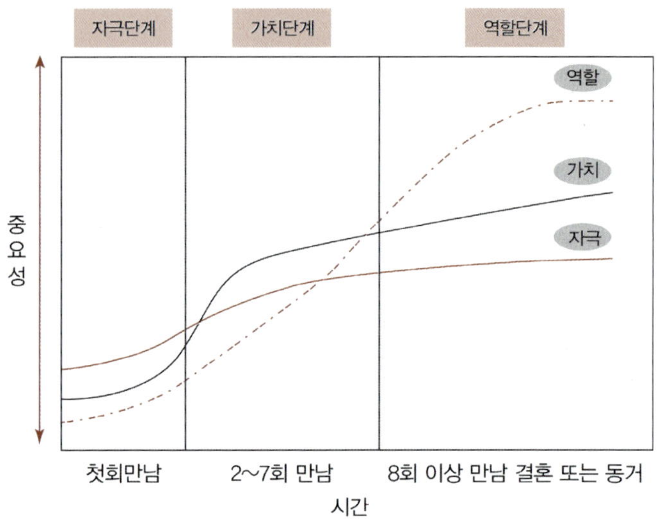

그림 5-2 자극-가치-역할 이론에서 연애의 단계

출처: Murstein, B. I.(1987). A clarification and extension of the SVR theory of dyadic paring, p.931.

3. 배우자 선택에 영향을 미치는 요인

배우자 선택에 영향을 미치는 요인에 대해서는 많은 학자들이 다양하게 제시하고 있다. 이 중 대표적인 몇 가지 요인을 검토하고자 한다. 요인을 검토하기에 앞서 먼저 여성가족부에서 2015년에 가족실태조사의 일환으로 배우자 선택에서 가장 중요한 한 가지를 선택하도록 한 조사 결과인 **표 5-2**와 통계청에서 같은 해에 미혼 남녀(20~44세)를 대상으로 배우자 선택에서 같은 방식으로 조사한 결과인 **표 5-3**을 살펴보기 바란다.

표 5-2 배우자 선택 시 가장 중요하게 생각하는 요인 (단위 %)

구분	기혼 응답자	미혼 응답자
외모 등 신체적 조건	22.2	23.3
성격	35.4	35.0
건강	10.2	9.4
경제력(소득재산)	7.3	14.5
직업(직종/지위)	2.9	5.2
학력	0.3	2.0
나이	0.5	0.3
종교	0.5	0.2
궁합	1.6	0.1
신뢰와 사랑	11.8	7.3
출신지역	0.7	0.2
가정환경(성장배경 등)	4.1	1.3
출생순위(장남, 장녀 등)	0.1	0
장래가능성	0.9	0.7
첫눈에 반함	1.3	0.5
기타	1.3	0.5
전체	100	100

출처: 여성가족부. 2015 가족실태조사(http://kosis.kr).

표 5-3 미혼 남녀가 인식한 배우자 조건(2015) (단위: %)

구분	남성	여성
신체적 조건	3.9	0.4
건강	9.3	4.3
직업	3.6	7.2
경제력	4.0	21.1
성격	44.1	37.0
신뢰와 사랑	20.6	16.1
가정환경	6.1	8.7
기타	8.5	5.1

출처: 통계청(2020). 미혼남녀(20~44세)의 배우자 조건(http://kosis.kr).

1) 신체적 요인

신체적 요인은 주로 상대방의 외모에 관한 것으로 상대방에 대한 첫인상을 좌우하고 다음에 만날지 여부를 결정하는 중요한 요인으로 작용한다. 신체적 매력이 배우자 선택에 중요한 요인으로 작용하는 이유는 다음과 같다(정옥분, 정순화, 황계옥, 2009; 허혜경, 박인숙, 김혜수, 2017).

첫째, 현대사회에서는 외모가 사람을 평가하는 기준이 되고 있다. Eagly 등(1991)에 의하면 사람들이 신체적인 매력을 가진 사람들을 좋아하는 이유는 이들이 사회적 능력이나 자신감이 뛰어나고 성적으로도 적극적일 것으로 생각하는 경향이 있기 때문이다. 실제로도 신체적으로 매력적인 사람이 그렇지 않은 사람에 비해 성격이나 능력 등에서 긍정적일 것으로 생각하는 경향이 있다.

둘째, 현대사회에서는 신체적 매력이 자산으로서의 가치를 지닌다. 신체적 매력은 남녀 모두에게 중요한 요인이지만, 남성은 여성에 비해 신체적 매력을 더 중시하는 경향이 있다(Woll & Young, 1989). 이는 만나는 여성의 외모가 남성의 지위를 상징한다고 생각하는 문화적인 인식 때문일 것이다. 이러한 인식에 의해 남성의 재력이나 지위는 여성의 젊음이나 외모와 교환되는 경향이 있다.

2) 성격

성격은 개인이 소유한 일련의 역동적이고 조직화된 특성으로써, 이러한 특성은 다양한 상황에서 개인의 인지, 동기, 행동에 독특하게 영향을 준다(Ryckman, 2000). 유사성의 원리에 의하면 우리는 자신과 유사한 특성을 지닌 사람을 좋아하는 경향이 있다. 그리고 상보성의 원리에 의하면 우리는 자신과 대조적인 성격의 소유자를 선택하는 경향이 있다. 하지만 성격의 경우는 그렇지 않다(이희영, 2013). 사람들이 선호하는 성격 특성이 별도로 존재한다는 것이다.

Goodwin(1990)은 영국의 대학생과 데이트 중인 사람들을 대상으로 선호하는 성격 특성에 대해 조사하였다. 조사 결과 대부분의 사람들이 선호하는 성격 특성은 친절함, 사려 깊음, 정직, 유머였다. 미국 대학생을 대상으로 하여 데이트 상대를 선택할 때의 선택 기준을 조사한 Kenrick, Keefe와 van Heck(1993)의 연구에서는 정서적으로 안정되고, 편안하고, 친절하고, 재미있고, 유쾌하고, 유머 감각이 좋은 사람을 선호하였다. **표 5-2**와 **표 5-3**에서도 성격이 배우자 선택 시 가장 중요하게 고려되는 요인으로 나타났다.

3) 사회계층

결혼은 계층적 지위를 재생산하는 기능을 담당한다. 그래서 대부분의 사람들은 자신과 비슷한 계층의 사람과 결혼하려는 경향이 강하다. 그 이유는 유사한 계층의 사람들끼리 접촉의 기회도 많고 흥미나 취미, 생활방식이나 태도가 비슷하여 서로 친숙해지기 쉽기 때문이다. 하지만 결혼이 사회계층의 상승 수단이 되기도 한다. 사회계층이 낮은 집안 출신의 여성이 사회계층이 높은 집안 출신의 남성과 결혼하는 것이 한 예가 될 수 있다. 물론 반대의 경우도 있다. 우리나라에서는 결혼 시 남성보다 여성 쪽이 사회계층에서 약간 열세인 경향이 있다.

4) 종교

종교인에게 있어서는 종교가 배우자 선택에 가장 큰 영향을 미치는 요인일

수 있다. 일반적으로 종교인들은 같은 종교를 가진 사람들과 결혼하는 경향이 있다. 한국갤럽이 2004년도에 실시한 '한국인의 종교와 종교의식' 조사에 따르면, 배우자와의 종교 일치율은 불교 74.4%, 개신교 67.4%, 천주교 70.9%로 나타났다. 그러나 타 종교인과 결혼하기도 한다. 이 경우 종교의 유형에 따라 다른 종교와의 결혼을 허용하는 정도가 다르다. 한내창(2012)의 연구에 의하면 본질적 종교성이 높을수록 타 종교와의 결혼 관용도가 낮다고 한다. 즉, 종교성이 높을수록 타 종교와의 결혼보다는 같은 집단 내에서 결혼을 선호하는 경향이 나타난다는 의미이다. 일반적으로 타 종교 간 결혼의 경우 그렇지 않은 경우보다 이혼율이 높게 나타나고 있다(김미숙, 김명자, 1990). 따라서 특정 종교를 가진 사람은 타 종교를 믿거나 특정 종교를 믿지 않는 사람을 배우자로 선택할 때 이 점을 충분히 고려해야 할 것이다.

5) 연령

연령도 배우자 선택에 영향을 준다. 2019년 기준 평균 초혼연령이 남성의 경우 33.37세이고, 여자의 경우 30.59세였다. 1980~90년에는 남자는 28세, 여자는 25세 정도였고, 1950~60년대는 남자가 25세, 여자가 22세 정도였던 것에 비하면 오늘날에는 초혼 연령이 높아졌다. 과거에는 나이 때문에 떠밀려 결혼하는 경우도 있었다. 소위 결혼적령기라는 것이 있어 관습적으로 결혼적령기를 놓치기 전에 결혼하려는 경향이 있었다.

2018년 한국보건사회연구원이 기혼 여성(15~49)을 대상으로 조사한 바에 따르면, 남성의 이상적인 결혼 연령에 대한 생각은 성별에 따라 차이가 있었다. 남성의 경우 32~34세가 32.2%로 가장 많았고, 30~31세(30.8%), 35세 이상(29%)의 순서였으며, 여성의 경우에는 30~31세가 44.1%로 압도적으로 많았고, 28~29세(18.9%), 32~34세(17.2%)의 순서로 나타났다.

결혼 연령 차이도 시대에 따라 변화가 있었다. 과거에는 남녀의 나이 차이가 3세 정도가 가장 이상적이라고 생각했으나, 오늘날에는 부부간의 연령차가 지속적으로 줄어들어, 동갑 부부의 비율이 지속적으로 증가하고 있고, 여자 연상 부부도 늘어나고 있다. 그러나 아직은 초혼연령 추이가 남성이 여성보다 더 높은 편이다. 2019년 기준 초혼 평균 나이는 남성이 33.4세였고, 여성이 30.6세였다.

6) 지리적 근접성

낯선 두 사람이 연인이 되는 데에는 그들이 얼마나 지리적으로 가까이 살고 있는가 하는 것이 중요한 역할을 한다. 실제로 사람들은 지리적으로 가깝게 살고 있는 사람들과 결혼하는 경향이 강하다. Bossard(1980)가 5,000명의 사람들을 대상으로 한 조사에서 34%에 달하는 사람이 5블록 이내에 거주하는 사람과 결혼한 것으로 나타났다. 두 사람이 처음 만났을 때 같은 건물에 살고 있었다고 응답한 경우도 12%에 달했다. 또한 Bossard의 연구에서 거리가 멀면 멀수록 결혼 성공률은 낮았다. 어떤 심리학자는 미래의 결혼 상대가 반경 70m 내에 있다는 극단적인 주장을 하기도 했다(이철우, 2008 재인용). 지리적으로 근접한 사람과 결혼할 확률이 높은 이유는 다음과 같이 설명할 수 있다(김원형 외, 2009). 첫째, 가깝게 사는 사람은 만날 기회가 많고, 자주 접촉하면 친숙해지고 호감도가 증가하는 경향이 있기 때문이다. 둘째, 가까이 사는 사람들은 사회경제적 수준, 교육 수준, 취미, 가치관 등이 유사한 경우가 많기 때문에 서로 공감대가 넓어 친해지기가 쉽다.

위에서 배우자 선택에 영향을 주는 몇 가지 변인에 대해 살펴보았다. 이들 변인들의 영향력은 개인차가 있지만, **표 5-2**와 **표 5-3**에서 보듯이 '성격'의 영향력이 일반적으로 가장 크다. 여기서 한 가지 유이한 점은 배우자 선택에 있어 이들 변인들의 중요성은 성별에 따라 차이가 있다는 것이다. **표 5-3**에서 보는 바와 같이 여성의 경우에는 '성격' 다음으로 '경제력'이 중요한 요인이었으나, 남자의 경우에는 '신뢰와 사랑'이 두 번째로 중요한 요인이었다. 행복한 부부생활은 좋은 배우자 선택이 전제 조건이 된다. 여기에서 살펴본 변인들을 충분히 고려한 선택이 필요할 것이다.

읽을거리

노총각·노처녀 기준 나이 마흔을 향해...

미혼남녀들의 결혼적령기가 10년 전에 비해 3세가량 늦춰진 것으로 나타났다. 또 노총각과 노처녀가 되는 시점도 마흔을 향해 달려가고 있는 것으로 파악됐다.

가연결혼정보는 창사 10주년을 맞아 모바일 조사 전문기업인 오픈 서베이에 의뢰해 수도권 미혼남녀 200명, 자사 홈페이지를 방문한 미혼남녀 200명 등 총 400명을 대상으로 결혼적령기를 물은 결과 남자는 33.0세, 여자 30.5세로, 노총각·노처녀가 되는 시점은 각각 37.7세, 35.5세부터라고 답했다고 8일 밝혔다. 10년 전에 비해 결혼 적령기는 2.9세 높아졌으며, 노처녀 노총각이 되는 시점도 2.7세 높아진 것으로 나타났다.

이와 함께 배우자 선택 시 가장 우선시 하는 항목으로 남녀 모두 성격을 1순위로 택했으나, 여자의 경우 10년 전에 비해 사랑보다 경제력을 중시하는 것으로 조사됐다. 남자는 10년 전과 마찬가지로 여자의 외모를 성격 다음으로 중시하는 것으로 조사됐다.

몇 살에 결혼을 하는 게 가장 좋은지를 묻는 질문에 남자는 33.0세, 여자는 30.5세라고 답했다. 2006년의 30.1세, 27.5세보다 각각 2.9세, 3.0세 높아진 수치다. 남녀의 결혼적령기로 가장 많이 응답된 나이는 남녀 각각 35세(27.5%), 30세(32.5%)였다. 고령일수록, 학력이 높고 전문직일수록, 남자보다 여자가 결혼적령기를 다소 높게 잡는 것으로 나타났다.

몇 살부터 노총각, 노처녀라 생각하느냐는 질문에 노총각은 37.7세부터, 노처녀는 35.5세부터라고 답했다. 2006년의 35.3세, 32.6세보다 각각 2.4세, 2.9세 높아진 수치다. 노총각의 기준이 되는 나이가 40세(31%)라는 응답이 압도적으로 많았고, 35세(15%), 38세(13.5%) 순으로 이어졌다. 노처녀는 35세(27.5%)와 40세(14.5%), 30세(10%)의 순으로 응답했다. 특히 45세부터 노총각이라는 답변이 2006년에는 2%였으나 이번 조사에서는 7%나 돼, 노총각으로 생각되는 시점이 점점 높아지는 것으로 조사됐다. 결혼적령기와 마찬가지로 고령일수록, 학력이 높고 전문직일수록, 남자보다 여자가 노총각, 노처녀가 되는 나이 기준을 다소 높게 잡았다.

배우자 선택 시 가장 중요시 하는 것을 묻는 질문에 남녀 모두 성격(34.0%)이라고 답했다. 그러나 성격을 제외한 항목에서 남녀간 의견 차가 크게 나타났다. 남자는 성격(38%) 다음으로 외모(23%), 가치관(15%), 사랑(14%)이라 답했으며, 여자는 성격(30.0%) 다음으로 경제력(22%), 사랑(19%), 가치관(16%)이라 답했다. 특이한 점은 여자는 12.0%가 가족분위기 및 가족 경제력이 중요하다고 답한 반면 남자는 1.0%만이 중요하다고 답했다. 2006년 같은 질문에 대해 성격이 중요하다는 답변이 40%로 1위였다. 남자의 경우 외모를 중시한다는 답변은 10년 전보다 2%포인트 낮게 나타났으나 여전히 중요한 항목이며, 여자의 경우 경제력을 중시한다는 답변이 10년 전에 비해 5%포인트나 높아졌다.

남녀가 사귀기까지 최소 몇 번을 만나야 교제가 시작될까 라는 질문에 50.0%가 3~4회 만난 후 교제를 시작한다고 답해, 호감이 있다면 길게 끌지 않고 교제를 시작하는 경향을 보였다. 26.5%는 7회 이상 만나 친분을 유지하며 서서히 알아간다고 답했으며, 18.0%는 5~6회 만난 후 성격이나 매력에 확신이 있어야 교제를 시작한다고 답했다.

2006년엔 5~6회 만난 후 교제가 시작된다는 답변이 45%로 가장 많았던 것과 비교해 2016년엔 교제 여부를 보다 빨리 결정하는 것으로 조사됐다.

썸타다 교제까지 가지 못한 이유를 묻는 질문에 여자 응답자의 56.0%는 몇 번 만나 보니 매력이 없어서라고 답했고, 남자 응답자의 39.0%는 반응이 없어서 교제로 이어지지 못했다고 답했다. 전체 응답자의 11.5%는 고백할 시기를 놓쳐서, 7%는 교제는 싫고 썸 자체가 좋아서, 5.0%는 더 좋은 사람이 생겨서라고 답했다.

남편감, 아내감으로 최악의 유형은 바람둥이 남자(30.5%)와 낭비가 심한 여자(31.5%)로 꼽혔다. 바람둥이 남자 다음으로 꺼리는 남편감은 경제적 능력이 없는 남자(26.5%), 마마보이(20.5%), 목표가 없는 남자(17.5%) 순으로 조사됐다. 낭비가 심한 여자 다음으로 꺼리는 아내감은 바람둥이 여자(29.5%), 외모가 안 되는 여자(29%), 결혼 후 직장생활을 하지 않을 여자(5.0%), 패션 감각이 없는 여자(2.0%), 자신의 출세와 성공이 목표인 여자(2.0%)로 확인됐다.

결혼 전 부모가 어디까지 도와주기를 원하느냐는 질문에 부모의 도움을 받지 않겠다(43.5%)는 답변이 압도적으로 많았다. 그러나 10년 전 55%가 부모의 도움을 받지 않겠다고 답한 것과 비교해, 부모에 대한 의존도가 높아진 것으로 파악됐다. 부모의 지원 범위를 묻는 질문에 결혼식 준비자금(21.5%), 신혼집 마련(20%)이라 답했으며, 13%는 경제적인 도움보다 육아 도움을 더 원하는 것으로 조사됐다.

이성을 만나기 위해 어떤 방법을 써봤냐는 질문에, 없다(54.5%)는 답변이 압도적으로 많았다. 10년 전 없다는 답변이 51%인 것과 비교해, 미혼남녀들의 연애 시도가 좀 더 소극적으로 변한 것으로 조사됐다. 없다고 답한 여성(65%)이 남성(44%)보다 많아 여성이 연애 시도에 더 소극적인 것으로 나타났다. 없다는 답변에 이어 인터넷 커뮤니티 활동(21.5%), 천만모여 등의 모바일 결혼정보 어플 가입(15.0%), 동호회 가입이나 종교활동 참여(13.5%), 거리에서 헌팅(10%), 결혼정보회사 가입(3%) 순으로 답했다.

결혼정보업체에 가입하는 이유를 묻는 질문에 보다 나은 배우자를 만날 수 있어서(41.5%)라고 답한 응답자가 가장 많았다. 이어 주변에 마땅한 사람이 없어서(36.5%), 지인 소개의 만남이 부담스러워서(12.5%), 연애할 시간이 없어서(4.5%), 결혼정보회사를 통해 결혼을 잘한 사람을 보고(3.5%) 순으로 답했다. 이상형의 배우자를 만날 수 있다면 결혼정보회사를 이용할 것인가라는 질문에 63.5%는 그렇다고 답했으며, 36.5%는 아니다라고 답했다. 연봉과 학력이 높을수록, 여자(44%)보다 남자(56%)가 결혼정보회사를 이용하겠냐는 답변이 많았다. 2006년 같은 질문에 대해 그렇다고 답한 비율이 46.2%인 것에 비하면 결혼정보회사에 대한 인식이 긍정적으로 바뀐 것으로 나타났다.

가연결혼정보의 김영주 대표는 "10년 전에 비해 미혼남녀들의 이상형 조건은 보다 구체적이고 다양해진 반면 만남을 주선하는 문화는 점점 사라져가는 추세"라면서 "특히 나이가 어리고 학력이 높을수록 이 같은 현상이 두드러지기 때문에 2016년의 미혼남녀들은 소개팅 어플을 이용하거나 결혼 컨설팅을 받는 등 자신의 배우자를 찾는데 보다 적극적"이라고 말했다.

출처: 한라일보(2016.04.08).

4. 배우자 선택 시 고려할 점

배우자를 잘 선택하는 것은 행복한 결혼생활의 전제 조건이다. 즉, 어떤 배우자를 만나느냐는 결혼 생활의 행·불행을 좌우하는 결정적인 요인이다. 따라서 배우자 선택은 신중하게 이루어져야 한다. 그러면 배우자를 선택할 때 어떤 점을 고려해야 하는가? 이와 관련하여 많은 학자들이 다양한 견해를 피력하였는데, 이를 종합하여 제시하면 다음과 같다(김양희 외, 2011; 송진숙, 권희경, 김순기, 2006; 유영주, 1984; 임혜경 외, 2017; 최정혜, 구명숙, 2010).

첫째, 배우자는 본인이 원하는 사람이어야 한다. 결혼생활은 감정교환의 연속이므로 서로 원하고 호감이 있어야 하며 감정의 교환이 가능해야 한다.

둘째, 본인이 필요로 하는 사람이어야 한다. 배우자를 통해서 경제적, 감정적으로 안정감을 가질 수 있어야 하며, 원하는 생활수준을 유지할 수 있어야 한다. 감정의 교환은 쉬우나 경제적 안정을 유지할 수 없다면 생활에 위협이 따르게 된다.

셋째, 배우자는 현실적으로 선택이 가능한 지위에 있어야 한다. 비교할 수 없이 차이가 나는 환경수준이라든지 너무 먼 거리에 있어 현실성이 없는 사람은 선택하지 않는 것이 현명하다.

넷째, 결혼은 현실이라는 점을 이해해야 한다. 사랑한다는 것만으로는 결혼의 이유가 충분하지 못하다. 두 사람의 사랑만 있으면 모든 것이 잘 될 것이라는 생각은 환상일 따름이며 현실과는 맞지 않는다.

다섯째, 외모와 같은 신체적 매력이나 외적 조건이 사랑의 전부는 아니다. 상호 애정, 존경, 신뢰 등이 수반되지 않는 한 외적 조건이 아무리 훌륭하여도 그 관계는 행복하게 지속되기 어렵다. 그러므로 서로의 인생관, 결혼관 등 기본적인 가치관이 상호 조화를 이루어야 한다.

여섯째, 이 세상에 완전한 사람은 없으며 한 사람을 배우자로 선택한다는 것은 상대방의 약점이나 부족한 점도 함께 받아들임을 의미한다. 지금 비록 마음에 안 드는 점이 있더라도 '결혼을 하면 변하겠지?'라는 생각은 착각으로, 상대방을 변화시키려는 시도보다는 상호 적응하려는 노력이 필요하다. 충분한 교제기간과 대화를 통하여 상대방을 잘 파악한 후에 결혼하여 적응에 도움이 되도록 한다.

일곱째, 교제 기간이 길다고 해서 반드시 성공적인 결혼 생활이 보장되는 것이 아니지만 충분한 교제 기간을 통하여 서로를 이해하고 파악한 후에 결혼하는 것이 부부간의 적응에 보다 도움이 된다.

여덟째, 친구 및 부모의 지지가 무시되어서는 안 된다. 부모를 비롯해 주위 사람들이 만나고 있는 사람을 반대한다면 시간을 두고 한 번 더 생각해 보아야 한다. 특히 부모가 반대할 경우에는 반대하는 이유를 냉정하게 검토해 볼 필요가 있다.

읽을거리 **배우자 선택에서 가장 저지르기 쉬운 7가지 잘못**

- 결혼결정이 너무 빨리 이루어진다.
- 결혼결정이 너무 이른 나이에 이루어진다.
- 한쪽 혹은 양쪽 모두 너무 열렬히 결혼하고 싶어 한다.
- 한쪽 혹은 양쪽 모두 너무 다른 누군가를 즐겁게 하기 위해 배우자를 고르고 있다.
- 경험의 토대가 너무 약하다.
- 커플이 비현실적인 기대를 가지고 있다.
- 한쪽 혹은 양쪽 모두 중요한 성격적 혹은 행동적 문제를 지니고 있는데 이를 간과하고 있다.

출처: Warren, N. C. (1994). Finding the love of your life: Ten principles for choosing the right marriage partner.

06 Chapter 결혼

성인이 된 남녀는 이성교제를 통해 서로를 알게 되고, 서로가 원하는 배우자 선택이 이루어지면 결혼에 이른다. 결혼이란 성숙한 남녀가 사회적으로 적법한 의식을 통하여 결합하는 것으로 정의된다. 일반적으로 모든 남자와 여자는 일정한 연령에 달하게 되면 결혼이라는 의식을 통해 부부가 되며 사회의 가장 기본적인 단위인 가정을 이루게 된다. 인간은 사회적 동물이기 때문에 혼자 살 수 없고, 동물적인 성적 욕구를 지속적으로 충족시킬 수 있으며, 사회적으로 용인되는 방안을 찾게 된다는 점에서 결혼은 자연적인 귀결이라고 할 수 있다.

어떤 사람들은 21세기 결혼과 가족은 지배적 가치인 개인주의와 시장원리에 의하여 다양해지고 불안정해질 것으로 전망한다. 그래서 독신자, 동거자, 이혼과 재혼이 흔해질 것이고 정형화된 결혼생활과 가족형태가 많이 줄어들 것이라고 한다. 그러나 아직도 많은 사람들이 이성을 만나 사랑하고 결혼하고 아이 낳고 평범하게 일상적인 가정을 꾸리는 것이 행복으로 가는 길이라고 생각한다(최규련, 2012).

1. 결혼의 의미와 동기

결혼의 신성한 의미는 무엇인가? 이 질문에 대해 일반적으로 받아들여질 수 있는 답을 제시하기는 어렵다. 왜냐하면 결혼의 의미는 문화, 시기, 사람에 따라 다를 수 있기 때문이다. 과거의 결혼은 가족생활의 중심으로 경제적 안정, 자녀 출산 등의 사회적 욕구 충족을 위한 중요한 역할 수행으로서의 의미가 강했지만, 오늘날에는 남편과 아내 간의 애정을 바탕으로 한 남녀 두 사람의 인격적, 신체적, 정서적, 경제적인 결합의 의미가 강하다. 또한 남녀가 사회적으로 적법한 방법으로 기본적 단위인 가족을 형성한다는 의미가 있다. 이 외에도 결혼은 다음과 같은 의미를 가진다.

첫째, 결혼은 동의를 뜻한다. '그렇게 하기로 동의하지 않았다면, 어떻게 두 사람이 함께 여행을 떠날 수 있겠는가?'라는 말이 있다. 결혼도 마찬가지이다. 두 사람이 결혼하기로 결정했다는 것은 두 사람 간에 어느 정도의 합의가 있다는 것이다. 과거에는 이 합의가 부모에 의해 이루어졌지만, 오늘날에는 일반적으로 결혼 당사자가 그러한 결정을 내린다. 결혼 생활이 원만하게 지속되기 위해서는 결혼을 할 것이라는 기본적인 합의에 덧붙여 자녀를 둘 것인가와 같은 질문을 포함한 수많은 질문에 대한 합의가 있어야 한다.

둘째, 결혼은 이기심을 버린다는 것을 의미한다. 일단 결혼을 했다면 이제 더 이상 당신이 전부가 아니라는 것을 깨달아야 한다. 결혼의 의미는 내가 우리가 된다는 것이다. 결혼 전에는 당신 자신만을 위한 계획을 세우고, 당신이 선택한대로 가고 올 수 있었다. 즉, 대체로 당신의 소망과 바람에 따라 결정을 내릴 수 있었다. 하지만 이제 결혼을 했기 때문에 그렇게 할 수 없다. 저녁을 어디에서 먹을 것인지, 주말에 무엇을 할 것인지, 휴일에 어디를 갈 것인지와 같은 결정을 내릴 때 부부의 견해가 모두 고려되어야 한다. 가장 만족스럽고 잘 작동하는 결혼은 부부가 진심을 다해 상대 배우자의 행복과 안녕을 추구하는 것이다.

셋째, 결혼의 의미는 하나가 되는 것이다. 결혼의 또 하나의 의미는 하나 더하기 하나는 하나라는 것이다. 결혼은 모든 차원에서 두 삶의 혼합이다. 가장 두드러진 차원은 성적 친밀감이 심오한 유대감을 만들어내는 신체적 차원이다. 이것이 결혼의 가장 중요한 목적이다. 이런 유대는 신체적인 것에만 머물지 않고 정서적, 심리적, 영적 차원으로 확대된다. 그러나 둘이 하나가 된다고 해서 당신의 정체성을 잃는다는 것을 의미하는 것은 아니다. 하나됨은 두 사람이 함께 생활을 하자마자 자동적으로 발생하는 것은 아니다. 그것은 효과적으로 의사소통하는 법이나 갈등을 해결하는 법을 배우는 것을 포함한 상당한 노력을 필요로 한다.

넷째, 결혼은 새로운 세대를 형성한다는 의미가 있다. 결혼한 사람에게 주어지는 심오하고 놀라운 특권은 자녀를 낳아 세상에 내보내는 것이다. 부부는 자녀를 낳아 사회에 기여할 수 있는 성숙한 성인으로 교육시킨다. 하지만 자녀 양육은 결혼의 다른 의미와 마찬가지로 자동적으로 되거나 쉽게 되는 것이 아니다. 사실 양육은 엄청나게 힘든 일이며 결혼 생활에 큰 부담이 되기도 한다. 자녀가 생겼을 때 당신이 명심해야 할 것이 있다. 그것은 당신의 배우자가 우선이고 자식은 두 번째라는 것이다. 이 우선 순위를 명확히 하는 것이 행복한 결혼 생활의 비밀이다.

한편 김양희(2009)는 결혼의 의미를 독신의 불완전한 성생활에서 공인된 두 사람 간의 완전한 성생활로, 낭만적 사랑에서 현실과 관련된 책임감 있는 태도와 능력으로, 개인의 구매에서 배우자와 가족원을 위한 구매로, 나의 생활에서 우리의 생활로, 자녀의 입장에서 배우자, 며느리, 사위의 입장으로, 개인적 습관에서 가족중심의 습관으로의 변화에서 찾았다.

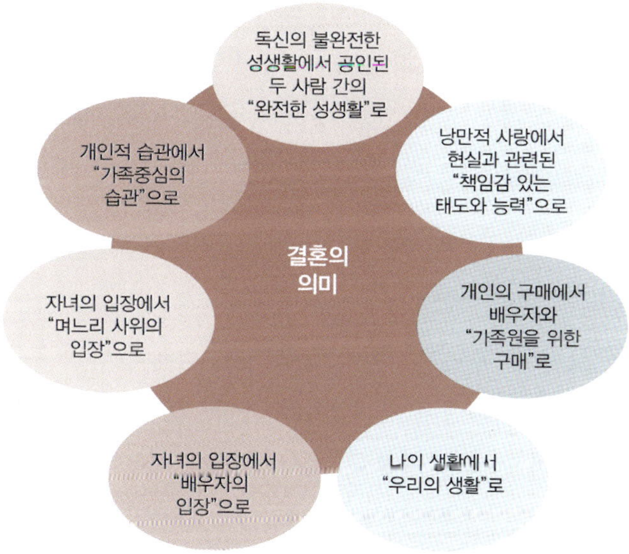

그림 6-1 결혼의 의미

출처: 김양희(2009). 신혼기 건강가정을 위한 길라잡이: 우리 방금 결혼했어요.

결혼을 할 것인지 말 것인지를 결정하는 것은 우리가 평생에 하는 가장 중요한 결정 중의 하나일 것이다. 그리고 이 결정은 한 개인의 삶의 거의 모든 측면에 영향을 미친다. 과거와 달리 오늘날에는 결혼을 반드시 해야 하는 필수

과업이 아니라 선택 사항으로 여긴다. 그러면 사람들은 무엇 때문에 결혼을 하려할까? 결혼에는 다음과 같이 다양한 동기가 작용한다(이기숙 외, 2009; 허혜경, 박인숙, 김혜수, 2017; 홍길회, 황정해, 2012).

1) 사랑의 실현

대부분의 사람들이 결혼을 하는 가장 강한 동기는 사랑하는 사람과 함께 살고 싶기 때문이다. 결혼 생활을 통해 성숙한 사랑을 실현함으로써 서로가 인생의 동반자로 자리매김할 수 있다. 배우자에 대해 더 이상 사랑을 느낄 수 없으면 이혼을 감행할 정도로 사랑한다는 감정은 중요한 결혼의 동기로 작용한다.

2) 합법적 성의 부여

사회가 합법적으로 부부로 인정하고 성관계를 허용하는 제도가 결혼이다. 결혼을 통해 두 성인 남녀는 사회적으로 안정적이고 합법적인 성적 욕구를 충족시킬 수 있다. 즉, 부부는 서로 간의 성적 독점성과 다른 성관계에 대한 배타성을 합법적으로 인정받을 수 있다.

3) 경제적 안정 추구

결혼을 함으로써 경제적 협력이 가능해진다. 경제적 안정 추구는 남성이 경제적 부양을 담당하고 여성이 자녀양육과 가사노동을 담당하는 전통적인 사회에서 여성의 중요한 결혼 동기였다. 여성의 경제 활동이 활발해진 오늘날에는 여성뿐 아니라 남성도 경제력을 지닌 사람, 즉 안정된 직장을 가진 사람을 이상적인 배우자로 여기는 경향이 강하다.

4) 자녀출산의 기회

과거에는 결혼의 가장 큰 동기가 자녀 출산과 가계 계승이었다. 과거에 비해 현대에는 자녀 출산이라는 결혼의 동기가 상당히 약화되었으나, 아직도 많은 사람들은 결혼하여 자신들의 자녀를 갖고 싶은 욕구, 즉 부모가 되고 싶은 욕구로 인해 결혼을 결정하게 된다. 자녀의 출산 및 부모됨은 결혼의 개인적 측면인 동시에 사회구성원을 재생산하는 사회적 측면의 동기를 내포한다.

5) 정서적 안정의 추구

결혼은 개인에게 정서적인 안정감을 부여해 준다. 결혼함으로써 생의 동반자로서 서로 이해해 주고 감정적 뒷받침을 해줄 수 있다. 또한 자신이 신뢰하는 사람과 더욱 친밀한 관계를 유지해 정서적 안정의 욕구를 충족시킨다.

6) 사회적 기대의 부합

대부분의 사회에서는 성인이 되면 당연히 결혼을 해야 한다고 여긴다. 특히 가족주의가 강한 우리나라에서는 적절한 시기에 결혼하지 않으면 주위 사람이나 친척으로부터 적지 않은 사회적 압력을 받게 된다. 최근에는 초혼 연령이 증가함에 따라 결혼에 대한 압력이 다소 약화되긴 하였지만, 아직도 성인 남녀가 결혼하는 것을 바람직하게 여기는 사회적 기대가 존재하며 이에 부합하기 위하여 결혼을 선택하기도 한다.

7) 성인으로서의 신분 획득

결혼을 통하여 사회적 기준의 성인 신분을 획득할 수 있다. 우리나라는 법적으로 만 19세 이상인 사람을 성년으로 인정하지만, 혼인을 할 수 있는 연령은 만 18세로, 부모의 동의가 있다면 미성년이라 하더라도 혼인할 수 있다(민법 제807조). 그리고 우리나라에서는 미성년자라 할지라도 혼인 신고를 하면 성인의 신분을 준다. 특히 우리사회는 결혼해야 성인으로 취급하는 의식이 강하게 남아 있다.

우리나라의 기혼 부부들 중 신혼기부터 결혼기간 35년까지의 부부 289쌍(평균 결혼기간 13.1년)의 결혼 동기를 살펴보면 **그림 6-2**와 같다(정현숙, 2004). 결혼한 부부들은 모두 건강한 자녀를 갖는 것을 가장 중요한 결혼의 동기로 보았고, 사랑과 애정이 그 다음이었다. 그러나 이들과 달리 대학생들의 결혼 동기는 사랑과 애정, 건강하고 행복한 자녀, 정서적 동기의 순서로 나타났다.

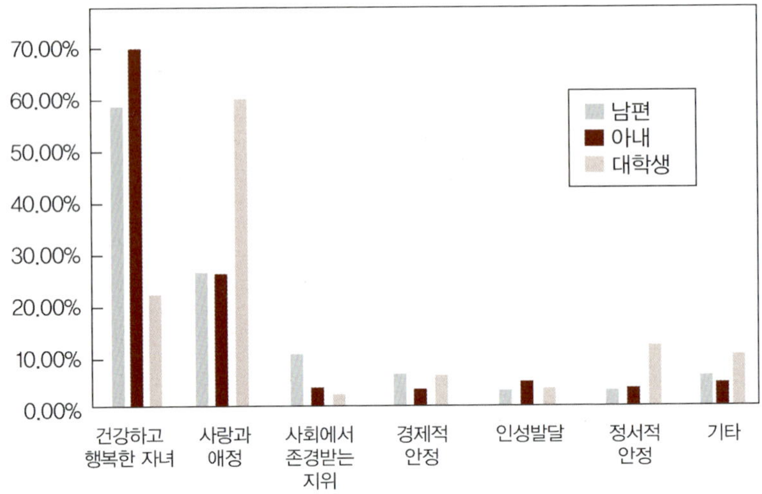

그림 6-2 결혼한 부부들과 대학생들의 결혼 동기

최근 조성미(2020)는 우리나라 만 20-39세 미혼 남녀를 대상으로 하여 결혼동기가 인구학적 변인에 따라 차이가 있는지를 조사하였다. 이 연구에서는 결혼 동기를 관습적 동기, 경제적 동기, 정서적 동기, 낭만적 동기로 구분하였다. 먼저 성별에 따른 차이를 조사한 결과, 결혼동기 중 경제적 동기와 정서적 동기는 성에 따라 차이가 없었으나 관습적 동기와 낭만적 동기는 남자보다 여자가 높게 나타났다. 직업에 따라서는 경제적 동기에서만 차이를 보였다. 직장인, 교사, 공무원 집단에서 경제적 동기가 가장 높았고, 무직 집단에서 가장 낮았다. 하지만 연령과 학력에 따라서는 차이가 없었다.

앞에서 살펴본 바와 같이 결혼의 동기는 개인에 따라 매우 다양하다. 각자가 어떤 동기를 가지고 결혼하는가에 따라 결혼생활의 적응이나 만족도가 달라진다. 결혼의 동기가 건전하고 현실적일 때 결혼생활에 잘 적응하고 원만한 관계를 이루어갈 수 있지만, 동기가 비현실적이고 바람직하지 않을 때는 심각한 문제를 야기할 수 있다. 결혼의 부적절한 동기로는 다음과 같은 것을 들 수 있다(김용미 외, 2001).

첫째, 순간적인 열정으로 한 결혼이다. 매력적인 사람과 사랑에 빠지기는 쉽다. 그러나 열정이 단기간에 형성된 것이라면 상대방을 충분히 이해하지 않은 상태에서 이루어진 것이기 쉽다. 순간적인 열정만으로는 상호 이해의 기반이 약하다.

둘째, 현실 도피적인 결혼이다. 현재의 불행한 가정에서 탈출하기 위하여 또는 자신의 목표를 달성하지 못한 좌절감에서 벗어나고자 하는 마음이 결혼의 강력한 동기가 되면 성공적인 결혼이 되기 어렵다.

셋째, 지위 상승의 수단으로서의 결혼이다. 자신의 현재의 경제적 상태를 개선하기 위한 수단으로 결혼을 하는 사람이 있다. 그러나 경제가 목표가 되는 결혼은 매매혼과 다를 바 없다.

넷째, 빈빌에 의한 결혼이다. 교제하는 사람이 다른 사람과 결혼했을 경우에 그 사람에 대한 반발로 결혼을 결행하는 사람들이 있다. 반발로 인한 결혼은 헤어진 사람과의 관계에 얽매어 있고, 현재 결혼하는 사람과는 관계가 미처 성립되지 않아서 결혼생활에 문제를 유발시킬 수 있다.

다섯째, 동정에 의한 결혼이다. 어떤 사람들은 상대방에게 은혜를 입었기 때문에 그 사람에게 은혜를 갚기 위해서 결혼을 한다. 또 자신들의 관계를 끝내는 것이 상대방에 대해 죄책감이나 측은지심을 갖게 하기 때문에 결혼하는 경우도 있다. 그러나 결혼관계는 은혜를 갚는 관계가 아니라 대등한 관계이다.

2. 결혼의례

결혼의례는 개인이 일생동안 거치는 통과의례 중 하나로 개인적으로는 성적·심리적·인격적인 성숙을 이루게 하는 의례이며, 부부로서 가정을 이루어 새 삶을 시작한다는 것을 사회적으로 공표하는 의식절차이다. 과거에도 그렇고 오늘날에도 그렇고 결혼의례는 가장 크게 축하해야 할 인륜지대사로 여긴다.

1) 전통혼례

우리나라는 주자가례(朱子家禮)에 근거하여 전통 혼례를 행하였다. 주자가례는 송나라 주자가 관혼상제(冠婚喪祭)에 관하여 정리한 책이다. 혼례는 주자가 주나라 때의 육례를 간소화시킨 사례(四禮)를 기본으로 하고 있다. 조선조의 사대부 계층은 이를 근거로 우리나라 혼례의 이상형을 제시하였으며, 사례편람(四禮便覽)은 그 대표적인 것이다. 사례편람의 혼례는 의혼(議婚), 납채(納采), 납폐(納幣), 친영(親迎)의 네 단계로 이루어진다(정아란, 유정희, 2014; 정옥분, 정순화, 2014; 최규련, 2014; 최정혜, 2018).

(1) 의혼

의혼(議婚)이란 혼인을 의논하는 것이다. 적령기가 된 남녀를 둔 부모가 중매인에게 혼처를 부탁하여 중매가 들어오면, 택혼 조건(문벌, 용모, 성품, 학식 등)을 따져보고 궁합을 본 뒤 간선을 하고 청혼과 허혼을 하는 것을 일컫는 말이다. 중매는 발이 넓은 중매인을 통하고, 중매가 이루어진 다음에는 궁합을 보고 간선을 한다. 간선은 신부의 아버지가 중매인과 같이 신랑을 만나 본 뒤 마음에 들면 신랑 쪽에서 신부를 보도록 청하는 것이다. 간선으로 혼인 의사가 생기면 신랑 쪽에서 신부 쪽으로 청혼 서신을 보내고, 신부 쪽에서 신랑 쪽으로 허혼 서신을 보내어 혼인 의사를 밝힌다.

(2) 납채

납채(納采)는 의혼 후에 사주를 보내고 택일을 하는 절차이다. 신랑 집에서 신랑의 사주를 적은 봉투와 납채문을 함께 홍색 보자기에 싸서 신부 집으로 보낸다. 사주는 정식 청혼의 뜻으로 보내는 것이다. 신랑의 생년 월 일 시 등 네 가지를 두 글자씩 간지로 쓴 여덟 글자를 사주팔자라 하며 이것을 적은 사주단자를 신부 집에 보낸다. 신부 측에서 사주를 받으면 궁합을 본 뒤 신랑·신부에게 좋은 길일을 혼인날로 잡아 신랑 집에 보내는데 택일 날짜를 적어 보내는 종이를 연길(涓吉)이라 한다. 연길을 받은 신랑 집에서는 신랑의 의복길이와 품 치수를 신부 집에 알리는 데 이를 의제라 한다.

(3) 납폐

납폐(納幣)는 신랑 집에서 성혼에 대한 감사의 뜻으로 혼서지와 예물을 함에 넣어 신부 집에 보내는 절차를 말하는데, '함보내기'라고도 한다. 보통 혼례일 전날 또는 며칠 전 밤에 보낸다. 사례편람에 의하면 납폐는 적어도 두 가지 이상이어야 하며 많아도 열 가지를 넘어서는 안 된다. 시대와 지역 그리고 개별 가정 형편에 따라 그 내용물은 조금씩 차이가 있었으나 보통 신부의 옷감, 노리개, 가락지 등을 보냈다.

(4) 친영

친영(親迎)은 신랑이 신부 집으로 가서 혼례를 치르고 신부를 맞아오는 의식을 말하는 것으로, 오늘날의 결혼식에 해당한다. 친영은 전안례(奠鴈禮), 교배례(交拜禮), 합근례(合巹禮)의 순서로 이루어진다. 전안례는 신랑이 신부 집에 도착하여 신부의 어머니에게 기러기를 드리는 의식이다. 혼례에 기러기를 사용하는 이유는 기러기가 가지고 있는 세 가지 덕목(사랑의 약속을 영원히 지키고, 짝을 잃으면 결코 다른 짝을 찾지 않으며, 상하의 질서의 예를 지킴)을 사람이 본받자는 의미이다. 교배례는 신랑과 신부가 서로에게 공경을 표시하기 위해 절을 주고받는 절차이다. 교배례의 기본은 협배(俠拜)이며, 신랑은 재배, 신부는 사배를 하도록 되어 있다. 협배란 남성이 한 차례 절을 한 다음 여성이 두 차례 절을 하는 것인데, 여성의 절, 즉 선배가 후배 사이에 남성의 답배를 끼워 넣는 형태이다. 합근례는 한 표주박을 반으로 갈라 술잔으로 삼은 뒤 신랑과 신부가 각각 술을 마시는 절차를 말한다. 표수박에 따라 마시는 술은 부부의 화합을 의미한다.

2) 현대식 혼례

우리나라의 현대식 혼례는 전통 혼례와 서구식 혼례의 절충된 모습으로 이행된다. 오늘날 혼례에서 볼 수 있는 전통 혼례의 모습으로는 궁합, 사주, 택일,

함, 폐백, 신랑다루기 등이 있고, 백색 웨딩드레스와 남성의 양복이 혼례복으로 사용된 점과 신혼여행 등은 서구식 결혼 풍습의 예에 해당된다. 최근에는 개성을 중시하는 경향으로 인해 결혼식의 절차와 형식이 다양해지고 있다. 오늘날 혼인의 일반적인 절차는 다음과 같다.

(1) 약혼식

자신에게 적합한 배우자를 선택하고 적절한 시기에 결혼할 것을 약속하는 것을 약혼이라고 한다. 약혼식은 신부 측에서 주관하며, 사회자의 진행으로 개식, 신랑·신부 가족 소개, 신랑·신부 인사, 사주함 전달, 약혼예물 교환, 식사와 여흥, 폐식 순으로 진행된다. 현대사회에서는 약혼이라는 공식적 절차는 덜 중요시되고 상견례로 대치되는 경우가 많다. 약혼이 어떠한 형식으로 이루어지건 약혼은 배우자와 그들 가족과의 친밀감을 증가시키고, 결혼생활을 구체적으로 계획, 준비하며, 결혼에 앞서 적응 여부를 재검토함으로써 시행착오를 줄일 수 있는 기회라는 의미가 있다.

(2) 예식 날짜와 장소 선정

결혼을 하기로 결정했다면 가장 먼저 해야 할 일은 결혼식 날짜를 잡고 예식장을 예약하는 것이다. 결혼식 날짜는 당사자와 양가의 사정, 장소 사정, 참석자의 사정, 혼수준비 등을 고려하여 정한다. 주로 주말이나 공휴일 낮 시간으로 정하는 경우가 많으나, 최근에는 주중이나 야간을 선택하기도 한다. 결혼식 장소로는 예식장, 회관, 호텔, 종교시설, 관공서, 강당, 야외 등이 이용된다. 예식장은 무엇보다도 교통이 편리한 곳으로 선정하는 것이 좋다. 지하철 역 주변이 좋고 주차시설도 넉넉한지를 살펴보아야 하며, 비용은 양가에서 공동으로 부담하는 것이 일반적이다.

(3) 사회자 선정과 주례 위촉

결혼식 사회자와 주례자를 결정하고 직접 부탁을 드린다. 사회자는 친하게 지내는 친구나 동료가 맡는 것이 일반적이고, 주례자는 평소에 친분이 있고 존경하는 분으로 모신다. 주례가 결정되면 최소한 2주일 전에는 직접 찾아뵙고 인사를 드리는 것이 예의이다. 최근에는 주례를 따로 모시지 않고 신랑 또는 신부 부모 중에 한 사람이 주례를 하기도 한다.

(4) 청첩장

결혼식에 초대할 하객의 명단을 작성하고 청첩장을 준비한다. 청첩장은 친척과 친구, 친지들에게 정식으로 알리는 서식으로 보내고, 진심으로 축복해 줄 사람에게 보내는 것이 예의이다. 청첩장은 결혼식 3주일 전쯤에 보내는 것이 적당하며 늦어도 결혼식 일주일 전에는 도착하도록 한다. 최근에는 스마트폰을 통해 결혼식을 알리는 방법이 선호된다.

(5) 함들이

전통혼례의 납폐에 해당하는 함은 일반적으로 결혼식 1주일 전쯤에 보낸다. 함은 신랑 측에서 신부 측에 허혼에 대한 감사의 표시로 보내는 것이다. 옛날에는 함진아비에게 수고의 대가로 '노자'를 주던 것이 이후 신랑 친구들에게 '함 값'을 주는 것으로 바뀌었고, 최근에는 함들이 행사를 생략하거나 신랑이 함을 들고 가는 식으로 간소화시키는 사람들도 있다.

(6) 결혼식

결혼식은 대개 개식, 신랑입장, 신부입장, 신랑신부 맞절, 혼인서약, 성혼신언, 주례사, 신랑신부 내빈께 인사, 신랑신부 행진, 폐식의 순서로 대략 15~20분 정도로 진행된다. 최근에는 이러한 결혼식 절차를 자신들의 신념이나 가치에 따라 신랑과 신부가 동시에 입장하거나 종교적인 의미가 있는 특별한 절차를 추가하는 등 독특한 형식으로 계획하고 진행하는 사람들이 점차 늘어나고 있다.

(7) 폐백

결혼식장에서 기념 촬영이 끝나면 신랑신부는 폐백을 드린다. 폐백실에서 신랑과 신부가 신랑 측 부모와 친척들에게 큰 절을 하고, 절을 받은 시부모는 아들 많이 낳고 잘 살라는 덕담을 하고 대추를 신부치마에 던지며, 다른 친척은 보통 신혼여행비에 보태도록 현금을 준다. 최근에는 신랑 신부가 시댁 친척들에게만 폐백례를 행하는 것은 불공평하다고 인식되어 신부 부모에게도 폐백을 드리는 추세이다.

(8) 피로연과 신혼여행

결혼식에 온 하객들을 위해 음식점에서 식사를 대접하는 것을 피로연이라고 한다. 신랑과 신부는 결혼식 예복을 갈아입고 피로연 장소에 나가 양가 부모와 함께 하객들에게 인사를 드린 후 신혼여행을 떠난다. 신혼여행의 기능은 두 사람이 앞으로 공동생활을 하게 될 때의 적응관계를 용이하게 해줄 수 있는 전환기를 마련해주는 데 있다. 또한 지금까지 각자의 생활을 마무리할 기회를 주며, 정신적·신체적인 친숙과 성적 경험을 갖도록 하는 기능이 있어, 이를 통해 각자의 역할을 인식·적응하고, 애정을 기초로 한 동료의식을 형성해 나가도록 해야 한다. 그러므로 이러한 역할을 수행하고 적응하기 위해서는 편안하고 한적한 곳으로 신혼여행을 가는 것이 좋다. 신혼여행 장소는 가보지 않은 곳보다는 두 사람이 즐거운 추억을 만드는 것에 더 비중을 두고 안전도, 기후, 교통편, 숙박시설, 취향과 경비를 고려하여 정하는 것이 좋다(송진숙, 권희경, 김순기, 2006). 신혼여행지에 도착하면 양가에 도착 인사를 드리고 다녀올 때는 기념선물을 준비하여 찾아뵙는다.

읽을거리 **미혼남녀 10명 중 8명은 '특별한 웨딩' 꿈꿔**

결혼의 계절, 가을이 무르익고 있다. 인생에 한 번뿐인 특별한 순간을 준비하는 예비 신랑신부들의 움직임도 분주하다. 일반예식부터 호텔, 야외, 스몰웨딩 등 다양한 형태의 예식이 늘어나고 있는 가운데 미혼남녀가 꿈꾸는 결혼식을 설문을 통해 알아봤다. 결혼정보회사 듀오는 20~30대 미혼남녀 335명을 대상으로 '내가 원하는 결혼식' 설문조사를 실시했다.

2일 결과에 따르면, 전체 응답자의 81.5%는 스·드·메(스튜디오·드레스·메이크업) 위주의 일반예식보다 특별한 예식을 원했다. 일반예식을 원한다고 답한 응답자는 9.0%에 그쳤다.

특별한 예식 형태는 주례 없는 파티형 예식(29.9%), 카페·레스토랑·별장 등을 대여한 하우스웨딩(23.3%), 야외결혼식(17.3%), 신혼여행지에서의 예식(11.0%) 등 다양하게 나타났다. 기타 의견으로 '전통혼례'도 언급됐다. 또 전체 응답자의 71.9%는 이 같은 예식이 현실적으로도 실현 가능하다고 답했다.

반대로 실행시키지 못한다면 그 이유는 금전적인 문제 때문으로 조사됐다. 일반예식보다 금전적인 부담이 더 크다(46.6%)는 것이다. 이어 가족 및 주변인 설득에 대한 어려움(31.0%)도 현실로 실행하기 어려운 이유로 지목됐다. 성별로 나눠보면 남성은 가족 및 주변인 설득에 대한 어려움을 불가능한 이유 1위(43.1%)로 꼽았다. 여성은 금전적인 부담이 더 큰(57.1%) 점을 실현시키기 어려운 이유라 꼽았다.

원하는 결혼 예식 유형을 생각하게 된 계기는 '드라마, 영화 속 장면을 보고 난 후'(29.3%)가 가장 많았다. 또 'SNS에서 본 결혼식 사진과 영상에서 영향을 받았다'(26.3%)는 응답이 뒤를 이었다. 남성의 경우 드라마, 영화 속 장면에 영향을 받은 것과 더불어 어린 시절부터 생각해 온 예식이 있다(27.5%)는 답변이 공동 1위를 차지했다. 여성은 SNS에서 본 결혼식 사진, 영상을 보고 난 후(39.9%)가 1위, 드라마, 영화 속 장면을 보고 난 후(31.0%)는 2위로 집계됐다.

듀오 측은 "이효리·이상순, 원빈·이나영, 나르샤 등 연예인들의 이색 결혼식이 꾸준히 화제가 되면서 결혼식 문화도 다양해지고 있다"며 "예식 형태가 다양해진 만큼 선택의 폭이 넓어졌으니 결혼식 주인공인 신랑, 신부와 가족, 하객들 모두 함께 만족하고 즐거울 수 있는 예식을 준비할 수 있길 바란다"고 전했다.

출처: 파이낸셜 뉴스(2017.11.02).

3. 최근 결혼 현황

최근 결혼에 대한 인식의 변화로 우리 사회의 결혼 관련 통계는 다양한 변화 추이를 보이고 있다. 여기에서는 통계 자료에 나타난 최근 결혼의 특징에 대해 살펴보고자 한다.

1) 혼인 건수의 감소

통계청 자료에 의하면 우리나라의 혼인 건수는 전반적으로 감소하고 있는 추세이다. 최근 10년간의 혼인 건수는 **표 6-1**에서 보듯이 2011년 이후 지속적으로 감소하고 있다. 특히 2019년도 혼인 건수는 23만 9,200건으로 전년보다 무려 7.2% 감소한 것으로 나타났다. 총 혼인 건수의 감소에 따라 인구 1,000명당 혼인 건수를 나타내는 조혼인율 또한 낮아졌으며, 2019년도에는 4.7건으로 1970년 통계 작성 이후 최저를 기록했다(그림 6-3 참조).

표 6-1 혼인건수 및 조혼인율, 2009-2019

	2009	2010	2011	2012	2013	2014	2015	2016	2017	2018	2019
혼인건수(천 건)	309.8	326.1	329.1	327.1	322.8	305.5	302.8	281.6	264.5	257.6	239.2
증감(천 건)	-18.0	16.3	3.0	-2.0	-4.3	-17.3	-2.7	-21.2	-17.2	-6.8	-18.5
증감률(%)	-5.5	5.3	0.9	-0.6	-1.3	-5.4	-0.9	-7.0	-6.1	-2.6	-7.2
조혼인율*	6.2	6.5	6.6	6.5	6.4	6.0	5.9	5.5	5.2	5.0	4.7

* 인구 1,000명당 건.

출처: 통계청(2020). 2019년「혼인, 이혼통계」.

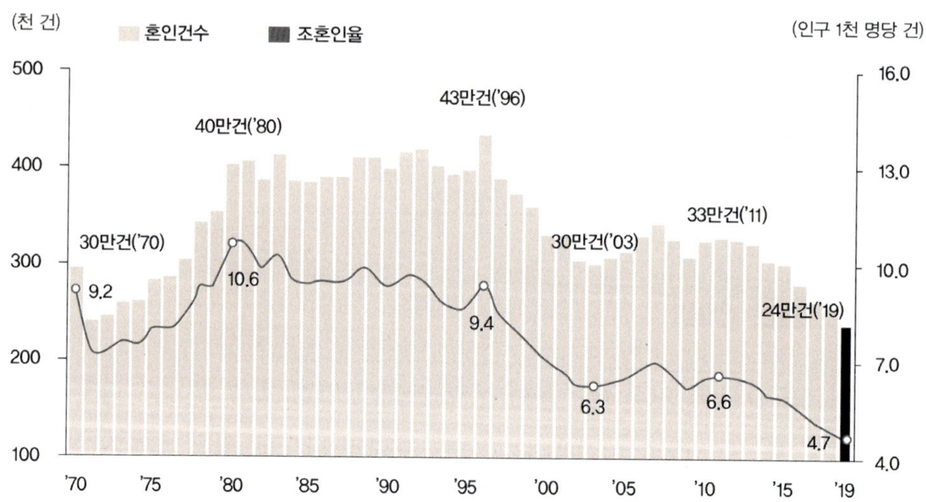

그림 6-3 혼인건수 및 조혼인율 추이, 1970-2019

출처: 통계청(2020). 2019년「혼인, 이혼통계」.

혼인종류별 건수 및 구성비는 **표 6-2**와 **그림 6-4**와 같다. 남녀 모두 초혼인 부부는 전체 혼인의 76.9%, 남녀 모두 재혼은 12.3%를 차지했다. 이를 성별로 구분하여 살펴보면, 남자의 경우 전체 혼인 중 초혼이 83.4%, 재혼이 16.5%였고, 여자의 경우 전체 혼인 중 초혼이 81.1%, 재혼이 18.6%였으며, 남녀 모두 전년 대비 감소 추세를 보였다. 2019년도의 경우 남자 초혼과 여자 초혼의 비율은 전년 대비 무려 8%나 감소했다.

표 6-2 혼인종류별 건수, 2009-2019

		2009	2010	2011	2012	2013	2014	2015	2016	2017	2018	2019		전년대비	
													구성비	증감	증감률
계*		309.8	326.1	329.1	327.1	322.8	305.5	302.8	281.6	264.5	257.6	239.2	100.0	−18.5	−7.2
남자	초혼	255.8	273.0	277.4	275.9	273.8	257.9	256.4	238.1	222.5	216.3	199.5	83.4	−16.9	−7.8
	재혼	53.8	53.0	51.6	51.1	48.9	47.5	46.4	43.3	41.7	41.1	39.4	16.5	−1.7	−4.1
여자	초혼	250.7	268.5	272.6	270.5	268.4	251.5	250.0	232.4	216.8	210.3	193.9	81.1	−16.4	−7.8
	재혼	58.8	57.5	56.4	56.5	54.3	53.0	52.7	40.9	47.4	46.7	44.5	18.6	−2.2	−4.8
남(초)+여(초)		236.7	254.6	258.6	257.0	255.6	239.4	238.3	221.1	206.1	200.0	184.0	76.9	−16.0	−8.0
남(재)+여(초)		13.9	13.9	13.9	13.5	12.8	12.0	11.7	11.1	10.5	10.2	9.8	4.1	−0.4	−4.3
남(초)+여(재)		19.0	18.3	18.7	18.9	18.2	18.4	18.0	16.7	16.2	15.9	15.0	6.3	−0.9	−5.9
남(재)+여(재)		39.8	39.1	37.7	37.6	36.1	35.5	34.7	32.1	31.1	30.7	29.4	12.3	−1.3	−4.3

* 미상 포함, 남(초): 남자 초혼, 남(재): 남자 재혼, 여(초): 여자 초혼, 여(재): 여자 재혼

출처: 통계청(2020). 2019년 「혼인, 이혼통계」.

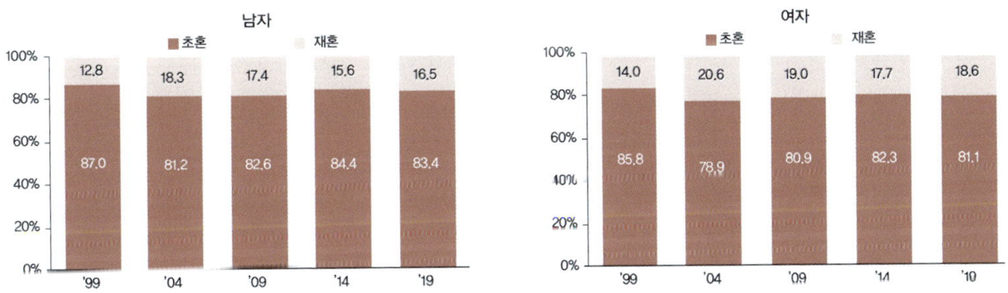

그림 6-4 혼인종류별 구성비, 1999-2019

출처: 통계청(2020). 2019년 「혼인, 이혼통계」.

혼인 건수의 감소에는 결혼을 필수가 아닌 선택으로 생각하는 인식의 변화가 큰 영향을 주었을 것으로 보인다. 2018년 통계청 조사에 의하면, "결혼은

반드시 해야 한다"라는 견해에 동의하는 비율은 11.1%에 불과했다. 성별로 살펴보면 남자는 12%, 여자는 10.3%로 남자의 비율이 약간 높았다. 연령별로는 60세 이상은 25.8%, 50~59세는 11.7%, 40~49세는 5.6%, 20~29세는 5.1%, 13~19세는 3.7%로 나타나 연령이 낮을수록 비율이 대체로 낮은 것으로 나타났다. 교육 정도로 보면 초졸 이하 24.5%, 중졸, 14.6%, 고졸, 9.2%, 대졸 이상 7.1%로 나타나 학력이 높을수록 결혼에 대한 긍정적인 비율이 낮았다. 이렇게 볼 때 향후 혼인 건수는 더욱 줄어들 가능성이 높을 것으로 보인다.

결혼에 대한 인식의 변화 이외에도 비혼에 영향을 주는 요인들은 다양하다. 경기도가 리얼미터에 의뢰해 도민 2,009명을 대상으로 조사한 결과를 보면, 최근 비혼이 증가하는 이유로 남성의 경우 출산·양육 부담(32%), 과도한 주거 비용(29%), 개인의 삶·여가 중시(17%), 이상적 배우자 못 만남(7%)의 순서였고, 여성의 경우에는 개인의 삶·여가 중시(26%), 과도한 주거 비용(21%), 출산·양육 부담(20%), 이상적 배우자 못 만남(12%)의 순서로 나타났다(서울경제, 2019.11.17).

2) 초혼 연령의 증가

남녀 모두 결혼하는 시기가 점점 늦어지고 있다. 우리나라의 평균 초혼 연령은 **표 6-3**과 **그림 6-5**와 같이 남녀 모두 지속적으로 높아져왔다. 2019년 현재 평균 초혼 연령은 남자 33.4세, 여자 30.6세로 나타났다. 이 수치는 10년 전에 비해 남자는 1.8세, 여자는 1.9세 각각 증가했고, 20년 전에 비하면 남녀 모두 각각 4.3세씩 증가했다. 이러한 수치는 우리나라 청년 인구의 만혼화 현상이 심화되고 있음을 보여준다.

표 6-3 평균 초혼 연령, 2009-2019

(단위: 세)

		2009	2010	2011	2012	2013	2014	2015	2016	2017	2018	2019	증감	
													전년 대비	10년전 대비
초혼 연령	남자	31.6	31.8	31.9	32.1	32.2	32.4	32.6	32.8	32.9	33.2	33.4	0.2	1.8
	여자	28.7	28.9	29.1	29.4	29.6	29.8	30.0	30.1	30.2	30.4	30.6	0.2	1.9

출처: 통계청(2020). 2019년 「혼인, 이혼통계」.

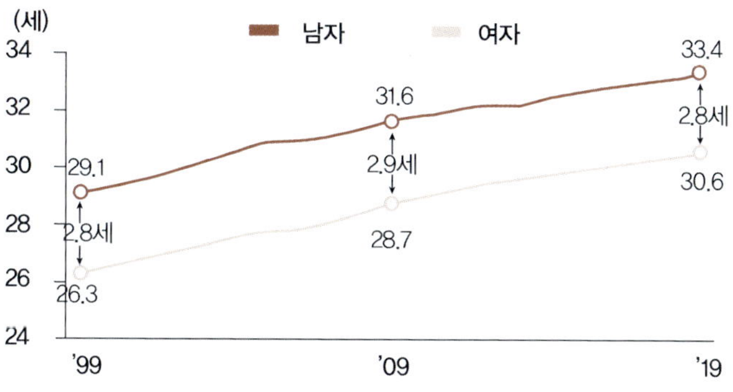

그림 6-5 평균 초혼 연령, 1999-2019

출처: 통계청(2020). 2019년 「혼인, 이혼통계」.

한국보건사회연구원에서 19-49세 미혼 청년층 947명을 대상으로 설문조사한 결과에 따르면, 전체의 31%는 '주거불안정'을 결혼을 연기하거나 하지 않는 이유로 들었다. 이어 '불안정한 일자리'(27.6%), '독신의 여유로움과 편안함'(26.2), '적절한 결혼 상대 부재'(8.1%), '바쁜 업무'(4.9%) 등의 순서로 나타났다.

이러한 순서는 성별에 따라 차이가 있었다. 미혼여성은 '독신의 여유로움과 편안함'이 가장 중요한 이유인 반면, 미혼남성은 '주거 불안정'이 가장 중요한 이유였다. 최종학력에 따라서도 다른 양상을 보였다. 고졸 이하의 경우 '독신과 여유로움과 편안함(31.5%)'이 가장 높았고, 그 다음이 '불안정한 일자리(28.3%)'로 나타났으나, 대졸의 경우는 '주거 불안정'(32.7%)이 가장 높고, 그 다음이 '불안정한 일자리'(28%)였다.

3) 연상녀-연하남 부부의 증가

우리나라의 부부간 연령차에서 주목할 만한 변화로는 여성 연상의 부부가 꾸준히 증가한다는 점이다. **표 6-4**와 **그림 6-6**에서 보는 바와 같이 최근 10년간 여성 연상인 부부 비율은 2009년 14.3%에서 2019년 17.5%로 3.2% 늘어난 반면, 남성 연상 부부는 2009년에 69.6%에서 2019년에 66.8%로 낮아졌다. 2019년 초혼 부부의 연령차별 구성비를 보면, 여자 연상인 부부가 17.5%로 동갑 부부 15.7%보다 더 많은 비중을 차지한 것으로 나타났다.

우리나라에서 연상혼이 늘고 있는 현상에 대해 이창순(2013)은 결혼 연령에 대한 여성과 남성의 인식에서의 근본적인 변화보다는 결혼 시장의 불균형에 그 원인이 있다고 본다. 즉, 성별 사회경제적 인구사회 변화로 야기된 결혼 시장의 전통적인 연령 기준에 따른 결혼 시장의 불균형이 커지고, 제 나이 대의 결혼상대를 만나는데 어려움이 있는 능력 있는 여성들이 점점 더 기존의 나이 차의 규범을 탈피하여 연하 남성과의 결혼을 선택하게 된다는 것이다. 우리 사회에서 연상혼이 꾸준히 늘고 있음은 우리 사회의 전통적인 성별 위계 문화에 변화가 있음을 나타낸다. 이런 점에서 연상혼의 증가가 특별히 의미 있는 것은 우리 사회 성별 관계의 가장 견고한 보루인 전통적인 가부장적 가족 결혼 관계의 근본적인 변화의 시작이라는 점이다(이창순, 2013).

표 6-4 초혼 부부의 연령차별 혼인 구성비, 2009-2019

(단위: %)

		2009	2010	2011	2012	2013	2014	2015	2016	2017	2018	2019	전년 대비 증감
계*		100.0	100.0	100.0	100.0	100.0	100.0	100.0	100.0	100.0	100.0	100.0	-
남자 연상	소계	69.6	69.1	68.4	68.2	67.6	67.7	67.6	67.7	67.2	67.0	66.8	-0.2
	1-2세	26.4	26.1	26.3	26.3	26.1	26.2	25.7	25.5	25.3	25.1	25.1	0.1
	3-5세	27.7	27.3	27.2	27.2	27.2	27.1	27.2	27.0	26.6	26.4	25.8	-0.5
	6-9세	10.4	10.1	10.0	10.1	10.2	10.5	10.7	11.0	10.8	10.8	10.7	-0.1
	10세 이상	5.2	5.7	4.9	4.6	4.2	4.0	4.1	4.3	4.5	4.8	5.2	0.4
동 갑		16.1	16.0	16.4	16.2	16.2	16.1	16.0	15.9	15.9	15.8	15.7	-0.1
여자 연상	소계	14.3	14.9	15.3	15.6	16.2	16.2	16.3	16.3	16.9	17.2	17.5	0.3
	1-2세	10.6	10.9	11.1	11.3	11.6	11.5	11.4	11.4	11.7	11.8	11.9	0.1
	3-5세	3.0	3.2	3.3	3.4	3.7	3.7	3.9	3.9	4.0	4.3	4.4	0.1
	6-9세	0.6	0.7	0.7	0.7	0.8	0.8	0.9	0.9	1.0	1.0	1.1	0.1
	10세 이상	0.1	0.1	0.1	0.1	0.1	0.1	0.2	0.2	0.2	0.2	0.2	0.0

* 연령미상 포함

출처: 통계청(2020). 2019년 「혼인, 이혼통계」.

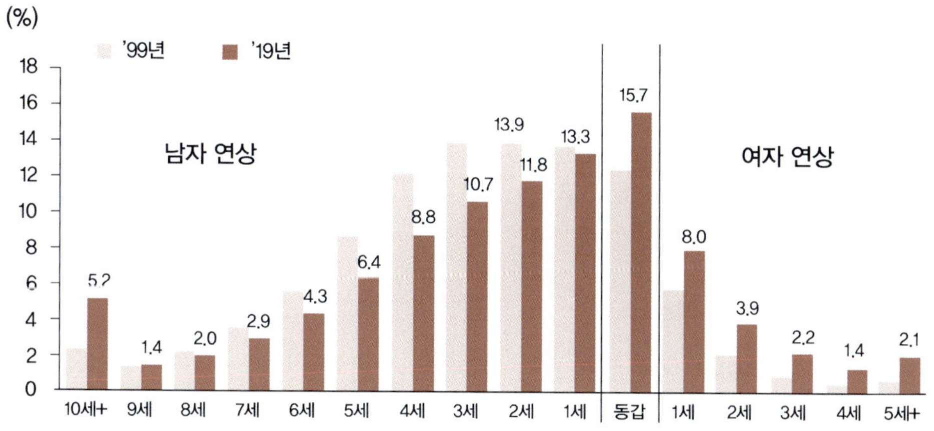

그림 6-6 초혼 부부의 연령차별(1세 단위) 혼인 구성비, 1999, 2019

출처: 통계청(2020). 2019년 「혼인, 이혼통계」.

4) 국제결혼의 증가

2019년 현재 전체 혼인 중 외국인과의 혼인 비중은 약 10%이다. 외국인과의 혼인 중 외국 여자와의 혼인 비중은 74.8%, 외국 남자와의 혼인 비중은 25.2%를 차지했다. **표 6-5**와 **그림 6-7**과 같이, 외국인과의 혼인 건수는 1999년 이후 급속하게 증가하다가 2005년 이후부터 2015년까지 감소했지만 최근 다시 증가하고 있는 추세이다. 한국 남자와 혼인한 외국 여자의 국적은 베트남(37.9%), 중국(20.6%), 태국(11.6%) 순이었고, 한국 여자와 혼인한 외국 남자의 국적은 미국(24.6%), 중국(23.6%), 베트남(10.7%)순이었다.

표 6-5 외국인과의 혼인, 2009-2019 (단위: 천 건, %)

	2009	2010	2011	2012	2013	2014	2015	2016	2017	2018	2019	구성비	전년 대비 증감률
총 혼인건수	309.8	326.1	329.1	327.1	322.8	305.5	302.8	281.6	264.5	257.6	239.2	100.0	-7.2
외국인과의 혼인	33.3	34.2	29.8	28.3	26.0	23.3	21.3	20.6	20.8	22.7	23.6	9.9	4.2
한국남자+외국여자	25.1	26.3	22.3	20.6	18.3	16.2	14.7	14.8	14.9	16.6	17.7	7.4	6.5
한국여자+외국남자	8.2	8.0	7.5	7.7	7.7	7.2	6.6	5.8	6.0	6.1	6.0	2.5	-2.2

출처: 통계청(2020). 2019년 「혼인, 이혼통계」.

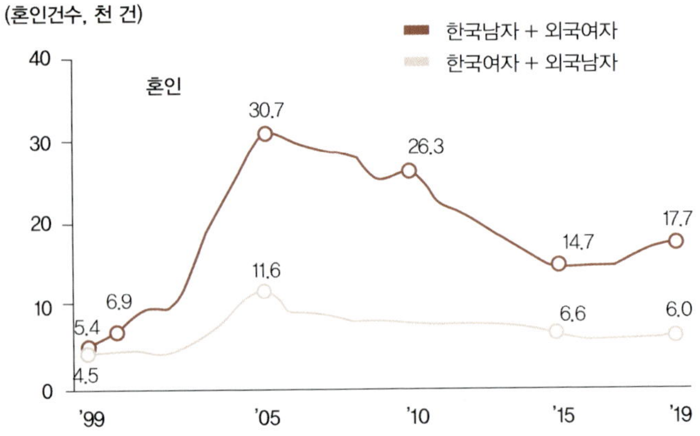

그림 6-7 외국인과의 혼인건수 추이(1999-2019)

출처: 통계청(2020). 2019년「혼인, 이혼통계」.

통계청(2020)이 발간한 통계에 의하면, 청소년과 부모세대 모두 외국인과의 결혼에 동의하는 비율이 증가 추세로 나타났다(그림 6-8 참조). 청소년의 77%, 부모 세대의 56.4%가 '외국인과 결혼해도 상관없다'고 응답했다. 동의하는 비율을 성별로 살펴보면, 청소년은 상대적으로 여자가 높고, 부모세대는 남자가 높게 나타났다. 이렇게 볼 때 향후 외국인과의 결혼은 증가할 것으로 추측된다.

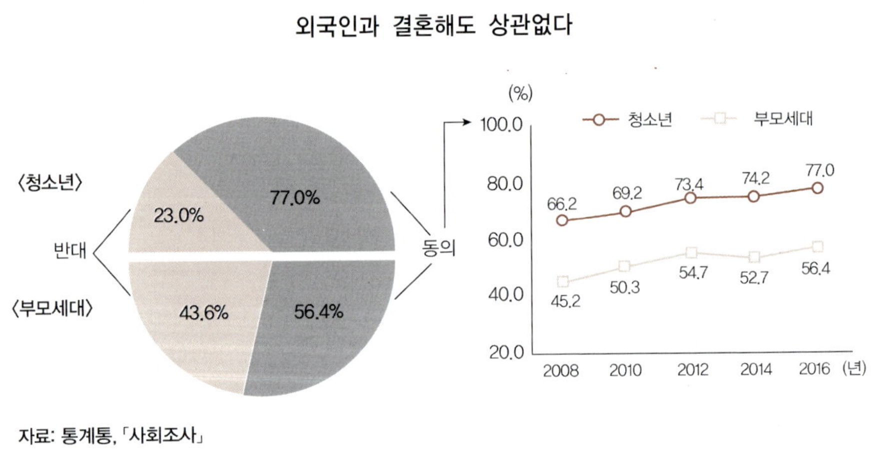

그림 6-8 외국인과의 결혼 동의에 대한 청소년과 부모세대의 반응

출처: 통계청(2020). 2019년「혼인, 이혼통계」.

5) 동질혼의 증가

최근 들어 우리사회의 동질혼 경향이 점차 강해지고 있다. 동질혼(homogamy)은 학력이나 사회적 지위, 경제적 능력이 비슷한 사람과 결혼하는 것을 말한다. 최근 한국보건사회연구원(신윤정, 2017)이 교육 수준에 따라 결혼을 유형별로 분류한 결과에 의하면, 1970년에는 동질혼 비율이 58.1%였지만, 2015년에는 78.5%로 높아졌다(표 6-6 참조). 결혼 정보회사 듀오가 2016년부터 2년간 성혼시킨 부부 3,024쌍을 조사해봤을 때 전체 부부의 56.5%가 동일한 학력 수준에서 결혼했다.

동질혼은 고학력·고소득 직종일수록 뚜렷한 양상을 보인다. 비단 의사, 변호사만이 아니다. 교수는 교수와 결혼하고, 기자도 기자와 결혼하며, 공무원도 공무원과 결혼하는 경우가 흔하다. 동질혼의 강력한 부상은 미혼 남녀들이 격차 연애에 불필요한 시간과 에너지를 낭비하고 싶지 않다는 생각이 빈영된 결과로 보인다(한국일보, 2017.06.24).

표 6-6 증가하는 동질혼 비중

(단위 %)

연도	동질혼	이질혼	
		하강혼	상승혼
1970	58.1	0.9	41.0
1980	51.3	2.4	46.3
1990	60.2	4.0	35.8
2000	71.7	6.1	22.3
2010	76.3	10.2	13.5
2015	78.5	10.5	11.0

출처: 신윤정(2017). 배우자 간 사회경제적 격차 변화와 저출산 대응 방안. 한국보건사회연구원.

07 Chapter 부부

결혼식을 올리고 혼인신고를 하면 두 사람은 정식 부부가 된다. 결혼 동기는 사람마다 각양각색일 수 있겠지만 목표는 모두 행복한 결혼생활일 것이다. 연애 기간을 가졌다 하더라도, 서로 다른 삶을 살아온 두 사람이 부부가 되어 행복을 향해 살아가기 위해 많은 노력이 필요하다. 이 장에서는 성공적인 부부생활을 위해 예부 부부들이 알아야 할 기본적인 정보를 제공한다.

1. 부부간의 적응

결혼은 사랑하는 사람과 부부가 되는 기쁘고 즐거운 변화이지만, 결혼은 또한 새롭게 적응해야 하는 인생의 커다란 변화이다. 결혼을 하면 생활에 많은 변화가 생기며 이러한 변화에 적응하는 것은 쉽지 않다. 행복한 부부 관계는 노력하여 만들어 가는 것이다. 적절한 배우자의 선택만으로 행복한 가정이 이루어지는 것은 아니다. 결혼으로 새롭게 부과된 역할과 변화에 잘 적응하는 일은 행복한 부부생활을 위한 필수조건이다(권석만, 2017).

1) 부부간의 적응요소

부부간의 적응은 배우자에 대한 일상생활상의 적응뿐만 아니라 경제적·사회적·인간적 환경에 대한 적응도 포함하는 역동적인 과정이다. 특히 현대사회의 고도화와 복잡한 분화로 인하여 부부간의 적응은 더욱 어려운 과제가 되고 있다. 부부간의 적응에는 크게 성격적 적응, 성적 적응, 경제적 적응, 인척관계 적응 등이 있다. 성공적인 부부 적응을 위해서는 성격, 성, 경제, 친족과 같은 주요 영역을 중심으로 적응하려는 노력이 필요하다(김양희 외, 2011; 문혁준 외, 2014;

유영주, 권순옥, 김경신, 2013; 조성연 외, 2017; 최규련, 2014).

(1) 성격적 적응

부부는 각자가 고유한 성격적 특성을 지니며 이러한 성격 차이가 부부간의 갈등을 유발하는 원인으로 작용하는 경우가 많다. 이혼하는 부부의 첫 번째 사유가 성격 차이라는 점을 보더라도 부부가 성격적으로 적응한다는 것은 매우 어려운 일이다.

부부가 성격 차이를 극복하기 위해서는 무엇보다도 서로의 차이를 인정하는 태도가 중요하다. 어느 부부에게나 성격 차이는 존재하기 마련이다. MBTI 성격유형 검사에 따르면 인간에게는 16가지 유형의 성격이 존재한다고 한다. 하지만 아마도 실제로는 사람 수만큼의 성격이 존재할 것이다. 성격에는 옳고 그름이 없다. 차이가 존재할 뿐이다. 성격 차이 자체가 문제가 되기보다는 이러한 차이를 대하는 태도가 문제가 된다.

흔히들 부부를 일심동체라고 한다. 일심동체는 한 마음 한 몸이라는 뜻이다. 부부는 일심동체라는 잘못된 믿음이 부부 갈등의 원인이 된다. 부부 생활을 해 보면 부부가 일심동체가 아니라는 것을 알게 된다. 부부는 자라온 환경이나 경험이 다르므로 생각이나 기호가 같은 부분도 있지만 다른 부분도 있다. 차이를 차이로 대하지 않고 옳고 그름으로 대하거나, 상대방을 자신의 스타일에 맞게 바꾸려고 하기보다는 자신과 상대방의 차이점을 수용하고 서로의 다름을 존중해 주는 것이 중요하다.

읽을거리 **성격 차이와 결혼 생활**

결혼 12년차 부부가 최근 들어 자주 싸우게 되고, 싸움 후에는 소위 '냉전' 상태가 길어진다며 상담실을 찾았습니다. 이들은 자신들의 성격이 맞지 않는데 이대로 살아야 할지 조언을 듣고 싶어했습니다.

남편은 자기 부인이 무슨 생각을 하는지 알 수 없다면서 답답해했습니다. 회계사로 일하는 남편은 매사에 확실한 것을 좋아하여 자신의 의견을 직설적으로 표현하는 편이었습니다. 즉, 자신은 싸울 때는 싸우더라도 그 이유가 납득이 되면 금방 화해를 할 수 있는데, 부인은 말수가 적어서 좋거나 싫은 표현이 불분명해서 답답해했습니다. 그래서 그런 점을 확인하려는 것이 번번이 부부싸움으로 이어지고, 부인이 이제는 남편인 자신이 원하는 모든 것을 싫어하는 것 같다며 하소연했습니다.

부인은 프리랜서로 번역 일을 하는데, 안정적인 직장에 들어가지 않은 이유가 남이 시켜서 하는 것보다는 자신이 하고 싶은 것을 자신의 방식으로 처리할 수 있기 때문이라고 했습니다. 또 자신에게는 직업 특성상 조용하고 차분한 분위기가 필요하기 때문에 웬만하면 싸우지 않으려고 남편의 요구를 거의 다 들어주며 살아왔는데, 남편이 그런 자신의 노력과 고통은 인정하지 않으면서 뭐든지 트집만 잡으려하고 갈수록 비난이 거칠어져서 더 이상 참기가 어렵게 되었다고 했습니다.

상세한 면접과 성격유형 검사 결과에서 남편은 '외향-사고형', 부인은 '내향-감정형'으로 파악되었습니다. '외향-사고형'의 사람들은 밖으로 드러나는 의견을 중요하게 생각합니다. 그래서 여러 사람의 의견이나 사실관계를 파악하고 정리하여 좀 더 좋은 결과를 얻으려 합니다. 따라서 이들에게는 좋다는 의견은 물론 싫다는 것도 분명하게 말해주면, 그런 점을 해결하는 과정을 통하여 자신의 능력을 더 잘 발휘할 수 있습니다. 따라서 이들은 어떤 일을 계획하거나 행동할 때 객관적이고 합리적인 기준에 따라서 진행하는 것을 편안해 합니다. 만약 잘못된 결과가 나오면 그 이유에 따라서 새로운 시도를 하여 결국 성취하는 것에서 보람을 얻습니다.

반면에 '내향-감정형'의 사람들은 자신의 느낌이나 생각을 소중하게 여기며, 그런 만큼 타인의 느낌이나 생각에 부당한 영향을 미치지 않으려고 애씁니다. 그래서 웬만한 것은 양보하며 갈등을 일으키지 않으려 하지만, 부당하다고 여겨지는 점에 대해서는 어떤 불이익이 와도 타협을 하지 않는 고집스러운 면이 숨겨져 있습니다. 따라서 이들에게 자신이 원하는 대로 해도 좋다는 신임과 보호를 받고 있다는 분위기를 조성해주면, 이들은 예상외의 성과를 보여주기도 합니다. 이 부부의 성격 유형은 정반대로 보이는데, 그러면 이들은 애초부터 잘못된 조합인걸까요?

사람의 성격이란 정말 이상한 것이어서 대부분의 경우는 자신과 비슷한 유형의 사람과 있는 것을 편안해 하지만, 오히려 정반대 유형의 사람에게 매력을 느끼는 상황도 자주 나타나곤 합니다. 즉, 연애 시절에 남편은 부인을 통하여 평온함과 안정감을, 또 부인은 남편에게서 유쾌하면서도 실제적인 능력을 발견하고 마침내 결혼에 이르게 되었습니다. 말하자면, 이들은 자신의 부족한 점이 상대를 통하여 보완되기를 바랐던 것으로 보입니다. 하지만 막상 결혼 이후에는 자신에게 익숙한 모습을 상대에게 요구하고, 그것이 이루어지지 않으면 상대를 비난하느라 현재와 같은 불화 상태에 이르게 된 것이었습니다.

흔히들 성격이 맞지 않으면 같이 살기가 어렵다고 말하지만, 사실은 이와 다릅니다. 즉, 성격은 좋거나 나쁘거나 또는 맞거나 안 맞거나 해서가 아니라 서로 맞춰가려는 유연성이 부족해서 문제가 되는 것입니다. 이런 점에서 상대의 잘못을 탓하기 전에 자신과 상대의 어떤 기대와 욕구가 좌절되고 있는지를 각자 돌아보는 태도가 바람직합니다. 남편에게는 부인을 신뢰하며 격려할 것을, 또 부인에게는 남편의 능력과 수고에 감사하고 행복함을 표현할 것을 제안하였습니다. 부부는 이런 훈련과 노력의 결과로 불화에서 벗어날 수 있게 되었습니다. 이처럼 각자 자신의 특성과 장점을 포기하지 않으면서 자신과는 다른 상대의 특성을 인정하고, 필요한 점은 배워서 함께 원만해져 가는 것이 어쩌면 결혼의 심오한 목표라고 할 것입니다.

출처: 미디어파인(2020.04.18).

(2) 성적 적응

부부가 결혼 생활에서 육체적 사랑을 나누는 것은 아주 자연스러운 것이다. 성은 결혼 생활에서 매우 중요한 요소이다. 부부간의 성적 결합은 애정적 욕구와 성적 욕구를 만족시켜 부부 관계의 친밀감을 유지시키며, 결혼만족도에도 중요한 요소가 되고 있다. 과거에는 부부에게 성이란 자녀 출산과 종족 유지의 의미가 컸고, 개인적인 행복으로서 성생활에 대한 논의는 삼가는 경향이 강했다. 그러나 현대로 오면서 개인의 행복추구 성향이 커지고 성에 대한 논의도 보다 자유로워지면서 부부간 성적 적응이 보다 중요시되고 있다. 부부간의 성적 적응을 위해 다음 사항을 유념하여야 한다.

첫째, 성은 복합적 요인을 갖고 있으므로 성적 적응을 위해 통합적 노력을 하여야 한다. 부부간의 성은 신체·생리적 요인뿐만 아니라 감정적·인격적 요인을 포함하고, 출산력을 가지고 있을 뿐만 아니라 두 사람의 친밀감을 증진시키는 의사소통 기능을 갖는다. 부부간의 성은 기교 문제가 아니라 몸과 마음의 건강성, 사랑과 신뢰, 정서적·인격적인 교감, 정확한 성지식, 성에 대한 태도 등이 중요하게 작용하므로 이를 고려하여 상호 조화시키는 노력이 필요하다.

둘째, 부부간의 성적 적응을 위해서는 성에 관한 정확한 이해와 부부 공동의 지속적인 노력이 필요하다. 성은 계속적으로 성장하고 발전하며 만족을 추구하는 과정이다. 부부간의 성은 두 사람을 연합시키는 예술이므로 적응을 위해 시간과 협동적 노력이 필요하다. 성적 적응을 위해 한쪽 배우자에게만 책임이나 의무가 있는 것이 아니고, 부부 쌍방에게 책임이 있고 부부가 같이 노력해야 한다. 그리고 성적 반응과 성적 자극에서 성별 차이를 이해하여야 하며, 상대방을 비난하거나 완벽을 요구하기보다 신뢰감을 바탕으로 만족스러운 성생활을 위한 개방적 대화를 하는 것이 중요하다.

읽을거리

성생활의 남녀 차이

부부의 불륜, 애증을 다룬 '부부의 세계'라는 드라마가 세간의 화제다. 남편의 불륜 고백에 충격받은 부인은 남편과 같은 불륜으로 복수를 하게 되는데, 이러한 본능은 남자한테만 있는 것이 아니라고 이야기한다.

남성과 여성의 성욕의 차이는 발생 시기의 차이라고 할 수 있다. 남자는 10대 후반, 20대 초반이 가장 왕성하고, 여자는 임신·출산을 거친 시기, 30대 후반까지 증가해 피크를 그린다. 나이가 들면서 점차 남녀의 차이는 없어지며 완만한 상태로 욕구는 평생을 걸쳐 지속된다.

남자의 경우 평상시 욕구의 발생은 불규칙적이고 여자는 생리 주기에 영향을 받는 것으로 돼 있다. 남성은 계속 성호르몬이 분비되고 나이에 상관없이 성욕은 유지된다. 여성은 폐경이 되면 난소의 성호르몬 분비는 멈추지만 부신에서 성호르몬이 계속 분비돼 나이가 들어도 성욕이 유지된다.

잘못 생각하고 있는 통념 중 하나가 여성은 언제든지 성관계가 가능하다는 생각이다. 여성은 남성과 마찬가지로 육체적, 생리적 반응도 필요하고 친밀감, 분위기와 같은 정서적 요소도 필요하다. 급격히 오르가슴에 이르는 남성과 달리 여성의 오르가슴은 복잡하고 미묘하다고 할 수 있다.

보통 남성보다 15분 정도의 시간이 더 필요하며 정서적 동기, 충분한 전희가 있는 상태에서 강한 극치감에 이르게 된다. 그리고 한 번의 절정감을 갖는 남성과는 달리 여러 번 절정에 이를 수 있는 것으로 알려져 있다.

성욕은 수면, 배설과 같은 생리적 욕구와는 달라서 사회생활, 생존, 행복에 영향을 주기 때문에 기본적인 요소 중의 하나이다. 성적 욕구와 만족은 정서적 행복, 애착에 있어 매우 중요하다. 서로에 대한 감정과 배려가 더 만족할 수 있는 성생활을 만들어 간다고 하겠다.

출처: 대한전문건설신문(2020.04.30).

(3) 경제적 적응

결혼 생활은 현실적인 생계의 문제이다. 부부가 되면서 '혼자만의 소비생활'에서 '우리의 소비생활'로 변하기 때문에 부부 간의 경제적 적응은 중요하다. 부부 간의 경제적 적응이란 적절한 소득수준과 서로가 인정할 수 있는 소비·지출 방법과 합리적 태도를 지녀서 만족스러운 경제 생활을 하는 것이다. 부부 간의 경제적 적응은 소득의 액수에 비례하는 것이 아니라 소득을 사용하는 방법과 이에 대한 부부의 태도에 따라 달라진다.

부부가 행복한 경제공동체를 이루기 위해서는 다음 사항을 유념해야 한다(박미금 외, 2003). 첫째, 돈의 한계를 인식한다. 많은 사람들은 경제적인 부를 성공으로 간주하는 경향이 있어 많은 돈을 모으기 위해 끊임없이 노력한다. 그러나 지나치게 돈을 모으는데 집착하게 되면 삶에 있어서 정말 소중한 것들을 잃게 될 수도 있다. 둘째, 공동으로 재정적인 의사결정을 한다. 그러므로 부부는 돈을 관리하는 방법에 대해 일치된 의견을 갖도록 노력한다. 셋째, 예산을 세우고 지켜 나간다. 예산을 세우는 것은 의도적으로 소득과 지출의 균형을 맞추기 위한 것이다. 예산은 사고 싶은 것을 사지 못하게 하는 것이 아니라 불필요한 지출을 사전에 예방하고자 하는 것이다. 넷째, 저축에 대한 계획을 세운다. 예산을 계획할 때 소득 중 얼마를 저축할 것인지에 대해 결정함으로써 갑작스런 경비 지출에 대비하여 안정적인 재정관리를 한다.

(4) 인척관계 적응

결혼은 두 남녀의 결합만이 아니라 그들 각자의 원가정과의 결합을 의미하므로 결혼으로 맺어지는 친인척 관계도 부부에게 상당한 영향을 미친다. 전통적으로 가장 많은 적응이 요구되는 관계는 며느리와 시집식구의 관계이다. 그 중에서 고부관계는 한국 사회에서 가장 취약한 가족 관계로 알려져 있으므로 특별한 적응 노력이 필요하다. 그리고 최근에는 시아버지와 며느리의 갈등, 장모와 사위의 갈등도 발생하고 있다. 인척관계 적응을 위해서는 다음과 같은 사항에 노력해야 한다(최규련, 2014).

첫째, 시가 식구, 처가 식구와의 관계가 원가족과의 관계와 동일하기를 바라는 환상에서 벗어나 인척 관계에 대한 현실적 기대를 갖는 것이 중요하다. 둘째, 인척과의 갈등이 발생하면 상대방이 문제가 있다고 생각하기보다는 서로를 알아가는 과정이라고 생각하고, 상대방을 이해하려고 노력함과 동시에 직접 대화를 통한 해결 노력을 기울여야 한다. 셋째, 시가 식구나 처가 식구는 며느리나 사위에 대해 독립된 인격체로서 존중하고, 자녀의 부부 관계의 자율성을 인정하여야 한다. 그리고 며느리나 사위는 시부모나 처부모의 요구를 이해하고 그들의 경험을 존중하면서 자신의 도리를 다하도록 노력해야 한다.

읽을거리 **고부갈등보다 더 매운 시할머니-며느리 갈등**

여성의 평균 수명이 80세를 훌쩍 넘는 초고령화사회에 진입하면서 시어머니와의 고부(姑婦) 갈등을 넘어 시할머니 시집살이로 고생하는 며느리들이 늘고 있다. 얼마 전 시부모님이 돌아가시고 자식 중에 모실 사람이 마땅히 없어 90세 시할머니를 모시게 된 30대 주부 A씨는 시할머니 시집살이로 스트레스성 탈모까지 겪고 있다.

시할머니는 "이불이 깨끗해야 잠이 잘 온다"며 1주일에 3번씩 이불 빨래를 시키는 것은 물론 집에 있으면 "왜 밖에 안 나가냐"고 야단치고 외출해 일을 보고 있으면 "왜 그렇게 싸돌아 다니냐"고 나무라기 일쑤였다. 특히 "아침식사 드시라"고 깨우자 "밥 생각 없으니 깨우지 말라"고 역정을 내 이후 잠잘 때는 깨우지 않았더니 친척들에게 "며느리가 밥도 안 주고 굶긴다"고 말해 졸지에 시할머니 밥도 안 챙겨주는 못된 며느리가 됐다.

남편과 맞벌이를 하는 30대 B씨는 시부모님이 외국에 계신 탓에 88세 시할머니를 대신 모시고 있다. 맞벌이를 하지만 시할머니가 몸이 안 좋다며 외출을 꺼리는데다 밥솥이 무겁다며 밥하는 것도 싫어해 집안 살림은 고스란히 B씨의 몫이다. 오후 9시쯤 퇴근해 시할머니가 식사한 그릇 설거지며 집 청소, 내일 먹을 식사준비 등을 하다 보면 파김치가 되고는 한다. B씨는 "잘 모시는 것이 당연한 도리라는 것은 알지만 집안 살림에 손 하나 까딱하지 않으시면서 반찬 투정하시거나 편식하실 때는 얄밉게 느껴지는 게 사실"이라고 말했다.

시할머니와의 갈등을 상담하는 며느리들도 많아 12일 한 인터넷 포털사이트에 '시할머니'라는 단어를 검색하자 관련 카페글만 15,549건에 달하는 것으로 나타났다. 해당 글 가운데 시할머니 선물 관련 상담이나 병환을 걱정하는 내용, 돌아가실 경우 장례 등을 묻는 질문 등도 있었지만, 상당수가 시할머니와의 갈등을 상담하는 내용이었다. 엄명용(사회복지학) 성균관대 교수는 "고부 간에도 세대차를 크게 느끼는데 시할머니와 며느리의 경우 갈등을 빚을 소지가 많은 만큼 서로에 대한 이해와 세대교육이 필요하다"고 말했다.

출처: 문화일보(2013.09.12).

2) 부부 간의 적응유형

무엇이 행복하고 잘 적응된 부부 관계를 만들까? 하나의 이론으로 잘 적응하고 있는 부부 관계를 설명할 수는 없다. Cuber와 Haroff(1966: Schwartz & Scott, 1994에서 재인용)의 연구는 부부 적응 유형과 관련하여 가장 많이 인용되고 있는데, 이들은 이혼이나 별거 없이 10년 이상 결혼생활을 유지하고 있는 211쌍의 부부를 대상으로 조사하여 부부 간의 적응에는 5가지 유형이 있음을 발견하였다. 유형을 구분하는 두 가지 중요한 요소는 의사소통 패턴과 상호작용

방식이다.

(1) 갈등이 습관화된 유형(conflict-habituated relationship)

이 유형은 부부 간의 긴장과 갈등을 특징으로 한다. 하지만 대개의 경우 이러한 긴장과 갈등은 해소된다. 이 유형의 부부는 부부 싸움을 일상으로 한다. 이러한 부부 싸움은 두 사람만이 있는 곳에서 일어나기도 하지만, 다른 사람들(예; 아이들, 이웃, 친구 또는 친척)이 있는 곳에서도 자주 일어난다. 이들 부부는 갈등과 긴장이 부부 사이에 만연해 있음을 인정한다. 하지만 이들은 긴장을 통제하는 방법도 알고 있다. 갈등과 호전성을 다른 방향으로 돌리는 것이 이들에게 아주 중요하기 때문에, 그것이 그들의 결혼 생활에 습관적인 부분이 된다. 일부 정신의학자들은 심리적인 싸움을 할 필요가 결혼 생활을 유지하는 요인으로 작용하는 것으로 보기도 한다.

(2) 생기를 잃은 유형(devitalized relationship)

이 유형의 부부들은 갈등을 거의 경험하지 않는다. 하지만 서로에 대한 열정과 관심도 별로 없다. 이들 부부는 한때 서로를 깊이 사랑하였으나 이제는 서로에 대한 흥분과 열정을 잃어버린 상태이다. 이들은 대개 의무감에서 함께 시간을 보낸다. 이들은 다른 부부들도 모두 자신들처럼 그럴 것이라 믿으면서 스스로를 위로한다. 가시적인 활력은 부족하지만, 그럼에도 불구하고 이들은 자신들에게 여전히 뭔가가 있다고 말한다.

(3) 소극적–동조적 유형(passive–congenial relationship)

이 유형의 부부들의 상호작용 방식은 생기를 잃은 유형과 비슷하다. 그러나 생기를 잃은 유형과 달리 처음부터 서로에게 소극적이었다는 점에서 차이가 있다. 이 유형의 부부 간에는 갈등이 거의 없다. 하지만 상호간에 열정 또한 없다. 이 유형의 부부들은 공통 관심사를 공유하지만, 부부 관계만큼 부부 관계 외의 생활에도 관심이 많다. 이들은 결혼생활에 모든 것을 투자하려고 하지 않는다. 사실 이 유형의 부부들은 이런 유형의 관계가 독립성과 안전을 촉진하고 부부 각자가 개인적인 목표를 추구할 수 있는 시간과 자유를 허락한다고 생각한다.

(4) 생기 있는 유형(vital relationship)

이 유형은 앞서 살펴본 3가지 유형과 아주 대조적이다. 이 유형의 부부는 서로에게 아주 적극적으로 관여한다. 이 유형의 상호작용을 특징짓는 공유와 함께함은 관계에 생명력을 제공한다. 그러나 이 유형의 사람들은 자신의 정체감을 잃거나 서로의 시간을 독점하지 않는다. 그렇다기보다는 이 유형의 부부는 함께 있을 때를 즐기고, 함께 시간을 보내는 것을 소중하게 생각한다. 덧붙여 갈등이 습관화된 유형과 달리 이들 부부는 갈등을 피하려고 노력한다. 이들은 사소한 것 때문에 갈등하지 않는다. 만약 갈등이 생겼다면 그것은 매우 중요한 문제일 것이다. 나아가 이 유형의 부부는 부부 간에 불일치한 점이 생겼을 때 갈등이 습관화된 유형의 부부들처럼 시간을 끌지 않고 가능하면 빨리 해결하려고 노력한다.

(5) 통합적 유형(total relationship)

생기 있는 유형의 부부들은 시간을 함께 보내는 것을 소중하게 생각하지만 개인적인 삶 또한 소중하게 생각한다. 하지만 통합적 유형의 부부는 항상 함께함을 특징으로 한다. 그리고 중요한 생활사를 모두 함께 하려고 한다. 이 유형의 부부에게는 긴장과 갈등이 거의 없다. 왜냐하면 긴장이 생기자마자 해결하기 때문이다. 이 유형의 핵심적인 부분은 긴장, 갈등이나 어려움에 접했을 때, 부부는 그들의 관계에 아주 중요한 일체감과 생기를 잃지 않고 그 문제를 다룬다는 것이다. 이 유형은 드물다. 그러나 이런 유형이 존재하기는 한다.

부부가 행복하기 위해서는 어떤 관계를 형성해야 하느냐 하는 것은 사람마다 다르다. Cuber와 Haroff는 앞에서 살펴본 부부 간의 적응 유형은 부부 간의 상호작용 유형을 나타냈을 뿐이라는 것을 강조한다. 그러므로 이들 유형 중 어느 하나의 유형에 속하는 사람들은 자신들의 관계에 만족할 수도 있고 불만족할 수도 있다. 또한 이들 범주는 상호 배타적이지도 않다. 어떤 부부는 경계에 있을 수도 있고 또 어떤 부부는 한 유형에서 다른 유형으로 옮길 수도 있다. 또한 Cuber와 Haroff의 유형이 관계를 나타내는 것이지 성격 유형을 나타내는 것이 아니라는 점을 명심해야 한다.

2. 부부 갈등

앞서 살펴본 바와 같이 행복한 결혼생활을 위해서는 다양한 측면에서 적응이 이루어져야 한다. 하지만 이러한 적응은 쉬운 일이 아니다. 많은 부부들이 이러한 적응 과정에서 갈등을 경험하게 된다. 갈등이 유발되지 않는 결혼생활은 이상적이나 현실적으로는 기대하기 어렵다. 서로 다른 성장 배경과 경험을 가진 두 남녀가 결혼이라는 제도를 통해서 함께 삶을 꾸려 나간다는 점에서 결혼 생활 자체가 끊임없는 갈등의 발생과 해결을 내포하고 있다. 이때 부부 갈등을 발전적으로 재조정하거나 원만한 해결책을 모색할 경우 친밀감을 증진시키고 인격적으로 성장할 수 있지만, 그렇지 못한 경우 긴장이 높아지고 불만이 축적되어 별거나 이혼 등 결혼 생활의 파경을 맞을 수도 있다(문혁준 외, 2014).

1) 부부 갈등의 발생 요인과 영역

(1) 부부 갈등의 발생 요인

부부 갈등에는 수없이 많은 원인들이 작용한다. 여기에서는 김양희 외(2011)의 견해를 중심으로 살펴본다.

① 낮은 친밀감

부부간의 낮은 친밀감은 서로의 관계를 인식하고 상호의존적이거나 상호보완적인 관계를 유지하며 살아가야 하는 부부 관계에 있어 서로에게 소홀해지게 되고, 그로 인해 배우자에 대한 애정과 신뢰감, 서로에 대한 관심이 결여되면서 부정적인 감정이나 생각을 하는데 영향을 끼칠 수 있다.

② 근본적 차이

배우자에 대해 존중하는 마음을 토대로 인간은 각각 개별적인 특성을 가지고 있는 존재로 인식하고, 부부 관계를 확립하고 유지해야 하는 배우자가 나와 다른 방식의 가족문화에서 출생, 성장하였기에 나와 다른 가치관이나 생활양식, 습관 등을 가지고 있다는 차이를 인식해야 한다.

③ 지나친 상호 통제

사람들은 흔히 결혼과 동시에 배우자에 대한 생활양식, 기호, 습관, 관심 등을 변화시키려는 시도를 하기도 한다. 배우자의 생각과 행동을 내 틀 안에 맞추고자 배우자에게 요구하는 과정에서 부부는 분노와 갈등의 감정을 갖게 될 수 있다.

④ 비현실적 역할 기대감

부부 관계를 통해 부부는 각자의 역할이 생기는데, 역할에 대한 기대와 현실적으로 반영된 역할의 차이가 클수록 실망과 분노의 감정이 나타날 수 있다.

⑤ 권력 비균등성

부부는 가족이라는 울타리 안에서 누가 무엇을 해야 하는가에 대해 서로 다른 생각과 태도를 가질 수 있다. 만약 이러한 의견들이 조정되지 않거나 일치되지 않을 경우 부부 각자는 불안이나 긴장이 높아질 수밖에 없고, 이러한 과정에서 한 배우자가 권력을 행사하여 상대 배우자에게 일방적으로 부과시킬 경우 관계에 부정적인 영향을 끼칠 수 있다.

⑥ 갈등해결 기술부족

부부 관계에서 갈등이 발생하였을 경우 부부가 서로 감정이 상하지 않고 긍정적으로 해결할 수 있는 방법이나 기술에 대해 배우지 못했기 때문에 갈등발생 시 배우자를 비난하거나 과거를 들추어내어 악화되는 경우가 있다.

(2) 부부 갈등의 영역

결혼 생활에서의 부부 갈등은 정상적 결혼과정의 한 부분으로 부부 사이가 원만한 경우나 그렇지 못한 경우에서도 발생한다. 이러한 부부 갈등은 결혼생활의 모든 영역에서 발생할 수 있으나, 크게 개인적 특성, 부부 관계 특성, 공동생활 특성 및 제삼자 특성 영역으로 구분할 수 있다. 이를 구체적으로 살펴보면 다음과 같다. 개인적 특성은 부부의 성격, 생활습관, 사고방식 등의 차이로 인한 갈등을 포함하며, 부부 관계 특성에는 부부 간의 애정, 의사소통, 성문제, 배우자 부정 등으로 인한 갈등이 속한다. 부부가 공동생활을 하면서 주택계획, 금전관리, 여가생활, 가사노동 분담 등으로 인해 겪는 갈등은 공동생활 특성으로 구분되고, 자녀교육, 친인척, 직장 등 부부 두 사람 이외의 관계들로 인한 갈등은 제삼자 특성 영역으로 분류된다(현경자, 2005).

부부 갈등을 야기하는 영역과 영역별 부부 갈등의 정도와 순위는 연구자들마다 차이가 있어 일관된 결과를 보여주지 않는다. 변화순(1994)의 연구에서는 성격 및 습관 차이로 인한 갈등이 가장 빈도가 높은 부부 갈등 영역이었으나, 현경자(2005)의 연구에서는 여가와 취미 활동이 가장 대표적인 부부 갈등 영역이었다.

남인순(2018)은 최근에 부부 갈등의 대표적인 영역을 분석하였다. 분석 결과 **표 7-1**에서 보듯이 자녀문제(24%), 소통의 부재(18.3%), 성격 차이(17%), 경제적 문제(13.7%), 배우자 가족과의 갈등(8.1%), 생활태도 문제(7.4%), 가사 분담(4.2%), 사소한 말다툼(3.9%)의 순서로 나타났다. 여성가족부(2015) 자료에 나타난 우리나라 부부의 갈등 영역과 영역별 갈등 정도는 **표 7-2**와 같다.

표 7-1 부부 갈등의 대표적인 영역

내용	전체(%)
1. 자녀문제	202(24.0)
① 육아	75(8.9)
② 자녀문제	56(6.7)
③ 자녀교육	42(5.0)
④ 자녀양육	29(3.5)

내용	전체(%)
2. 소통의 부재	154(18.3)
① 의견 차이	50(6.0)
② 생각의 차이	48(5.7)
③ 소통의 부재	24(2.9)
④ 이해 부족	23(2.7)
⑤ 대화 단절	9(1.1)
3. 성격 차이	143(17.0)
4. 경제적 문제	115(13.7)
① 금전 문제	65(7.7)
② 경제적 문제	50(6.0)
5. 배우자 가족과의 갈등	68(8.1)
① 시댁 문제	34(4.0)
② 고부갈등	11(1.3)
③ 가족 문제	10(1.2)
④ 양가 집안	9(1.1)
⑤ 부모 부양	4(0.5)
6. 생활태도 문제	62(7.4)
① 음주	30(3.6)
② 늦은 귀가	16(1.9)
③ 가정에 무관심	13(1.5)
④ 흡연	3(0.4)
7. 가사분담	35(4.2)
① 가사분담	15(1.8)
② 집안일	14(1.7)
③ 제사, 명절	6(0.7)
8. 사소한 말다툼	33(3.9)
① 무시하는 말투	16(1.9)
② 사소한 말다툼	15(1.8)
③ 잔소리	2(0.2)
9. 기타	28(3.3)
① 갈등 없음	20(2.4)
② 배우자에 대한 불신	8(1.0)
계	840(100.0)

출처: 남인순(2018). 부부 갈등의 원인과 영향에 대한 연구: 심리특성과 자녀양육태도 및 배우자의 부모 부양을 중심으로.

표 7-2 영역별 부부 갈등 정도(%)

구분	전혀 없음	없는 편임	가끔	자주	매우 자주	해당 없음	전체
내 부모/형제자매와의 관계	20	44.9	30.3	3.3	1.2	0.3	100
배우자의 부모/형제자매와의 관계	19.1	47.3	28	3.4	1.7	0.5	100
배우자의 생활방식	17.7	39.1	32.7	7.9	2.7	0	100
자녀교육 문제	14.2	39.5	34.3	4.9	0.9	6.1	100
경제적 문제	10.5	37.6	41.4	8.2	2.3	0	100
가사 및 육아 분담	18.2	46.3	29.5	4.9	1.2	0	100
배우자와의 성생활	19.3	51.9	23.9	3.7	1	0	100
배우자의 성격이나 사고방식	10.2	36.1	41.4	9	3.3	0	100

출처: 여성가족부(2015). 가족실태조사.

기혼자들이 인식하는 부부 갈등 영역에는 성차가 발견된다. 일반적으로 여성이 남성보다 갈등을 높게 인식하는 것으로 보고되고 있다. 부부 갈등 영역별로도 부부 간의 차이를 보인다. 결혼 초기 부부 132쌍을 대상으로 한 연구(이선미, 전귀연, 2001)에 따르면, 부부 갈등의 요인별 갈등 정도가 남편의 경우 성격 요인, 역할 요인, 의사소통 요인, 성적 요인, 경제적 요인, 인척 요인의 순서로 나타났으나, 아내의 경우 성격 요인, 인척 요인, 역할 요인, 의사소통 요인, 성적 요인, 경제적 요인의 순으로 나타났다.

2) 부부 갈등의 대처 방식

모든 친밀한 관계에서 갈등은 필연적으로 동반되며, 친밀한 관계를 잘 유지하는 것은 갈등이 없어서가 아니라 발생하는 갈등을 어떻게 다루느냐에 달려 있다(Prager, 1991). 친밀하고 상호 의존적인 부부 관계에 있어서도 어떠한 갈등이 얼마나 존재하는가보다는 남편과 아내가 갈등 상황에 어떻게 대처하고 적응하는가가 중요하다(문혁준 외, 2014).

갈등 대처 방식은 갈등이 발생했을 때 개인이 갈등 상황에 대응하거나 해결하기 위해 취하는 행동 양식을 말한다. 갈등 대처 방식은 학자들마다 다양하게 유형화하고 있다. 여기에서는 Rahim과 Mzgner(1995)의 견해를 제시한다. Rahim과 Mzgner는 대인 간 갈등 관리 방식을 유형화하기 위한 기준으로 자신에 대한 관심과 타인에 대한 관심을 설정하였다. 자신에 대한 관심은 어떤 개인이 자신의 요구를 충족시키려고 노력하는 정도를 나타내며, 타인에 대한 관심은 어떤 개인이 타인의 요구를 충족시켜 주려고 노력하는 정도를 나타낸다. 자신에 대한 관심과 타인에 대한 관심의 정도가 높으냐 낮으냐에 따라 갈등관리유형을 **그림 7-1**과 같이 통합형(integrating style), 인정형(obliging style), 지배형(dominating style), 회피형(avoiding style), 타협형(compromising style)으로 분류하였다.

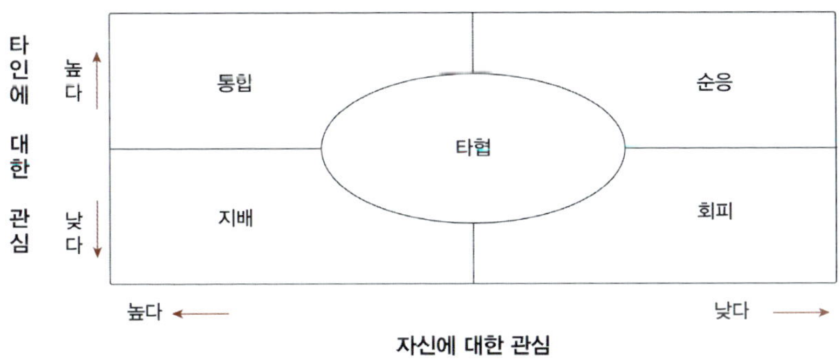

그림 7-1 갈등 관리 유형

출처: Rahim(1983). A measure of styles of handling interpersonal conflict, p.369.

(1) 지배형

자신의 관심사를 중시하는 반면 타인의 관심사를 간과하는 유형이다. 즉, 위협 또는 강요에 의해 자신의 욕구를 채우고 다른 사람의 욕구를 희생시키는 유형이다. 이 유형은 자기 자신의 목적을 달성하고자 물불을 가리지 않고 상대방의 요구와 기대를 무시하기 때문에 상대방에게 분노, 적대감, 복수심 등을 유발할 수 있다는 문제점이 있다.

(2) 순응형(덮어주기형)

자신의 관심사를 간과하는 대신 타인의 관심사를 중시하는 유형이다. 즉, 상대의 욕구를 만족시키기 위해 자신의 관심사를 덮어두는 유형이다. 이 유형에는 자기희생적 요소가 있어 사심 없는 아량이나 자비로 나타날 수 있다. 그러나 정작 자신의 욕구가 해결되지 않아 갈등 문제는 해결되지 않고 잠재적으로 남아있게 된다는 문제점이 있다.

(3) 회피형

자신과 타인의 관심사를 모두 간과하는 유형이다. 이 유형의 사람들은 모두 문제에 대해 이야기하는 것을 꺼려한다. 이 유형은 보통 갈등에 휩싸인 문제나 대상을 향한 무심한 태도를 특징으로 하는데, 시기가 나아질 때까지 문제를 미루거나 단순히 위협적인 상황에서 물러나는 형태로 나타날 수 있다. 이 유형은 갈등상황에 대해 서로가 충분히 다루지 못함으로써 갈등이 더 악화될 수 있다는 문제점이 있다.

(4) 타협형

자신과 타인의 관심사를 중간 정도 충족하려는 유형으로 두 사람 모두에게 어느 정도의 만족을 안겨줄 수 있으나 두 사람 모두 다 완전히 만족할 수는 없는 유형이다. 이 유형의 사람들은 주고받기나 나눔으로 갈등 당사자들이 받아들일 수 있는 의사결정을 위해 서로 조금씩 포기하는 태도를 보인다. 즉, 양보를 주고받아 중간 입장을 모색하는 방식이다. 타협형은 지배형보다는 많이 인정형보다는 적게 포기한다. 마찬가지로 이러한 유형은 회피형보다는 문제를 직접적으로 다루지만 통합형만큼 깊이 있게 탐구하지는 않는다.

(5) 통합형

자신과 타인의 관심사를 모두 중시하는 유형으로 갈등문제를 해결하기 위해 서로 협력하고 노력한다. 이 유형은 갈등 당사자들의 협력, 즉 열린 마음, 정보

교환, 차이점 검토를 통해 당사자 모두가 받아들일 수 있는 해법을 구하려고 한다. 이 유형의 사람들은 통합을 위해 문제의 다양한 측면을 검토하면서 서로의 차이점을 건설적으로 탐구하여 자신들의 고정관념을 초월한 해결책을 찾는다.

부부 간의 갈등 상황이나 문제가 발생할 경우 이를 효과적으로 해결하기 위해서는 일련의 절차를 통해 해결하려는 노력이 필요하다. 부부 모두가 만족할 수 있는 갈등 해결을 위해 밟아야 할 단계를 제시하면 다음과 같다(최규련, 2014).

1단계; 갈등문제 확인하기

무엇이 문제인지를 확인하고 그것은 누구의 문제인지를 생각하여 문제의 소유자를 명료화한다.

2단계; 대화계획 세우기

논의할 주제를 정하고 어떤 절차로 대화할 것인지를 정하는 준비를 한다. 계획을 세울 때 누가, 어디서, 언제, 어떻게 등에 대하여 합의하는 것이 필요하다.

3단계; 문제에 대한 각자의 관점 이해하기

문제와 관련하여 객관적이고 정확하게 이해해야 한다. 즉, 부부 각자가 문제와 관련하여 무엇을 보고 들었는가 그리고 그에 대처하기 위해서 자신의 과거 행동은 어떠했고, 그 결과는 무엇이며, 현재 행동은 어떠한가 그리고 자신의 계속되는 생각과 감정은 어떠한가에 대해서 대화를 나눈다. 부부 각자가 말하기 기술과 경청 기술을 사용하여 문제에 대한 서로의 입장과 느낌을 정확하게 파악할 때까지 교대로 말하고 듣는다. 이때 자신의 소망이나 해결책, 결론을 말해서는 안 된다.

4단계; 바라는 것 확인하기

문제와 관련되어 각자 바라는 것을 교대로 말한다.

5단계; 자신의 행동대안 탐색하기

각자 바라는 것을 바탕으로 자신이 할 수 있는 해결 방안을 탐색하고 제안한다. 상대방이 원하는 것에 나의 대안을 맞춘다.

6단계; 최선의 행동 선택하기

여러 대안의 실천가능성을 검토한 후 각자 자신이 실천할 행동과 기간을 선택한다.

7단계; 행동계획의 실천가능성 검증하기

행동계획을 선택한 후에 각자 행동을 실천에 옮기는 자신을 상상해 보고 현실적으로 실천가능성이 있는지를 검토한다. 만일 행동계획을 실행할 수 없다면 방해요인에 대해 생각해보고 현실성 있는 계획으로 바꾼다.

8단계; 실행결과 평가하기

시간을 두고 각자가 행동을 실행해 본 후 그 결과를 평가하고 행동이 효과적이었는지를 평가한다. 결과가 효과적인 경우에는 해결에 한몫을 담당한 배우자에게 긍정적인 피드백을 준다. 만일 행동이 효과적이지 못하면 다른 행동계획을 세운다.

3. 부부 간의 의사소통

앞서 살펴본 바와 같이 갈등은 어느 부부에게나 존재한다. 중요한 것은 그 갈등을 어떻게 해결하느냐 하는 것이다. 이러한 갈등 해결에는 의사소통이 중요한 역할을 한다. 이런 이유로 대부분의 부부 관계 향상 프로그램에서는 부부 간의 의사소통 능력을 향상시키는 데 초점을 둔다.

1) 부부 의사소통의 개념과 중요성

의사소통은 '공통' 또는 '공유'라는 뜻을 지닌 라틴어의 communis라는 단어에서 유래되었다(김종철, 1991). 의사소통의 개념은 학자들마다 다양하게 정의하고 있다. 차배근(1982)은 의사소통을 크게 세 가지 관점으로 분류하였다. 첫째, 구조적 관점이다. 이 관점에서는 의사소통을 정보나 메시지를 보내고 받는 과정으로 정의한다. 의사소통의 구조를 중시하기 때문에 정보가 신속하고 정확하게 전달되는 과정에 초점을 둔다. 둘째, 기능적 관점이다. 이 관점에서는 의사소통을 인간의 기호 사용 행동이라고 보고, 기호화 및 해독 과정을 중시한다. 셋째, 의도적 관점이다. 이 관점에서는 의사소통을 한 인간이 다른 인간에게 영향을 미치기 위하여 의도적으로 계획한 행동으로 보며, 의사소통의 결과가 수신자의 행동에 어떻게 영향을 미치는가에 중점을 둔다. 이러한 관점을 종합해 보면 부부 의사소통은 기회를 통하여 정보나 메시지를 주고받으며 서로의 행동에 영향을 끼치는 과정이라고 정의할 수 있다.

의사소통이 중요하지 않은 대인관계는 없겠지만, 부부 간의 의사소통은 특히 그러하다. 왜냐하면 부부 관계는 대인관계 중 가장 친밀한 관계이고 지속적으로 상호작용해야 하는 관계이기 때문이다. Udry(1966)는 의사소통의 결핍이 결혼 생활을 불행하게 하는지 불행한 결혼 생활이 의사소통의 결핍상태를 가져오는지는 확실치 않지만 의사소통이 결혼 생활을 성공적으로 이끄는 열쇠임에는 틀림이 없다고 하였다. 결혼을 위기로 치닫게 하는 수많은 요인들 중 부부 연구자들이 특히 의사소통에 주목하는 이유는 부부가 자신들의 관계를 개선하고자 한다면 충분히 변화 가능한 요소가 바로 의사소통이기 때문이다(오현주, 2013). 부부간의 의사소통은 부부 만족과 직결되고, 부부 간의 친밀감과 신뢰감을 증진시키는 데 중요한 역할을 한다(Noller & Fitzatrick, 1990).

2) 부부 의사소통의 장애 요인

부부 간의 원활한 의사소통은 만족스런 부부생활에 필수적인 요소이다. 그러나 부부 간의 의사소통이 항상 원활하게 잘 이루어지는 것은 아니다. 아래 요인이 부부 간의 의사소통의 장애 요인으로 작용할 수 있다(Stinnett, Walters & Kaye, 1984: 이태연, 2013에서 재인용).

(1) 성장배경의 차이

사람은 성장하는 과정에서 경험한 지역적, 사회적, 경제적, 종교적 환경 등에 따라 자신의 독특한 가치관이나 행동 유형을 습득하게 된다. 서로 다른 문화 환경에서 성장한 부부는 삶의 여러 측면에서 차이를 나타내게 되는데 의사소통 규칙도 마찬가지이다. 이러한 의사소통 규칙의 차이가 의사소통에 장애를 가져올 수 있다.

(2) 성역할의 차이

남녀에 대한 사회문화적 기대 차이 때문에 성역할 학습에 차이가 있다. 전통적으로 남자에게는 도전적, 공격적, 적극적, 성취지향적인 성향을 기대하지만, 여자에게는 수동적, 의존적, 애정적, 정서적인 성향을 기대한다. 이러한 기대에 의해 아내는 남편의 말을 끝까지 들어주고 그것을 지지하는 언어적 반응을 많이 보이는데 비해 남편은 자기주장이 강하고 다른 사람의 말을 반박하는 경향이 있기 때문에 아내는 자신의 생각을 솔직하게 전달하지 못할 수도 있다. 또한 아내는 대화를 계속하고 촉진하기 위해 질문을 자주하는데 남편은 그러한 쓸데없는 참견이나 프라이버시 침해로 여기는 경향이 있다. 이런 이유로 부부간에 만족스럽고 효과적인 의사소통을 하는 데에 지장을 초래할 수 있다.

(3) 간접적인 의사소통

자신이 바라는 것을 직접적으로 표현하지 않고 간접적으로 암시함으로써 듣는 사람이 상대방의 의도를 파악하기 힘들어하는 것을 간접적 의사소통이라고 한다. 부부 관계에서는 일반적으로 남편보다 아내가 간접적 의사소통을 사용하는 경향이 있다. 예를 들어, 영화관에 가고 싶을 때 여자들은 "여보 같이 영화 보러 갈래?"라고 직접적으로 묻기보다 "A영화관에서 좋은 영화가 상영된대."라고 간접적 의사를 전달한다. 만일 남편이 아내의 의도를 알아채지 못하고 단지 좋은 영화를 상영한다는 사실로만 받아들이게 되면 아내는 자신의 요구가 거부당했다고 느낀다. 간접적인 의사소통은 의도하는 바를 확실하게 직접적으로 표현하지 않고 암시만을 보내어 수신자로 하여금 메시지의 참뜻을 파악하기가 힘들게 한다.

(4) 개념 공유의 실패

대화는 서로 같은 개념을 공유할 때 순조롭게 이루어지는데 같은 단어에 대해 서로 다른 개념을 가지고 있을 때 의사소통에 문제가 발생할 수 있다. 예를 들어, 남편이 멋진 곳에서 저녁을 먹자고 제안하였을 때 아내가 생각하는 '멋진 곳'과 남편이 생각하는 '멋진 곳'이 다를 수 있다. 남편에게 '멋진 곳'은 집에서 가까운 식당이지만 아내에게 '멋진 곳'은 분위기 좋고 비싼 호텔 식당일 수 있다.

(5) 인지적 왜곡

부부 관계에서 대화가 중단되는 일반적인 원인 중의 하나는 상대방의 말이나 행동을 왜곡되게 받아들이는 것이다. 예를 들어, 피곤해서 시댁을 다음에 방문하자고 말한 아내의 행동을 시댁에 대해 불만을 가지고 있는 것으로 바라보는 선택적 지각이나 인터넷에서 저렴하게 나온 명품백을 구입한 행동을 보고 명품만 좋아하는 여자로 바라보는 지나친 일반화가 대표적인 사례이다. 이렇게 자기 생각에 고착되어 상대방의 행동을 왜곡되게 바라보면 의사소통이 어렵게 될 수 있다.

(6) 방어적 태도

방어적 태도는 상대방이 자신의 인격이나 정체성을 위협할 때 취하게 되는 행동이다. 부부 관계가 원만하지 않고 상대방을 부정적으로 바라보기 시작하면 서로 방어적으로 행동하게 되어 상대방의 말을 있는 그대로 받아들이기보다 저의가 있는 것으로 이해한다. 이렇게 방어적인 태도를 가지게 되면 상대방의 감정이나 의도를 부정확하게 받아들이게 되고 부부 간의 대화에 문제가 발생할 수 있다.

(7) 부족한 대화기술

부부가 의사소통을 할 때는 자신의 말이나 행동이 상대방에게 어떤 영향을 미칠 수 있는지를 고려하면서 대화해야 하는데 그렇지 못한 경우가 자주 있다. 예를 들어, 요점 없이 너무 산만하게 말을 해서 무슨 말을 하는지 모르거나 상대방이 말을 할 때 경청을 하고 있다는 신호("음~", "그래서요?" 등)나 피드백을 주지 않고 무감각하게 들어서 상대방이 건성으로 듣고 있다는 느낌을 줄 수 있다. 이처럼 대화기술의 부족이 의사소통에 장애 요인으로 작용할 수 있다.

3) 부부의 역기능적 의사소통

Gottman(1994, 1999: 권윤아, 김득성, 2008에서 재인용)은 부부 간의 상호작용에 대한 비디오 자료를 분석한 결과를 토대로 결혼생활을 와해시키는 부정적인 의사소통 방식을 발견하고, 이를 '묵시록의 네 기사(the four horseman of the apocalypse)'에 비유하였다. Gottman이 말하는 4가지 역기능적 의사소통 방식은 비난(criticism), 경멸(contempt), 방어(defensiveness), 담쌓기(stonewalling)이다.

(1) 비난

비난이란 배우자에게 불만이 있을 때 상대방이 잘못한 구체적인 행동이 아닌 인격, 성격, 능력 등의 개인적 특성을 전면적으로 공격하는 것을 말한다. 불평은 구체적인 행동을 책망하는 것이지만, 비난은 개인의 성격이나 특성을 공격하는 것이란 점에서 다르다. 비난의 일반적인 형태로는 '당신은 항상 ~'이나 '당신은 절대 ~'라는 말로 시작하는 것, 여러 가지 불만거리를 한꺼번에 길게 늘어놓는 것, 손가락질하면서 판결을 내리는 말, 배우자를 믿지 못하겠다고 책망하는 것 등이 있다. 비난으로 결혼 생활이 부식되면 결혼 생활을 더 어렵게 만드는 경멸의 등장을 예고한다.

(2) 경멸

경멸은 배우자에게 모욕감을 주고 심리적으로 학대하려는 의도를 가지고 공격하는 것이다. 경멸로는 모욕하기, 욕하기, 적대적인 유머, 조롱하기 등이 있으며, 코웃음 치기나 윗입술 들어올리기, 눈동자 굴리기 등 얼굴 표정으로도 전달된다. 배우자를 경멸로 대하게 되면 상대 배우자는 방어하게 된다.

(3) 방어

방어는 공격을 피하고 자신을 보호하기 위한 모든 형태의 시도로서 책임부인하기, 변명하기, 배우자의 말을 무시하고 맞받아 불평하기, '당신도 마찬가지'라고 받아치기, 자기 입장만 되풀이해서 말하기, 푸념하기 등이 있으며, 거짓미소, 팔장끼기 등 비언어적 의사소통 행동으로도 전달된다. 방어를 하는 사람은 자신이 결백하기 때문에 방어가 정당하다고 생각할 수 있지만, 방어는 부부 간의 의사소통을 방해하고 갈등이 더 커지게 만드는 작용을 한다. 부부 간의 의사소통이 손상되면 대화 도중에 냉담이 일어난다.

(4) 냉담

냉담은 대화를 거부하고 아무 반응을 하지 않고 굳은 표정으로 침묵하거나 대화 상황에서 벗어나는 것이다. 일반적으로 사람들은 대화할 때 눈 마주침, 고개 끄덕이기, 짧게 호응하는 말 등을 통해 상대방의 말을 잘 따라가며 듣고 있다는 신호를 보낸다(Gottman, M., 1994). 그런데 냉담을 사용하는 사람은 이러한 신호를 보내지 않으며 자신의 감정과 생각을 숨긴다. 그래서 상대방은 마치 벽에 대고 이야기하는 것과 같은 느낌을 받게 된다. 냉담은 긴장을 풀고 갈등을 악화시키지 않게 하기 위해 하는 것이라도 상대방에게 거리감, 잘난 체, 무시 등을 전달하는 강력한 행동이기 때문에 피해야 한다.

4) 부부 간의 성공적 의사소통

의사소통은 부부 관계를 친밀하게 유지하기 위한 가장 중요한 요소이다. 효과적인 의사소통은 부부로 하여금 서로에 대한 이해의 폭을 넓히고 친밀감을 강화시켜 행복한 결혼 생활을 유지할 수 있도록 한다. 그러나 효과적인 의사소통은 저절로 되는 것이 아니므로 적절한 교육과 훈련을 통해 습득해야 한다. 아래에 부부 간의 의사소통을 촉진하기 위한 방안으로 최규련(2014)이 제안한 방법을 소개한다.

첫째, 긍정적인 자아상을 가져라. 자신의 얘기를 잘 하기 위해서는 자신의 것을 인정하고 솔직하게 얘기할 수 있는 용기와 자신감이 있어야 한다. 그리고 열등감이나 피해의식에서 벗어나야 상대방의 말에 대하여 방어적 태도가 아닌 이해하려는 태도를 가질 수 있고, 상대방에 대해서 비난하거나 공격하지 않으면서 자신의 말을 정확하게 할 수 있게 된다.

둘째, 상대방에 대하여 존중하는 태도를 가져라. 대화다운 대화를 하기 위해서는 상대방의 말을 경청하고, 상대방에 대해 존중하는 태도가 필수적이고, 그 사람의 입장이 되어 이해하는 마음의 여유가 있어야 한다.

셋째, 배우자와의 심리적·문화적 차이를 이해하라. 동일한 경험에 대해서 부부 간의 의견이 다를 수 있는데, 상대방의 심리와 문화적 배경을 이해하면 불일치를 극복할 수 있고 대화가 원활해진다.

넷째, 부부 공통의 활동을 많이 가져라. 부부가 같이하는 시간과 활동이 많을 때, 친밀감을 느끼고 의사소통이 자연스러울 수 있으며, 대화 소재도 풍부하고 다양해져서 깊은 의사소통을 할 수 있다.

다섯째, 의사소통 규칙을 정하라. 예를 들어, 부부 간의 대화 도중 화가 나거나 급한 일이 생기거나 하여 더 이상 대화가 어려운 상황이 되면, 부부 중 누군가가 "잠깐 쉬었다 하자"고 제안하면 상대방은 "알았다"고 하고, 30분 후에 다시 대화를 재개하는 규칙을 정할 수 있다.

여섯째, 듣기 기술을 사용하여 경청하라. 자기가 하고 싶은 말만 하고 상대방의 말을 경청하지 않으면 싸움이 발생하기 쉽다. 특히 부부 간의 의견이 다른 경우에 내 말을 하기보다 상대방의 말을 더 많이 경청하는 것이 의견 차이를 좁히는 데 필수적이다.

일곱째, 말하기 기술을 사용하여 자신의 의견을 분명하게 말하라. 자신을 상대방에게 이해시킨다는 마음으로 이야기하는 것이 말을 잘 하는 것이다. 하고 싶은 이야기를 전부 할 수 있어야 하고, 긍정적인 감정뿐만 아니라 부정적인 감정도 숨기지 않고 이야기하는 것이 좋다. 그러나 "여자들이란", "남자들이란" 등의 일반적인 말이나 "왜", "도대체", "그럴 줄 알았다니까"와 같은 비난하고 공격하는 말, "맨날", "항상", "한 번도", "절대로"와 같은 극단적인 말, 과거의 잘못과 지나간 일을 들추는 일, 주제에서 벗어난 얘기 등을 해서는 안 된다.

여덟째, 인정, 감사와 칭찬의 말을 자주 사용하라. 아내로부터, 남편으로부터 인정받을 때 삶의 동기를 강하게 부여받게 되고, 배우자가 성장하고 발전하게 된다. 부부 간에 '감사하다' 또는 '고맙다'고 말하는 것이 어색하게 느껴질 수 있다. 하지만 늘 상대방에게 감사할 일을 찾고 감사하다고 표현해야 한다. 칭찬을 통해 배우자에게 가치와 존경을 부여하는 것은 배우자에게 놀라운 변화를 일으킬 수 있는 가장 효과적인 방법이다. 그러나 허황되거나 거짓된 칭찬은 오히려 역효과를 가져온다. 그러므로 진정으로 인정하는 마음으로 칭찬해야 하며 근거가 있는 칭찬을 해야 한다(이태연, 2014).

참고문헌

'제2부 결혼'

권석만(2017). **젊은이를 위한 인간관계의 심리학**. 서울: 학지사.

권윤아, 김득성(2008). 부부간 역기능적 의사소통 행동 척도 개발-Gottman의 네 기수 개념을 중심으로. **대한가정학회지, 46(6)**, 101-113.

김미숙, 김명자(1990). 도시 부부의 결혼안정성 및 그 관련변인 연구. **한국가정관리학회지, 8(1)**, 171-183.

김양희(2009). **신혼기 건강가정을 위한 길라잡이: 우리 방금 결혼했어요**. 동작구 건강가정지원센터.

김양희, 전세경, 문영소, 이영세, 김예리, 김진희, 장온정, 박정윤, 김효민, 안진경, 백선아, 최은주(2011). **결혼과 가족**. 경기: 양서원.

김영희, 김경미, 조주영, 황종귀(2018). **결혼과 가족**. 경기: 양서원

김용미, 서선희, 옥경희, 정혜정(2001). **결혼과 가족의 의미**. 경기: 양서원.

김원형, 남승규, 이재창, 우석봉(2009). **심리학의 이해와 적용**. 서울: 학지사.

김종철(1991). **교육행정학신강**. 서울: 세영사.

남인순(2018). 부부갈등의 원인과 영향에 대한 연구: 심리특성과 자녀양육태도 및 배우자의 부모 부양을 중심으로. 인하대학교 대학원 박사학위논문.

문혁준, 양성은, 김상림, 손서희, 윤수정, 천희영(2014). **결혼과 가족**. 서울: 창지사.

박미금, 송말희, 이미선, 이성훈(2003). **건강한 부부 관계 만들기**. 경기: 양서원.

변화순(1994). **부부간의 갈등과 해소**. 서울: 사회문화연구소 출판부.

신용주, 김혜수(2018). **결혼과 가족**. 서울: 창지사.

신윤정(2017). **배우자 간 사회 경제적 격차 변화와 저출산 대응 방안**. 한국사회보건연구원.

송진숙, 권희경, 김순기(2006). **결혼과 가족 그리고 부모됨**. 서울: 창지사.

오현주(2013). 부부 의사소통 관찰 코딩체계의 개발 및 타당화 연구. 고려대학교 대학원 박사학위논문.

유영주(1984). **신가족관계학**. 경기: 교문사.

유영주, 권순옥, 김경신(2013). **가족관계학**. 경기: 교문사.

이기숙, 김득성, 공미혜, 김은경, 전영주, 손태홍, 오경희(2009). **결혼의 기술**. 서울: 신정

이선미, 전귀연(2001). 결혼초기 남편과 아내의 부부갈등과 갈등대처방식이 결혼만족도에 미치는 영향. **한국가정관리학회지, 19(5)**, 203-221.

이소영, 김은정, 박종서, 변수정, 오미애, 이상림, 이지혜(2018). **2018년 전국 출산력 및 가족보건, 복지 실태조사**. 서울: 한국보건사회연구원.

이창순(2013). 여성연상혼의 원인과 인구사회적 특성. **사회과학연구, 39(3)**, 77-98.

이철우(2008). **심리학이 연애를 말하다**. 서울: 북로드.

이태연(2014). **인간관계 심리학**. 서울: 신정.

이희영(2013). 인상형성과 대인매력. 유영달, 이희영, 김용수, 이동훈, 하도겸, 유채은, 박현주, 천성문, 이정희, 박성미, 이희백(공저), **인간관계의 심리**(pp. 47-87). 서울: 학지사.

임혜경, 이현, 안윤영, 유정선(2017). **사랑과 결혼**. 경기: 양서원.

정아란, 유정희(2014). **대학생을 위한 행복한 성과 결혼**. 경기: 공동체.

정옥분, 정순화(2014). **결혼과 가족의 이해**. 서울: 학지사.

정옥분, 정순화, 황계옥(2009). **결혼과 가족의 이해**. 서울: 시그마프레스.
정현숙(2004). **결혼 완전정복**. 서울: 신정.
조성미(2020). 결혼동기와 결혼소비성향에 따른 결혼준비행동특성 및 웨딩상품선택행위. 상명대학교 대학원 박사학위논문.
조성연, 백경숙, 옥경희, 전효정, 전연진(2017). **가족관계론**. 경기: 양서원.
차배근(1982). **커뮤니케이션학 개론**. 서울: 세영사.
최규련(2014). **가족관계론**. 경기: 공동체.
최정혜(2018). **가족관계 중심으로 본 한국가족의 이해**. 경기: 정민사.
최정혜, 구명숙(2010). **결혼과 가족탐구**. 진주: 경상대학교출판부.
한내창(2012). 종교성과 타종교와의 결혼 허용도. **한국사회학**, 46(1), 130-155.
허혜경, 박인숙, 김혜수(2017). **현대사회와 가정**. 서울: 동문사.
현경자(2005). 결혼의 질과 안정을 저해하는 부부갈등 영역. **정신보건과 사회사업**, 12, 158-193.
홍길회, 황정해(2012). **결혼과 가족관계**. 서울: 동문사.

Blackwell, D. L., & Lichter, D. T. (2000). Mate selection among married and cohabiting couples. *Journal of Family Issues, 21*, 275-302.
Cuber, J. F., & Haroff, P. B. (1966). *The significant Americans*. New York: Random ouse.
Eagly, A. H., Ashmore, R. D., Makhijani, M. G., & Longo, L. C. (1991). What is beautiful is good, but.... A meta analytic review of research on the physical attractiveness stereotype. *Psychological Bulletin, 110(*1), 109-128.
Eshleman, J. R. (2000). *The family*. MA: Allyn & Bacon.
Goodwin, R. (1990). Physical attractiveness stereotyping among Black American college students. *Social Psychology, 122*(7), 1-77.
Gottman, J. M. (1994). *Why marriage succeed or fail*. NY: Simon & Schuster.
____________ (1999). *The marriage clinic: A scientifically-based marital therapy*. NY: W. W. Norton.
Kenrick, D. T., Keefe, R. C., & van Heck, G. (1993). Age and mate choice over the life span. In R. Kastenbaum (Ed.), *Advances in experimental social psychology* (pp. 75-121). NY: Academic Press.
Kerkoff, A. C., & Davis, K. E. (1962). Value consensus and need complementarity in mate selection. *American Sociological Review, 27,* 295-303.
Murstein, B. I. (1970). Stimulus-value-role; A theory of marital choice. *Journal of Marriage and the Family*, August, 465-481.
____________ (1987). A clarification and extension of the SVR theory of dyadic paring. *Journal of Marriage and Family, 49*, 929-933.
Noller, P., & Fitzpatrick, M. A. (1990). Marital communication in the eighties. *Journal of Marriage and the Family, 52*(4), 832-843.
Prager, K. J. (1991). Intimacy status and couple conflict resolution. *Journal of Social and Personal Relationships, 8,* 505-526.
Rahim, M. A. (1983). A measure of styles of handling interpersonal conflict. *Academy of Management Journal, 26*(2), 368-376.
Rahim, M. A., & Magner, N. R. (1995). Confirmatory factor analysis of the styles of handling interpersonal conflict: First order factor model and its invariance across

groups. *Journal of Applied Psychology, 80*(1), 122-132.
Ryckman, R. M. (2000). *Theories of personalities*(7th ed.). Belmon, CA: Wadsoworth.
Schwartz, M. A., & Scott, B. M. (1994). *Marriage and families: Diversity and change.* New Jersey, Prentice Hall.
Stinnett, N., Walters, J., & Kaye, E. (1984). *Relationships in marriage and the family*(2nd ed.). New York: Macmillan.
Udry, J. R. (1966). *The social context of marriage.* Lippincott Company.
__________ (1971). *The social context of marriage(2nd.).* Lippincott Company.
Walster, E., Walster, W., & Traupmann, J. (1978). Equity and premarital sex. *Journal of Personality and Social Psychology*, 36, 82-92.
Warren, N. C. (1994). Finding the love of your life: Ten principles for choosing the right marriage partner. NY: Gallery.
Winch, R. F. (1958). *Mate selection: A study of complementary needs.* New York: Harpers.
Woll, S. B., & Young, P. (1989). Looking for Mr. or Ms. right: Self-presentation in videodating. *Journal of Marriage and Family, 51*(2), 483-488.

- 웹사이트 자료 -

대한전문건설신문, "성생활의 남녀 차이", 2020.04.30.
http://www.koscaj.com/news/articleView.html?idxno=209590 (검색일 2020.05.13)
문화일보, "고부갈등보다 더 매운 시할머니-며느리 갈등", 2013.09.12.
http://www.munhwa.com/news/view.html?no=2013091201031127089002(검색일 2020.05.04.)
미디어파인, "성격차이와 결혼생활[박수룡 칼럼]", 2020.04.18.
http://www.mediafine.co.kr/news/articleView.html?idxno=7336(검색일 2020.05.04.)
서울경제, "비혼 증가 이유 1위 "출산양육 부담(男)), 개인삶 중시(女)", 2019.11.17.
https://www.sedaily.com/NewsView/1VQU0O43QX(검색일 2020.03.10.)
여성가족부(2015). 가족실태조사. http://www.mogef.go.kr
파이낸셜 뉴스, "미혼남녀 10명 중 8명은 '특별한 웨딩' 꿈꿔", 2017.11.02.
https://www.fnnews.com/news/201711021410530478 (검색일 2020.04.18.)
통계청(2020). 2019년「혼인, 이혼통계」/ 미혼남녀(20~44세)의 배우자 조건.
http://kosis.kr
한국일보, "동질혼 이유? "의사 아내 만나 맞벌이" 계산적 속내도", 2017.06.24.
https://www.hankookilbo.com/News/Read/201706241453197864
(검색일 2020.03.10.)
한라일보, "노총각·노처녀 기준 나이 마흔을 향해…", 2016.04.08.
http://www.ihalla.com/read.php3?aid=1460082889533861044 (검색일 2020.04.18.)
marriage.com, "5 Facets of the True Meaning of Marriage", Updated: 22 May, 2020.
https://www.marriage.com/advice/relationship/five-facets-of-the-true-meaning-of-marriage
(검색일 2020.05.04.)

03 PART 부모됨

Chapter 08

부모됨

1. 부모됨의 의미

아기가 세상에 태어나 가장 처음 만나는 사람은 부모이며, 가장 처음 경험하게 되는 환경은 가정이다. 자녀는 부모를 통해 인간을 바라보는 관점을 배우게 되고 가정을 통해 세상을 바라보는 시각이 생긴다. 부모가 된다는 것은 인생에서 가장 큰 전환점이자 새로운 출발점이며, 사회적으로 부여한 성인으로서의 지위를 확고히 하는 의미이자 사회의 일원으로서 책무를 다해야 함을 의미한다(김영희, 고태순, 김경원, 2017). 부모됨의 의미를 정리하면 다음과 같다(신용주, 김혜수, 2017; 김정옥 외, 2012).

1) 자아확장

부모는 자녀를 자신의 분신으로 생각하거나 자녀에게 자신을 투사하는 경우가 있다. 이러한 부모는 자녀를 하나의 인격체로 인정해야 함에도 불구하고, 자신의 소유물로 생각해 자신의 욕구를 대리충족해 줄 대상으로 인식한다. 또한 자신의 기질과 행동특성이 비슷하다 하여 자녀를 자신과 하나로 생각하고 양육한다면, 양육의 즐거움보다 자신이 이루어야 할 목표로 인식하게 되어 힘들어질 수 있다. 따라서 부모가 된다는 것은 자신이 낳은 자녀라 할지라도 그 존재를 하나의 인격체로 존중해 주며, 자녀를 양육하는 과정을 통해 자신의 자아가 성장하고 확장됨을 의미한다.

2) 성인으로서의 사회적 지위 획득

부모라는 지위는 양육뿐만 아니라 경제적, 교육적 책임과 의무를 가져야 함과 동시에 '성인'이라는 사회적 지위를 획득하게 된다. 또한 부모가 됨으로써 요구되는 다양한 사회적 발달과업을 수행함으로써 성장하게 된다.

3) 사랑과 행복의 욕구 충족

부모는 자녀를 통해 그동안 경험해 보지 못했던 사랑과 애정을 느끼게 된다. 또한 자녀를 양육하는 과정에서 오는 소소한 즐거움과 부모로서 자녀를 돌보는 책임감에서 오는 기쁨을 느끼고, 자녀가 부모에게 주는 사랑과 애정을 통해 행복감을 가진다. 즉, 자녀를 키우면서 부모는 인간의 기본적인 사랑과 애정의 욕구가 충족되고, 인간이 누릴 수 있는 가장 행복한 정서를 경험하게 된다.

4) 부모됨의 권위 획득

모든 인간은 힘과 권위에 대한 욕구가 있다. 하지만 사회적으로 힘과 권위를 행사할 수 없는 경우도 생기는데, 그것이 바로 부모의 권위이다. 부모가 된다는 것은 사회적으로 이루지 못한 권위에 대한 욕구를 자녀를 통해 일부 해소할 수는 있지만 부모가 자녀에게 자신의 권위를 이용해 무분별하게 훈육하거나 독재를 해서는 안 된다. 진정한 부모됨은 '권위적인' 부모가 아니라 '권위 있는' 부모가 되는 것이다.

5) 개인의 발달 증진

부모는 자녀를 양육하는 과정에서 오는 스트레스로 인해 그동안 경험하지 못한 정서적 불균형을 느낀다. 또한 다양한 상황 속에서 자녀를 인내하고 기다려줘야 하며, 자녀에게 보여지는 모든 말과 행동은 자녀에게 모델이 되기 때문에 부모는 끊임없이 반성하고 노력하며 자신을 발달시켜 나가야 한다.

2. 부모됨의 준비

부모됨은 한 개인에게 어떤 가치와 의미를 주는 것일까? 흔히 자식을 키운다는 것을 '자식농사'라는 말로 표현하기도 한다. 왜냐하면 자식을 키우는 일은 농사를 짓는 것과 같이 책임감을 가지고, 사랑과 정성을 다하며, 열매를 기다리는 농부의 마음처럼 자녀가 자라는 동안 설레임을 경험하기도 하고, 때로는 실망과 좌절을 경험하기 때문이다. 자신의 생활에만 충실했던 한 개인이 자신을 무한정 의지하는 또 다른 존재를 책임져야 하는 상황은 뿌듯함과 행복감을 안겨주기도 하지만 무거운 책임감으로 인해 일상스트레스의 원인이 되기도 한다.

또한 자녀가 태어나면서 부부의 모든 생활패턴이 바뀌게 된다. 이로 인해 부부는 서로에 대해 알지 못했던 모습에 실망을 느끼고, 부부 관계의 불균형이 생기기도 하지만 시간이 지나면서 서로를 더 깊이 알아가는 기회가 되기도 한다. 부모가 된다는 것은 개인의 신체적, 심리적 준비와 함께 부부 간의 이해와 협력이 요구되는데, 이러한 것은 부부 간의 충분한 대화를 통해 이루어져야 한다.

1) '나'를 이해하기

부모의 신념과 가치, 태도는 자녀의 발달에 많은 영향을 준다. 부모는 자녀를 양육하는 과정에서 다양한 역할을 수행하게 되는데, 이러한 역할을 수행하는 과정에 가장 결정적인 영향을 주는 것은 부모 개인의 성격이다(정옥분, 정순화, 2016). Costa와 McCrae의 5요인 성격 이론에 의하면 부모의 성격이 순응적이고, 외향적이며 경험에 대해 개방적이고 성실하며, 신경증적이지 않은 부모는 자녀에게 반응적이고 지지적이며 민감하게 반응한다(Vondra, Sysko, & Belsky, 2005). 반면 부모가 우울이나 불안한 성격인 경우 자녀가 외상 후 스트레스장애를 보이거나(박수민 외, 2013), 우울과 불안을 보이기도 한다(이미경, 김소향, 2018). 또한 부모의 성격, 가치관과 신념 등은 자녀를 대하는 부모의 양육태도에 반영되어 자녀의 전반적인 발달에 영향을 줄 수 있다. 따라서 부모가 되기 전 자신의 성격을 알고 자신의 강점과 약점을 이해하는 시간을 가지는 것은 부모로서 자신을 점검하는 데 도움이 될 것이다. 좋은 부모가 된다는 것은 자신의 문제를 올바르게 인식하고, 타인과의 관계에서도 원활한 상호작용을 할 수 있어야 한다.

성격 이론인 교류분석을 개발한 미국의 정신의학자 Berne은 상대방의 행동에 일정한 패턴으로 대응하는 방식을 자아상태(ego state)라 하고, 모든 인간은 부모 자아상태(Parent ego-state), 성인 자아상태(Adult ego-state), 아동 자아상태(Child ego-state)를 가지고 있다고 하였다. 부모 자아상태는 비판적 부모 자아상태와 양육적 부모 자아상태로 세분화되고, 아동 자아상태는 자유적 아동 자아상태와 순응적 아동 자아상태로 세분화된다. 이러한 자아상태는 인간의 고유한 사고와 행동 및 감정을 포함하고, 특정한 자극에 대해 서로 다른 자아상태의 방식으로 반응하며, 병리적 성격을 제외하고 특정 자아상태에서만 머무르지 않고 끊임없이 이동하게 된다. 그 결과 어느 자아상태에 많이 머무는가에 따라 삶의 모습이 달라지게 된다(백경미, 2013).

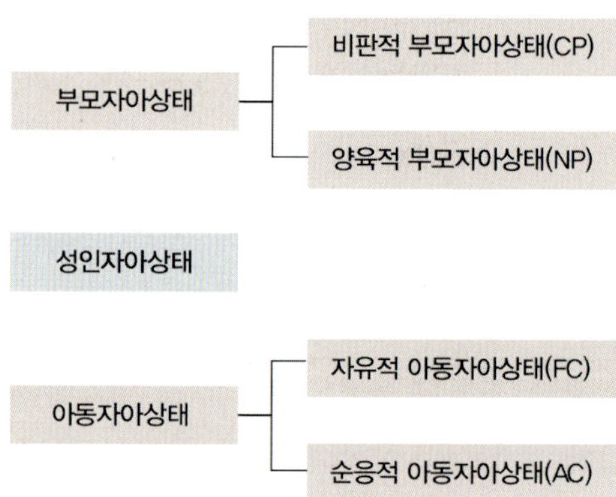

그림 8-1 자아상태의 구조

(1) 자아상태의 구조

① 부모 자아상태(Parent ego-state)

부모 자아상태는 원부모의 양육태도와 외적 환경에 영향을 받는다. 즉, 자라면서 부모로부터 무의식적으로 전수받은 가치나 신념, 생활양식이 내면화된 개념이다. 부모 자아상태는 비판적 부모 자아상태(Critical parent ego state: CP)와 양육적 부모 자아상태(Nurturing parent ego state: NP)로 나눈다. 비판적 부모 자아상태(CP)의 특징은 타인에게 설교적, 비판적, 단정적, 권위적, 강압적이며 자신의 기준이나 지침에 따라 판단하는 경향이 있다. 또한 의사결정을 신속하게 하고 위기대처능력은 있으나 남의 말을 잘 듣지 않고 남을 무시하는 경향이 있다.

양육적 부모 자아상태(NP)의 특징은 애정적이고, 동정적이며 타인을 돕거나 지지하며 격려한다. 또한 타인의 의사를 존중하고 경청하며 보호하는 장점은 있으나, 지나친 지지와 존중은 타인의 의존성을 높이며, 어려움을 극복하고자 하는 기회를 박탈할 수 있다.

② 성인 자아상태(Adult ego-state)

성인 자아상태(Adult ego-state: A)의 특징은 객관적이고 현실적이며 사실과 정보를 냉정하게 판단한다. 또한 목표지향적이고, 합리적이며 언제나 공평무사하고 의사결정능력이 있다는 장점이 있지만 냉정해보이거나 비인간적이라는 평가를 받기도 한다.

③ 아동 자아상태(Child ego-state)

아동 자아상태는 성인이 되어서도 어릴 때의 행동이나 태도를 보이는 상태를 말하며, 영유아기에 초기경험, 반응, 타인에 대한 자신의 태도가 포함된다. 또한 어리고, 충동적이고, 의미 있는 인물의 요구에 부응하고 노력하려는 특징을 보인다. 아동 자아상태는 자유적 아동 자아상태(Free child ego state: FC)와 순응적 아동 자아상태(Adapted child ego state: AC)로 나눈다. 자유적 아동 자아상태(FC)의 특징은 재미있고 의욕적이며 창조적이고 솔직한 장점이 있으나 규정과 질서를 무시하고 제멋대로 해서 주변인이 불안해하고 유치하다는 약점이 있다. 순응적 아동 자아상태(AC)의 특징은 남의 모범이 되고 권위자의 지지나 인정을 받는 장점이 있지만, 타인에게 늘 양보하고, 자기주장을 하지 못하며 대인관계도 자신을 제대로 표현하지 못하는 약점이 있다.

쉬어가기

자신의 자아상태를 알아보고 자신의 성격을 어떻게 표현하는지 점검해 보자.

자아기능 검사지

다음 각 문항을 읽고 자신과 가깝다고 판단되는 점수(0점~3점)를 흰 칸에 쓰시오.			
거의 그렇지 안다 (0점)	약간 그런 편이다 (1점)	종종 그런 편이다 (2점)	거의 그런 편이다 (3점)

	문 항					
1	다른 사람을 헐뜯기보다 칭찬을 한다.					
2	사태의 흑백을 명백히 가리지 않으면 마음이 편치 않다.					
3	무슨 일을 할 때 좀처럼 결심을 할 수 없다.					
4	나는 명랑하게 행동하고 장난을 잘 친다.					
5	말이나 행동을 냉정하고 침착하게 한다.					
6	성미가 급하고 화를 잘 낸다.					
7	인정을 중요시 한다.					
8	호기심이 강하고 창의적인 상상을 잘 한다.					
9	사물의 정돈을 잘 한다.					
10	농담을 하거나 익살부리기를 잘 한다.					
11	의존심이 강하다.					
12	상대의 이야기를 경청하고 공감하기를 잘한다.					
13	상대의 부정(不正)이나 실패에 대해 엄격하다.					
14	어려움에 처해 있는 사람을 보면 도와주고 싶어 한다.					
15	숫자나 자료를 사용해서 이야기를 한다.					
16	내 생각대로 말하거나 행동한다.					
17	후회의 생각에 사로잡힌다.					
18	좌절감을 맛보는 경우가 많다.					
19	육하원칙에 따라 사리를 따지거나 설명한다.					
20	일을 능률적으로 수행한다.					
21	요령이 없이 주저주저한다.					
22	무슨 일이나 사실에 입각해서 객관적으로 판단한다.					
23	다른 사람으로부터 부탁을 받으면 거절하지 못한다.					
24	주변 사람들이 나를 만나면 긴장이 된다고 한다.					
25	봉사활동에 즐겨 참여한다.					
26	배려나 동정심이 강하다.					
27	신이나면 도가 지나쳐서 실수를 한다.					
28	타인의 장점보다 결점이 눈에 띈다.					
29	타인의 반대에 부딪치면 자신의 생각을 바꾸고 만다.					
30	다른 사람에 대해 온화하고 관대하다.					

번호	문항	CP	NP	A	FC	AC
31	상대방의 말을 가로막고 자신의 생각을 말한다.					
32	오락이나 술, 음식물 등을 만족할 때까지 취한다.					
33	계획을 세우고 나서 실행한다.					
34	완고하고 융통성이 전혀 없다.					
35	타인의 안색을 살핀다.					
36	스포츠나 노래를 즐길 수 있다.					
37	현상을 관찰·분석하고 합리적으로 의사결정을 한다.					
38	욕심나는 것을 가지지 않고는 못 배긴다.					
39	열등감이 심하고 자신의 감정을 참고 억제한다.					
40	상냥하고 부드러우며 애정이 깃들어 있는 대화나 태도를 취한다.					
41	일을 빨리 처리하는 것이 장점이다.					
42	하고 싶은 말을 할 수가 없다.					
43	상대를 바보 취급하거나 멸시한다.					
44	노는 분위기에 저항 없이 어울린다.					
45	눈물에 약하다.					
46	대화에서 감정적으로 되지 않고 이성적으로 풀어간다.					
47	부모나 상사가 시키는 대로 한다.					
48	당연~해야 한다 / ~하지 않으면 안 된다 식의 말투를 잘 쓴다.					
49	와~멋있다./ 광장하군/ 아하 등의 감탄사를 잘 쓴다.					
50	매사가 비판적이다.					
합 계		CP	NP	A	FC	AC

출처: 신봉희(2005). 교류분석 부모교육이 어머니의 심리적 자세에 미치는 영향.

각각의 점수를 아래에 표시하여 연결해 봅시다.

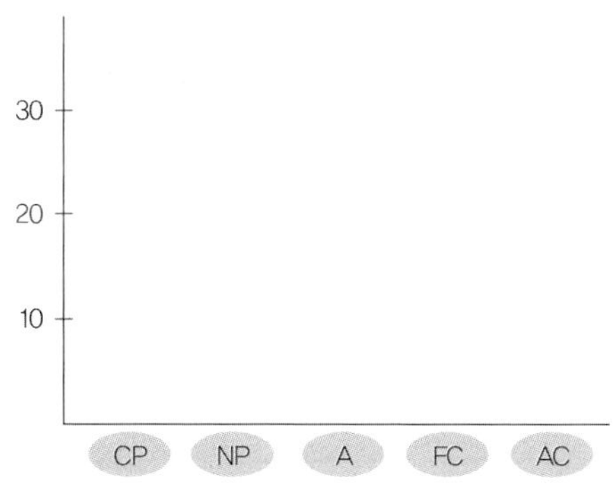

생각해 봅시다.

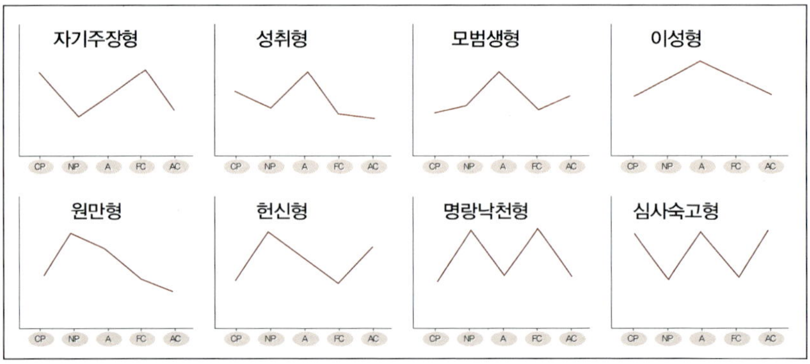

(2) 상호교류의 유형

Berne(1964)은 자신의 자아상태와 타인의 자아상태가 서로 자극과 반응을 주고받는 것을 교류라고 하였다. 사람들이 서로 교류할 때는 부모 자아상태, 성인 자아상태, 아동 자아상태가 반응하게 된다. 이처럼 대인관계 속에서 다양한 자아상태를 사용해서 자신과 타인이 주고받는 교환의 성격을 분석하는 것을 교류분석(Transactional Analysis: TA)이라 한다. 사람과의 상호교류를 분석하는 목적은 교류가 이루어지고 있을 때 각자의 자아상태는 어떤지를 분석하여 교류 중 발생하는 대인관계의 문제점을 발견하고 자신을 변화시켜 문제를 해결하는 데 있다. 상호교류의 유형을 보완적 교류, 교차적 교류, 이면적 교류로 나누어 살펴보면 다음과 같다.

① 보완적 교류(complementary transaction)

보완적 교류는 자연스러운 질서에 따라 자극과 반응의 상호작용이 평형을 이루는 것을 말한다(Berne, 1964). 즉, 자극을 보내는 사람이 상대방으로부터 원하는 반응을 얻는 것으로, 상대방이 원하는 정보를 서로 주고받으며 원활한 교류가 이루어지는 것을 의미한다. 예를 들어, "지금 몇 시니?"라고 상대방에게 질문했을 때 "지금 6시야."라고 대답한다던지 "오늘 시험 끝나서 너무 좋다. 우리 놀러 갈래?"라고 물어보았을 때 "그래! 어디로 갈까?"와 같이 질문한 사람의 의도에 맞게 대답해 주는 것은 서로 교류가 잘 되었다고 볼 수 있다.

이처럼 보완적 교류는 상호교류 유형 중 가장 이상적인 교류 유형으로 서로 상대방이 원하는 답을 하여 원활한 교류가 이루어지는 것을 말한다.

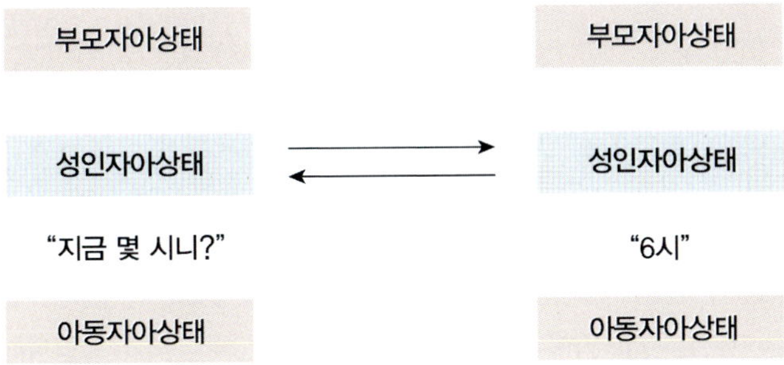

그림 8-2 보완적 교류

② 교차적 교류(crossed transaction)

교차적 교류는 말을 한 사람이 기대했던 자아상태의 반응이 오지 않고 다른 자아상태의 반응이 오는 것을 말한다. 예를 들어, "지금 몇 시니?"라고 질문하였을 때 "너는 왜 매일 시간을 나한테 물어보니? 네가 직접 시계를 봐"라고 한다던지, "오늘 시험 끝나서 너무 좋다. 우리 놀러 갈래?"라고 물어보았을 때 "시험은 잘 보고 그런 소리를 하니?"라고 말한다면, 질문을 한 사람은 상대방에게 이해받지 못하고 무시당했다는 부정적 감정을 갖게 된다. 그로 인해 질

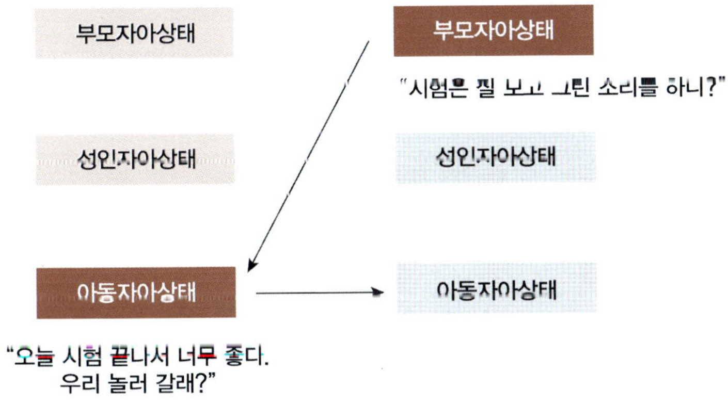

그림 8-3 교차적 교류

문을 한 사람은 상처를 받게 되고, 계속해서 대화를 이어갈 수 없으며, 인간관계에도 여러 가지 문제를 일으키게 된다. 이처럼 상대방이 자신이 원하는 신호가 아닌 예상치 못한 반응을 보일 때 교차적 교류라 한다.

③ 이면적 교류(ulterior transaction)

이면적 교류는 한 번에 두 가지의 메시지가 전달되는 경우로 한 가지의 자극에 두 가지 사실이 동시에 교류되는 것을 말한다. 예를 들면, 수업시간에 학생이 "선생님. 무슨 말인지 모르겠어요. 다시 설명해 주세요."라고 말했을 때 선생님이 겉으로는 "OK"라고 반응했지만 마음속으로는 "다른 애들은 다 알아듣는데 혼자 늘 못 알아듣네."라는 생각을 하고 있다면, 이는 겉과 속이 다른 두 가지 자아로 교류하는 것이다. 이를 이면적 교류라 한다. 겉으로는 사회적 수준에서 수용되는 메시지를 보내지만 마음속에는 숨겨진 심리적 수준의 메세지가 있다. Berne은 이를 '심리적 게임'이라고 하였다.

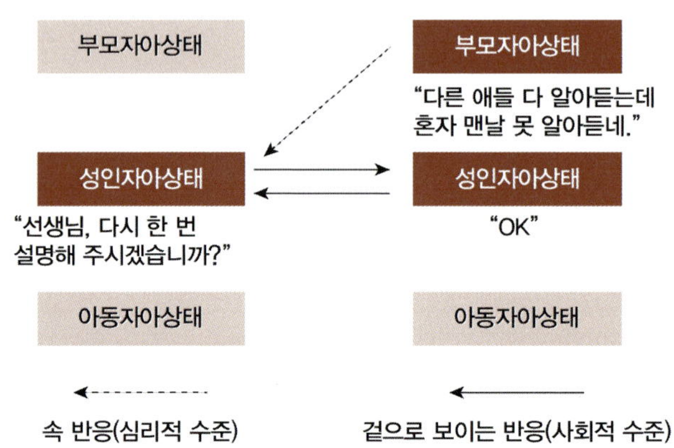

그림 8-4 이면적 교류

2) 원부모 이해하기

흔히 양육은 되물림된다고 한다. 이러한 이유는 자신이 자라오면서 겪었던 다양한 경험들이 자녀를 양육하는 과정에 그대로 반영되기 때문이다. 인간은 성장하면서 의식적이든, 무의식적이든 원부모의 신념과 가치, 행동 등의 암묵적인 신념이 자신에게 내면화되고 자신의 자녀에게 심리적으로 투사될 수 있다. 예를 들면, 어릴 때 자신의 부모가 잘못을 할 때마다 체벌로 엄하게 자신을 훈육했다면, 자신의 자녀가 잘못을 할 때 체벌하는 것을 당연하게 받아들일 수 있다. 반면 어릴 때 자신의 부모가 잘못을 할 때마다 체벌로 엄하게 자신을 훈육했던 경험이 너무 싫어 자신은 부모처럼 하지 않겠다고 다짐하는 경우도 있다. 이처럼 개인마다 원부모의 양육태도를 그대로 답습하는 경우도 있고 자신에게 상처가 되었던 경험을 자녀에게는 전수하지 않으려고 다른 양육태도를 선택하는 경우도 있다. 따라서 부모가 되기 전 원부모의 양육방법을 객관화시켜 점검해보는 것은 자신의 경험을 상기시켜 자신의 양육신념과 양육태도를 정립하는데 도움을 줄 수 있다.

그러나 원부모의 양육태도는 원부모의 양육방식과 사회적 배경, 문화 등이 반영된 결과임을 이해하고, 원부모의 양육에 대해 비판하거나 비난해서는 안 된다. 원부모는 그 시대 그 상황에서 나름 최선을 다했기 때문이다.

쉬어가기

자신이 지각한 원부모의 양육태도

번호	문항	나의 어머니께서는 (아버지)			
		드물게	때때로	자주	대부분
		1	2	3	4
1	부모님은 명확한 이유도 알려주지 않고 내게 화를 내시거나 불쾌해 하셨다.				
2	부모님은 나를 많이 칭찬하셨다.				
3	내가 하는 일에 대하여 부모님이 걱정을 덜 하셨으면 좋겠다.				
4	부모님은 내가 잘못한 것 이상으로 나를 꾸중하시고 때리셨다.				
5	집에 오면 나는 하루 동안 무엇을 했는지 부모님께 설명해야 했다.				
6	부모님은 내게 좋은 책을 사주거나 캠프나 클럽 활동에 참가하게 하는 등 내 생활을 흥미롭고 재미있게 만들어 주려고 노력하셨다.				
7	부모님은 다른 사람들 앞에서도 내가 게으르고 쓸모없는 사람이라고 꾸중하셨다.				
8	부모님은 무슨 일이 생길까봐 걱정해서 다른 아이들은 자유롭게 하는 일도 나는 못하게 하셨다.				
9	부모님은 내가 최고가 되도록 자극하고 격려해 주셨다.				
10	내가 나쁜 행동을 하면 부모님은 슬픈 표정을 짓거나 혹은 다른 행동을 하여 나로 하여금 죄책감을 느끼게 하셨다.				
11	부모님은 내게 무슨 일이 일어날까봐 필요 이상으로 과장해서 걱정하셨다.				
12	뜻대로 일이 잘 안될 때 부모님은 나를 위로하고 격려해 주셨다.				
13	나는 집안의 말썽꾸러기로 대우 받거나 희생양 취급을 받았다.				
14	부모님은 말이나 행동 등을 통해서 나에 대한 사랑을 표현해 주셨다.				
15	부모님은 나보다 다른 형제와 자매들을 더욱 좋아하셨다.				
16	부모님은 내가 수치심과 부끄러움을 느끼도록 나를 대하셨다.				
17	부모님은 지나친 걱정없이 내가 가고 싶은 곳에 갈 수 있도록 허락해 주셨다.				

18	부모님은 내가 하는 모든 일에 사사건건 간섭하셨다.				
19	나는 부모님과의 관계에서 부드럽고 따뜻한 정을 느꼈다.				
20	부모님은 내가 무엇을 하는 것은 허용되고 무엇은 허용되지 않는지에 대한 명확한 제한을 두고 그것을 엄격하고 철저히 지키셨다.				
21	부모님은 내가 조금만 잘못해도 크게 야단을 치고 벌하셨다.				
22	부모님은 내가 무슨 옷을 입을지 혹은 외모를 어떻게 꾸밀지에 대해 결정하기를 원하셨다.				
23	내가 어떤 일을 성공적으로 잘하면 부모님은 나를 무척 자랑스러워하셨다.				

하위요인	문항번호	점수범위	나의 점수
거부적 양육태도	1,4,7,13,15,16,21	7~28	
애정적 양육태도	2,6,9,12,14,17,19,23	8~32	
과보호 양육태도	3,5,8,10,11,18,20,22	8~32	

※ 점수가 높게 나온 양육태도가 본인이 지각한 원부모의 양육태도입니다.

출처: 박재윤(2019). 전문대학생이 지각한 부모양육태도와 대인관계문제의 관계: 인지적 정서조절전략의 매개효과.

3. 현대사회와 부모

1) 현대사회의 부모역할

아이가 태어나면 누구나 '부모'라는 역할을 부여받게 된다. 부모역할은 자녀를 낳아 성인이 될 때까지 돌보는 것이며(최혜순, 2013), 자녀의 성격(기질)에 따라 부모역할 또한 달라질 수 있다(류왕호, 2009). 대가족 시대는 주 양육자인 어머니 외에도 많은 보조양육자(할머니, 할아버지, 삼촌, 고모, 이모 등)가 양육의 역할분담을 해 주었지만, 핵가족이 대부분인 현대사회에서 양육의 몫은 오롯이 부모가 감당하게 된다.

부모역할은 누구에게나 처음이다. 그로 인해 부모로서는 미성숙하고, 부족한 부분이 많기 때문에 시행착오를 겪는 것은 당연한 일이다. 하지만 이러한 시행착오로 인해 죄책감을 갖거나 너무 많은 부담감과 책임감을 가질 필요는 없다. '부모가 행복해야 아이도 행복하다'는 말처럼 부모역할을 부담스러워 하거나 우울하게 받아들이는 것이 아니라 행복하게 받아들일 수 있어야 한다.

부모역할을 나누어 보면 개인발달로서의 부모역할, 양육자로서의 부모역할, 직업인으로서의 부모역할, 사회구성원으로서의 부모역할, 교육자로서의 부모역할이 있다(박화윤 외, 2000).

첫째, 개인발달로서의 부모역할이다. 부모라는 역할을 맡게 되면 자녀의 발달에 따라 달라지는 부모역할을 수행해야 한다. 이러한 과정 속에 부모로서의 자신을 돌아보고 반성하며 자신의 능력을 개발시켜 나가야 한다. 즉, 부모역할을 수행하는 과정을 통해 부모 개인의 발달이 이루어지는 것이다.

둘째, 양육자로서의 부모역할이다. 자녀를 양육하는 것은 부모 자신이 거부하거나 선택할 수 없는 역할이다. 자녀를 보호하고 양육하며 자녀의 전반적인 발달을 돕는 것은 부모로서 당연한 역할이기 때문이다.

셋째, 직업인으로서의 부모역할이다. 맞벌이 가정이 늘어나면서 현대사회는 어머니가 양육을 전담하던 예전과는 다르게 자녀를 양육하는 일은 부부가 함께 해야 하는 일이 되었다. 따라서 부부는 직장과 양육의 일을 잘 분담하여 자녀양육이 정신적, 육체적 스트레스가 되지 않도록 직업인으로서의 부모역할 수행을 해야 한다.

넷째, 사회구성원으로서의 부모역할이다. 부모는 사회구성원으로서 사회에서 제공하는 다양한 자원을 자녀양육을 위해 활용하여 기능적으로 부모역할을 수행해야 한다.

다섯째, 교육자로서의 부모역할이다. 부모는 자녀의 발달단계에 적합한 교육자로서의 역할을 수행해야 한다. 사회생활에 필요한 기본적인 규칙은 물론이고 타인과의 올바른 상호작용 등 사회에 적응하는 데 필요한 지식과 기술을 자녀에게 가르쳐야 하는 의무가 있다.

2) 부모기의 단계

Galinsky(1987)는 자녀가 자라면서 변화되어가는 부모역할을 여섯 단계로 나누었다.

1단계는 예비부모기로 이미지 형성 단계(image-making stage)이다. 이 단계는 부모가 임신과 출산과정을 통해 부모로서의 책임감, 자녀에 대한 애착, 관계변화에 대한 대비 등 부모로서의 이미지를 형성하는 단계이다.

2단계는 자녀가 출생하여 만 2세가 되는 시기로 자녀양육의 단계(nurturing stage)이다. 이미지로만 지니고 있던 부모를 실제적으로 경험하는 시기로 자녀와 상호작용하는 과정에서 부모로서의 막중한 책임감과 자녀에 대한 깊은 애착을 경험하게 된다. 자녀로 인한 일상생활의 변화로 부모 개인과 부부 간의 갈등으로 인해 위기를 맞는 시기이기도 하다. 하지만, 처음으로 부모역할을 수행하면서 발생하는 다양한 문제는 대화로 풀어가고, 서로 격려해 주는 과정을 통해 부부 사이가 더 견고해지는 단계이기도 하다.

3단계는 자녀가 4~5세가 되는 시기로 권위형성 단계(authority stage)이다. 지금까지 부모는 자녀의 양육에 중점을 두었다면, 이 시기는 부모가 권위를 가지고 자녀를 훈육해야 하는 시기이다. 이 시기의 자녀는 발달과정상 자기중심적 사고를 하고, 무작정 떼를 쓰기도 하지만 언어적 의사소통이 가능한 시기이므로 부모는 자녀가 배워야 할 사회적 규칙과 태도를 가르쳐야 한다. 부모를 통해 배운 이러한 규칙과 태도는 자녀의 인성과 성격형성의 기초가 된다.

4단계는 자녀가 초등학생 시기에 해당되는 설명해 주기 단계(interpretive stage)이다. 이 시기의 자녀는 교육기관에서 많은 지식을 배우고 배운 지식을 현실세계와 연결시켜 나간다. 이러한 과정에서 자녀는 부모에게 많은 질문을 하게 된다. 이때 부모는 자녀의 질문을 긍정적으로 받아들이고, 자녀에게 필요한 다양한 지식과 기술을 제공해 주어야 한다. 또한 자녀가 올바른 가치관과 인성을 형성하도록 도와주고, 자녀의 잠재력을 발견할 수 있는 적절한 환경을 제공해 주어야 한다.

5단계는 자녀가 청소년인 시기로 상호의존하는 단계(interdependent stage)이다. 이 시기의 자녀는 자아정체감을 형성해 가는 시기로 복잡하고 깊은 심리적 문제를 보이기도 한다. 학업 스트레스와 또래관계, 신체적 변화와 함께 정서적 변화가 일어나면서 부모와의 갈등도 경험하게 된다. 부모는 이 시기 자녀의 불안한 감정과 상황을 이해하고 편안하게 받아들이며, 믿고 기다려준다면 자녀는 다양한 갈등과 어려움을 극복할 수 있는 힘을 얻게 되고 안정감을 갖게 될 것이다.

6단계는 자녀가 청년기로 부모를 떠나는 단계(departure stage)이다. 자녀가 결혼하거나 독립하여 집을 떠나는 시기이며 부모는 자녀의 성장을 통해 자신의 이미지를 평가하는 시기이다. 또한 자녀가 떠난 빈자리에 대한 아쉬움에 적응하고 부부의 시간을 정립해야 할 시기이기도 하다.

3) 역할 분담

지금까지 우리 사회는 성에 따른 역할 분담이 일종의 제도처럼 명확히 구분되어 있었고, 사회적으로 중요하다고 여겨지는 일 등을 남성들이 담당함으로써 여성의 지위는 상대적으로 낮게 평가되었다(한상복, 이문웅, 김광억, 2011). 그러나 현대사회는 기존의 성역할 개념에 대한 인식변화가 사회 곳곳에서 일어나고 있으며, 가정도 예외는 아니다.

자녀가 태어나 부모라는 역할이 주어지면 부모역할을 분담하는 것은 당연하다. 자녀를 양육하고 가사 일을 나누는 것은 여성의 일도 남성의 일도 아닌 '함께 해야 하는 일'이다. 남성들은 '자녀는 엄마가 키우는 것'이라는 기존의 고정관념에서 벗어나 자녀를 양육하고, 가사 일을 하는 것은 '도와준다'가 아니라 '함께 한다'의 관점에서 출발해야 한다. 조성연(2006)은 초보 부모가 알아야 할 부모역할과 역할 분담에 대해 다음과 같은 방법을 제시하였다.

첫째, 경제적, 정서적 안정상태에서 계획된 임신을 하는 것이 자녀의 발달과 효과적인 부모역할에 도움을 준다.

둘째, 부모가 되기 전 부부 간 대화법, 부모로서 갖추어야 할 지식, 자녀발달 등에 대한 지식들을 익혀둔다.

셋째, 자녀출산 전에 가사분담에 대한 계획을 미리 한다.

넷째, 부모역할을 잘 수행하기 위해 가사와 부모역할의 균형을 맞추도록 하고, 부부를 도와 줄 대상을 미리 계획한다.

다섯째, 가사와 육아 및 모든 일에 대해 개방된 마음으로 부부가 의사소통하고 갈등을 해결하도록 노력한다.

읽을거리 **워라밸('일과 삶의 균형'이라는 의미인 'Work-Life Balance'의 준말)**

'일과 삶의 균형(Work-Life Balance)'이라는 표현은 1970년대 후반 영국에서 개인의 업무와 사생활 간의 균형을 묘사하는 단어로 처음 등장했다. 우리나라에서는 각 단어의 앞 글자를 딴 '워라밸'이 주로 사용된다.

워라밸은 연봉에 상관없이 높은 업무 강도에 시달리거나, 퇴근 후 SNS로 하는 업무지시, 잦은 야근 등으로 개인적인 삶이 없어진 현대사회에서 직장이나 직업을 선택할 때 고려하는 중요한 요소 중 하나로 떠오르고 있다.

고용노동부에서는 2017년 7월 워라밸의 제고를 위해 '일·가정 양립과 업무 생산성 향상을 위한 근무혁신 10대 제안'을 발간했다. 책자에는 ▷정시 퇴근 ▷퇴근 후 업무연락 자제 ▷업무집중도 향상 ▷생산성 위주의 회의 ▷명확한 업무지시 ▷유연한 근무 ▷효율적 보고 ▷건전한 회식문화 ▷연가사용 활성화 ▷관리자부터 실천 등 10가지 개선 방침이 수록됐으며, 잡플래닛과 공동으로 워라밸 점수가 높은 중소기업을 평가해 '2017 워라밸 실천기업'으로 선정하고 있다.

출처: 박문각(http://www.pmg.co.kr).

4) 산후우울증

산후우울증이란 출산 후 우울, 침울한 기분, 무기력, 피로, 두통과 같은 증상이 일시적으로 나타나는 기분장애를 말한다(이영숙 외, 2014). 일반적으로 출산 후 신체 및 호르몬의 변화로 인하여 산모의 20~80%가 일시적으로 산후우울감(postpartum blue)을 경험하는데, 이는 2주를 넘기지 않는다고 한다. 이에 비해 산후우울증(postpartum depression)은 출산 후 한 달이 넘어도 우울감이 지속되는 증상으로, 산모의 10~15%가 경험한다고 한다(O'Hara & Swain, 1996). 산후우울증의 정확한 원인은 알 수 없지만 전문가들은 출산으로 인한 급격한 호르몬 변화와 뇌 신경전달 물질의 불균형, 양육으로 인한 피로와 양육 스트레스가 원인으로 작용한다고 하였다. '보건소 산후우울증 판정 현황'에 따르면 고위험군 판정 산모 수가 2015년 1,919명에서 2017년 3,995명으로 증가하다가 2018년 3,014명으로 줄어들었지만 여전히 높게 나타났다(보건복지부, 2019).

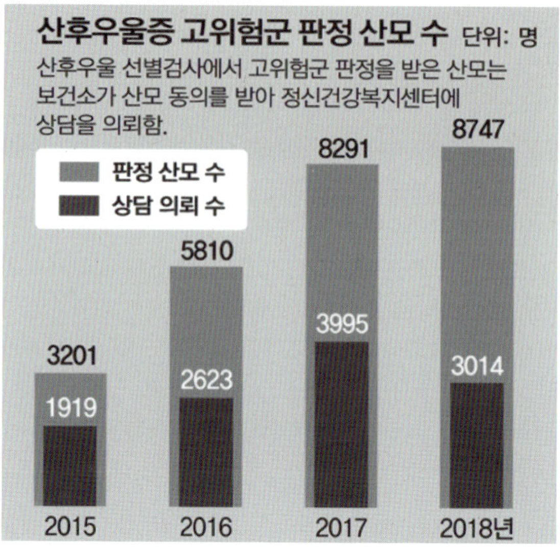

그림 8-5 보건소 산후우울증 판정 현황

출처: 보건복지부(2019).

육아가 힘든 이유는 이전에 한 번도 경험하지 못한 일이기 때문이다. 자녀는 부모가 계획한대로 자라지 않으며, 잘 자라고 있는 것처럼 보이다가도 어느 순간 부모의 마음에 들지 않는 행동으로 실망시키는 일들이 발생하여 공든 탑이 무너지는 듯한 경험을 하기도 한다. 또한 자녀 양육의 노동은 눈에도 보이지 않고 합당한 대가도 없으며, 자녀가 잘 자라면 당연한 결과로, 그렇지 않을 때는 원망의 대상이 되어 그 가치를 인정받기도 힘들다. 전업주부인 경우는 자신을 위해 무언가를 할 수 있는 시간적 여유를 갖기 어렵고, 맞벌이 여성의 경우는 일과 육아를 병행하면서 어려움을 겪게 된다. 또한 육아를 위해 직장을 그만두었다가 다시 원래의 자리로 돌아가기 위한 사회적 기반이 취약하다. 이로 인해 현대사회의 많은 여성들은 자녀양육과 한 개인의 욕구 불균형으로 인해 우울증을 경험하기도 한다.

영화 '82년생 김지영'의 주인공 지영은 산후우울증을 앓고 있다. 증상이 심해지면서 그녀는 종종 자신도 모르는 사이에 외할머니, 엄마, 지인들로 빙의하는 모습까지 보인다. 친정엄마와 죽은 대학 동창 등 가끔씩 완전히 다른 사람이 변하여 얘기하는 김지영에 대해 정신과 전문의는 '산후우울증에서 육아우울증으로 이어진 매우 전형적 사례'라고 진단한다. 전문가들이 말하는 산후우울증 예방법은 출산 전, 출산과 양육에 대해 즐거운 마음을 갖고, 정신과 신체를 건강하게 준비하며, 출산 후 심리 적응에 대한 교육을 받거나 주변 가족들과의 관계와 역할 변화에 대해 충분하게 대화하는 것이다. 주인공인 지영도 치료를 기피하기보다 자신의 병을 받아들이고 적극적으로 전문가의 치료에 임하는 모습을 보여준다. 육아는 누구 한 사람만의 책임과 의무는 아니다. 그렇기 때문에 육아는 독박육아가 아닌 공동육아가 되어야 한다.

5) 육아휴직

육아휴직이란 만 8세 이하 또는 초등학교 2학년 이하의 자녀를 둔 근로자가 자녀를 양육하기 위하여 신청, 사용하는 휴직을 말한다(남녀고용평등법, 2010). 이는 근로자의 육아부담을 해소하고 계속 근로를 지원함으로써 근로자의 생활안정 및 고용안정을 도모하는 한편, 기업의 숙련인력 확보를 지원하는 제도이다. 2020년 2월부터 같은 자녀에 대해 부부가 함께 육아휴직을 쓸 수 있게 되었다. 육아휴직은 근로자의 권리이다. 맞벌이 부부의 경우 한 자녀에 대하여 엄마와 아빠가 각각 1년씩 신청할 수 있다. 이는 여성들의 경력단절과 한 명의 부모가 육아를 전담하는 '독박육아'를 막기 위한 복지 차원인 것이다.

통계청의 '2019 일·가정 양립 지표'에 따르면 2018년 육아휴직 사용자(민간)는 99,199명으로 전년보다 10.1% 증가하였다. 이는 2003년 통계 작성이 시작된 이래 가장 많은 증가 추세를 보였다. 전체 육아휴직자의 64.5%가 만 0세 자녀를 대상으로 육아휴직을 사용한 것으로 집계되었다. 육아휴직자의 65.0%가 종사자 규모 300명 이상 기업(정부기관 포함)에서 일하고 있으며, 산업대분류별로 보면 공공행정, 국방 및 사회보장 행정이 전체의 14.8%로 가장 높았다. 이어 보건업 및 사회복지 서비스업(14.2%), 교육서비스업(13.8%) 순으로 집계되었다.

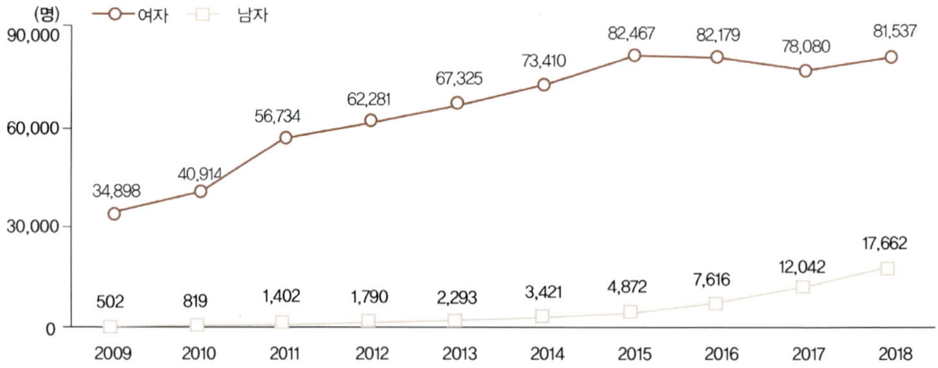

그림 8-6 연도별 육아휴직자 현황

출처: 통계청(2019). 2019 일·가정 양립 지표.

표 8-1 성별 육아휴직자

(단위: 명, %, %p)

	2009	2010	2011	2012	2013	2014	2015	2016	2017	2018	증감률
전체	35,400	41,733	58,136	64,071	69,618	76,831	87,339	89,795	90,122	99,199	10.1
남자	502	819	1,402	1,790	2,293	3,421	4,872	7,616	12,042	17,662	46.7
구성비	1.4	2.0	2.4	2.8	3.3	4.5	5.6	8.5	13.4	17.8	–
여자	34,898	40,914	56,734	62,281	67,325	73,410	82,467	82,179	78,080	81,537	4.4
구성비	98.6	98.0	97.6	97.2	96.7	95.5	94.4	91.5	86.6	82.2	–

출처: 통계청(2019). 2019 일·가정 양립 지표.

한국사회의 성역할 고정관념이 많이 변화되고 있지만 아직도 육아는 여성의 몫이라는 생각이 팽배하다. 그리고 남성의 육아휴직을 당연하게 받아들이지 못하는 것 또한 현실이다. 우리나라 남성이 직장에서 육아휴직을 쓴다는 것은 아직은 생경스럽지만, 최근 젊은 직장인들 사이에서는 육아휴직에 대한 관심이 많아지고, 실제로 육아휴직을 하는 남성 직장인이 늘어나는 실정이다. 이러한 남성 육아휴직의 증가는 여성의 경력단절 및 육아에 도움을 줄 뿐만 아니라 직장문화의 개선에도 긍정적인 영향을 줄 것으로 기대된다(사회복지통계연구소, 2017).

> "제가 육아휴직을 내고 아이를 보기로 했습니다."
> 말을 꺼낼 때, 살짝 기대했습니다.
> "이런 사위가 없어", "혹은 우리 딸을 이토록 아껴주다니 정말 고맙네" 정도의 칭찬을. 그러나 제가 말을 이어갈 틈도 없이 장모님이 굳은 표정으로 절 바라보시는 것이 아니겠어요? 제가 지금까지 봐온 어떤 표정보다 심각했습니다.
>
> ....중략.....
>
> 장모님이 아이는 엄마가 키워야 한다, 남자는 바깥일을 해야 한다 같은 이야기를 하시는 동안 식어서 싸늘해진 차를 목으로 넘겼습니다. 생각지도 못한 복병에 꽤나 혼란스러웠습니다. 이때 빨리 깨달았어야 했어요. 육아와 함께 '사위 버전의 시월드'가 시작되리란 걸 말이죠.
>
> 출처: 이상범(2019). 아빠육아로 달라지는 것들.

미국의 News & World Report(2019)는 '아이 키우기 가장 좋은 나라'에 대한 조사 결과를 발표하였다. 1위는 덴마크, 2위는 스웨덴, 3위는 노르웨이로 전통적인 '복지강국' 북유럽 국가들이 아이를 키우기에 좋은 환경임이 입증되었다. 유럽에서 가장 자비로운 육아휴직제도는 부모 모두에게 52주의 유급 육아휴직이 주어지며, 산모에게는 4주간의 출산휴가가 보장된다. 유럽과 미주 국가들이 상위권을 차지한 가운데 일본이 19위로 아시아 국가 중 가장 높은 순위를 차지하였고, 우리나라는 조사대상 73개국 중 26위에 올랐다. 이 조사는 각 나라의 인권 수준, 성평등 정도, 안전성과 공교육 수준 등을 종합적으로 평가해 순위를 매긴다.

출산율이 세계에서 가장 저조한 우리나라에서 출산율을 높이는 제도적 장치로 육아휴직이 정착하는 꼭 필요하다. 육아휴직이 제대로 정착하기 위해서 가장 필요한 것은 사업주의 의지와 철학이다. 안정적인 가정생활은 '일'과도 연관성이 깊다는 것을 인식하고, 여성이든 남성이든 육아로 인해 지금까지 쌓아온 그들의 커리어를 육아로 인해 포기하는 일은 없도록 육아휴직제도를 자유롭게 사용할 수 있는 조직문화를 정착시켜야 한다.

읽을거리

한국에선 특별한 날인 '온가족 저녁식사', 스웨덴에선 일상

오늘의 저녁식사 당번은 요세피나(19)였다. 스톡홀름시 유르고르덴 마닐라학교 12학년(한국의 고3)에 다니는 요세피나는 오는 9월 대학 진학을 앞두고 있다. 원하는 학교·학과의 원서 제출을 한창 고민하는 수험생이지만, 일주일에 한두 번 장까지 직접 봐 저녁식사를 준비하고 매일 저녁 가족들과 함께 식사하는 시간은 변하지 않았다.

오후 7시 무렵부터 8시 30분까지 긴 저녁식사를 하며 가족들과 얘기를 나누는 것은 요세피나의 기억이 존재하는 어린 시절부터의 오랜 '전통'이다. 아울렛 매니저인 엄마, 제약회사에 다니는 아빠와 함께 세 식구가 식탁에 둘러앉아 회사와 학교 얘기를 나누는 이 시간은 가족들을 끈끈하게 이어주는 가장 중요한 일과다. 각자의 요즘 고민이 무엇이고, 뭘 하고 싶어 하는지 비밀도 거의 없다고 했다.

요세피나가 특히 잘하는 음식은 야채·치즈가 많이 들어간 파스타와 타코, 스웨덴 음식인 '불굴(Bulgur)'이다. 부모님도 흡족해하는 실력이다. 초등학교 때부터 '가사' (Home Economics) 시간에 요리 실습을 많이 하는 스웨덴에선 남녀 모두 12학년이면 요리가 어느 정도 수준급이 된다. "아빠가 병원에서 일했을 때는 회식이 한 달에 한 번 정도였는데, 회사를 옮긴 뒤부턴 일주일에 한 번꼴로 너무 자주 가족 저녁식사에 빠진다"고 불평하는 요세피나가 한국의 상황을 보면 뭐라고 할까.

몇 해 전부터 정부기관과 기업들이 매주 수요일 정시퇴근을 장려하는 '가정의 날' 캠페인은 역설적으로 한국에서 얼마나 정시퇴근이 안 지켜지는지 보여주는 방증이다. 스웨덴에선 하루하루 일상인 '가정의 날'이 한국에선 가끔씩 선물처럼 주어지는 특별한 날인 셈이다.

혼잡통행료 체계를 보면 스웨덴의 일상적 퇴근시간을 보다 분명히 알 수 있다. 스톡홀름 시내 진입도로와 우회도로를 이용할 때 내는 교통혼잡세금은 통행량과 시간대별로 달라진다. 평일 오전 6시 30분부터 오후 6시 30분까지 징수하는 이 세금은 오전엔 7시 30분부터 8시 30분까지, 오후엔 4시부터 5시 30분 사이가 35SEK(스웨덴크로나·4572원)로 가장 비싸다. 그때가 출퇴근 통행량이 가장 많다는 뜻이다. 오후 3시부터는 30분 단위로 세금이 높아져 5시 30분까지가 피크이고, 6시 30분 이후는 아예 무료다. 그 이후엔 다니는 차가 거의 없다는 얘기다.

출처: 경향신문(2018.04.02).

4. 양육태도 유형

부모의 양육태도는 부모가 자녀를 대하는 모든 태도나 행동으로, 부모 개인의 가치와 신념, 원부모를 통한 양육경험, 사회문화적 배경 등에 영향을 받고, 자녀의 전반적인 발달과 성격에 영향을 주며 부모-자녀 관계를 형성하는 데 매우 중요하다(김희수, 2005; 이정숙, 2000). 어떠한 양육태도가 맞고 틀리고는 없다 하지만 서천석(2019)은 좋은 아이로 키우기 위해서는 부모가 성숙하고 자녀와 좋은 관계를 유지해야 한다고 하였다. 처음 부모는 미성숙하지만 자녀를 이해하고 소통하려는 노력을 통해 부모는 자녀와 함께 성숙해간다. 부모의 가치나 신념, 언어적, 비언어적 태도와 행동이 자녀에게 그대로 전달되는 것이 양육태도인 만큼 부모의 양육태도는 매우 중요하다. 양육태도 유형은 학자들마다 다양하게 제시하고 있다. 그중 가장 대표적인 Schaefer(1959)와 Maccoby와 Martin(1983)의 양육태도 유형을 살펴보면 다음과 같다.

1) Schaefer의 양육태도 유형

Schaefer(1959)는 애정-거부, 자율-통제의 두 축을 기점으로, 애정적-자율적 양육태도, 애정적-통제적 양육태도, 거부적-자율적 양육태도, 거부적-통제적 양육태도의 4가지 양육태도 유형을 제시하였다.

첫째, 애정적-자율적 양육태도로 가장 바람직한 유형이다. 부모가 자녀에게 민주적, 자율적, 수용적, 애정적으로 대하고 자녀를 존중하며 자녀의 자율성을 허용하고 그에 따른 책임과 의무를 지게 한다. 자녀는 부모를 신뢰하고 안정감을 느끼며 능동적이고 창의적인 특성을 보인다. 또한 자신의 감정을 자유롭게 표현하며 독립적으로 행동한다.

둘째, 애정적-통제적 양육태도는 과보호적 양육태도로 부모가 애정을 가지고 자녀를 대하지만 자녀의 모든 행동을 자신이 통제하려고 하는 유형이다. 부모는 자녀를 자신이 소유물로 인식하고 과보호하며 간섭한다. 이러한 부모의 태도로 인해 자녀는 의존성이 강하고 문제해결력, 사교성, 창의성이 부족하며 부모에게 받은 심리적 통제로 인한 적대감정을 가질 수 있다.

셋째, 거부적-자율적 양육태도는 방임적 양육태도로 부모가 자녀에게 무관심하고 소홀하며 자녀와의 거리감이 있는 동시에 자녀의 행동을 규제하지 않고 그대로 두는 유형이다. 부모는 자녀의 행동에 전혀 관심을 보이지 않고 자녀양육에 태만하며 냉담하게 자녀를 대한다. 자녀는 애정이 없는 부모로 인해 정서적으로 불안하고 규제가 없는 환경에서 자라 자기조절력이 떨어진다. 또한 자신의 행동을 조절하지 못해 미성숙한 행동을 보이거나 위축되는 경향이 있고 공격적인 행동을 보이기도 한다.

넷째, 거부적-통제적 양육태도는 독재적 양육태도로 부모가 자녀에 대한 관심과 애정은 전혀 없으면서 자녀를 신체적, 심리적으로 통제하는 유형이다. 부모는 권위적이고 독재적이며, 자신의 절대적 기준과 감정에 따라 자녀를 통제하고 체벌한다. 이러한 부모로 인해 자녀는 정서적으로 불안하고 공격적, 퇴행적, 자학적, 반항적 태도를 보인다.

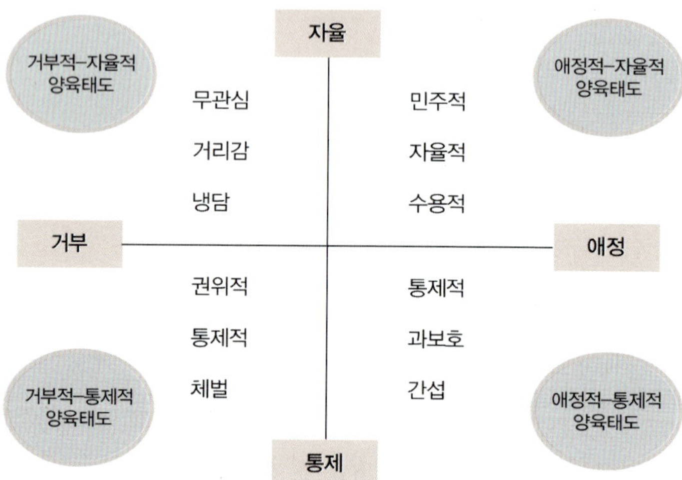

그림 8-7 Schaefer(1959)의 양육태도 유형

2) Maccoby와 Martin의 양육태도 유형

Maccoby와 Martin(1983)은 Baumrind(1971)의 권위 있는 양육태도, 독재적인 양육태도, 허용적인 양육태도의 3가지 양육태도 유형을 발전시켜 Baumrind의 허용적인 양육태도를 방임적인 양육으로 바꾸고, 무관심한 양육태도를 추가시

켰다. Maccoby와 Martin은 권위 있는 양육태도, 독재적인 양육태도, 방임적인 양육태도, 무관심한 양육태도의 4가지 양육태도 유형을 제시하였다.

첫째, 권위 있는 양육태도는 부모가 자녀에 대한 애정을 갖고 자녀의 자율성을 인정하며, 자녀의 행동을 합리적이고, 논리적인 근거에 맞게 통제한다. 자녀와 의사소통할 때 개방적이고 자녀의 말과 행동을 수용할 줄 알며 자녀에게 복종을 강요하지 않는다. 자녀는 독립적, 자율적, 친사회적이고 호기심이 많으며 자기조절력이 있다.

둘째, 독재적인 양육태도는 부모가 자녀를 통제하고 체벌하며, 자녀를 자신의 소유물로 생각하여 자신이 정한 규칙과 결정을 무조건적으로 따르게 한다. 자녀는 불안정하고 퇴행적이며, 부모에 대한 적대감이 강하다.

셋째, 방임적인 양육태도는 자녀에 대한 애정이 있고, 허용적으로 자녀를 대하나 자녀의 행동을 전혀 규제하지 않고, 자녀에 대한 책임감이 없다. 자녀는 자율성, 독립심, 자아존중감이 낮고 반사회적 행동을 하는 경향이 높다.

넷째, 무관심한 양육태도는 자녀에 대한 애정도 낮고, 자녀에 대한 관심이나 통제도 하지 않는다. 자녀양육에 전혀 관심이 없고 자녀를 거부하는 경우도 있다. 자녀는 자기통제, 문제해결력, 자율성이 낮고, 의존성과 충동성이 강하다.

읽을거리

게으른 부모의 강령

- 우리는 양육이 고된 노동을 필요로 한다는 생각을 거부한다.
- 우리는 아이들을 그냥 내버려두겠다고 서약한다.
- 우리는 아이들이 태어나는 순간부터 아이들의 삶을 침범하는 광적인 소비주의를 거부한다.
- 우리는 아이들에게 억지로 도덕을 강요하는 대신 시와 환상적인 이야기를 들려준다.
- 우리는 죄의식 없이 어른만의 인생을 즐긴다.
- 우리는 가족끼리 외출하거나 특별한 기념일을 챙기느라 돈을 낭비하지 않는다.
- 게으른 부모는 알뜰한 부모다.
- 게으른 부모는 창의적인 부모다.
- 우리는 간섭하지 않으려고 애쓴다.
- 우리는 아이들과 함께 들판과 숲에서 뛰어논다.
- 우리는 때로 집안일을 하기 위해 아이들을 집 밖으로 몰아낸다.
- 우리는 되도록 적게 일한다. 특히 아이들이 어릴 때는 일을 적게 하고 아이들과 충분한 시간을 함께 한다.
- 시간은 돈보다 더 중요하다.
- 행복한 난장판은 비참한 정돈보다 낫다.
- 학교는 아이의 삶에 우선순위가 아니다.
- 우리는 음악과 춤, 유쾌함으로 집안을 가득 채운다.
- 우리는 건강과 안전에 관해 이래라저래라 하는 지침을 거부한다.
- 우리는 아이에 관한 책임을 교육제도나 시장에 넘기지 않고 스스로 끌어안는다.
- 세상에는 한 가지 길만 있는 것이 아니다.
- 우리는 우리 방식대로 아이를 키우는 것에 만족한다.

출처: Tom(2012). 즐거운 양육혁명.

09 Chapter 태아기 발달과 부모역할

인간발달의 전 과정 중 임신과 출산까지의 10개월은 많은 변화가 일어나는 시기이다. 그러나 10개월 동안의 발달과정은 직접 눈으로 관찰할 수 없기 때문에 소홀해질 수 있는 부분이기도 하다.

태아기 발달의 평균 시기는 대략 266일, 즉 38주 동안이지만 태내환경이나 아기의 상태에 따라 다소 차이는 있으나, 대부분의 아기들은 수정 후 28~40주 사이에 태어난다. 인간발달은 수정이 되는 순간부터 이루어지기 때문에 태내환경은 출생 이후의 환경보다도 태아에게 많은 영향을 미친다는 점에서 매우 중요한 의미를 지닌다. 특히 우리나라는 전통적으로 태아기 동안의 태중교육(태교)을 중요하게 생각하였으며, 임신 이전부터 건강한 아이를 갖기 위해서 부모가 함께 태교를 실천해왔다(이정규, 1987). '심신이 건강한 부모에게서 심신이 건강한 자녀가 태어난다'는 말처럼 부모가 될 사람은 임신 전부터 몸과 마음가짐이 온전하고 맑아야 한다는 태교의 중요성은 사주당 이씨의 '태교신기'라는 고(古) 문헌을 통해서도 전해지고 있다(최삼섭, 박찬국, 2002).

이 장에서는 한 생명이 어떻게 시작되고, 성별은 어떻게 결정되며 태아의 발달은 어떻게 이루어지는지, 태아에게 영향을 미치는 환경적 요인과 부모역할에 대해 살펴보고자 한다.

1. 태아기 발달

1) 수정

여성의 월경주기는 보통 28일로, 월경주기의 14~16일째 혹은 다음 생리 시작일 12~16일 전쯤을 '배란기'라고 한다. 배란이 가까워지면 체내에서는 에스트로겐이라는 호르몬이 증가하는데, 에스트로겐은 자궁 내벽을 두껍게 만들고 정자가 살기 좋은 환경을 만들어 준다. 이러한 에스트로겐의 수치가 높아지면 황체형성호르몬(LH)이 증가하고 이로 인해 난소에서 난자가 배출되는데, 이를 '배란'이라고 한다(김태련, 1994).

배란은 보통 LH 급증 후 24~36시간에 일어나며, LH가 급증하는 시점이 임신 가능성이 높은 날이 된다. 난자는 배란 후 최대 24시간 동안만 수정가능하며, 난자가 수정되지 않으면 난자가 함께 자궁 내벽이 탈락하여 생리가 시작된다. 난자는 최대 24시간만 생존할 수 있지만 정자는 최대 5일간 활동성을 유지할 수 있다. 따라서 난자가 배출되기 4~5일 전의 성관계를 통해서도 임신이 가능하며, 정자와 난자의 수명을 고려했을 때 총 '가임 기간'은 한 달에 약 6일로, 가임기간 동안 피임 없이 성관계를 했을 경우 임신될 가능성이 높다.

한 개의 정자가 난자의 세포막을 뚫고 들어가게 되면, 정자의 끝부분에 달린 꼬리는 잘리고, 정자의 핵과 난자의 핵이 결합하여 하나의 새로운 세포체를 형성하게 되는데 이 과정을 '수정'이라 하며, 새로 생긴 단일세포를 '수정란'이라고 한다. 수정란이 자궁벽에 착상하는 때까지를 접합체라고 하는데, 이것이 곧 새로운 생명의 시작이다(정옥분, 정순화, 2019).

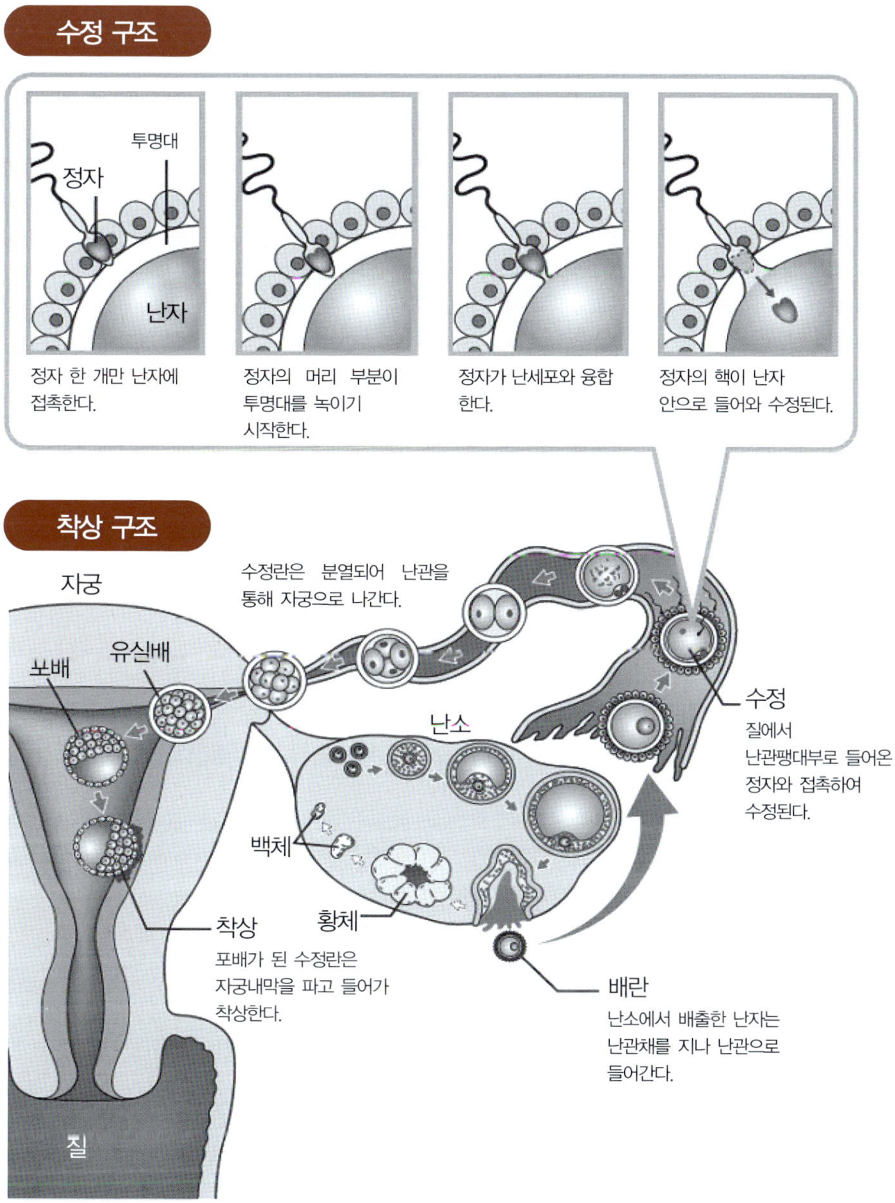

그림 9-1 수정과 착상의 구조

출처: 인체구조학습도감(2013).

수정은 보통 한 개의 정자와 한 개의 난자가 결합하여 이루어지는데, 간혹 한 개의 정자와 난자가 수정하여 생긴 수정란이 두 개의 수정란으로 분리되어 일란성 쌍생아로 성장하거나, 두 개의 정자와 난자가 동일한 자궁 속에서 수정하게 되어 이란성 쌍둥이로 태어나기도 한다. 일란성 쌍둥이는 성별뿐만 아니라 혈액형 및 유전자가 동일하며, 이란성 쌍둥이는 성별과 유전자도 다를 수 있다.

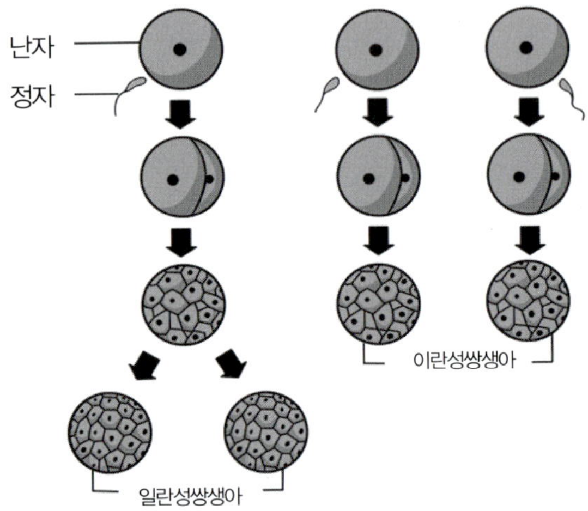

그림 9-2 일란성 쌍생아와 이란성 쌍생아의 수정과정

출처: https://www.scienceall.com(검색일 2020.03.21)

2) 성의 결정

사람의 성별은 성염색체인 X, Y로 정해지는데, 여성의 난자는 X 염색체만, 남성의 정자는 X, Y 염색체를 가지고 있다. 아기의 성별은 여성의 난자 X 염색체가 남성의 정자 X, Y 중 어떤 염색체를 만나느냐에 따라 아들이 태어날 수도 있고, 딸이 태어날 수도 있다. 즉, 태아의 성별은 남자에 의해 결정된다.

표 9-1 성별 결정

난자의 염색체		정자의 염색체	성별
X	+	X	XX – 딸
X	+	Y	XY – 아들

2. 태아기 발달 단계

태아기 발달은 평균 38주에 걸쳐 일어나며, 수정에서 출생까지를 크게 발아기, 배아기, 태아기 세 단계로 구분한다. 임신 후 1~2주 사이를 발아기, 약 3~8주 사이를 배아기라 하며, 그 이후부터 출생 시까지를 태아기라고 한다. 배아기에는 빠르게 세포분열이 일어나므로 태내환경에 각별한 주의가 필요한데, 이 시기에 발달을 방해하는 사건이 발생되면 영구적인 손상을 입게 된다.

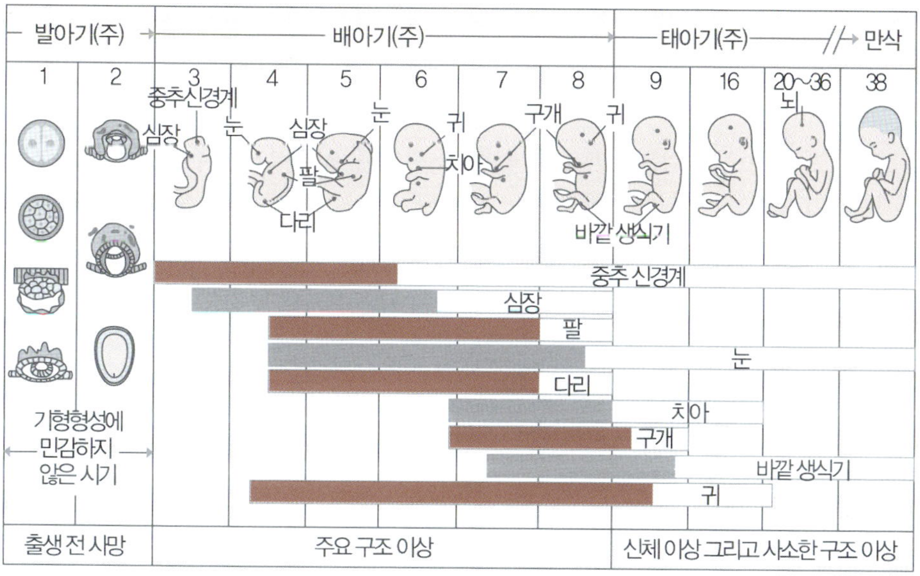

그림 9-3 태아기 발달 단계

임신 10개월 간의 태아기 발달과정은 다음과 같다(김성균, 2009; 김영수, 2003; 김진용, 2003; 임신출산 육아백과, 2015; 임형욱, 2001).

1) 임신 초기(1단계)

임신 초기는 수정에서부터 임신 3개월까지를 말하며, 수정된 난자인 접합체는 수정 후 짧게는 1주일에서 길게는 2주일 정도가 지나면 자궁벽에 부착되어 착상된다. 그러나 임신 초기는 접합체의 58% 정도가 착상에 실패할 정도로 사망률이 가장 높은 시기이며, 자궁 이외에 난관, 난소, 자궁경부, 자궁각 등에 착상하는 경우가 발생하기도 하는데, 이를 '자궁 외 임신'이라고 한다.

착상 후 3주 동안에는 태아에 대한 외부의 충격을 방지하고 적정 온도를 유지해주는 역할을 하는 양수가 들어있는 양막 주머니가 형성되며, 동시에 태반도 형성된다. 태반은 산모의 신체와 태아를 연결시키고, 산모에게 적합한 상태로 되어있는 물질을 태아에게 적합한 물질로 변형시키며, 태아에게 유해한 물질이 침입하는 것을 막아준다. 또한 태반은 탯줄을 통하여 수분, 산소 그리고 혈액 등 태아가 필요로 하는 영양분을 공급하고, 배설물 등의 불필요한 노폐물을 배출하는 기능을 하게 된다.

(1) 임신 1개월(수정~4주)의 주 특징: 기관형성의 시작

임신 1개월이라고 하면 마지막 월경이 시작된 첫날부터 4주인 28일 간으로 실제 임신 0주에서 1주는 아직 임신하지 않은 상태이다. 직경 2mm 정도의 수정란은 세포분열을 하면서 난관을 따라 이동하고, 7~8일이 되면 자궁내벽에 착상한다. 수정란이 자궁에 착상한지 5일이 지나면 뇌와 척추의 기초가 되는 신경관과 혈관계 및 순환계의 근원이 되는 조직이 거의 완성되며, 미약하지만 심장박동도 이때부터 시작된다. 수정 후 2주부터 8주까지는 태아(胎兒)라 부르지 않고 배아(胚芽)라고 부른다.

(2) 임신 2개월(5~8주)의 주 특징: 뇌의 발달이 이루어지는 시기

이 시기의 배아는 겨우 4~5mm 정도지만, 장차 심장, 심막, 팔과 다리가 될 부분의 세포가 정해져 있다. 초음파 검사로 확인해 본 결과 임신 6주에 배아의 심장박동이 확인되는 경우는 86%이며, 임신 7주 이후에는 별 다른 이상이 없는 한 심장박동이 100% 확인된다. 뇌가 급속도로 발달해 전체적으로 머리와 몸통 2등신의 형태가 되며 양수가 고이기 시작한다. 뇌와 신경세포의 80%가 분화되어 눈과 귀의 시신경, 청각신경이 발달하고 턱과 입이 나타난다.

(3) 임신 3개월(9~12주)의 주 특징: 태아로 성장하는 시기

임신 10주가 되면 태아의 크기는 22~24mm에 이르고, 팔과 다리 끝에 손가락과 발가락이 생기며, 머리에서는 귀의 바깥부분이 형성된다. 전체 크기가 어른 손가락 한 마디 정도의 몸이지만 손가락, 발가락이 자란다. 임신 11주에 이르면 크기가 50mm, 무게는 약 80mg이 되며, 대부분의 장기가 형성되고, 탯줄 안에 장기관이 존재한다. 태아는 자궁 안에서 눈은 감고 있으며 머리 모양은 더욱 동그랗게 변하고, 외견상 남녀 구분이 가능해진다. 신장의 기능이 시작되어 소변을 분비하며, 소리를 기억하고 맛을 느끼기 시작한다.

임신 초기는 산모가 임신 사실을 인식하지 못하는 시기이기 때문에 안정적인 부부의 생활패턴과 심리 및 건강상태에 주의를 기울여야 한다. 또한 임신했다는 소식을 들었을 때 부부와 주변 사람의 반응도 태아에게 중요한 영향을 미친다는 것을 인식해야 한다.

2) 임신 중기(2단계)

임신 중기는 4~6개월 사이로, 태아의 크기는 7~8cm에서 25cm까지 성장하고, 몸무게는 약 30g에서 900g까지 증가한다. 임신 4개월경의 태아는 탯줄과 입을 통해 양수를 흡입하여 필요한 영양분을 흡수하고 빨기, 삼키기를 시작하며, 단맛을 선호하는 경향이 있다. 이 단계가 되면 산모는 가벼운 태동을 느낄 수 있게 된다.

임신 5개월 말부터 태아는 하루에 2~3cm 정도의 급성장을 하며, 산모의 자궁은 복강까지 밀고 올라온다. 태아는 처음에는 가볍게 뒤틀다가 나중에는 발길질, 주먹질을 하는 등 태동을 활발하게 한다. 이러한 태아의 활동들은 출생 이후에 사용하게 될 반사운동의 기초가 된다. 이 시기의 태아는 피부가 두꺼워지고, 등이나 팔다리에 털이 나며, 머리카락과 눈썹이 형성되기 시작한다.

임신 6개월경에는 감각수용기의 발달로 촉각이 민감해지고, 근육 움직임에 의한 접촉을 인식할 수 있게 된다. 또한 쓴맛에 반응하여 혀를 내밀기도 하며, 망막과 대뇌를 연결하는 신경섬유가 생성되어 빛에도 반응을 보인다. 임신 7개월에 접어들면 영양분의 흡수와 배설, 엄지손가락 빨기, 휴식 등 활발한 기능을 하지만 자궁 밖에서의 생존가능성은 희박하다.

(1) 임신 4개월(13~16주)의 주 특징: 태반이 완성되는 시기

임신 4개월 이후는 태아에게 매우 중요한 시기이다. 복강 내부에는 이미 각종 장기들이 자리잡고, 손가락과 발가락을 구별할 수 있다. 이때부터 임신 중기로 접어들어 태아의 키와 몸무게가 부쩍 늘어나고 활동이 활발해지며 태반이 완성된다. 순환기 계통의 발달이 모두 완료된 상태로, 심장은 분당 110~120회 정도 박동하며, 외부 자극에 대해, (불)쾌감, 불안, 초조 등과 같은 기본적인 감정을 느끼게 된다. 또한 기억기능을 담당하는 '해마'가 완성되고, 후각이 만들어져 모체의 좋은 냄새를 기억하게 된다.

(2) 임신 5개월(17~20주)의 주 특징: 첫 태동이 느껴지는 시기

손가락이 모두 갖추어지고 손발톱, 머리카락이 나며 피부 전체에 태모가 자란다. 귓속의 작은 뼈가 단단해지기 시작하면서 태아는 자궁 밖에서 나는 소리도 직접 들을 수 있게 된다. 또한 자주 듣는 부모의 음성을 기억하고, 부모의 소리가 들리면 평온한 마음을 갖게 된다. 머리에는 잔털이 자라고, 피부에는 지각반응이 나타나기 시작한다. 태아는 자궁 안에서 자유자재로 방향을 바꾸어 가며 헤엄을 치고, 빛의 자극에도 반응하며 외부 소리를 그대로 느끼게 된다.

(3) 임신 6개월(21~24주)의 주 특징: 골격발달이 완성되는 시기

머리카락이 늘고 눈썹과 속눈썹도 나기 시작한다. 피부에는 주름이 많고, 배냇털이 몸을 덮고 있다. 땀샘에서 분비되는 태지는 피부를 부드럽게 유지시켜 주며, 분만 시 좁은 산도를 부드럽게 내려갈 수 있는 윤활유의 역할과 태어날 때까지 태아를 보호하는 보호막의 역할을 한다. 태아가 성장함에 따라 양수의 양도 급증하며, 태아는 양수 속에서 자유롭게 이동하며 몸의 위치를 바꾼다. 신경섬유가 서로 연결되고 근육과 관절이 발달한다. 또한 태아는 어머니의 혈관에서 혈액이 흐르는 소리, 심장 박동소리, 위에서 음식물이 소화되는 소리까지 듣는다. 이 시기에는 태아에게 말을 많이 걸거나 노래를 불러주면 좋다.

(4) 임신 7개월(25~28주)의 주 특징: 기능 조절능력이 가능한 시기

갓 태어난 신생아의 뇌파와 비슷할 정도로 뇌가 급격히 발달하는 시기로, 몸의 기능을 뇌의 명령으로 조절할 수 있게 된다. 이때부터 소리를 분간하는 능력이 있어 각각의 소리에 따라 좋고 싫은 반응을 보이게 된다. 산모의 심장고동, 현악기의 클래식, 작은 새의 지저귐, 바람소리 등의 자연음을 좋아한다. 이 시기는 눈썹과 눈꺼풀이 자리를 잡고, 잇몸선 아래 치아의 싹이 튼다. 폐가 발달하여 호흡을 위한 연습을 하며, 피부는 붉은빛을 띠면서 불투명해지고 내장 기능은 대부분 발달한 상태이다.

임신 중기에 접어들면 비교적 안정된 시기로 입덧이 그치고 식욕도 되살아나며 태아의 발육도 급속도로 빨라진다. 하지만 배가 불러오면서 느끼게 되는 피로감으로 인해 무기력해지기도 하고, 여러 가지 임신 트러블이 생기기도 한다. 또한 호르몬의 변화로 인해 우울해지기도 하고, 갑자기 화를 내는 등의 심리적 변화가 생긴다. 이때 산모가 심리적으로 안정을 느낄 수 있도록 주변에서 도와준다면 태아도 안정감을 갖고 건강하게 성장할 수 있다.

3) 임신 후기(3단계)

이 시기는 임신 7개월부터 출산까지의 시기로 태아의 크기는 약 50cm까지 성장하고 몸무게는 3.2kg까지 증가한다. 체중이 1.5kg 정도이면 생존이 가능하고, 2.3kg 이상이면 '신생아인큐베이터'에서 양육하지 않아도 된다. 또한 중추신경계의 성숙과 함께 신경계의 조절능력이 생기기 시작한다.

임신 9개월 말에는 태반이 퇴화되기 시작하면서 산모의 항체가 태아의 혈액에 유입되어 출생 후 몇 개월 동안 태아는 질병에 대한 저항력을 갖게 된다. 태반은 900g 이상 커질 수 없고, 태아의 머리는 자궁경부의 최대 확장치 이상으로는 커질 수 없기 때문에 대략 38주가 되면 분만하게 된다. 출산예정일은 마지막 월경이 있었던 월에서 9개월을 더하거나 3개월을 빼고, 마지막 월경 시작일에 7일을 더하면 된다. 예를 들어, 최종 월경시작일이 2020년 3월 17일인 경우의 출산예정일은 2020년 12월 24일이 된다. 출산예정일에 정확하게 출산을 하는 것은 아니며 출산예정일 전·후 2주 정도를 정상적인 분만으로 간주한다.

(1) 임신 8개월(29~32주)의 주 특징: 청각기능이 완성되는 시기

이 시기는 태아의 활동이 매우 활발해져서 태동이 강하게 느껴지며, 뇌의 크기도 훨씬 커지고, 뇌세포와 신경순환계가 완벽하게 연결되어 활동하기 시작한다. 이 시기는 조산하게 되더라도 아기가 생존할 확률이 약 67%로 높은 편이다. 피하지방이 점점 증가하기 시작해서 피부 표면에 생겼던 주름살을 부드럽게 펴주기 때문에 태아의 피부도 이제 통통하고 둥그스름하게 변한다. 27주 무렵에는 눈꺼풀이 완전히 형성되고, 눈동자도 만들어져 눈을 뜨기 시작하고, 머리는 점점 골반 아래를 향하게 된다.

(2) 임신 9개월(33~36주)의 주 특징: 몸의 곡선이 완성되는 시기

태아는 태어날 준비가 끝난 상태로 머리카락이 자라고, 손·발톱도 자라는 시기이다. 피부도 핑크색을 띠고, 피하지방이 늘어나 몸의 곡선이 완성되며, 주름살도 거의 사라지고, 태지가 두꺼워진다. 이 시기 태아는 외부의 자극에 대하여 몸 전체로 반응을 나타내는데, 태아의 얼굴 표정을 통해 그 자극이 좋은지 나쁜지를 사람들이 읽을 수 있게 된다. 태아 체내의 모든 호르몬 분비선들이 어른과 거의 같은 크기로 자라며, 성인의 부신에서 분비되는 호르몬 양의 약 10배에 가까운 호르몬을 분비하지만 태어난 직후부터는 감소한다.

(3) 임신 10개월(37~40주)의 주 특징: 모든 기관이 완전해 지는 시기

태아는 태어날 준비가 끝난 상태이기 때문에, 활동력이 현저하게 줄어들고 산모의 골반 속으로 머리가 들어간다. 또한 피부에 탄력이 생겨 성숙한 모습이 완성되며, 모든 기관이 완전한 기능을 수행함으로써 면역성이 높아진다.

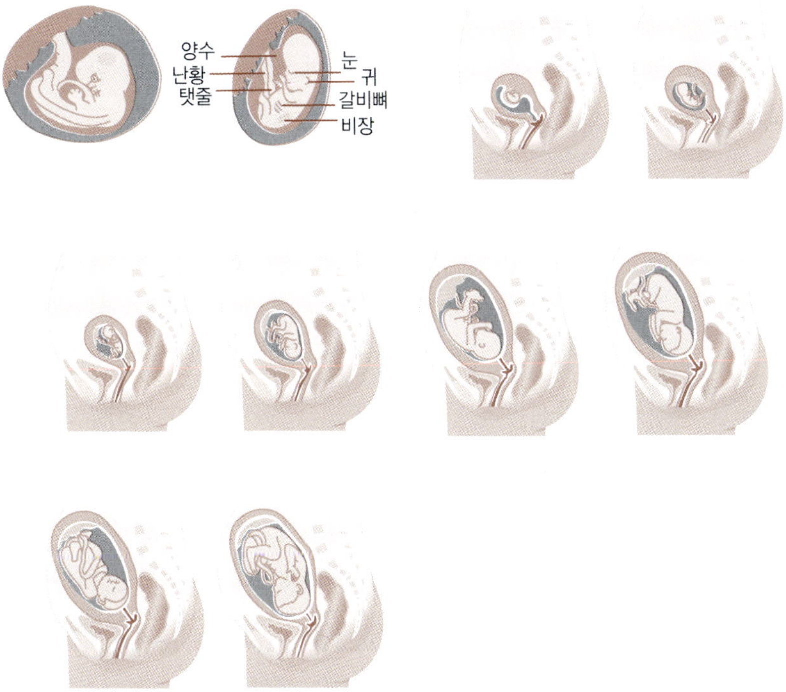

그림 9-4 태아의 성장 및 모체의 변화

출처: 김경철 외(2019).

3. 태아기 발달에 영향을 미치는 요인

'태중의 10개월이 10년 교육보다 중요하다'는 말이 있듯이 옛 우리 조상들은 '자녀의 인성은 태아 때부터 형성된다'고 생각하여 임신 전의 마음가짐과 음식, 조심해야 할 행동, 아버지의 태교 등을 비롯하여 태내환경에 대한 중요성을 일찍부터 인식해왔다(김은숙, 2000). 앞서 제시한 사주당 이씨의 '태교신기'에서는 '스승이 십년을 잘 가르쳐도 어미가 열달을 뱃속에서 잘 가르치는 것만 못하다'고 말하고 있다. 사주당 이씨가 '태교신기'를 저술한 이유는 태교의 중요성을 후대에 전하고, 태교법을 체계적으로 교육하기 위함이었으니 태내 환경이 얼마나 중요한지를 알 수 있는 부분이다.

임신 중 산모에게 영향을 미칠 수 있는 모든 환경을 태내환경이라고 한다. 인간에게는 모체가 첫 환경이기 때문에 산모와 관련된 모든 요인이 태내기 발달에 영향을 주게 된다. 즉, 산모의 영양상태, 질병, 약물, 연령, 생활유형 뿐만 아니라 정서나 주변 환경에 이르기까지 산모와 관련된 모든 환경이 태아발달에 영향을 미치는 환경이 된다. 태아기 발달에 영향을 미치는 다양한 요인들은 다음과 같다.

1) 산모의 연령 및 분만 횟수

산모의 연령은 출산 결과에 영향을 미치는 중요한 요소이다. 대한산부인과학회에서는 여성의 생식기능 상태나 임신에 적합한 신체적 여건 등을 감안한 보건의학적 관점에서 임신과 출산이 여성과 신생아의 건강을 위해 가장 바람직한 연령대를 25~29세로 보고 있다(최정수, 2010). 여성이 나이가 들어감에 따라 난소에 남아 있는 난자들도 노화하게 되는데, 이는 난자가 정자와 수정할 수 있는 능력이 떨어진다는 것을 의미하며, 노화된 난자가 수정을 하게 되면 태아의 유전 질환이 발생할 위험성이 높아지게 된다. 일반적으로 여성은 13세경에 생리를 시작하여 폐경이 되는 50세 무렵까지 출산능력이 있다. 그러나 출산연령에 따라 다운증후군의 발생빈도가 달라지는데, 30세 이전에 출산을 할 경우 1/1,000, 30대 후반에는 1/220, 40대 후반에는 1/25로 임산부의 연령은 태아의 건강과 발달에 지대한 영향을 미친다. 이러한 이유로 산모와 태아 및 신생아 모두에게 위험요소로 작용할 수 있는 합병증이 쉽게 생길 수 있는 35세 이상의 산모를 '고령산모'로 통용하고 있다. 우리나라 질병관리본부(2017)의 '국가건강정보포털'에서도 35세 이상 고령 임신은 고위험 요인 중의 하나로 염색체 이상이 생길 가능성이 높아 산모들에게 양수 검사를 권유하고 있으며, 35세 넘어 임신하면 합병증이나 난산될 가능성이 커진다고 경고하고 있다. 특히 35세에 초산할 경우 그보다 젊은 초산모에 비해 불임과 함께 산전 합병증과 제왕절개 빈도가 높아지고, 저체중이나 조산아 발생률도 높아진다고 하였다(이영호, 박창수 외, 1999).

임산부의 분만횟수도 태아에 영향을 미치는데, 첫 출산 시에는 자궁과 태반 간의 혈액흐름의 속도가 느리기 때문에 출산합병증이 둘째 아이에 비해 상대적으로 많은 것이 일반적이다. 또한 임신과 출산 이후 산모의 내분비계가 완전히 회복되는데 걸리는 시간은 약 4년 정도이므로 너무 짧은 기간에 임신을 하는 것은 고려해야 할 부분이다.

2) 산모의 정서

산모의 신체적 건강상태뿐만 아니라 정서상태도 태아에 많은 영향을 미친다. 임신이라는 생리적 현상이 여성에게 미치는 심리적 부담은 매우 크다고 할 수 있으며, 임신 중 산모의 심리 변화는 산모와 태아 모두에게 부정적인 영향을 미친다. 특히 임신 중에 겪는 격분, 공포 및 불안과 같은 감정은 자율신경계통에 영향을 주어 아세틸콜린이나 에피필린과 같은 화학 물질이 혈액 속에 분비되는 동시에 내분비선으로는 아드레날린이 여러 분비선을 자극하게 된다. 이런 화학물질은 태반을 통해 태아의 순환계통에 영향을 주며, 산모의 탯줄을 통해 태아에게 전달되어 태아의 뇌 발달에 좋지 않은 영향을 미치게 된다(Sontag, 1946).

대부분의 산모는 정도의 차이는 있으나 심리적으로 불안과 걱정, 두려움, 공포, 불쾌감 등을 호소하기도 한다. 특히 신체적인 불편감과 분만 시 통증에 대한 불안, 분만 실패에 대한 불안, 태아 건강에 대한 불안 등을 경험하게 된다(Makin, Fried, & Watkinson, 1991). 이러한 고도의 불안이나 공포 경험이 임신기간 동안 지속될 경우 태아의 운동이 지나치게 활발해져 출생 후에도 너무 활동적이고, 잘 울고, 잘 놀라며, 잠을 잘 자지 않고, 잘 먹지 않는 등 정서적 불안정이 나타나기도 한다(손홍숙 2009). 특히 산모가 지속적으로 스트레스를 받으면 태아의 IQ가 평균에 비해 10점 정도 낮은 것으로 나타나 태아에게 있어 산모의 스트레스는 지능지수 저하뿐 아니라 태아의 뇌 발달에도 많은 영향을 끼친다. 사람들이 근심하게 될 때 혈액 내로 분출되는 스트레스 호르몬인 코티솔은 단기적으로는 신체가 스트레스 상황을 처리하는데 도움을 주기도 하지만, 장기적인 스트레스는 짜증과 불안, 우울증을 야기해 심리적인 장애를 일으키기도 한다. 과학자들이 산모의 혈액과 자궁 내 태아의 주위에 있는 양수 표본을 추출해 조사한 결과 산모의 혈액 내 코디솔 수준이 높을 경우 태아를 둘러싸고 있는 양수에서도 코티솔 수준이 더 높다는 것을 발견했다(뉴시스, 2007.06.01.). 또한 산모의 급격한 정서 변화와 스트레스가 임신기간 지속되면 산모와 태아의 건강을 위협하게 되며, 시상하부를 자극하여 내분비 및 신경계에 영향을 미쳐 산모의 자연유산, 임신중독, 조산, 임신 구토증 등을 유발시키며, 최악의 경우 태아에게는 태아사망, 뇌의 기형, 조산을 초래할 수 있다(인수아, 손미아, 김영주, 1973). 따라서 산모는 자신과 태아의 건강을 위해 안정된 정서를 가지도록 노력해야 하며, 임신을 긍정적으로 지각·수용하고, 태아에 대해서도 긍정적 태도를 지녀야 한다.

3) 산모의 영양

태아는 자신의 성장에 필요한 영양분을 어머니로부터 공급받기 때문에 산모는 다양한 영양분을 충분히 섭취해야 할 의무가 있다. 그렇지 않으면 유산과 사산의 가능성이 높고 뇌와 신경계의 발달을 지연시킬 뿐 아니라 신체적인 기형도 초래하게 된다. 임신기간의 영양상태는 임신 과정과 출산에 많은 영향을 미치며, 산모의 영양이 태아의 미성숙, 사산, 유산과 조산, 기형아의 발생과도 밀접한 관계가 있다(McCormick, 1985). 특히 인스턴트 식품은 태아의 뇌신경장애를 유발하거나 알레르기 체질을 만들 수 있으므로 금하는 것이 좋고, 카페인이나 염분이 많은 음식도 피하는 것이 좋다. 또한 음식물을 한꺼번에 많이 먹기보다는 자주, 조금씩 섭취하는 것이 바람직하며, 많은 양의 물을 섭취하는 것이 중요하다.

4) 산모의 질병과 약물 복용

임신 전에는 문제가 되지 않았던 질병과 약물 복용도 임신 후에는 태아에게 많은 영향을 주게 된다. 당뇨병을 앓는 산모에게서 태어난 아이는 당뇨병을 물려받을 가능성이 매우 높으며, 산모의 높은 혈당과 인슐린의 투여는 유산이나 사산을 초래하고, 출산하더라도 신체적 결함과 신경계에 이상이 있을 가능성도 있으므로 적절한 의학적 도움과 산모의 식이요법을 통해 위험을 감소시키도록 노력해야 한다. 풍진은 산모에게는 큰 문제가 되지 않는 감기 같은 병으로 나타나지만, 풍진 바이러스가 태반에 들어가 태아에게 감염되면 여러 가지 심각한 문제를 일으킬 수 있다. 풍진은 모체의 감염 시기에 따라 나타나는 증상이 달라지는 대표적인 질환으로 임신 11주 이전에 임산부가 감염되면 청각장애, 심장이나 지적 결함을 갖고 태어날 수 있으며, 유아 자폐증도 풍진을 앓은 산모가 낳은 아이들에게 훨씬 많이 발생하는 것으로 알려지고 있다(위혜숙, 2004).

산모의 약물 복용 또한 태아의 발달에 부정적인 영향을 미치는데, 특히 이뇨제, 항생제, 호르몬제, 안정제, 식욕억제제 등은 선천성기형이나 발달지체를 유발할 수 있다. 임신 초기에 신경안정제인 탈리도마이드를 과다 복용한 경우 구개파열, 심장이나 비뇨기계의 기형, 팔다리가 없거나 청각손상을 가져올 수 있다. 임신 사실을 모르고 피임약을 복용한 경우는 그렇지 않은 경우보다 염색체 이상을 보이는 비율이 높으며, 항생제는 청각결함을, 아스피린은 혈관장애를 일으킬 수 있다(Clarke-Stewart, 1988). 또한 헤로인을 복용한 경우 수면장애나 신경계 혼란을 가져올 수 있으며, 분만 과정에서 마취제를 과다투여하게 되면 지각기술, 운동기술, 주의력 등의 장애를 유발할 수 있다. 따라서 산모는 임신 전 자신과 배우자의 건강을 체크하여 앞으로 태어날 아기를 위한 건강한 모체를 만들도록 노력해야 하며, 만약 자신의 질병과 관련된 약물을 복용중인 경우는 임신 전에 반드시 담당의사와 상의를 해야 한다.

5) 산모의 음주 및 흡연

(1) 음주

음주와 흡연이 태아에게 나쁜 영향을 준다는 것은 여러 보고에서도 확인되었다. 임신 중 음주는 '태아알코올증후군(Fetal Alcohol Syndrome: FAS)'을 유발한다. 태아알코올증후군은 얼굴과 사지에 결함을 보이며, 정신지체, 심장 결함, 관절 이상, 발작, 신경불안 등의 증세를 보이기도 한다.

어느 정도까지의 음주가 안전한가에 대한 확실한 결론은 없지만 개인적인 차이가 존재한다. 임신기간 중 많은 양의 음주를 꾸준히 한 경우는 태아알코올증후군의 발생빈도가 높지만, 적은 양을 가끔씩 음주를 한 경우라도 안전할 수는 없다. 비록 알코올 도수가 낮은 술이라 하더라도 임신 기간 중 음주는 위험할 수 있음을 인지하고 금지해야 한다(Berk, 1996).

(2) 흡연

임신 중 흡연은 태반을 통해 태아에게 전달될 수 있는 산소와 영양분을 줄일 뿐만 아니라 혈액 속에 니코틴을 축적하고 혈압을 증가시킨다(Owens, 1993). 또한 축적된 니코틴은 유산, 사산, 조산, 임신중독증, 저체중아, 언청이의 출산에 영향을 미치며, 자라서는 읽기, 쓰기, 수학, 지각운동 기술, 언어 기술, 사회적 능력에까지 부정적인 영향을 미치게 된다(Dworetzky, 1990; Weissman et al., 1999). 또한 산모의 직접흡연뿐만 아니라 간접흡연 역시 임산부의 혈압과 맥박을 상승시키고, 혈액의 산소요구량을 증가시켜 태내에는 산소가 부족해져 태아의 뇌에 이상을 초래할 수 있게 된다(Fortier et al., 1994; Makin, et al., 1991). 특히 하루 평균 6시간 이상 간접흡연에 노출되었을 때에도 마찬가지로 태아의 성장을 지연시키며, 태반 이상, 영아돌연사증후군, 정신박약이나 뇌성마비, 지능장애나 행동장애 등이 나타났다(Berk, 1996).

한 연구에 의하면 산모를 비흡연자, 금연자(임신 15주 전에 담배를 끊은 경우) 그리고 현재 흡연자, 세 부류로 나눈 뒤 흡연이 태아에게 미치는 영향과 유산 유병률에 대해 분석하였는데, 임신 15주전에 담배를 끊은 금연자군의 저체중아 출산이나 조산위험 정도가 비흡연자와 유사하다고 보고하였다(McCowan, 2009). 이러한 결과는 직접흡연뿐만 아니라 간접흡연도 산모와 태아 모두에게 위험하다는 것을 의미한다. 따라서 임신 중 금연은 일찍 시작할수록 태아에게 건강한 환경을 제공해 주는 것이며, 임신 전에 금연을 하도록 권장하고, 금연을 위해 상담을 받아 보는 것도 좋은 방법일 것이다.

6) 부부와의 관계

임신기 동안의 부부 간 감정이입, 긍정적 상호표현, 욕구에 대한 민감성 및 신뢰와 같은 부부 간의 긍정적 관계 유지가 임신 및 출산에 있어 중요한 요소로 작용한다(Weiss & Bates, 2008). 부모가 적극적인 바람으로 아기를 기다리고, 심리적·신체적으로 성숙한 부부 상호 간의 사랑과 신의는 임신기간 동안 태아에게 좋은 영향을 주게 된다(안기주, 2001).

따라서 임신기간 동안에 부부는 태아에게 좋은 영향을 주기 위해 될 수 있으면 사이좋게 지내고 대화를 많이 가지려고 시도하는 것이 좋은데, 이는 부부 간의 서로 사랑하는 감정이 아기에게 전달되어서 장차 태어날 아기가 사랑을 간직한 성품이 되기를 기대하는데서 나오는 행동이기도 하다. 또한 배우자가 산모에게 제공하는 지지는 부부 간의 적응관계와 관련되고 이는 태아에게도 직접적으로 영향을 미치게 되어 출생 이후의 부부 관계, 부모-자녀 관계 및 자녀발달에 지속적인 영향을 미치는 요소로 작용한다(임형욱, 2001).

4. 태아기의 부모역할

태내환경은 태아가 성장하고 발달하는데 중요한 초기 환경인 동시에 태아를 둘러싸고 있는 유일한 환경이다. 따라서 태내환경이 태아의 발달과 성장에 직결되므로 좋은 태내환경을 위한 부모의 노력이 절실히 요구된다.

1) 정기검진

임신 초기는 주의해야 할 사항들이 많고, 개월 수가 증가하면서 산모의 신체와 생활에도 많은 변화가 오기 때문에 정기적인 검진을 통해 자신의 건강을 유지하여야 튼튼하고 건강한 아기를 출산할 수 있다.

모자보건법 제10조(2015)에 의하면 임산부의 정기검진 횟수는 7개월까지는 2개월에 한 번, 8. 9개월에는 한 달에 1번, 9개월 이후부터는 2주에 1번은 꼭 진단하도록 권고하고 있다.

2) 태교

태교란 '산모가 태중의 아기를 인간으로 발달시키기 위한 교육적 노력'(유안진, 1986), '보다 훌륭한 인간을 낳기 위한 부모의 의지'(석성우, 1989), '태아에게 최신의 환경을 조성해서 좋은 영향을 받게 하는 것'(신언식, 1983)으로 정의하고 있다. 이처럼 태교의 정의는 다양하나, 태중에서부터 부모가 태아에게 좋은 영향을 주기 위해 언행, 마음가짐, 감정 등을 정화시키는 일이라는 것은 공통된 생각이다.

태교라고 하면 흔히 임신이 되는 순간부터 분만하는 순간까지의 전 기간이라고 생각하기 쉽지만, 진정한 태교는 결혼 전인 미혼기부터 몸과 마음가짐을 변화시키는 것이 가장 바람직하다. 특히 앞으로 결혼할 예비부부들이나 신혼기의 부부들, 아기를 가지려는 부부들은 태어날 2세를 위하여 여러 가지 계획을 세워두는 것이 필요하다. 특히 술이나 담배를 임신하기 2~3개월 전에 끊어주는 것이 좋고, 유전병이나 다른 병에 대해서도 종합건강진단을 미리 받아두는 것이 좋다. 튼튼하고 총명한 아기를 원한다면 임신 전부터 미리 준비하는 것이 바람직하며 이것은 부부가 함께 노력해야 하는 것이다.

산모의 행동이 태아에게 심리적, 정서적, 신체적으로 영향을 미치고, 산모와 태아가 하나의 존재로서 느끼고 공유하기 때문에 임신 중 태아에게 좋은 영향을 주기 위해 좋은 환경을 만들어 주는 것은 매우 중요하며, '뱃속의 1년이 태어나서 10년보다 더 중요하다'는 말을 꼭 기억해야 한다.

3) 아버지의 적극적 지지와 참여

진정한 태교는 산모의 사랑과 마음이다. 산모의 고요한 마음과 안정된 마음이 최고의 태교이지만, 이 모든 것은 산모가 혼자서 할 수 있는 것은 아니며, 주변 사람들, 특히 가장 가까운 남편이 최대한 배려해 주고, 도와주고, 챙겨주는 것이 필요하다. 또한 임신 중의 성교는 유산이나 조산의 위험이 따를 수 있는데, 임신 4개월~임신 말의 성교는 경우에 따라 감염, 미숙아 출산, 아기의 사망까지도 가져올 수 있고, 양수가 감염되어 결핵이나 폐혈증을 유발하는 경우도 있어 전통태교에서도 임신 후 금욕은 자녀 출산을 위해 부부가 함께 노력해야 한다고 명시되어 있다(위혜숙, 2004).

남편의 정서적 지지, 즉 적극적인 관심과 부드러움이 임신으로 인한 여러 가지 어려움과 막연한 두려움을 이길 수 있도록 도와주며, 심리적으로 안정감과 편안함을 느끼게 한다. 이러한 심리적으로 편안함과 안정감은 산모의 기분을 좋게 하며, 산모가 느끼는 감정이 그대로 태아에게 전달된다. 특히 24~26주 사이부터는 어머니와 아버지의 목소리를 구분할 수 있기 때문에 부부가 함께 자주 이야기를 하며 노래를 들려주는 것이 좋다.

4) 최적의 태내환경

태아와 산모를 둘러싼 주변의 환경들은 서로 긴밀한 관계를 가진다. 다시 말해 어머니를 포함한 주위의 환경들은 태아가 생명을 유지하고 성장, 발달하는 데 있어 핵심적인 역할을 담당하고 있으며, 산모가 느끼고 생각하는 모든 것은 탯줄과 태반을 통하여 태아에게 직접적으로 영향을 미치게 된다. 태아의 성장과 발달을 위하여 자궁을 최상의 환경으로 만들어 준다면 태아는 무한한 잠재력을 가진 아이로, 아무리 힘든 역경에서도 이겨낼 수 있는 정신적으로 강한 아이로 자랄 수 있다. 따라서 모체는 건강한 식생활과 적당한 휴식, 적절한 운동을 통해 최적의 자궁 환경을 만들어 태아가 편안하고 안전하게 느낄 수 있도록 해야 한다(위혜숙, 2004).

임신 중 부모가 꼭 기억해야 하는 것

(태교를 위한 노력)

1. 태아는 6개월부터 보고 들을 수 있기 때문에 산모는 소음과 현란한 불빛을 피하는 것이 좋다.
2. 남성의 저음은 자궁벽을 통과해 태아에게 잘 전달되므로 아버지의 음성을 자주 들려주는 것이 좋다.
3. 임신 5개월이 되면 임산부는 태아에게 산소 및 영양의 원활한 공급을 위해 왼쪽으로 비스듬히 누워 있는 것이 좋다.
4. 뇌의 활성화를 촉진시키기 위해 임산부는 잔잔한 음악이나 자연의 소리를 즐겨 듣는 것이 좋다.
5. 임산부는 가능한 한 스트레스를 줄여야 한다.
6. 태아의 생활리듬을 유지하기 위해 임산부는 규칙적인 생활을 해야 한다.
7. 임산부는 배를 부드럽게 쓰다듬어 주는 것이 좋다.

출저: 태교 49개월(2018).

10 Chapter 영아기 발달과 부모역할

영아는 한자로 '갓난아이 영(嬰)'과 '아이 아(兒)', 즉 '갓 태어난 아이'라는 뜻으로 젖먹이를 영아로 정의한다. 영어로는 infant로 라틴어의 '말을 하지 않음(infans)'에서 유래된 용어로 '언어가 없는 시기'라는 의미로 사용된다. 이에 근거하여 발달 연구자들은 출생부터 언어가 출현하는 대략 1~2세 미만까지의 시기를 영아기(infancy)로 정의하였다(곽금주 외, 2005). 이 장에서는 출생 후 첫 1개월에 해당되는 신생아기의 발달적 특성과 부모역할, 신생아기 이후인 영아기의 신체적, 인지적, 사회적, 정서적 발달과 부모역할에 대해 살펴보고자 한다.

1. 신생아기의 발달과 부모역할

신생아기는 어머니의 몸에서 처음 바깥 세계로 나와 적응을 시작하는 시기로 출생 후 4주까지의 기간을 말한다. 신생아는 외부 환경에 적응하기 위해 많은 변화를 겪게 되므로 일생 중 어느 때보다 취약한 시기이며, 24시간 부모의 보살핌을 필요로 한다(김경희, 2003).

1) 신생아기의 발달적 특징

질병관리본부(2017)에서 발표한 '소아청소년성장도표'에 제시된 신생아기에 나타나는 발달적 특징을 살펴보면 다음과 같다(소아 발육 표준치표 기준).

첫째, 출생 시 체중은 남아 평균 3.4kg, 여아는 평균 3.3kg, 신장은 약 50cm이지만 아기마다 차이를 보인다. 이러한 차이는 유전적인 요인과 함께 산모의 영양상태에 따라 달라질 수 있다.

둘째, 신생아의 체온은 36.5~37.5℃ 정도인데 스스로 체온을 조절하는 기능이 미숙하기 때문에 외부 온도에 민감하다.

셋째, 심장박동 수는 1분에 120~180회, 호흡 횟수는 1분에 30~40회로 어른에 비해 많이 빠르며, 복식 호흡을 하기 때문에 숨을 쉴 때면 배가 오르락내리락하는 것을 볼 수 있다.

넷째, 머리 크기가 전체 몸통의 3분의 1 이상을 차지하는 4등신이며, 머리둘레가 가슴둘레보다 더 크다. 또한 머리 모양이 길쭉하거나 한쪽이 부풀어 있기도 하나, 이는 출산 시 산도를 빠져나오면서 변형된 것으로 점차 둥글어진다. 머리 중앙 부분은 대천문이 열려 있어 말랑말랑하다.

다섯째, 신생아의 탯줄은 생후 1~2주경에 말라서 저절로 떨어진다. 그러나 탯줄이 떨어지기 전까지는 세균에 감염될 수 있으므로 배꼽 부위에 물이 닿지 않도록 조심해야 한다.

여섯째, 신생아는 어머니의 젖 냄새를 구분할 수 있으며, 입술과 혀의 감각이 발달해 단맛, 쓴맛, 신맛을 모두 느낄 수 있다.

2) 신생아의 성장과 발달

(1) 수면

신생아 시기에는 낮과 밤의 구별 없이 보통 18~20시간, 하루의 70% 정도를 잠으로 보낸다. 대개는 2~3시간마다 잠을 깨는데, 젖을 먹이고 기저귀를 갈아주면 다시 잠이 든다. 아기가 쾌적한 환경에서 잘 수 있도록 조용하고 안정감 있는 잠자리를 만들어주어야 하며, 옷이나 이불은 너무 두껍지 않은 것이 좋다(Anders & Keener, 1985).

(2) 반사행동

신생아가 특정 외부 자극에 대해 무의식적이고 자동적으로 반응하는 것을 반사(reflex)라고 한다. 신생아기의 반사운동은 크게 생명유지에 필요한 생존반사와 생존에 필수적이지는 않지만 이후 의식적인 운동으로 발전하게 되는 원시반사로 나뉜다. 대부분의 신생아 반사는 연령이 증가하면서 자연스럽게 사라지거나 자발적 운동으로 대체된다(Bowlby, 1988; Thelen, 1984).

① 생존반사

- 찾기반사(rooting reflex)와 빨기반사(sucking reflex)는 먹을 것에 대한 신생아의 자동적인 반응이다. 신생아는 뺨이나 입 주변에 자극이 주어지면 젖꼭지로 간주하고 그쪽으로 고개를 돌린다. 이때 젖꼭지나 손가락 같이 젖꼭지와 유사한 물체가 입에 닿으면 자동적으로 빨기반사가 유도된다. 찾기반사는 생후 3개월 정도 지나면 소멸되고, 빨기반사는 의식적인 행동으로 바뀐다.
- 기침반사(cough reflex)와 재채기반사(sneeze reflex)는 코나 입안에서 이물감을 느꼈을 때의 반사행동이며 기도를 깨끗하게 하는 작용을 한다.
- 하품반사(yawn reflex)는 공기가 탁할 때 필요한 산소를 공급하는 작용을 한다. 호흡과 관련된 반사행동은 성장 이후에도 계속 유지된다.
- 위축반사(withdrawal reflex)는 외부에서 혐오스러운 자극이 있을 때 손발을 움츠리는 행동이다.
- 동공반사(pupillary reflex)는 빛이 강할 때 동공을 축소하여 눈에 들어오는 양을 조절하는 행동이다.
- 눈깜박임반사(blink reflex)는 갑자기 강한 자극이 있을 때 눈을 보호하기 위해 나타나는 행동이다.

② 원시반사

- 모로반사(moro reflex)는 소리나 몸의 위치에 변화가 있을 때 팔을 벌려 무언가를 껴안거나 잡으려고 하는 동작으로 껴안기반사(embracing reflex)라고도 하며, 생후 5~6개월 정도 지나면 사라진다. 이 반사를 발견한 오스트리아의 Ernst Moro의 이름을 따서 명명되었다. 신생아에게서 모로반사가 나타나지 않으면 신경계에 이상이 있을 가능성이 있다.
- 파악반사(grasping reflex)는 손바닥을 손가락이나 작은 물체로 건드리면 무

의식중에 꽉 쥐는 반응을 말한다. 신생아의 물체를 쥐는 힘은 1개월이 지나면서 점차 약해지고, 생후 3~4개월 뒤에는 자발적 잡기행동으로 대체된다.

- 바빈스키반사(Babinski reflex)는 신생아의 발바닥을 발꿈치에서 발가락 쪽으로 간지럽히면 엄지발가락을 구부리지만 다른 네 발가락은 부채처럼 쫙 펴는 반응을 보이는 것을 말한다. 생후 6개월 정도부터 서서히 없어진다. 프랑스의 생리학자 Joseph Babinski가 발견했으며, 족저반사(plantar reflex)라고도 한다.
- 걷기반사(stepping reflex)는 신생아의 발바닥을 평평한 바닥에 닿도록 하면 양발을 앞뒤로 하며 걸어가는 듯한 행동을 보이는 것을 말한다. 생후 2~4개월이 지나면서 사라진다.

3) 신생아기의 부모역할

(1) 예방접종

① BCG(결핵 예방접종)

BCG는 가장 기본적인 예방접종이다. 우리나라는 결핵 환자가 매우 많고, 아이가 결핵에 걸리면 뇌수막염과 같은 심각한 경과를 거쳐 생명을 위협하기도 한다. 따라서 생후 4주 이내에 BCG 접종을 해야 하며, 접종 날짜를 놓친 경우에는 하루라도 빨리 접종하는 것이 좋다.

② B형 간염

우리나라는 전 세계적으로 B형 간염이 많은 나라에 속한다. B형 간염은 평생 문제가 되고 간암까지 일으킬 수 있으므로 반드시 예방접종을 해야 한다. 출생 첫날 1차 접종을 하고 생후 1개월에 2차, 생후 6개월에 3차 접종을 한다. 어머니가 간염 보균자인 경우 출생 첫날 헤파빅이라는 B형 간염 면역 글로불린을 접종한다. B형 간염은 총 3회 접종 후 9개월경에 혈액 검사를 통해 항체가 생겼는지 확인해야 한다.

구분	대상 감염병	백신종류 및 방법	횟수	출생~1개월이내	1개월	2개월	4개월	6개월	12개월	15개월	18개월	19~23개월	24~35개월	만4세	만6세	만11세	만12세
국가예방접종	결핵	BCG(피내용)①	1	BCG 1회													
	B형간염	HepB②	3	HepB 1차	HepB 2차			HepB 3차									
	디프테리아 파상풍 백일해	DTaP③	5			DTaP 1차	DTaP 2차	DTaP 3차		DTaP 4차				DTaP 5차			
		Tdap/Td④	1													Tdap/Td 6차	
	폴리오	IPV⑤	4			IPV 1차	IPV 2차	IPV 3차						IPV 4차			
	b형헤모필루스인플루엔자	Hib⑥	4			Hib 1차	Hib 2차	Hib 3차	Hib 4차								
	폐렴구균	PCV⑦	4			PCV 1차	PCV 2차	PCV 3차	PCV 4차								
		PPSV⑧	-										고위험군에 한하여 접종				
	홍역 유행성이하선염 풍진	MMR⑨	2						MMR 1차					MMR 2차			
	수두	VAR	1						VAR 1회								
	A형간염	HepA⑩	2						HepA 1~2차								
	일본뇌염	IJEV(불활성화 백신)⑪	5						IJEV 1~2차				IJEV 3차		IJEV 4차		IJEV 5차
		LJEV(약독화 생백신)⑫	2						LJEV 1차				LJEV 2차				
	사람유두종바이러스 감염증	HPV⑬	2													HPV 1~2차	
	인플루엔자	IIV⑭	-					IIV 매년 접종									
기타예방접종	로타바이러스 감염증	RV1	2			RV 1차	RV 2차										
		RV5	3			RV 1차	RV 2차	RV 3차									

- **국가예방접종** : 국가에서 권장하는 필수예방접종(국가는 「감염병의 예방 및 관리에 관한 법률」을 통해 예방접종 대상 감염병과 예방접종 실시기준 및 방법을 정하고, 이를 근거로 재원을 마련하여 지원하고 있음)
- **기타예방접종** : 예방접종 대상 감염병 및 지정감염병 이외 감염병으로 민간 의료기관에서 접종 가능한 유료 예방접종

① **BCG(결핵)** : 생후 4주 이내 접종
② **HepB(B형간염)** : 임신부가 B형간염 표면항원(HBsAg) 양성인 산모로부터 출생한 신생아는 출생 후 12시간 이내 B형간염 면역글로불린(HBIG) 및 B형간염 백신을 동시에 접종하고, 이후의 B형간염 접종일정은 출생 후 1개월 및 6개월에 2차, 3차 접종 실시
③ **DTaP(디프테리아·파상풍·백일해)** : DTaP-IPV(디프테리아·파상풍·백일해·폴리오) 또는 DTaP-IPV/Hib(디프테리아·파상풍·백일해·폴리오·b형헤모필루스인플루엔자) 혼합백신으로 접종 가능
④ **Tdap/Td(파상풍·디프테리아·백일해/파상풍·디프테리아)** : 만 11~12세 접종은 Tdap 또는 Td 백신 사용 가능하나, Tdap 백신을 우선 고려
※ 이후 10년 마다 Td 재접종(만 11세 이후 접종 중 한 번은 Tdap으로 접종)
⑤ **IPV(폴리오)** : 3차 접종은 생후 6개월에 접종하나 18개월까지 접종 가능하며 DTaP-IPV(디프테리아·파상풍·백일해·폴리오) 또는 DTaP-IPV/Hib(디프테리아·파상풍·백일해·폴리오·b형헤모필루스인플루엔자) 혼합백신으로 접종 가능
※ DTaP-IPV(디프테리아·파상풍·백일해·폴리오): 생후 2,4,6개월, 만 4~6세에 DTaP, IPV 백신 대신 DTaP-IPV 혼합백신으로 접종할 수 있음. DTaP-IPV/Hib(디프테리아·파상풍·백일해·폴리오·b형헤모필루스인플루엔자): 생후 2,4,6개월에 DTaP, IPV, Hib 백신 대신 DTaP-IPV/Hib 혼합백신으로 접종할 수 있음
※ 혼합백신 사용시 기초접종 3회를 동일 제조사의 백신으로 접종하는 것이 원칙이며, 생후 15~18개월에 접종하는 DTaP 백신은 제조사에 관계없이 선택하여 접종 가능
⑥ **Hib(b형헤모필루스인플루엔자)** : 생후 2개월~만5세 미만 모든 소아를 대상으로 접종, 만5세 이상은 b형헤모필루스인플루엔자 감염 위험성이 높은 경우(겸상적혈구증, 비장 절제술 후, 항암치료에 따른 면역저하, 백혈병, HIV감염, 체액면역 결핍 등) 접종하며, DTaP-IPV/Hib(디프테리아·파상풍·백일해·폴리오·b형헤모필루스인플루엔자) 혼합백신으로 접종 가능
⑦ **PCV(폐렴구균 단백결합)** : 10가와 13가 단백결합 백신 간에 교차접종은 권장하지 않음
⑧ **PPSV(폐렴구균 다당질)** : 만 2세 이상의 폐렴구균 감염의 고위험군을 대상으로 하며 건강상태를 고려하여 담당의사와 충분한 상담 후 접종
※ 폐렴구균 감염의 고위험군
- 면역 기능이 저하된 소아: HIV 감염증, 만성신부전과 신증후군, 면역억제제나 방사선 치료를 하는 질환(악성종양, 백혈병, 림프종, 호지킨병) 혹은 고형 장기 이식, 선천성 면역결핍질환
- 기능적 또는 해부학적 무비증 소아: 겸상구 빈혈 혹은 헤모글로빈증, 무비증 혹은 비장 기능장애
- 면역기능은 정상이나 다음과 같은 질환을 가진 소아 : 만성심장질환, 만성폐질환, 당뇨병, 뇌척수액 누출, 인공와우 이식 상태
⑨ **MMR(홍역·유행성이하선염·풍진)** : 홍역 유행 시 생후 6~11개월에 MMR 백신이 가능하나 이 경우 생후 12개월 이후에 MMR 백신으로 일정에 맞추어 접종
⑩ **HepA(A형간염)** : 1차 접종은 생후 12~23개월에 시작하고 2차 접종은 1차 접종 후 6~12(18)개월(제조사에 따라 접종 간격이 다름) 간격으로 접종
⑪ **IJEV(일본뇌염 불활성화 백신)** : 1차 접종 후 7~30일 간격으로 2차 접종을 실시하고, 2차 접종 후 12개월 후 3차 접종
⑫ **LJEV(일본뇌염 약독화 생백신)** : 1차 접종 후 12개월 후 2차 접종
⑬ **HPV(사람유두종바이러스) 감염증** : 만 12세에 6개월 간격으로 2회 접종하고, 2가와 4가 백신 간 교차접종은 권장하지 않음
⑭ **IIV(인플루엔자 불활성화 백신)** : 접종 첫 해는 4주 간격으로 2회 접종이 필요하며, 접종 첫 해 1회 접종을 받았다면 다음 해 2회 접종을 완료, 이전에 인플루엔자 접종을 받은적이 있는 생후 6개월~만 9세 미만 소아들도 유행주에 따라서 2회 접종이 필요할 수 있으므로, 매 절기 인플루엔자 국가예방접종 지원사업 관리지침*을 참고

* 예방접종도우미 누리집(https://nip.cdc.go.kr) 〉 예방접종 지식창고 〉 예방접종 지침

- **백신 두문자어**

백신종류	두문자어	백신
결핵	BCG(피내용)	Intradermal Bacille Calmette-Gúerin vaccine
B형간염	HepB	Hepatitis B vaccine
디프테리아·파상풍·백일해	DTaP	Diphtheria and tetanus toxoids and acellular pertussis vaccine adsorbed
	Td	Tetanus and diphtheria toxoids adsorbed
	Tdap	Tetanus toxoid, reduced diphtheria toxoid and acellular pertussis vaccine, adsorbed
디프테리아·파상풍·백일해·폴리오	DTaP-IPV	DTaP, IPV conjugate vaccine
폴리오	IPV	Inactivated poliovirus vaccine
b형헤모필루스인플루엔자	Hib	*Haemophilus influenza type b Vaccine*
디프테리아·파상풍·백일해·폴리오·b형헤모필루스인플루엔자	DTaP-IPV/Hib	DTaP, IPV, *Haemophilus influenzae type b conjugate vaccine*
폐렴구균	PCV	Pneumococcal conjugate vaccine
	PPSV	Pneumococcal polysaccharide vaccine
홍역·유행성이하선염·풍진	MMR	Measles, mumps, and rubella vaccine
수두	VAR	Varicella vaccine
A형간염	HepA	Hepatitis A vaccine
일본뇌염	IJEV	Inactivated Japanese encephalitis vaccine
	LJEV	Live-attenuated Japanese encephalitis vaccine
사람유두종바이러스 감염증	HPV	Human papillomavirus vaccine
인플루엔자	IIV	Inactivated influenza vaccine

그림 10-1 예방접종 일정표

출처: 질병관리본부(2020).

출생 후 한 달 간 체중 증가가 잘 되었는지, 수유나 배변 패턴은 양호한지, 배꼽은 잘 떨어졌는지, 다른 선천적인 이상 유무 등을 검사해야 하므로 생후 1개월경 꼭 병원에 방문해야 한다. 이때 어머니는 궁금했던 점을 메모해서 의사와 상담하고, 피부나 대변에 문제가 있을 때는 사진을 찍어서 보여주는 것도 도움이 된다(김미예, 구현영, 권윤정, 2018; 손동우, 2011).

(2) 초유 먹이기

아기에게 가장 좋은 영양 공급원은 바로 모유이다. 모유는 음식물을 흡수하는데 필요한 장내 세균의 번식을 도와주며, 소화와 흡수도 잘 된다. 특히 아기를 낳은 후 다음날부터 약 5일간 분비되는 초유에는 단백질과 비타민 A가 풍부하며, 병으로부터 아이를 보호하는 면역 글로불린이 많이 함유되어 있어 꼭 먹이는 것이 좋다. 그러나 처음에는 젖이 잘 나오지 않기도 하지만 포기하지 말고 끈기 있게 젖을 물리게 되면 모유 수유가 자연스러워진다. 신생아는 수유간격이나 횟수가 불규칙해 아이가 원할 때마다 수유하는 것이 원칙이며, 식도역류로 인한 구토가 잦으므로 수유 후 반드시 트림을 시켜주어야 한다.

(3) 적절한 온도와 습도 유지하기

신생아의 경우 체온 조절 기능이 미숙하므로 실내 온도 24℃, 습도 50~60% 정도로 일정하게 유지하는 것이 좋다. 너무 두꺼운 옷을 입히거나 실내 온도를 너무 높이는 것은 좋지 않으며, 날이 덥다고 해서 선풍기나 에어컨 바람이 아기 피부에 직접 닿게 해주기보다는 간접 냉방으로 쾌적한 상태를 유지시켜 주는 것이 바람직하다.

신생아를 둔 부모가 꼭 기억해야 하는 것

-신생아 배꼽으로 보는 건강 체크-

1. 신생아 배꼽에서 냄새가 나는 경우
탯줄은 6~10일이면 떨어지는데, 3~4주가 지나도 배꼽이 저절로 떨어지지 않거나, 배꼽 주위에서 냄새가 난나면 육아종으로 의심해 보아야 한다. 만약 육아종일 경우 병원에서 치료를 받아야 하며, 충분히 치료를 하면 대부분 좋아진다.

2. 신생아 배꼽에서 진물이 나는 경우
떨어진 배꼽에서 한동안은 피나 진물이 나올 수도 있다. 배꼽에서 나오는 진물에서 세균이 자라거나 그래도 증상이 계속되면 병원을 방문하여 상담을 받아보아야 한다.

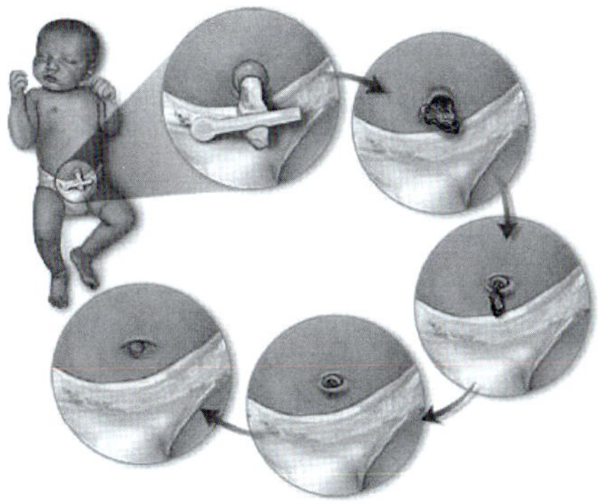

그림 10-1 신생아 탯줄 관리
출처: http://blog.naver.com/PostView.nhn?blogId=lhb1752&logNo=221826113766

3. 힘을 주면 배꼽이 튀어나오는 경우
월령이 증가하면서 복근의 근력이 강해지면 자연스럽게 들어가는 경우가 대부분이나 이런 증상이 계속되면 배꼽탈장을 의심해 볼 수 있다. 배꼽 탈장은 선천적으로 생기기도 하며, 시간이 지나면 저절로 들어가지만 3~4세 이후에도 지속되면 병원을 방문하여 상담을 받아보아야 한다.

2. 영아기 발달과 부모역할

1) 영아기의 발달적 특징

출생 후 한 달 간의 신생아기를 지나 만 2세까지 기간을 영아기라고 한다. 영아기의 발달은 신체 및 운동, 인지, 언어, 사회정서발달로 설명할 수 있다. 각각의 발달 단계는 환경과의 상호작용을 통해 이루어진다. 영아기는 성장과 발달이 가장 크고, 빠르게 발달하며, 모든 영역발달의 결정적 시기이기도 하다.

(1) 신체발달

영아의 신체발달이란 발달에 적합한 신장과 체중뿐만 아니라 근육, 골격 등을 포함한 대·소근육, 운동능력 등 신체와 관련된 전반적인 발달을 의미한다(정옥분, 2014). 이러한 신체발달은 운동발달을 위해 필수적일 뿐만 아니라 운동기능의 향상과 사회적응, 자아실현, 풍부한 정서 및 지적 발달 등에도 중요한 영향을 미치는 요인으로 영아기 발달에 매우 중요한 역할을 한다. 그러나 영아는 종종 위험해 보이는 행동을 시도하는데, 이것은 영아가 자신의 운동기술을 연습하고 균형감각과 공간감각을 발달시키고 있는 것이다. 따라서 양육자가 안전하게 지켜보면서 영아 스스로 신체활동을 할 수 있는 기회를 준다면 영아는 자신이 신체적으로 유능한 존재라고 인식하면서 신체발달을 도모할 수 있다(정정옥 외, 2003).

① 신체발달의 순서와 방향

발달은 매우 복잡하고 다양한 요인에 영향을 받기도 하지만 기본 원리에 의해 지배되며 일정한 규칙성을 가지고 있다.

첫째, 머리에서 발로 발달한다. 즉, 신체적 성장이나 신체기능의 분화가 머리에서부터 시작하여 점차 다리 방향으로 내려가면서 발달한다. 둘째, 중심에서 말단으로 발달한다. 즉, 영아의 신체발달은 중심에서 시작되어 외곽 말초 방향으로 점차 발달해 나간다. 셋째, 대근육에서 소근육으로 발달한다. 즉, 영아의 운동발달은 몸 전체를 움직이는 대근육운동에서 손가락이나 발가락을 움직이는 소근육운동으로 발달이 이루어진다. 이러한 발달은 어떤 특정한 시기에 이루어지다가 멈추는 것이 아니라 일생을 통해 끊임없이 진행되는 연속적인 과정이다.

② 신체의 성장

태어난지 1개월 후 영아의 몸무게는 1kg 이상, 키는 5cm 정도 자라며, 머리 크기는 출생 시 키의 1/4을 차지한다. 몸무게는 5개월까지 2배, 12개월이 되면 3배, 24개월이 되면 4배로 놀라울 만큼 급속히 증가한다. 또한 영아의 골격은 성인의 골격보다 크기가 작고 수도 적다. 예를 들어, 성인의 손목뼈는 9개이지만 12개월된 영아의 손목뼈는 3개이다. 영아의 골격 및 근육조직은 서서히 발달하고, 청소년기에 절정에 이른다. 유치는 태아기부터 턱 속에 형성되어 있다가 출생 후 6개월 정도가 되면 나기 시작한다(질병관리본부, 2017). 아래쪽 가운데 앞니 2개가 먼저 나고 30개월까지 20개의 유치가 모두 난다(이현섭 외, 1999).

(2) 운동발달

① 대근육발달

대근육은 신체를 움직이는데 필요한 기본발달 영역이다. 기본운동능력이 형성되지 않을 경우 다른 신체활동을 수행하는데 문제가 발생되며, 모든 영역의 발달에 영향을 준다. 또한 대근육발달은 걷기를 시작하는 생후 1년부터 활발하게 발달하기 시작하며, 대근육발달이 점차 운동능력발달로 이어지게 된다(김나영, 2005).

대근육발달은 이동 운동능력과 신체 균형감각의 향상을 통해 알 수 있다. 출생에서부터 약 1년 반 사이에 영아는 가장 무력한 존재에서 스스로 걸어 다닐 수 있는 놀라운 이행운동발달을 보인다. 이 시기 동안 이행운동기능은 일정한 계열적 순서를 따라 2세 이후부터 걸음마기까지 급격하게 발달한다. 2세경까지는 비틀거리며 걷지만 3세경이 되면 선을 따라서 똑바로 걷거나 달릴 수도 있게 된다(Alan & Gavin, 2014).

표 10-1 월령별 대근육 수행능력

월 령	수행 능력
0–3개월	• 엎드린 자세에서 머리를 가눈다.
3–6개월	• 받쳐주면 앉는다(3개월). • 똑바로 누운 자세에서 손을 잡아주면 스스로 일어나서 앉을 수 있다. • 안정되게 혼자 앉는다.
6–9개월	• 도움 없이 혼자서 구른다(뒤집기). • 배밀이해서 이동할 수 있다. • 가구를 잡고 일어선다. • 가구를 잡고 옆으로 걸을 수 있다.
9–12개월	• 잘 기어서 이동한다. • 변형된 앉는 자세를 보인다.

	• 한 손으로 잡고 설 수 있다. • 한 손을 잡아주면 걷는다. • 도움 없이 터벅터벅 혼자서 걷는다.
12–18개월	• 서서 몸을 기울일 수 있다. • 걷다가 서서 물건을 집고 다시 걷는다. • 기는 형태로 계단을 오르다가 짝발로 계단을 올라가지만 내려오지는 못한다. • 손을 잡지 않고 옆으로 걷는다.
18–24개월	• 잘 달린다. • 쪼그리고 앉았다 자유롭게 일어선다. • 두발로 깡총 뛰기를 시작한다. • 공을 찰 수 있다. • 평균대 걷기와 선 따라 걷기를 시도한다.

영아는 태어나서 혼자 걷기까지 많은 변화를 거치게 되는데 이행능력은 뒤집기 → 앉기 → 기어다니기 → 일어서기 → 걷기의 순서대로 진행된다. 즉, 출생 직후에는 가슴과 팔의 협응이 잘 이루어지지 않으나 2개월경이 되면 엎드렸을 때 가슴을 드는 능력이 생긴다. 3~4개월에는 아직 협응이 이루어지지 않지만 눈앞에 보이는 사물에 손을 뻗어 닿을 수 있는 능력이 생긴다. 5개월이 되면 무릎에 앉아서 물건을 잡을 수 있고, 6개월이 되면 의자에 앉아서 물건을 잡을 수 있다. 11개월이 되면 성인이 끌어주고 도와주었을 때 다리를 떼어 놓을 수 있고, 12개월에서 14개월이 되면 혼자 설 수 있으며, 15개월에는 스스로 걸을 수 있게 된다(권민균 외 공역, 2008).

② 소근육 및 협응능력발달

소근육발달은 손 조작능력의 향상을 통해 알 수 있으며, 14개월이 되면 영아는 그림을 그리거나 블록을 쌓거나 혹은 병뚜껑을 여는 등의 소근육과 협응능력발달을 볼 수 있다(심우림, 2011). 또한 손 조작능력이 향상되면서 영아들이 일상에서 할 수 있는 일들이 늘어나며, 15개월이 되면 혼자서 양말, 모자, 신발, 장갑 등을 벗을 수 있게 된다. 18개월이 되면 대부분의 영아들이 혼자서 포크를 사용하게 되며, 숟가락과 포크를 이용하여 음식을 입에 넣는 연쇄동작을 습득하게 된다(김은아, 2008). 또한 크기가 작은 사물도 점차 잘 다루게 되며, 전화

다이얼을 누르거나 블록을 2~3개 정도를 쌓는 등의 소근육이 점차 정교하게 발달한다(신명희 외, 2017).

다양한 운동기능은 시각, 청각 등 감각기능과 운동기능 간의 협응을 필요로 하며, 2세까지 영아는 자발적인 연습과 숙달을 통해 협응능력을 발달시켜 나간다. 이러한 협응능력의 발달은 이 시기 영아의 자율성과 자아존중감 획득에 중요한 역할을 하며, 이후 유아의 자조기술 수행에 중대한 영향을 미친다(보건복지부, 2013).

표 10-2 월령별 소근육 수행능력

월 령	수행능력
0–3개월	• 쥐기반사로 인하여 손에 물체가 닿아도 집을 수 없어 밀기만 한다. • 움직이는 물건 쪽으로 고개를 돌리고, 잡으려고 어깨를 움직이지만 팔을 뻗지는 못한다.
3–6개월	• 손으로 물건을 잡고 논다. • 매달려 있는 물건에 손을 뻗어 잡는다.
6–9개월	• 물체의 크기에 맞춰 잡고, 팔을 몸 중앙선에 교차해서 물건을 잡는다. • 의도적으로 물건을 두드린다. • 양손으로 물건을 잡고 입으로 가져간다. • 우유병을 잡고 입에 넣기 위해 기울일 수 있다.
9–12개월	• 종이를 찢는다. • 고리 넣기, 뚜껑 열기, 종이 구기기, 책장 넘기기가 가능하다. • 숟가락이나 크레용을 잡으려는 시도가 나타난다. • 스스로 컵을 들고 마시려 하지만 많이 흘린다.
12–18개월	• 마주 앉아서 공굴리기 놀이를 한다. • 낙서형태의 그리기가 가능하다. • 간단한 탑 쌓기 시도가 나타난다. • 숟가락을 사용하여 밥을 먹는다. • 양말, 신발, 모자 등 간단한 것을 벗을 수 있다.
18–24개월	• 돌려서 손잡이를 연다. • 우세손이 대략적으로 결정된다. • 사탕종이를 벗길 수 있고, 책장을 한 장씩 넘긴다. • 원을 그리고 수평선 긋기를 시작할 수 있다. • 큰 지퍼를 스스로 내릴 수 있다.

(3) 언어발달

영아들은 배고픔, 아픔, 불편함 등 자신의 의사를 울음으로 전달하고 점차 쿠잉과 옹알이, 몸짓 등을 사용하여 의사소통 및 사회적 상호작용을 한다. 대부분의 영아들은 약 2~3개월이 되면 말소리의 가장 초보적인 형태인 옹알이를 시작하는데 주로 모음으로 구성된 "우우우"라는 소리를 낸다. 4~6개월이 되면 투레질과 같은 다양한 음성놀이를 하고 자신의 소리내기, 몸짓, 눈 맞추기 등의 행동이 다른 사람의 행동이나 환경에 영향을 미칠 수 있다는 사실을 알기 시작한다. 7~8개월 이후가 되면 차츰 말소리의 산출이 가능해지며 의도적인 의사소통 행동을 나타내기 시작하며, 자음과 모음을 섞어 '마마마마' 또는 '다다다다'와 같이 한 음절로 된 말을 반복하는 소리를 내기 시작한다.

생후 7~9개월 이후에는 의사소통을 위해 몸짓을 사용하여 표현할 수 있게 된다. 월령이 증가하면서 표현방법과 말의 형태도 변화하며, 관습적으로 통용되는 새로운 발음을 만들어내기 시작한다(Barrett, Harris & Chasin, 1991). 12~13개월경이 되면 대부분의 영아들이 첫 낱말을 사용하며, 그 이후로 영아들의 표현어휘 수는 급격하게 증가하게 된다. 약 15개월이 되면 평균 표현어휘 수가 약 10개, 18개월경이 되면 약 50개를 사용한다. 단어학습의 속도는 18~24개월 사이에 증가하여 영아들은 주당 10~20개의 새로운 어휘를 습득하며, 24개월에는 200개의 단어를 표현할 수 있게 된다. 이러한 어휘력의 확장으로 언어 사용능력이 정교해진다(이현진 외, 2013). 2세 말경에는 문법적 규칙에 대해 이해하고 단어나 문장의 의미를 바꾸기 위해 규칙을 적용할 줄 알게 되어(김창복 외, 2014) 서투르지만 문법과 규칙에 맞는 문장이나 문법과 의미를 변형한 문장, 현재진행형, 복수형을 사용하기도 한다(김나영, 2005). 이 시기 영아들이 사용하는 언어는 자기중심적인 특징을 지니고 있어서 반복, 독백 등으로 나타난다(조숙환, 1997).

(4) 인지발달

인지란 인식 활동과 정신 과정으로 환경을 인식하고 적응할 수 있도록 돕는 기제이며(곽금주 외, 2005), 인간의 인지는 시간의 흐름에 따라 변화한다. 이러한 인지의 변화로 인간은 살아가는 과정에서 정신적 조작과 능력에서 변화가 일어나게 되는데, 이것을 인지발달이라고 한다(김미래, 2015). 인지발달은 자연적인 성숙과 환경의 상호작용에 의해 순차적으로 발달하지만 그 속도는 개인마다 차이가 있고, 문화적 보편성을 지닌다(Piaget, 1960).

Piaget는 출생에서부터 2세 미만까지인 영아기의 인지발달 단계를 '감각운동기'라고 하였다. 감각운동기는 감각과 운동을 통해 세상을 이해하는 상태를 의미하며, 영아들은 다른 사람의 얼굴을 인식하고, 냄새를 맡고, 만지고, 입으로 가져가서 맛보려고 하는 등 모든 것을 다양한 감각을 활용하여 세상을 지각해 나간다(Wittmer & Peterson, 2006). 또한 영아는 다른 사람의 행동을 모방하고, 의도적 행동이 발달하며, 대상영속성, 인과관계, 시간과 공간에 대한 개념을 이해하는 등의 발달이 이루어지게 된다(송명자, 2000). 특히 이 시기에 이루어지는 중요한 인지발달은 바로 '대상영속성'이다. '대상영속성'이란 모든 사물은 자신과는 별개의 실체로써 직접 보거나 만질 수 없는 경우에도 공간 내의 어딘가에 존재하고 있음을 아는 능력을 말하며, 대략 7~8개월경에 형성되기 시작한다(강태훈 외, 1998). 대상영속성을 잘 획득한 영아는 시야에서 양육자가 사라져도 여전히 존재한다고 생각하여 발달과정상 겪게 되는 분리 불안을 슬기롭게 극복할 수 있을 뿐만 아니라 양육자에 대한 신뢰를 바탕으로 타인에 대한 신뢰로 발달해 나갈 수 있게 된다. 인지발달의 첫 단계에서 발달이 느리거나 정체가 되는 경우, 영아의 전 생애에 걸쳐 부정적인 영향을 끼칠 수 있어서 주의를 기울여 건강하게 발달할 수 있도록 도와야 한다(Chapman, 1978).

감각운동기는 단순한 반사 활동으로 시작하여 끝날 무렵에는 초보적인 심적 표상에 의한 개념적 사고가 시작된다. Piaget는 이러한 인지적 행동의 복잡성과 나타나는 정도에 따라 감각운동기를 다시 여섯 단계인 반사운동기, 일차 순환반응기, 이차 순환반응기, 이차 순환반응 협응기, 삼차 순환반응기, 정신적 표상기로 구분하였다.

첫 번째 단계는 반사운동기(출생~1개월)로, 학습되지 않은 생득적 반사를 통해 주변 환경에 적응하는 시기이다. 이 시기 동안 영아는 손이나 입에 닿는 것은 무엇이든 잡거나 빨아보면서 사물의 크기나 종류에 따라 잡거나 빠는 방식이 다르다는 것을 알게 된다. 또한 빨기와 잡기 같은 여러 형태의 감각운동적 도식을 발달시키고 정교화시키는 시기이다. 즉, 환경으로부터의 자극에 대해 잡기, 빨기, 울기, 큰 소리에 반응하기 등과 같은 자연적인 반사행동을 통해 도식을 만들어가기 때문에 이 시기를 반사운동기라고 부른다.

두 번째 단계는 일차 순환반응기(1개월~4개월)로, 물건을 잡아서 보거나 입으로 가져가 빠는 등 개별적이었던 도식들을 통합하여, 잡기-보기 도식, 잡기-빨기 도식과 같은 일련의 협응된 도식들을 발달시켜 나가는 시기이다. 또한 영아의 관심은 외부의 대상보다는 자신의 신체에 집중된다. 우연한 행동을 통해 재미있는 결과를 발견하게 되면 계속해서 그 행동을 반복한다. 이렇게 우연히 일어나 흥미 있는 행동을 반복하게 된다는 점에서 일차 순환반응기라 부른다. 예를 들어, 손가락을 빠는 것이 재미있는 일이라고 생각하게 되면 자꾸 손가락을 입에 넣으려 한다.

세 번째 단계는 이차 순환반응기(4~8개월)로, 영아의 관심이 자신의 신체에서 외부로 옮겨지게 된다. 즉, 순환반응이 자신의 신체에 한정된 것이 아니라 주위에 존재하는 물체로까지 확대되어 어떤 변화를 일으키는 도식을 발달시켜 나가는 시기이다. 예를 들어, 일차 순환반응기에는 딸랑이를 흔들 때 흔드는 근육 자극에 흥미를 느끼지만, 이차 순환반응기에는 딸랑이를 흔들어 나는 소리에 관심을 갖게 되고, 그 소리가 재미있어서 반복적으로 딸랑이를 흔드는 행동을 하게 된다. 이러한 영아의 행동은 주변 환경을 인식한 의도적이고 목적을 지닌 행위로 이 시기 부모는 영아에게 다양한 자극을 주고 탐색할 수 있도록 환경을 조성해주는 것이 필요하다.

네 번째 단계는 이차 순환반응 협응기(8~12개월)로, 단순히 재미있어서 의도적으로 반복했던 이차 순환반응기보다 한 걸음 나아가 새로운 상황에 부딪치면 이전과 다른 새로운 도식을 구사하는 지적인 행동을 보이는 시기이다. 특별한 목적 달성을 위해 획득된 여러 가지 도식을 새로운 상황에도 사용하게 된다. 예를 들어, 딸랑이를 잡으려는 영아를 부모가 손으로 막으면 딸랑이를 잡으려고 부모의 손을 치우려고 한다.

다섯 번째 단계는 삼차 순환반응기(12~18개월)로, 주변에 있는 사물들을 단순한 목적을 지닌 반복이 아니라 여러 형태로 탐색하여 새로운 행동이 어떠한 결과를 가져올 것인지를 알아보기 위해 다양하게 시도해 보는 시기이다. 예를 들면, 처음에는 딸랑이를 흔들어서 소리를 들어보지만 그 다음에는 딸랑이를 벽에 쳐서 소리를 들어보거나 두 개의 딸랑이를 부딪쳐서 소리를 들어보게 된다. Piaget는 이러한 시도를 인간이 지니고 있는 선천적인 호기심 또는 새로운 것에 대한 흥미의 시작으로 보았다. 이 시기는 대부분 걷기 시작하고, 활동성이 증가하여 새로운 경험을 할 수 있는 가능성이 증가하면서 나타나게 된다.

여섯 번째 단계는 정신적 표상의 단계(18~24개월)로, 5단계의 영아는 외적이고 직접 보이는 사물에 대한 인지작용이 가능하지만, 6단계에서는 문제를 해결하기 위해 상징이나 이미지 등 내적으로 표상하는 심상을 형성할 수 있는 시기이다. 즉, 눈앞에 없는 사물이나 사건들을 정신적으로 그려내기 시작하고 행동하기 전에 먼저 머릿속에서 생각한 후에 실행에 옮길 수 있게 된다. 예를 들어, 상자 속에 들어있는 구슬을 꺼내기 위해 애쓰던 영아가 자신의 입을 열었다 닫았다 하는 행동을 보이는 것은 영아의 머릿속에서 상자의 구조를 표상하고 이를 구슬을 꺼내기 위해 적용하는 것이다. 또한 하루 전날 다른 영아가 딸랑이를 바닥에 굴리는 모습을 기억했다가 다음날 같은 행동을 재현하는 지연모방도 이 시기에 나타나는데, 이것은 눈앞에 없는 모델에 대한 내적 표상이 형성되어 있음을 보여주는 것이다. Piaget 이론의 관점에서 볼 때 출생에서 2세까지 아동의 인지발달은 대상을 직접 만지고 다루는 감각운동적 경험에서 시작되며, 이러한 경험이 내재적 사고를 가능하게 하는 기초가 된다고 볼 수 있다.

(5) 사회정서발달

영아는 태어남과 동시에 주변 환경이나 타인과의 상호작용을 통해 기본 욕구를 충족시키는 방법과 감정 표현을 배우고, 사회적 규범이나 타인과 관계를 맺으며 살아간다(김호인, 2010). 이러한 관계 속에서 영아는 자신의 감정을 조절하고, 타인을 이해하며, 타인과 조화로운 관계를 형성하고, 유지할 수 있는 사회정서가 발달하게 된다.

사회정서발달은 모든 발달의 기초가 되고, 사회 일원으로 성장해 나가는 사회화의 시작이며(김혜원, 2007), 대인관계를 원활하게 유지시켜 주는 중요한 역할을 한다(양연숙, 2000). 영아기의 사회정서발달은 기본 정서 및 사회적 행동, 자아개념, 자기조절, 사회적 관계의 4가지 요인으로 특징지을 수 있다(김호인, 2010).

① 기본 정서 및 사회적 행동

인간은 누구나 태어나는 순간부터 자신을 둘러싼 주변 환경인 다양한 형태의 사물 및 사람들과 상호작용하면서 정서나 사회적 행동을 표현하게 된다. 영아는 출생 후부터 몇 가지 제한된 정서만을 표현하지만, 이러한 정서는 세계 모든 문화권의 영아들에게서 발견할 수 있기 때문에 일차 정서 또는 기본 정서라고 한다(정옥분 외, 2010). 영아의 기본 정서는 주위 사람들과의 상호작용을 통해서 분화, 발달하는 과정을 거쳐 2세경이 되면 복합정서가 나타난다. 이를 이차 정서, 자의식 정서라고도 하며, 수치심, 당황, 죄의식, 질투, 자부심과 같은 정서를 포함한다(Lewis, 1999). 또한 영아기는 사회적 행동이 왕성하게 나타나는 시기로 자아인식의 발달과 더불어 신뢰감과 애착이 형성되는 시기이다(임승렬, 2010). 영아에게서 보이는 사회적 행동은 다시 긍정적인 사회적 행동이나 부정적인 사회적 행동으로 나타나며, 점차 자신을 인식하는 능력이 발달하면서 자신의 감정을 적극적으로 표현하게 된다. 또한 또래와의 상호작용 속에서 불리한 상황에 직면하면 간단한 언어나 행동으로 자신을 방어하는 모습을 보이며, 모방을 통해 사회적 행동을 배우게 된다(김영숙, 신나리, 2013). 기본 정서가 풍부한 영아의 경우 자신의 느낌을 표현하는데도 적극적이며 또래 친구들과도 잘 어울려 지내는 등 조화로운 사회성발달이 이루어진다(김은아, 2009).

② 자아개념

자아개념이란 인간이 자신에 대해 가지고 있는 인식, 태도, 느낌을 말하는 것으로, '나는 누구이며, 무엇인가를 깨닫는 것'을 의미한다(송인섭, 2013). 영아의 자아개념은 태어나면서부터 부모나 타인과의 사회적 접촉 및 상호작용을 통해 형성하고 발달해 간다.

생후 6~8개월된 영아는 어머니와 자신이 별개의 존재임을 인식함으로써 자신에 대한 기본적인 개념을 자각한다. 18~24개월이 된 영아들은 거울에 비친 자신의 모습을 알아보는 등 자신의 외적 이미지에 대한 구체적인 개념을 형성한다(김영옥, 2005). 대략 18개월경부터는 자아개념이 강해지면서 자신의 성에 대한 개념을 형성하며, 2세경에는 성이 바뀔 수 없는 것임을 인식하면서 자신과 동성의 부모를 동일시하는 현상이 나타난다.

2세가 되면 사회적 존재로서의 자신에 대한 인식이 발달하며, 자신과 타인과의 관계에 대한 개념을 형성하기 시작한다. 즉, 자신이 누구인지, 타인과는 어떻게 다른지, 타인과 어떻게 대화하고 상호작용을 해야 하는지와 같은 사회적 기술을 터득해 나간다. 또한 자신의 신체적 외모, 성, 행동적 경향, 정서, 능력, 흥미, 목적 등을 포함한 자신에 대한 평가라고 할 수 있는 자아개념이 발달한다. 이때 자아개념이 어떻게 형성되었는지에 따라 자아존중감도 다르게 나타난다(김은아, 2008).

자아개념은 선천적으로 타고나는 것이 아니라 영아기 때부터 형성되기 시작하여 유아기에 성숙되고 발달된다. 특히 환경의 영향과 타인과의 상호작용에 의해 영향을 받기 때문에 양육자의 역할은 매우 중요하다고 할 수 있다.

③ 자기조절력

자기조절력은 영아가 사회적인 상황에서 사회적으로 허용되는 바람직한 행동을 하기 위해 스스로 정서를 조절하는 능력을 말하며, 정서적 자기인식과 타인의 정서에 대한 이해 그리고 자신의 정서를 조절하는 능력 모두를 포함한다(양옥승, 2013). 영아는 6개월부터 손가락을 힘차게 빨거나 불쾌한 자극이나 부적절한 자극에 직면했을 때 몸을 돌리는 등의 행동을 통해 자신이 느낄 수 있는 어느 정도의 부정적 영향을 줄이려는 자기조절을 보이기 시작한다(김주영, 2011). 9개월이 되면 양육자와의 분리로 인한 분리불안 스트레스에 적응하기 위하여 응시를 하거나 회피하는 등 자신의 정서 및 행동을 통제하는 모습을 보이며, 18~24개월이 되면 자신이 기억하고 표상하는 추론능력이 발달하면서 상황을 이해하고, 예측하며, 자신을 당황하게 만드는 상황이나 사람들의 행동을 통제하면서 불편한 상황을 거부하려는 모습을 보이기 시작한다(Kopp, 1982). 24개월이 지나면 여러 가지 다양한 경험을 통해 자신의 정서표현 방법을 이해하고 타인의 정서를 파악하며 자신의 정서를 조절하고 표현할 수 있게 되는 등 자기조절력이 급속하게 발달한다(양옥승 외, 2012).

Erikson(1977)은 영아기를 심리사회적 발달 중 첫 번째 단계인 신뢰감 대 불신감과 두 번째 단계인 자율성 대 수치심 발달을 경험하는 시기로 보았다. 이때 부모와 안정감을 형성한 영아는 자율적으로 성취해보고자 하는 욕구를 표현하기 시작한다. 이 시기의 자기통제 행동은 경우에 따라 성공적인 경험을 하기도 하고, 부모의 규제로 좌절되어 실패를 경험하기도 한다. 이와 같은 성공과 실패의 양극적 위기를 극복함으로써 유아는 자기통제에 기본적인 자신감을 갖게 되어 자율성과 자기조절력을 형성하게 되는데, 이는 자기통제와 자기조절력의 기초가 된다(송명자, 2000).

④ 애착관계 형성

애착이란 특정한 사람과 갖는 지속적 감정 및 정서적 유대로 시간이 지나도 비교적 안정된 특성을 말하며(Ainworth, 1979), 영아가 주 양육자인 어머니와의 사이에서 형성되는 애정적 유대관계를 기반으로 한다. 애착을 형성한 영아들은 애착대상에 대해 특징적인 행동을 보인다. 예를 들어 애착대상과 상호작용을 시도하고 유지하려고 하며, 애착대상과 분리되거나 위협적인 상황에 직면하게 되면 애착대상을 되돌아오게 하여 관심과 보호를 받으려고 노력한다.

㉠ 애착형성의 단계

애착은 영아의 인지적·정서적 발달과 더불어 일련의 단계를 거쳐 발달하는데, Ainworth는 애착발달 단계를 네 단계로 제시하였다.

▶ 제 1단계: 전애착 단계(출생~3개월)

사람을 비롯한 사회적 대상을 선호하지만 특정한 대상을 구별하지 않고 모든 대상에게 애착을 보이며 울음, 미소 짓기, 발성, 안아달라는 행위, 움켜잡기 등과 같은 행동으로 애착대상들의 관심을 끄는 행동을 한다. 그러나 아직 애착이 형성되지 않은 단계이기 때문에, 낯선 사람에 대한 두려움 없이 모든 사람에게 호의적인 반응을 보이는 특성 때문에 전 애착단계라고도 한다(김수정, 2010).

▶ 제 2단계: 애착 형성단계(4~6개월)

영아는 친숙한 사람과 낯선 사람에게 다르게 반응하기 시작한다. 자신을 주로 돌보아 주는 성인에게 더 많이 웃거나 미소 지으며, 옹알이를 더 자주 한다(권민균 외, 2008). 하지만 이 시기의 영아는 낯선 사람에 대한 변별능력은 있으나 아직 그들에 대해 불안반응을 보이지 않기 때문에 이 시기를 애착형성 단계라고도 한다(정옥분, 2013).

▶ 제 3단계: 애착단계(7~18개월)

6개월이 지난 영아들은 자신의 요구에 가장 잘 반응해주는 대상에게 강한 애착을 보인다. 그로 인해 어머니에 대한 과도한 애착이 형성되어 낯선 사람에 대한 '낯가림'이 나타나기 시작한다. 또한 어머니와 분리되는 것에 대한 불안으로 인해 분리불안이 발생하기도 한다(배징인, 2015). 이 시기에는 애착대상에 대해 능동적으로 접근하고 접촉하려는 애착행동을 보인다. 애착대상을 안전기지로 삼아 환경을 탐색하면서 애착대상과 거리가 멀어졌다가 다시 능동적으로 대상을 찾아오는 모습을 보이기도 한다.

▶ 제 4단계: 상호관계 형성단계(18개월 이후)

어머니와의 경험이 계속되고 영아의 인지 및 언어능력이 발달하면서, 영아는 상호 애착관계의 파트너로 성장한다. 영아는 먼저 상호작용을 시작하기도 하고, 협상도 하면서 부모의 목표와 감정을 이해하기 시작하며, 이를 기초로 자신의 행동을 계획하거나 조정하기 시작한다. 또한 부모와의 헤어짐에 좀 더 효율적으로 대처할 수 있는데, 이는 부모가 돌아온다는 것을 알기 때문이다(권민균 외, 2008). 이전 단계에서 애착대상과의 관계로부터 형성된 내적 표상들이 이 단계에 와서 더 복잡해지고 영아와 애착대상 사이의 상호작용도 다양해진다.

㈁ 애착의 유형

애착유형은 영아와 양육자 간에 형성되는 애착의 질적 차이에 의해 분류할 수 있다. Ainworth(1979)는 낯선 상황실험을 통해 크게 안정애착과 불안정애착으로 분류하고, 불안정 애착은 다시 회피애착과 저항애착으로 분류하였다.

표 10-3 애착유형 4가지

<table>
<tr><th colspan="2">애착 유형</th><th>특성</th></tr>
<tr><td colspan="2">안정애착</td><td>낯선 상황에서도 어머니와 같이 있을 때는 적극적으로 탐색하고 활발하게 놀지만, 양육자가 없거나 낯선 사람과 같이 있을 때는 약간 놀라고 탐색하는 행동이 줄어드는 경향을 보였다가 어머니가 다시 돌아오면 적극적으로 어머니에게 접근하여 접촉하려고 한다. 이 유형의 어머니는 아기의 요구에 민감하게 반응하고, 아기 스스로 노는 것을 충분히 허용해 준다.</td></tr>
<tr><td rowspan="3">불안정 애착</td><td>회피애착</td><td>어머니가 떠나도 별 동요를 보이지 않으며, 어머니가 돌아와도 다가가려고 하지 않고 무시한다.
이 유형의 어머니는 아기의 요구에 무감각하며, 신체적인 접촉이 적고, 화가 나 있거나 심리적으로 초조해 하고, 아이를 거부하듯 대한다.</td></tr>
<tr><td>저항애착</td><td>어머니의 접촉시도에 저항하는 경향이 높으며, 어머니가 있어도 잘 울고 보채지만, 어머니가 떠나면 극심한 불안을 보인다. 어머니가 돌아오면 화를 내면서도 어머니 곁에 머물러 있으려고 하는 것과 같이 양가적인 반응을 보인다.
이 유형의 어머니는 아기의 요구에 무감각하고 아기를 다루는 방식이 어색하지만 화가 나 있거나 아기를 거부하는 느낌은 없다.</td></tr>
<tr><td>혼란애착</td><td>불안정애착의 회피와 저항의 어느 쪽에도 속하기 어려운 영아를 혼란애착으로 구분한다. 낯선 상황에서 어머니가 돌아오면 처음에는 다가가서 안겼다가 이내 화난 듯이 밀어버리거나 어머니를 떠나는 양가적인 반응을 보인다. 어머니와의 접촉에 대한 강한 욕구는 강하지만 어머니로부터 무시당하거나 구박받은 데에서 오는 공포로 인한 반응일 경우도 있다(Shaffer, 1993).</td></tr>
</table>

안정된 애착을 형성한 영아의 어머니는 영아의 요구를 수용하고, 신뢰롭고 신속하며 민감하게 반응함으로써 영아가 정신적으로 안도감을 느낄 수 있도록 하였으며, 어머니가 곁에 있다는 것을 알려주었다. 또한 영아에게 일관성 있는 애정표현을 보였고, 따뜻하고 화를 잘 내지 않았으며, 다정하게 자녀를 쓰다듬고 웃으며 의사소통을 하였다(Clarke-Stewart, 1973). 반면 영아와 불안정애착을 형성한 어머니들은 자녀에게 화를 내고, 그들을 무시하며 지겨워하였고, 자녀와 신체적인 접촉에 있어서도 일관성 없는 행동을 하였다. 평상시에는 자녀와의 신체접촉을 피하고 안아주는 것을 싫어하다가도 가끔씩 평소와 다르게 지나칠 정도로 자녀에게 신체적인 애정표현을 하였다(Ainsworth & Witting 1969). 또

한 영아의 상처를 치료하거나 기저귀를 갈아주는 등의 기본적인 양육행동을 소홀히 하였다(Egeland & Sroufe, 1981). 이처럼 안정애착을 형성한 영아의 어머니와 불안정애착을 형성한 영아의 어머니는 영아에게 서로 다른 행동을 보였다. 어머니가 영아에게 긍정적인 표현을 하지 않을 경우, 불안정애착을 형성할 가능성이 높았으며, 사회정서적 문제를 더 많이 보이는 것으로 나타났다(Cohn, Campbell & Ross, 1991).

12개월에 안정 및 불안정애착으로 식별된 영아를 3세 6개월까지 추적, 관찰한 결과, 안정적으로 애착이 형성된 3세 6개월의 유아는 불안정애착을 형성한 유아에 비해 또래에게 더 많은 애정과 관심을 보이고, 놀이 장면에서 주도권을 가지며, 또래와의 상호작용이 많고, 덜 공격적이었다. 또한 또래 사이에서도 인기 있는 아이로 평가되었는데, 이러한 결과는 아동기까지도 지속되었다(Cohn, 1990).

⑤ 낯가림과 분리불안

낯가림은 영아가 낯선 사람에 대해 불안반응을 나타내는 현상으로서 초기의 생후 5개월에서 12개월 사이의 영아에게서 보편적으로 나타나는 행동이라고 생각하였다. 그러나 다양한 연구결과 낯가림은 모든 영아에게서 나타나는 보편적인 현상이 아니며, 나타나는 시기도 영아에 따라 다양하다. 낯가림은 특정인에 대한 애정형성의 표시이며, 영아의 탐색행동과 밀접한 관련이 있다. 일반적으로 많은 수의 가족들 사이에서 성장하는 영아들은 낯가림 현상을 보이지 않거나 보인다 하더라도 그 강도는 매우 약하다. 특히 하루 대부분의 시간을 한 사람의 양육자와 보내는 영아들은 더 빠른 시기에 낯가림을 보이기도 한다.

낯가림은 영아의 탐색행동을 위축시킬 뿐만 아니라, 지나친 낯가림은 영아의 사회적 발달을 저해하므로 애착형성 이전부터 낯선 사람과 접촉할 기회를 갖게 하는 것이 바람직하다. 심한 낯가림을 나타내는 영아는 어머니와 함께 있을 때 낯선 사람과 접촉하는 기회를 자주 가지면 낯가림 형상이 감소되기도 한다. 이때 낯선 사람은 영아에게 점진적으로 접근해옴으로써 영아의 불안 반응을 감소시켜 주어야 한다.

분리불안은 영아가 애착대상과 분리될 때 나타내는 불안반응으로 정상적인 애착 유대를 형성한 영아들은 어머니와 분리되면 슬퍼하고 불안해하며 울음반응을 더 많이 나타낸다. 분리불안은 영아의 성숙 정도, 분리 이전의 애착의 종류와 강도, 사람이나 환경과의 친숙한 정도 및 분리 기간과 같은 많은 요인들의 영향을 받는다. 보통 낯가림보다 조금 늦은 생후 9개월경에 나타나기 시작하여 15개월경에 절정에 달하며, 그 이후에도 점차 감소한다(Cohn, Campbell & Ross, 1991).

장기간의 분리는 영아의 행동적, 심리적 문제를 일으킬 수 있다. 부모의 입원이나 별거로 인해 양육자와 장기간 분리되면, 영아는 처음에는 어머니를 부르고 울면서 찾는 저항행동을 보이지만 주위로부터 반응이 없으면 곧 절망에 빠져 활동이 감소되고 위축되며 깊은 슬픔에 빠지게 된다. 이때 어머니가 돌아오더라도 탈애착이 일어나 어머니와 재결합하게 되어도 영아는 어머니를 거부하고 더 이상 어머니와 상호작용을 하지 않는다. 이는 영아의 애착형성을 방해하고 이후의 대인관계에 부정적인 영향을 준다.

2) 영아기의 부모역할

영아기는 세상을 탐색하고 나아갈 준비를 하는 단계로서 발달과업을 수행해 나가기 위해서는 부모의 절대적 보호와 사랑이 중요한 시기이다. 또한 부모를 통해 가정의 사회적 위험 요인의 영향을 받을 가능성 또한 크며, 영아가 성장하는 동안 지속적으로 영향을 미치게 된다(박신진, 2010).

(1) 안정적인 애착경험 제공

주 양육자가 영아의 욕구(편안함, 안전, 독립, 탐색)를 파악하여 일관성 있게 반응하면 스스로 만족하여 안정감이 형성되고, 타인에게도 신뢰와 호의를 형성하게 된다. 그러나 양육자가 지속적으로 영아의 욕구를 무시하거나 거부하면 자신을 가치 없고 무능하다고 인식하여 이를 내면화시키게 된다(Brazelton, 1985).

애착발달에 있어서 양육자의 민감성은 매우 중요한 요소이다. 양육자가 민감하다는 것은 영아의 신호를 잘 인식하고, 신호의 의미를 정확하게 해석하며 적절한 반응을 즉각적이고 일관성 있게 제공하는 것을 의미한다. 영아의 신호에 대해 양육자가 민감하게 반응했을 때 영아는 양육자를 안전기지로 삼으면서, 양육자는 신뢰할 수 있는 존재, 자신을 위하는 존재로 인식하게 된다. 즉, 애착의 질은 신체적 접촉과 민감성을 원하는 영아의 신호에 대해 양육자가 어떻게 반응하는가에 따라 결정된다. 또한 양육자가 활동적이고 우호적이며 사교적인 긍정적 정서일 때 영아와 친근한 정서적 유대를 형성하게 된다. 그러나 쉽게 화를 내거나 기분이 나빠지고 짜증, 우울감과 같은 부정적 정서를 보이는 양육자는 영아의 신호에 충분히 반응하지 못함으로써 영아와 만족스럽고 조화로운 관계를 유지하기 어렵기 때문에 안정애착의 형성을 어렵게 할 가능성이 높다 (Davies& Cummings, 1994).

또한 가족의 분위기가 안정적일 경우, 부부 간의 상호작용을 원만하게 유지시켜 줄 뿐만 아니라 영아의 심리적 적응에도 긍정적인 영향을 주어 안정애착을 형성하는데 도움을 준다. 그러나 불안한 결혼생활로 인한 부부갈등은 부모-자녀 간의 상호작용을 부정적으로 이끌어 영아의 안정적인 애착형성을 방해할 수 있는 위험요소가 될 수 있다(Grych & Fincham, 1990; Harrist & Ainsle, 1998).

(2) 양육자 및 보호자의 역할

생후 1년간은 제 1의 급성장기로 모유를 먹이는 것은 매우 바람직하다. 특히 초유는 반드시 먹이는 것이 좋지만 산후 1주일간은 모유량이 많지 않아 쉽게 포기하는 경우가 많다. 그러나 모유의 분비를 촉진하기 위해서는 계속적으로 젖을 빨리는 것이 좋으며, 충분한 모유 공급을 위해 균형 잡힌 영양식을 하는 것도 좋은 방법이다. 수유시간은 영아에 따라 개인차가 있으므로 아기의 욕구에 맞추는 것이 바람직하고, 한꺼번에 많이 먹이지 말아야 하며, 수유 후에는 영아의 몸을 바로 안아서 트림을 시키는 것이 좋다. 또한 수유 시에는 영아와 눈을 맞추며, 불안이나 공포가 없는 평안하고, 안정된 분위기를 만들어 주어야 한다. 생후 4~5개월이 지나면 모유만으로는 충분한 영양 공급이 부족하므로 이유식을 시작해야 한다. 이유식은 한 번에 한 가지씩 첨가하도록 하며, 새로운 음식을 추가할 때는 4~5일간의 간격을 두어 음식물에 대한 거부반응의 여부를 살펴보아야 한다.

부모는 영아가 걷기 시작하면서부터 새로운 차원의 보호자 역할을 해야 한다. 영아는 모든 것을 부모에게 의존하는 시기인 만큼 부모는 수유, 수면, 배설 등의 생리적 활동에서 영아가 만족감을 얻도록 도와주어야 하며, 일상생활에서 발생하기 쉬운 사고나 질병으로부터도 안전하게 돌보아주어야 한다. 또한 영아가 자율성을 시험하고 학습능력을 증진시킬 수 있도록 가장 안전한 환경을 위해 집안이나 마당에서 사고가 발생할 만한 곳을 미리 점검해 보아야 한다. 예를 들면, 유리나 날카로운 물건 등을 치우고 출입구도 안전한지 살피고, 만지면 안 되는 물건은 손이 닿지 않는 곳으로 미리 옮겨 놓는 것이 좋다.

(3) 신뢰감과 자율성 형성

Erikson(1963)의 심리사회적 발달 단계에 의하면 영아기는 제 1단계인 신뢰감 대 불심감의 단계에 속한다. 부모가 영아의 욕구를 만족스럽게 충족시켜 주면서 일관성 있게 돌보아 주면 부모와 신뢰감을 형성하게 된다. 그러나 영아의 요구나 필요에 주의를 기울이지 않고, 거부적이거나 일관성이 없을 때 영아는 세상에 대한 불신감을 형성하게 된다. 이 시기에 신뢰감이 형성되면 다른 상황에서도 안정감을 갖고, 신뢰적인 태도를 가지게 되며 이후에 맺게 되는 모든 사회관계에서도 성공적으로 적응할 수 있게 된다. 1~3세 사이의 영아는 부모로부터 독립을 선언하며 심리사회적 발달 단계인 제 2단계인 자율감 대 수치심과 회의를 경험하게 된다. "내가, 내가"라고 주장하는 영아가 자율성을 시험할 수 있도록 스스로 옷을 입어 보도록 하고, 우유를 따르게 하며, 장난감을 스스로 치우도록 지켜봐 줘야 한다. 영아가 스스로 할 수 있는 것에 대해 부모로부터 인정을 받게 되면 자신감을 갖고 새로운 행동을 시도해 보려고 한다. 이때 부모에게 가장 필요한 것은 바로 인내심이다. 그러나 인내심을 가지고 기다려 주지 않고, 영아가 할 수 있는 것까지도 부모가 대신해 주거나, 과보호 또는 너무 비판적으로 대할 때, 영아는 세상을 통제할 수 있는 자신의 능력을 의심하게 되어 수치심과 회의감을 느끼게 된다.

영아가 이 시기에 새롭게 얻은 활동의 자유는 잠재적인 위험을 내포하고 있기 때문에 제한이 필요한데, 영아의 행동을 제한할 때 가장 고려하여야 할 점은 영아의 안전과 행복이다. 그러나 영아의 안전과 행복을 위한다는 명목으로 너무 지나치게 행동을 제한하면 영아의 건강한 발달을 저해할 수 있기 때문에 제한할 때는 부드러우나 단호한 목소리로 일관성 있고 분명하게 제한하는 것이 필요하다.

영아의 행동을 제한하는 목적은 영아가 스스로 행동을 통제할 때와 방법을 알도록 하는데 있다. 또한 영아의 자율성 발달은 부모에게 거절하는 행위와 함께 나타난다. 예를 들어, "싫어"라는 표현으로 부모와 분리된 존재임을 확인하며, 부모에게서 독립하고자 하는데 이것은 정상적인 발달과정이다. 영아의 요구나 독립심이 방해받을 때 심하게 화를 내거나, 이유 없이 울고, 짜증내기도 한다. 이때 부모가 영아와 힘겨루기를 하다가 지쳐 영아의 요구를 들어주는 것은 영아의 행동에 나쁜 영향을 준다. 영아가 화내는 행동에 부모가 계속 관심을 보이지 않으면 그 행동은 감소하게 되지만, 모든 영아의 행동에 무관심을 보이기보다는 영아가 할 수 있는 대안적 행동을 제시해 주는 것이 필요하다.

(4) 충분한 경험과 탐색의 기회 제공

영아기는 자신의 신체나 주변에 있는 물건과 놀잇감을 가지고 놀이를 하거나 탐색을 하면서 새로운 상황이나 행동을 알게 되고, 알게 된 것을 다시 적용해보면서 인과관계를 이해하게 된다. 예를 들어, 우연히 떨어뜨린 장난감이 뱅그르를 돌아가는 것을 보고 다른 장난감들을 가지고 와서 떨어뜨려보면서 뱅그르르 도는 것과 돌지 않는 것을 찾아보는 것이다. 이처럼 놀잇감이나 사물을 조작하고 탐색하는 경험을 통해 사물의 기능과 특성을 이해하고, 시행착오를 통해 지적수준이 발달하게 된다. 이때 부모는 영아나 타인이 다치거나 피해를 주지 않는 범위 내에서 지켜봐 주고 지지해 주어야 한다.

또한 영아가 무엇이든 스스로 하려는 태도를 보이면, 비록 스스로 할 수 있는 능력이 부족하더라도 스스로 시도해 볼 수 있는 기회를 제공해 주어야 한다. 만약 실수했다고 야단치거나, 영아의 행동이 마음에 들지 않아 도와준다면 호기심과 탐색을 통한 영아의 발달을 저해하는 요인이 된다. 호기심의 발달과 지적 발달의 기초를 형성하기 위해서 부모는 안전한 환경에서 다양한 사물과 경험을 제공하여 충분한 탐색과 자발적으로 관심을 갖고 동기를 유발할 수 있도록 도와야 한다.

(5) 대소변 훈련

대소변 훈련을 시작해야 하는 시기는 정해져 있는 것은 아니며, 문화에 따라, 영아의 발달 특성에 따라 시작하는 시기도 다르다. 만약 영아가 정기적으로 변을 보거나, 얼굴을 찡그리며 몸에 힘을 주는 행동을 보이기 시작하면 대소변 훈련을 할 준비가 되었다는 신호이다. 이러한 신호가 보일 때 대소변 훈련을 시작하는 것이 바람직하다. 부모가 대소변 훈련을 너무 서두르거나 실수했을 때 비판적인 태도를 보이면 자존감이 손상되고 수치심과 회의를 느낄 수 있기 때문에 부모는 서두르지 말고 영아의 속도에 맞추어 서서히 진행할 수 있는 인내심이 필요하다.

영아기 자녀를 둔 부모가 꼭 기억해야 하는 것
1. 자녀가 태어나면서 부부의 생활 리듬과 패턴을 재조정한다. 2. 양육으로 인한 갈등 예방을 위해 부부 간 지속적인 대화를 한다. 3. 자녀의 발달과 안전을 위해 집안의 공간을 재배치한다. 4. 자녀의 생리적 욕구를 관찰하여 충족시켜 준다. 5. 자녀의 욕구에 민감하게 반응한다. 6. 자녀와의 긍정적인 상호작용을 위한 다양한 방법을 모색한다. 7. 자녀에게 다양한 감각과 지적 자극을 제시한다. 8. 자녀가 다양한 감각 활동을 할 수 있도록 하고 호기심을 격려해 준다. 9. 영아기는 자율성이 발달하는 시기이므로 스스로 할 수 있도록 인내심을 갖고 기다려 준다. 10. 적극적인 탐색과 놀이를 할 수 있도록 안전한 공간과 장난감을 제공해 준다.

11 Chapter 유아기 발달과 부모역할

유아기는 3세경부터 취학 전까지로 신체적, 인지적, 언어적, 정서적인 측면에서 지속적인 발달이 이루어지는 시기이다. 특히 영아기에 비해 인지능력 발달과 호기심이 왕성해져 탐색과 탐구를 즐기고, 사고가 확장되는 시기이며, 언어를 활용하는 능력이 급속도로 증가하여 주변 사람과의 의사소통과 또래와의 상호작용이 매우 활발해진다(이형석, 이종모, 2018). 유아들은 성장 과정에서 일정 발달 단계가 있기 때문에 정해진 시기에 발달이 제대로 이루어지지 않으면, 다음 단계로의 진행이 어려워지기 때문에 발달의 기초가 되는 유아기의 발달상태를 잘 관찰하여 적절한 도움을 제공하는 것은 매우 중요하다(조운주, 최일선, 2010).

이 장에서는 유아기 신체적 발달과 언어, 인지, 사회적 정서의 발달적 특성과 부모역할에 대해 살펴보고자 한다.

1. 신체발달

유아기의 발달 중 가장 특징적인 것은 신체발달과 운동발달을 들 수 있다. 특히 유아의 신체발달은 미분화 운동기능에서 부분적 특수 운동기능으로, 분화된 단순한 운동기능에서 복잡한 운동기능으로 통합되어 유아의 외형과 기능적 발육뿐만 아니라 지능과 정서발달, 언어발달, 사회성 및 성격발달의 근원이 된다(최보가 외, 2005).

1) 신체적 발달

유아기 신체발달은 영아기처럼 급속도로 신체발달이 이루어지지는 않으며, 영아기보다는 느리고, 완만하게 그러나 아동기보다는 빠른 속도로 성장한다. 2~3세까지 매년 체중은 3kg, 신장은 10~12cm 정도 자라고, 이후부터 사춘기까지는 매년 2~2.5kg의 체중 증가와 5~7cm 정도의 성장이 이루어진다(질병관리본부, 2017).

유아기는 전체적인 근육의 양이 증가할 뿐 아니라, 체중에 대한 근육의 비율도 높아진다. 반면 지방 조직의 축적이 감소하고 뼈의 길이가 길어지면서 통통하던 모습에서 차츰 마른 모습으로 변한다. 유아의 뼈는 길이나 넓이, 구성 등이 계속 성장하면서 뼈가 단단해지는 화골현상이 일어나 신체가 단단해진다. 이러한 골격의 발달은 개인차가 있으며, 일반적으로 여아가 남아보다 빠른 발달을 보인다. 눈에 띄는 변화는 영아기의 신체적 특징이던 큰 머리, 둥글고 통통한 얼굴, 볼록 나온 배, 짧은 사지 등 신체의 크기나 모습에서 많은 변화를 보이며, 어른의 신체 비율에 가까워질 만큼 안정적이게 된다.

유아기의 가장 중요한 신체발달 중의 하나는 뇌와 신경계의 계속적인 성장이다. 유아기 동안의 뇌의 성장은 수초화와 시냅스 밀도의 증가로 정보의 전달 속도가 빨라지고 효율성이 높아진다. 또한 이 시기에 뇌량의 수초화가 이루어져 좌반구와 우반구 간에 정보교환과 협응이 원활해진다. 이러한 두 반구 간의 협응은 여러 가지 운동기술을 증가시키는데 영향을 준다(Blakemore & Mills, 2014).

2) 운동기능의 발달

유아기에는 두 뇌반구 간의 협응으로 인한 운동기술이 발달하면서 순발력, 균형감각 등이 점점 더 정교해지고, 자연스러운 움직임으로 발달하게 된다. 3~4세경에는 한 발씩 사용하여 계단을 오르내리기가 가능하고, 상체를 조금씩 움직여 물건을 던지거나 잡을 수 있으며, 세발자전거의 페달을 밟을 수 있게 된다. 4~5세경에는 더욱 자연스럽게 발을 바꿔가며 계단을 오르내리는 것이 가능해지고, 물건을 던질 때 하체에 체중을 실어 던질 수 있게 되며, 한 손으로 물건을 받는 것이 가능해진다. 뿐만 아니라 세발자전거 페달을 이전보다 빠르고 유연하게 밟으면서 운전하는 것이 가능해진다(Cratty, 1986; Malina & Bouchard, 1991). 즉, 유아기에는 매우 다양한 기본적인 능력인 신체 인식과 균형 유지 등과 같은 지각·운동능력이 발달하고, 연령이 증가할수록 달리기와 점프하기, 던지기와 차기 등의 기술이 능숙해지며, 회전하기, 비틀기, 뻗기, 굽히기, 구르기 등의 다양한 동작을 수행할 수 있게 된다.

대근육발달과 함께 점차 눈과 손의 협응이 정교해지면서 소근육발달도 이루어지게 되는데, 3세경에는 완벽하고, 정교하지는 않지만 블록으로 탑 쌓기가 가능하다. 4세경에는 블록으로 높은 탑을 쌓을 수 있으며, 완벽하고 정교하게 만들기 위해서 쌓기를 반복하기도 한다. 또한 혼자서 가위질을 하거나 혼자 옷을 입고 벗기, 옷의 단추를 풀거나 스스로 신발 신기가 가능해진다. 5세경에는 단순히 높게 블록을 쌓기보다는 다양한 모양을 만드는 등의 비교적 어려운 것을 만들려고 한다. 또한 글자나 숫자를 보고 베껴 적을 수 있게 되고, 사람이나 동물과 같은 실제 사물을 비슷하게 따라 그리기도 가능해지는 등 소근육발달이 이루어진다. 소근육을 사용하여 발달하는 운동기술은 대근육을 사용하여 발달하는 운동기술보다 좀 더 어려우며, 보통 여아가 남아보다 소근육 운동기술이, 남아는 여아보다 대근육 운동기술이 더 발달한다(정옥분, 2010).

Hurlock(1965)은 운동발달이 인격 형성에 미치는 효과를 다음과 같이 설명하고 있다. 운동발달은 첫째, 건강을 증진시켜 준다. 둘째, 정서를 순화시켜 준다. 셋째, 자기 힘에 의한 성취를 경험하게 되어 자기 신뢰감과 행복감을 느낀다. 넷째, 함께 놀 수 있는 친구가 없어도 혼자서 즐길 수 있다. 다섯째, 사회적 기능을 습득하고 지도력을 배양하게 되어 사회적 승인을 얻게 된다. 여섯째, 신체적, 심리적 안정감을 얻게 되어 건전한 자아 개념을 형성하게 된다.

유아기의 신체발달은 신체적 안녕, 정서적 안정, 긍정적 자아개념, 성취동기 및 창의성의 육성, 사회적 적응, 성역할의 습득, 여가 활용, 건전한 인격발달 등 인간 행동의 거의 전반에 걸쳐 중대한 영향을 미친다.

2. 언어발달

유아기는 단어를 더 많이 알게 되고, 문법이 숙달됨에 따라 언어발달이 빠르게 이루어지는 시기이다. 유아기 언어발달의 특성은 다음과 같다(김영태, 성태제, 이윤경, 2003). 첫째, 유아가 몇 개의 자음과 모음을 구분하고 발성적인 특징을 이해하는 음성학적 발달이 이루어진다. 둘째, 유아들이 자신을 둘러싸고 있는 세계의 수많은 대상과 현상들이 각기 독특한 낱말로 불리는 것을 이해하고, 유사한 대상이나 상황을 지칭하는 낱말 간의 미묘한 의미 차이를 구분하는 의미론적 발달이 이루어진다. 셋째, 낱말들을 문법적으로 정확한 순서로 배열하여 문장을 만들 수 있는 구문론적 발달이 이루어지며, 말과 단어, 글자를 습득하게 된다. 넷째, 같은 뜻을 가진 낱말이나 문장이 상황에 따라서 어떻게 다르게 표현되는지에 대해 알고 그것을 활용할 수 있는 화문론적 발달이 이루어진다.

2~4세경에는 어휘발달이 가장 급격하게 이루어지는데 이 시기를 '어휘 폭발기'라고 부른다(Goswami & Bryant, 1990). 다양한 사물을 손으로 짚으며 이름을 말하기도 하고, 그림을 보면서 혼자 이야기하며, 의성어를 반복해서 흉내내고, 운율이 있는 노래를 따라 부르면서 어휘력이 발달하게 된다(김영태, 2009).

3세 이후가 되면 사용할 수 있는 단어보다 2배 이상의 단어를 이해하고, 문법에 기초하여 문장을 이해할 수 있게 되며, 문장을 만들기 위해 규칙을 적용하여 기존에 사용하던 문장보다 더 복잡하게 만들 수 있게 된다(김현, 2008).

4~5세경에는 또래와의 상호작용이 활발해지면서 말하기, 듣기의 기술이 크게 향상되고, 놀이에서 대화를 이끌어 나가거나 갈등상황에서 서로 타협할 수 있는 능력이 발달하게 된다. 또한 단어의 일부분만 듣고도 전체 단어를 생각해 낼 수 있으며 접속사를 사용하여 문장을 길게 늘일 수도 있게 된다. 이 시기가 지나면 비교적 복잡한 문장도 이해하게 되면서 문법의 기능을 잘못 이해하는 오류가 점차 감소하며, 단순한 구조의 이야기를 이해할 수 있게 되어 상대방의 입장을 고려하는 것이 가능해지기 시작한다(이영자, 1994; 조숙환, 1997).

5~6세경에는 글자와 단어를 활용하여 기존 노래에 가사를 바꾸어 부르기도 하고, 그림을 그려 놓고 이야기를 만들어 내기도 한다. 이 시기의 유아는 글자를 천천히 쓰면서 소리내어 말하고, 말을 할 때 좋아하는 책이나 자주 보는 책

의 문구를 인용한다. 또한 아는 단어를 반복해서 쓰거나 같은 유형의 문장을 단어만 바꾸어 반복해서 쓰기를 즐긴다(이차숙, 2005).

이와 같이 대부분의 유아는 취학 전 시기에 모국어의 문법 구조는 물론 대화에서 사용되는 많은 어휘들을 이해하고, 언어가 사회적 맥락 속에서 어떻게 사용되는가를 이해할 수 있게 된다(김영태, 성태제, 이윤경, 2003).

3. 인지발달

Piaget(1965)는 2~7세까지인 유아기의 인지발달 단계를 '전조작기'라고 하였다. '전조작기'는 유아가 논리적으로 조작할 수 있는 능력이 발달되어 있지 않고 인지적으로 성숙하지 못한 상태를 의미하며, 개념적인 조작능력이 충분히 발달하지는 않았지만, 정신적 표상에 의한 사고가 가능한 시기이다. 전조작기의 가장 두드러진 특징은 상징적 사고, 자기중심성, 물활론적 사고, 전환적 추론을 들 수 있다.

1) 상징적 사고

유아기는 상징적 사고발달에 매우 중요한 시기로 그림, 단어, 몸짓 등의 다양한 상징을 사용하여 실제의 사물이나 사건 혹은 상황을 표현하는 비언어적인 상징놀이를 많이 하게 된다. 예를 들면, 손바닥을 귀에 대며 전화하는 흉내를 내거나, 막대 사탕을 가지고 담배 피우는 흉내를 내기도 한다. 이러한 상징적 놀이는 언어의 발달과 함께 급속하게 발달하는데 2세경에는 인형을 안고 자장자장 재우는 흉내를 내고, 3세경에는 인형을 등에 업고 재우는 흉내를 낸다. 4세가 되면 "우리 아기, 엄마가 재워 줄께."라면서 사회극놀이를 시작하며, 점점 더 자라면서 유아의 상징적 놀이는 더 정교하고 복잡해진다. 이러한 상징적 놀이를 통해 다른 사람이 어떻게 생각하고 느끼는가를 이해할 수 있게 되며, 더 많은 단어와 문법을 배우게 되어 다양한 표현으로 이야기할 수 있게 된다. 유아기의 상징적 놀이는 단순히 흉내를 내는 것과는 달리 놀이에 줄거리가 있으므로, 유아가 여러 사건을 조직하여 순서를 매기고 원인과 결과의 관계를 이해하는데 도움을 주며, 문제해결 능력을 높이고, 시행착오를 감소시킨다.

2) 자기중심적 사고

전조작기의 유아는 타인의 입장에서 생각하는 능력이 부족하여 사건을 이해하거나 사물을 바라볼 때 항상 자신의 입장에서 이해하고 타인의 입장을 이해하지 못하는 것을 Piaget는 '자기중심적 사고'라고 하였다. 예를 들면, 유아는 자신이 좋아하는 장난감을 할머니 생신선물로 드린다던지, 자신의 눈에 보이지 않으면 다른 사람들도 볼 수 없다고 생각한다.

Piaget의 <세 개의 산 실험>이 유아의 자기중심적 사고를 측정하는 대표적인 실험이다. **그림 10-2**와 같이 크기가 다른 세 개의 산모형을 탁자 위에 놓고 한쪽 의자에는 유아를 앉히고 맞은편 의자에는 인형을 앉혀 놓는다. 그런 뒤 유아에게 A, B, C, D 네 방향에서 본 산의 측면 사진을 보여주고 인형이 보는 쪽의 산 모양을 사진에서 찾아보도록 한다. 4세 유아는 네 개의 사진 중 아무 사진이나 무작위로 고르며, 5세가 되면 자신이 보는 쪽의 사진을 집는다. 6세나 7세가 되면 이제 자신이 보는 쪽의 산 모양과 인형이 보는 쪽의 산 모양이 다르다는 것을 알지만 어떤 것인지 정확하게 집어내지는 못한다. 7세가 지나 8세 정도가 되면 정확하게 인형이 보는 쪽의 산 모양 사진을 집는다.

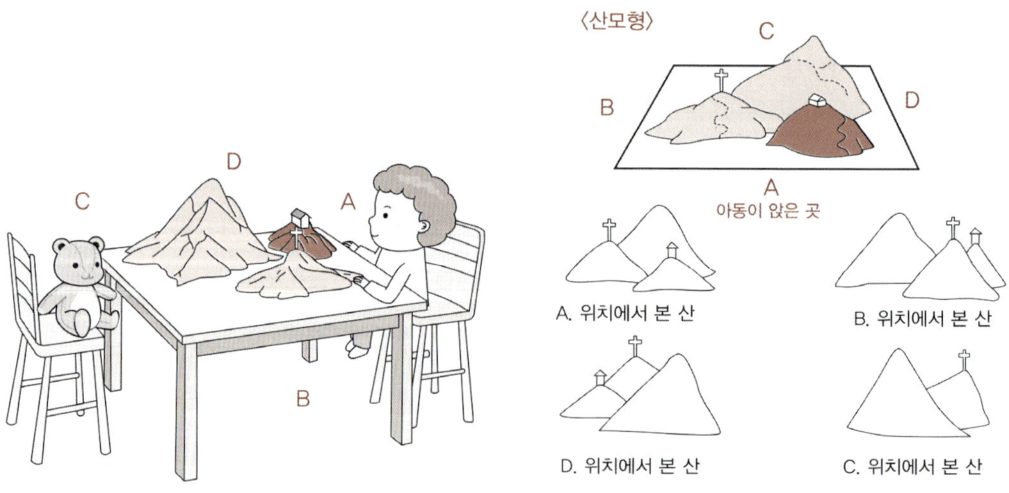

그림 10-2 세 산 모형실험

3) 물활론적 사고

유아기는 생물과 무생물을 구별하지 못하고, 생명이 없는 대상이나 현상에도 생명과 감정이 있으며, 사람에게 영향을 주는 것은 무엇이나 살아 있다고 생각한다. 유아는 무생물도 살아 있으며 자신들처럼 생각할 수도 있고, 감정을 가지고 있다고 생각하는데, 이것을 물활론적 사고라고 한다. 물활론적 사고는 몇 단계를 거쳐 발달하는데, 처음에 태양, 달, 장난감, 나무, 의자 등 모두가 살아 있다고 믿는다. 다음 단계에 들어서면 움직이는 것은 살아 있다고 생각하는데, 태양이나 달, 장난감은 움직이기 때문에 살아 있지만, 의자는 움직이지 않으므로 살아 있지 않다고 생각한다. 세 번째 단계에 이르면 스스로 움직이는 것만 살아 있다고 생각하는데 태양은 스스로 움직이므로 살아 있으나, 장난감은 스스로 움직일 수 없으므로 살아 있는 것이 아니라고 생각한다.

4) 직관적 사고

유아들의 사고는 자신이 본 것, 들은 것에 의해 결정하는데, 이러한 전조작기 유아의 사고방식을 직관적 사고라고 한다. 유아에게 노란색 꽃 5송이와 빨간색 꽃 2송이를 보여주고, 노란색 꽃이 더 많은지 빨간색 꽃이 더 많은지를 물어보면 노란색 꽃이 더 많다고 대답한다. 또한 똑같은 모양과 크기가 같은 두 컵에 물을 부어 물의 양이 같은 것을 유아에게 확인시킨 뒤, 한 컵의 물을 모양이 다른 컵에 부어 물의 높이를 다르게 만든 다음, 두 컵의 물이 같은가 다른가 물어보면 유아는 다르다고 대답한다. 유아는 같은 양의 물을 모양이 다른 컵에 부었다는 사실은 고려하지 않고, 현재 보이는 컵의 물높이에 초점을 두어 두 컵의 물의 양이 다르다고 대답한다. 이러한 이유는 한 가지 대상이나 하나의 상황에만 집중하고 다른 측면을 동시에 고려하지 못하고, 사물이나 사건의 여러 측면에 주의를 기울이지 않고 겉으로 보이는 사물의 특징만을 근거로 사고하기 때문이다.

① 보존개념

보존개념이란 어떤 대상의 외양이 바뀌어도 속성이 바뀌지 않는다는 것을 이해하는 능력을 의미한다. Piaget에 의하면 유아기에는 한 가지 차원에만 근거해서 보이는 대로 판단하기 때문에 수, 길이, 양, 무게, 부피 등의 보존개념을 획득하지 못한다.

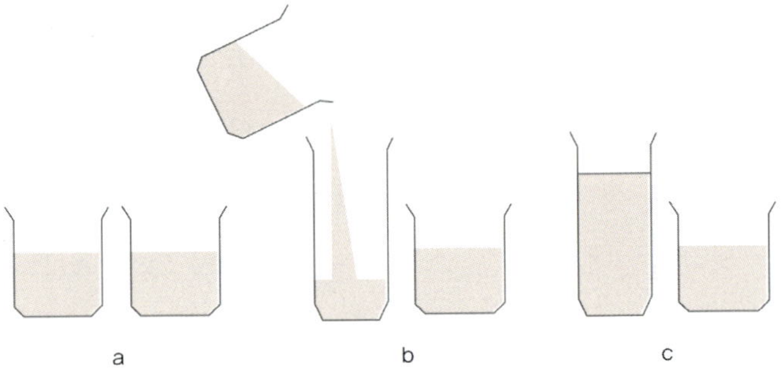

그림 10-3 보존개념의 실험

② 서열화

서열화란 사물이 가지고 있는 속성의 체계적인 순서에 따라 배열하는 것으로 사물과 사물의 차이를 인식하고 그 차이에 따라 사물을 정리할 수 있는 능력을 의미한다. 유아에게 길이가 다른 여러 개의 막대기를 주고 길이가 짧은 것부터 순서대로 나열해 보라고 하는 경우 1단계는 차례대로 나열하지 못하다가, 2단계가 되면 일부는 순서대로 나열하나 전체적으로 서열대로 나열하지는 못하며, 마지막 3단계에는 전체의 관계에서 체계적으로 순서에 맞게 배열할 수 있게 된다.

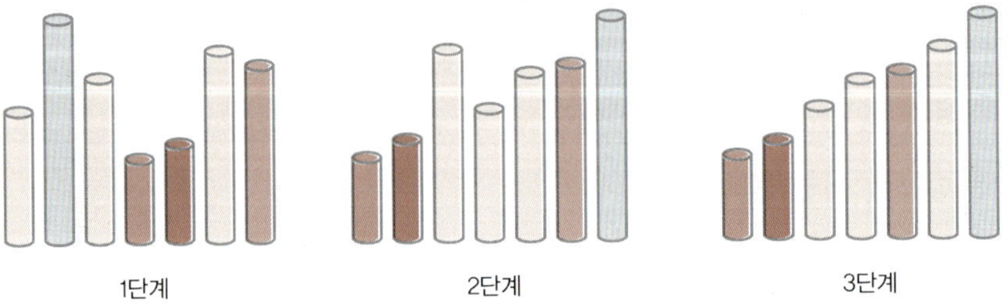

그림 10-4 서열화의 발달

③ 분류개념

분류개념이란 사물을 일정한 속성에 따라 구분하여 분류하는 것을 말하며, 유아기 초기에는 자기 것과 친구 것을 구별하거나 놀잇감을 가지고 놀면서 같은 것을 찾아 짝을 지어 보는 등 초보적인 분류 행동을 보인다. 유아 후기로 접어들면서 물체의 속성을 탐색하여 모양, 색, 크기 등 특정 준거에 따라 분류하며, 점차 바나나와 사과가 과일에 속한다는 유목 관계 등 전체와 부분의 관계를 이해하는 능력도 발달하기 시작한다.

4. 사회정서발달

유아기는 사회정서발달의 결정적 시기이며 인지, 신체적 발달과 함께 유아에게 요구되는 가장 기본적인 발달 영역으로, 사회 구성원들과 더불어 살아갈 수 있는 능력의 기초가 된다. 사회정서발달은 유아가 자신의 감정을 조절하고 타인을 이해하며, 타인과 조화로운 관계를 형성하고 유지할 수 있는 능력을 말한다. 또한 인간관계에서 일어나는 갈등과 문제를 긍정적으로 해결하는 인간관계에 있어서의 사회적 능력이고, 생활 중에 유아 자신이 처한 환경이나 상황을 인지하고, 이에 대해 감정과 행동으로 반응하는 정서적 경험을 포함한다(김호인, 2010).

유아는 부모와 원만한 관계를 형성하는 가운데 건강한 사회정서가 발달한다. 따라서 타인의 정서를 이해하고, 화가 나도 자신의 정서를 조절하고, 갈등을 원만하게 해결해 나가는 경험과 서로를 인정하고, 칭찬하며, 격려해 주는 환경을 형성해 주는 것이 무엇보다 중요하다. 유아는 자신이 속한 사회 집단 내에서 그 구성원들과의 상호작용과 집단 내에서 허용되는 행동양식을 통해 그 집단의 가치, 문화, 규범들을 익혀가며, 다른 구성원과의 관계에서 자신의 위치를 찾아 그에 알맞은 역할을 수행하게 된다. 이러한 경험은 이후 성격형성이나 사회적 능력에 많은 영향을 미친다(신연식, 1993).

1) 자아개념

자아개념이란 자신에 대한 지각으로 '나는 누구이며, 무엇인가'를 깨닫는 것으로 18개월 이후 타인과 자신을 분리하게 되면서 형성되기 시작한다. 자아개념은 완성되는 것이 아니라 5세나 6세까지 계속 변화한다. 유아기에 형성되는 자아개념은 성장 후에도 자신의 견해에 대해 가지는 자기 이미지를 결정하는 기초가 된다(Allport, 1961).

유아의 자아개념은 외적 특성인 신체와 행동, 사회관계의 특성에 기반을 두는데(Damon & Hart, 1988), 예를 들어 "나는 키가 커", "나는 축구를 잘해", "나는 이제부터 오빠야"와 같이 자신을 표현한다.

자아개념은 자신에 대해 자신이 어떻게 생각하느냐로 분명 유아 스스로 정의를 내리지만, 이러한 정의는 가족과 다른 주변 사람들의 말과 행동 및 자신을 대하는 방식과 의도를 바탕으로 형성된다. 예를 들어, 여러 번 시도하여 어렵게 블록 쌓기를 성공했을 때 유아가 박수를 치며 "내가 해냈어"라고 말하면, 부모는 "와, 여러 번 무너졌는데도 포기하지 않고 끝까지 해냈구나."와 같이 긍정적으로 지지해 준다면 유아는 '나는 힘든 것도 끝까지 해내는 아이'라고 정의를 내리게 된다. 그러나 뛰어가다가 넘어져서 우는 유아에게 "너는 왜 그렇게 조심성이 없니!"라고 한다면 유아는 '나는 조심성이 없는 아이'라고 정의를 내리게 된다. 이러한 경험을 통해 자아개념이 긍정적으로 형성된 유아는 성공과 실패는 스스로 통제할 수 있다고 생각하고, 문제 상황에 부딪쳤을 때도 스스로 해결할 수 있다고 믿으며, 능동적으로 문제를 해결하려고 한다. 그러나 부정적인 자아개념이 형성된 유아는 성공에 대한 자신감이 없고, 실패의 원인을 자신이 무능력하기 때문이라고 생각하여, 문제가 발생하면 회피하려고 한다.

2) 자아존중감

자아존중감은 자신을 사랑받을 가치가 있고 소중한 존재라고 여기며, 어떤 일도 이룰 수 있는 유능한 사람으로 믿는 마음으로, 사회성 발달과 깊은 관계가 있다(유춘원, 2008). 자아존중감은 만 2세경에 자기인식으로부터 시작으로 인지능력과 자기조절력이 발달하고, 자아개념을 기초로 하여 자신에 대한 인식과 평가에 대한 확고성과 안정성을 바탕으로 7세를 전후로 발달하게 된다. 또한 자신에 대한 다른 사람들의 긍정적인 평가와 타인의 수용 및 인정을 종합하여 자아존중감을 형성하게 된다.

자아존중감이 높은 유아는 자신에 대한 자신감, 적절한 모험심, 안전감, 자기표현을 가능하게 하며, 자아존중감이 낮은 유아에 비해 당면한 일에 효과적으로 대처한다. 또한 자신을 중요하고 가치 있는 사람으로 생각하여 자신이 하고 있는 일에 자신감을 가지고 적극적이고 능동적으로 참여하며 잘 적응한다(김영숙, 1999; Germain & Duclos, 2007). 반면 자아존중감이 낮은 유아는 움츠러들고 자신의 생각과 느낌을 정확하게 표현하지 못하며 또래들과의 관계에서 잘 어울리지 못하고 적응력이 낮다(이진희, 2011). 이처럼 유아기에 형성되기 시작하는 자아존중감은 사고, 감정, 행동을 포함한 인성발달에 영향을 미칠 수 있으며 긍정적인 자아실현과 효율적인 적응 및 사회적 상호작용, 바람직한 인간관계 등 일생 동안 인간의 삶에 지속적인 영향을 미치는 중요한 변인(Harter, 1982)으로 이 시기에 바람직한 자아존중감을 형성하는 것은 매우 중요하다.

3) 정서조절능력

정서조절능력이란 자신의 정서를 표현하고, 이해하고, 조절하는 정서적 반응으로 효율적으로 스트레스에 대처하고, 행동적 충동을 통제하는 능력이며, 타인과의 사회적 관계에서 정서적 측면을 처리하는 능력을 말한다(Saarni, 1999, Eisenberg & Fabes, 1998).

정서는 타인이 이해 가능한 방식으로 표현되어야 한다. 이러한 기본 원리를 이해하고 있는 유아는 대상이나 상황에 적절한 방식으로 정서를 표현하면서 자신의 목적을 달성하게 되며, 이러한 경험을 바탕으로 자신의 정서조절능력이 발달하게 된다.

정서조절능력의 발달 정도는 자신이 속한 사회와의 상호작용, 또래와의 관계 유지 및 사회적 적응 등과 관련이 있다(Eisenberg, Fabes, Nyman, Bernzweig & Pinuelas, 1994). 즉, 정서조절능력이 뛰어난 유아일수록 사회적으로 수용 가능한 행동을 하고, 또래들과도 긍정적인 관계를 맺으며, 대인관계 속에서 일어나는 갈등과 문제를 올바르게 인식하여 효율적으로 해결할 수 있게 된다. 이러한 정서조절

능력은 유아의 사회·정서능력의 발달을 이끄는 기본적이고 핵심적 능력이라 할 수 있다.

4) 친사회적 행동

친사회적 행동이란 타인과 자신의 이익을 위해 자발적으로 도와주기, 협동하기, 격려하기, 달래주기 등과 같이 외적인 보상을 기대하지 않고 다른 사람을 돕는 모든 행동을 말하며, 이기심이나 공격성과 같은 반사회적 행동의 반대개념이다(Berkowitz & Maculary, 1970). 이러한 행동은 연령이 증가하고 인지가 발달하여 탈중심화가 되면서 타인의 입장과 감정을 이해할 수 있게 되고, 어떤 상황에서 도움이 필요한지, 어떻게 도와주어야 되는지를 이해할 수 있게 되면서 타인과의 상호작용을 보다 쉽고 효율적으로 할 수 있게 된다.

친사회적 행동을 하는 유아는 충동적인 행동을 통제하는 능력이 뛰어나고 긍정적인 정서를 유지할 수 있으며, 또래의 이야기를 잘 들어주고, 갈등을 해결하고 협동하고자 하며, 서로 양보하고 배려하는 행동을 한다. 유아는 이러한 행동을 통해 또래에게 인정과 수용을 받고, 성취감을 경험하게 되며, 다른 유아와의 연대감과 자신에 대한 유능감 및 긍정적인 자아개념을 형성하게 된다.

친사회적 행동은 또래와의 관계에서 서로 돕고, 나누며, 협동하고 양보하는 경험과 자신의 마음을 표현할 수 있는 대화나 다른 사람을 존중하는 마음과 행동 등을 통해 증진시킬 수 있다. 이러한 경험은 일상생활 속에서 다양한 교육적 활동을 통해 이루어져야 한다.

5. 유아기의 부모역할

유아기의 생활은 대부분 가족과 더불어 가정 내에서 이루어지므로 가족관계는 유아가 최초로 맺는 첫 번째 사회적 관계라 할 수 있다. 즉, 인간은 가장 기본적인 특성과 행동양식을 가정이라는 교육의 장에서 부모를 통해 기본 지식 및 정서를 습득하고 사회화의 기초를 형성하게 된다.

1) 양육자의 역할

유아기는 끊임없이 부모의 관심을 요구하기 때문에 부모는 자녀 양육에 많은 시간과 에너지가 필요하다. 또한 자율성과 주도성의 발달로 인해 부모의 대화에 자꾸 끼어들려고 하고, 자신의 생각을 강하게 주장한다. 또한 신체발달로 인해 활동성이 높아지면서 집안을 어지럽히는 등 여러 가지 엉뚱한 행동을 하기도 한다. 어느 날은 순한 양이 되었다가 다시 반항하고 공격적이 되기도 하며, 금방 울다가도 웃는 등 유아의 일관성 없는 행동은 부모로서의 역할을 더욱 어렵게 한다. 그러나 이 시기의 부모는 애정과 관심을 갖고 보호하는 양육자의 역할을 하여야 하며, 올바른 양육을 위해서는 가정의 정서적 분위기와 자녀교육에 대한 서로의 생각을 의논하고, 공통된 목표와 가치관을 가지는 것이 중요하다.

양육자로서 부모의 역할을 수행하기 위해서는 부부 간의 애정적인 관계 또한 중요한데, 부부가 서로 존중하고, 자녀를 한 인격체로 대하면 가정의 분위기는 긍정적으로 형성되고, 자녀는 긍정적인 자아개념과 정체감을 형성해 나갈 수 있게 된다.

2) 올바른 기본생활습관 형성

기본생활습관은 그 시기를 놓치면 다음에는 배우기가 어렵고, 한 번 형성된 다음에는 바꾸기가 어려우며, 인격 형성의 바탕이 되기 때문에 유아기 때부터 올바른 습관이 형성될 수 있도록 하여야 한다. 기본생활습관은 생활 속에서의 경험과 부모나 성인들의 행동을 모방하는 반복적인 과정을 통해 형성되기 때문에 유아기에 적절한 기본생활습관을 배울 수 있도록 반복적이고 지속적인 노력이 필요하다. 유아기의 기본생활습관 형성은 개인적 필요 차원을 넘어 남과 더불어 살아가는 사회인으로서 모든 사람들이 반드시 갖추어야 할 기본 덕목이며, 유아기 이후인 아동기와 청소년기의 사회적 능력으로 나타난다(모용희, 2015).

기본생활습관 중 청결과 관련된 내용으로는 자신의 몸을 깨끗이 하기, 화장실 사용 후 손 씻기, 이 닦기, 자기 물건 정리 정돈하기 등이 있으며, 질서와 관련된 내용에는 차례 지키기, 계단이나 실내에서 뛰지 않기, 공공규칙 지키기, 공공장소에서 시끄럽게 말하거나 고함치지 않기, 공공장소에서 함부로 뛰어다니지 않기, 휴지나 쓰레기를 함부로 버리지 않기 등이 있다. 또한 예절과 관련된 내용에는 어른에게 존댓말 사용하기, 친구나 아는 사람을 만났을 때 반갑게 인사하기, 도움을 받았을 때 고맙다고 말하기, 실수하거나 남에게 피해를 주었을 때 미안하다고 말하기 등이 있다. 이러한 기본생활습관이 잘 형성된 유아는 다른 사람들과의 사회적 관계도 원만하며 가정에서뿐만 아니라 사회에서의 다양한 활동을 통해 많은 것을 배우게 되고, 자신의 일을 스스로 하는 능동성을 보이며, 행복한 삶을 살 수 있다(이숙희, 강병재, 2002).

3) 주도성과 성취감 제공

Erikson(1963)은 유아기가 심리사회적 발달의 3단계인 주도성 대 죄책감이 발달하는 시기라고 하였다. 이 단계의 유아는 기본적인 운동능력이 발달하여 다른 사람의 행동에 반응만 하는 것이 아니라 여러 활동을 비교적 자율적으로 행동하게 된다. 부모가 이러한 유아의 자율적인 행동을 지지하고 도움을 주면 주도성이 발달하게 되고, 반대로 부모가 유아의 행동을 제한하고 질문을 귀찮아하면 죄책감이 발달하게 된다.

유아들은 "이게 뭐야?", "이거 어떻게 하는 거야?" 등의 질문을 많이 하는데, 이것은 자기가 무엇을 할 수 있는지를 발견하려는 주도성과 호기심이 왕성하기 때문이다. 유아의 주도성과 호기심으로 인한 다양한 질문이나 행동을 부모는 이해하기 어려울 때가 종종 발생하기도 한다. 예를 들어, 자신이나 또래, 부모의 몸에 대해 탐색해 보거나, 전화기 내부가 궁금해 분해해 보려고 할 경우, 유아가 파괴적이거나 이상해서라기보다는 호기심과 조작능력의 발달 때문이라 볼 수 있다. 따라서 부모가 이러한 행동을 비난하거나 혼을 낸다면 주도성 발달에 방해가 될 뿐 아니라 죄책감을 발달시켜 자아개념 형성에 좋지 않은 영향을 미칠 수 있다. 잘못된 행동에 대해서는 적절한 훈육을 해야 하지만 너무 심한 비난과 처벌보다는 자녀를 이해하고 바라보려는 자세가 필요하다. 또한 무언가 목적을 가지고 행동하는 경향이 늘어나는 이 시기에 목표를 달성하고 이루어냈다는 성취감을 맛보게 해 주는 것은 매우 중요한데 이러한 유아기의 성취감은 일상생활 속에서 경험하는 것부터 시작하면 된다. 예를 들어, 오늘 입어야 할 옷 고르기, 혼자서 단추 채우기, 신발을 오른쪽과 왼쪽이 헷갈리지 않고 똑바로 신은 것 등 작은 것에서부터 칭찬해 주고 격려해 주는 것이다. 혹시 유아가 무언가를 하다가 실패했더라도 아이의 노력에 대해 인정해주고 격려해주어 실망보다는 다시 도전할 수 있는 마음을 가질 수 있도록 도와주어야 한다.

4) 또래관계

유아기는 가정에서 부모와 함께 하는 시간이 점차 줄어들고 유아교육기관에서 사회적 경험과 또래와 함께 보내는 시간이 많아지는 시기로 부모와의 관계에만 초점을 맞추던 유아가 또래에게 관심을 보이며, 관계를 맺음으로써 사회적 관계가 점점 복잡해져 간다(지성애, 김미경, 2003). 특히 자아존중감을 발달시키고, 좋은 인간관계를 유지할 수 있는 다양한 능력과 사회화의 기초를 또래관계를 통해 형성하게 된다. 예를 들어, 블록쌓기 놀이를 하는 동안 또래의 말과 행동을 주의깊게 관찰하고, 놀이패턴을 파악하기도 하며, 갈등이 생겼을 때 또래들은 어떻게 대처하는지도 경험하게 된다. 다양한 또래와의 놀이를 통해 타인의 관점에서 자신을 바라보는 경험을 하게 되고, 또래의 행동과 마음을 이해하는 등의 이타심을 증진시킬 수 있기 때문에 또래들과 놀 수 있는 시간을 확보해 주는 것이 필요하다.

유아기 자녀를 둔 부모가 꼭 기억해야 하는 것

〈생활 속에도 질서가 있다는 것을 알려준다.〉

사랑스러운 자녀가 더불어 사는 사회에 잘 적응하기 위해서는 가족과 함께 공공장소를 이용할 때 꼭 지켜야 하는 질서를 배우는 것은 아주 중요한 예절이다.

질서를 잘 지키지 않는 아이는 또래나 다른 사람들에게 반갑지 못한 존재가 될 수 있다. '세 살 버릇 여든까지 간다'는 옛 속담처럼 유아기에 이미 성격형성(인격)이 거의 마무리되므로 질서의식에 대한 습관화가 필요하다.

자녀에게 친숙한 것, 익숙한 환경은 가장 좋은 교육 자료이다. 질서를 잘 지키는 아이로 성장하기 위해서는 기본적으로 생활 속에서부터 질서를 지키는 것이 필요하다. 해가 뜨고 지는 것처럼 아이도 하루 일과 속에서 옷 입기, 세수하기, 양치하기, 밥 먹기, 놀잇감 정리하기, 자야 하는 시간 등 모든 것들이 하나의 질서가 된다.

① 아이가 해야 할 일은 이해할 수 있는 언어로 말해준다.
- 유아기의 언어발달은 아직 미숙한 단계이므로 다중적인 의미로 해석이 가능한 말은 아이에게 올바른 의사전달이 되지 못한다. 따라서 연령에 맞게 이해할 수 있도록 구체적으로 말해 주어야 한다. 예를 들어, 정리시간에 정리하지 않는 아이에게 "놀이한 것은 어떻게 해야 하지?"라는 말보다는 "ㅇㅇ이가 놀이했던 인형도 집에 가고 싶대. 놀이가 끝난 인형은 정리해보자"와 같이 이야기한다.

② 아이 스스로 지킬 수 있을 만큼의 규칙을 함께 정한다.
- 자신이 지켜야 할 규칙을 스스로 생각해보고 정하도록 한다. 부모가 주도해서 정하기보다는 아이 스스로 생각해보고 스스로 지킬 수 있는 규칙을 만들어 보게 하면 지킬 확률도 높아진다. 예를 들어, 유치원에 다녀온 후 가방을 제자리에 정리하지 않는 아이에게 "유치원 다녀오면 가방은 어디에 있어야 할까? 다음에도 정리를 하지 않으면 그때는 어떻게 하면 좋을까?"라고 물어본다.

③ 아이가 고쳐야 하는 행동이 있으면 어른이 먼저 모범이 되어야 한다.
- 아이가 놀잇감 정리를 하지 않을 경우 무조건적으로 다 정리해주기보다는 아이가 스스로 정리해볼 수 있도록 도와주거나 부모가 먼저 모범을 보여준다. 예를 들어, "어머니는 노란색 블록을 담아 볼게, ㅇㅇ는 무슨 색 블록을 담아볼까?"라며 장난감 정리를 함께 하면 좋겠다.
- 어른을 만나면 인사를 하지 않는 아이에게 야단을 치기보다는 부모가 먼저 인사하는 모습을 보여 주면서 자연스럽게 따라 하도록 한다.

④ 자녀가 자야 할 시간에는 TV를 끈다.
- 시간이 지날수록 아이들은 잠을 자지 않으려는 모습을 보인다. 자야 할 시간임을 분명하게 알 수 있도록 가족 모두가 TV, 컴퓨터 등 불빛을 끄고 잘 준비를 한다.

⑤ 질서가 습관이 되기까지는 시간이 필요하다는 것을 기억한다.
- 습관이 들기까지는 많은 시간이 필요하다. 질서를 지키는 생활은 꾸준히 그리고 반복하는 것이 중요하다는 것을 인식하고 여유를 가지고 기다려 준다.

12 Chapter 아동기 발달과 부모역할

아동기는 학동기, 학령기라고도 하며, 보통 8~12세까지인 초등학교 시기를 말한다. 이 시기는 유아기보다 왕성한 변화나 발달은 하지 않지만 학교에 입학하여 일정한 규율과 규칙적인 학교생활, 교우 간의 공동생활로 인해 더 많이 성장하고 발달해 간다. 또한 생활의 중심이 가정에서 학교로 이동하기 때문에 아동기 발달에서 학교생활과 또래관계는 매우 중요한 역할을 한다. 성장발달과정에서도 기본적 기능이 형성되고 성격, 지능발달, 운동발달 등 신체적으로나 정신적으로 꾸준한 성장발달을 보이는 중요한 시기이기도 하다. 아동기는 변화된 사회적 요구에 적응하기 위하여 더 발달된 운동, 인지, 언어, 사회정서능력 등을 발휘하게 된다(박요한, 2018).

1. 신체발달

1) 신체적 성장

아동기의 신체적 성장은 유아기에 비해 비교적 완만하게 진행되며, 신체 기관의 구조는 정밀해지고, 기능은 능률적이고 계속적으로 성장하는 시기이다(이현섭 외, 1999). 아동기의 신장은 일반적으로 남아의 경우 8세경에는 평균 약 116cm 정도, 12세경에는 약 145cm까지 성장하고, 여아의 경우 8세경에는 평균 약 110cm, 12세경에는 약 142cm까지 성장하며, 1년에 평균 5.5cm 정도 성장한다. 또한 체중은 남아의 경우 8세경에는 평균 약 21kg이던 것이 12세경에는 40kg 정도로 증가하며, 여아의 경우 8세경에는 평균 약 20kg이던 것이 12세경에는 39kg 정도로 증가하는데, 1년에 평균 2.7kg 정도 증가한다(질병관리본부,

2017). 신장과 체중의 발달은 점진적이고 지속적으로 매년 꾸준한 증가추세를 보이지만 발달의 속도가 항상 일정하지는 않다.

신체적 성장으로 인해 스스로 할 수 있는 활동의 범위가 넓어지고 부모로부터 독립할 수 있는 조건을 만들어 주며, 자신의 신체적 크기나 골격은 운동이나 친구와의 관계에 중요한 요인이 된다.

2) 운동기능의 발달

운동기능의 발달은 신체발달과 함께 아동기에 중요한 의미가 있다. 이 시기의 운동기능발달은 지적, 정서적, 사회적 발달을 촉진시킬 뿐만 아니라 성격형성에도 중요한 영향을 미친다. 아동기는 운동기능의 발달이 더욱 활발해지고 온몸을 사용하는 운동을 좋아하게 되면서 근육의 힘이 증가하고 점차 강해지며, 민첩해진다.

걷기, 뛰기와 같은 보행능력도 10세경이 되면 성인의 90% 수준에 도달할 정도로 능숙하게 되며, 활동을 하는데 중요한 역할을 하는 유연성과 균형감이 발달한다. 또한 움직임의 폭이 넓어지며, 오르기, 뛰어 내리기, 미끄러지기 등에 필요한 협응능력이 발달한다(성영혜 외, 1999). 대근육이 더욱 정교해지고 협응이 되어가면서 소근육을 활용한 다양한 도구들을 좀 더 자유롭게 사용할 수 있게 된다. 8~10세경에는 손의 사용이 정확해져서 단순히 글자를 베끼는 것이 아니라 제대로 쓸 수 있게 되고, 10~12세경에는 성인의 도움 없이도 복잡하고 정밀한 동작이 요구되는 공예작품과 악기연주를 좀 더 능숙하게 할 수 있다.

아동기는 달리기, 뛰기, 던지기 등의 운동기능을 습득하기에 가장 중요한 시기이다. 이 시기에 다양한 활동을 통해 운동 기술을 연습할 수 있는 기회나 또래와의 활동을 통한 상호작용의 기회가 부족하게 되면 운동기능 발달이나 사회적 능력 발달이 지연되거나 지체될 수 있으며, 아동이 스스로 운동기술을 다른 또래들과 비교하면서 자신을 평가하여 자아개념과 자아존중감 형성에 영향을 미치게 된다.

아동기의 신체발달은 자신의 태도와 행동, 성격, 주위의 환경, 유전적 요인 등에 많은 영향을 받지만, 신체 각 부위의 발달비율은 동일한 연령의 또래들 간에도 상당한 차이가 있고 성별에 따른 차이를 보인다.

2. 언어발달

아동기에는 학교교육의 결과로 읽기, 쓰기, 말하기뿐만 아니라 발표력과 문법력, 독해력이 발달하는 시기이다. 문법적 구조나 유형이 길고 복잡한 말에 대한 이해력이 증가하며, 언어에 대한 의미도 파악하게 된다. 어휘력이 급속히 발달함에 따라 어휘의 양도 풍부해지고, 같은 어휘가 발음상의 차이에 따라 서로 다른 몇 가지의 의미를 나타낸다는 것도 이해하게 된다(김영태, 2009).

아동기에는 특히 대상 참조적 의사소통기능(referential communication)이 발달하게 된다. 대상 참조적 의사소통기능이란 대화하는 상대방의 연령, 성별, 이해 정도, 사고방식 등을 고려하고, 대화하는 상대방의 여건에 맞도록 자신과 언어를 선택, 조절해서 표현할 수 있는 기능을 말한다(주영희, 2001). Piaget(1960)는 아동기가 되면 탈중심화능력이 발달하고, 이러한 탈중심화로 인해 대상 참조적 의사소통이 가능하다고 하였다. 탈중심화 경향은 연령의 증가와 함께 점진적으로 발달하게 된다.

1) 어휘의 발달

아동기는 유아기 때와는 다른 환경인 학교생활을 하게 되면서 언어를 사용하는 상황이나 의사소통에 관한 규칙에 차이를 보이며 아동의 언어에 커다란 변화를 가져오게 된다. 그로 인해 아동기는 유아기와 달리 단순히 양적인 측면에서 어휘의 수가 증가하는 것이 아니라, 어휘에 대한 지식의 폭이 확대되고, 어휘에 대한 의미나 정의를 자세히 세분화시켜 질적인 측면에서의 발달을 보이게 된다. 이 과정을 통해 낱개의 어휘에 대한 해석뿐만 아니라 특정한 문맥에서의 의미도 이해할 수 있으며, 추상화된 단어도 습득하게 된다. 즉, 지금까지 습득한 어휘들을 바탕으로 의미가 비슷한 말, 반대말, 맥락에서 다른 의미로 어떻게 사용할 수 있는지와 같이 어휘의 발달이 넓고 깊게 확장해 나간다. 또한 아동은 대화 상황에 노출되는 말을 통해서만이 아니라 읽기와 같은 능동적인 경험을 통해서도 어휘를 습득하게 된다. 어휘를 많이 습득한 아동들은 문장의 내용을 보다 잘 이해하게 되고, 문장 읽기를 많이 한 아동일수록 어휘력이 신장되는 결과를 가져 오게 된다(Robert & Owens, 2012).

2) 의사소통능력의 발달

의사소통 기능을 사용하기 위해서는 사회적, 인지적 능력이 필요하다. 이러한 발달은 생후 첫 1년에 걸쳐 점진적으로 발달하기 시작하여 아동기 후반까지도 지속된다.

아동은 의사소통을 통하여 상대방과 동등한 관계에서 상대방의 생각이나 감정을 이해하고 자신의 생각이나 느낌을 표현하게 된다. 또한 대인관계의 기본적인 자질인 타인을 이해하고 수용하는 긍정적인 태도의 변화와 학교생활이나 가정에서 원만한 대인관계의 능력을 발휘할 수 있는 기초적인 능력을 배양할 수 있게 한다(송정미, 2008).

또래들과 원만한 관계를 유지하는 아동들은 또래가 이해할 수 있는 수준에서 충분히 설명하여 상대방이 원하는 정보를 제공해주며, 다른 또래들의 말에 귀 기울이고 적절하게 질문하는 등의 능력을 보인다. 그러나 또래들에게 수용되지 못하는 아동은 자신이 의도한 대상에게 정확하게 의사를 전달하지 못하며, 주변 친구들에게 관심을 골고루 나누지 못한다. 또한 부적절한 방식의 상호작용을 하거나 상황에 맞지 않는 대답이나 이야기를 많이 하는 경향이 있다. 놀이를 할 때도 진행되고 있는 놀이와 관련된 상호작용을 더 활발하게 하는 아동과 자신의 요구와 관심사에만 몰두하여 놀이와 관련된 상호작용을 하지 않는 아동은 또래관계에서도 차이를 보였다(Erikson, 1977).

3. 인지발달

Piaget(1962)는 8~12세까지인 아동기의 인지발달 단계를 '구체적 조작기'라고 하였다. 구체적 조작기는 아동이 직접 경험한 구체적인 세계에 한정하여 사고하는 것을 의미한다. 전조작기에서는 한 가지 사물의 속성에 얽매어 그 관계성을 이해하지 못하였으나 구체적 조작기가 되면서 사물의 속성을 다룰 때 그들 사이의 관계성을 고려할 수 있게 된다. 또한 쉽게 상상될 수 있는 사물이나 구체적인 문제들을 다룰 수 있고, 사고를 논리적으로 조작할 수 있는 능력이 발달하게 된다.

1) 인지발달의 특징

구체적 조작기가 되면 논리적인 사고의 체계가 발달하게 되고, 가역성을 이해할 수 있게 되면서 보존개념 및 유목화, 서열화와 같은 능력이 발달하게 된다. 또한 사회적 경험이 다양해지면서 전조작기 특징인 자기중심적 사고가 점차 감소하게 되고, 다른 측면을 무시한 채 한 측면에서만 주의를 기울이는 경향에서 벗어나는 탈중심화가 되면서 타인의 입장에서 보는 정신적 조망수용능력을 획득하게 된다(이민경, 박경자, 2015).

(1) 가역적 사고

① 보존개념

보존개념이란 물체의 양을 더하거나 빼지 않으면 물체의 외형이 바뀌어도 물체의 양은 그대로 보존된다는 것(그림 10-2 참조)을 이해하는 능력으로 보존개념을 획득하기 위해서는 동일성(identity), 보상성(compensation), 가역성(reversibility)이라는 세 가지 원리가 전제되어야 한다(정옥분, 2019). 먼저 동일성은 같은 양의 물을 모양이 다른 그릇에 그대로 옮겨 담았을 때 물의 양은 동일하다는 것을 인식하는 것이고, 보상성은 넓이와 길이가 다른 두 그릇에 같은 양을 붓지만 그 양이 달라 보이는 것은 그릇의 넓이와 길이가 서로 다르다는 것을 인식하는 것이며, 가역성은 일련의 순서를 따라 사고한 다음, 그 순서를 역으로 돌려 다시 처음으로 돌아가는 것을 이해하는 것으로, 같은 양의 물을 모양이 다른 그릇에 그대로 옮겨 담아도 원래대로 옮겨 부으면 양이 같아진다는 것을 이해하는 것이다(Laura, 2009). 이러한 보존개념은 한순간에 나타나는 것이 아니라 7~8세 때는 양의 보존, 9~10세는 무게의 보존, 11~12세는 부피에 대한 보존을 이해하게 된다.

② 유목화

유목화란 부분과 전체 간의 공통점과 차이점, 관련성과 같은 논리적 관계와 상하의 위계적 관계를 이해하는 것이다. 예를 들어, 접시에 사과 5개, 딸기 3개, 참외 2개를 보여주면서 "사과가 많을까 과일이 많을까?"라고 물으면 아동기는 유아기와는 달리 사과가 과일의 하위개념인 것을 알고 과일이 많다고 대답한다.

③ 서열화

서열화란 사물과 사물의 차이를 인식하고 그 차이에 따라 사물을 정리할 수 있는 능력, 크기나 무게와 같이 사물이 가지고 있는 속성의 체계적인 순서에 따라 배열할 수 있는 능력을 의미한다. 예를 들어, 반 친구들의 키를 작은 친구부터 큰 친구로 나열할 수 있다면 서열화는 획득한 것이다. 이러한 서열화의 개념은 수들 간의 관계를 이해하는데 결정적인 역할을 함으로써 수학을 배우는 데 있어 필수적이다(정옥분, 2019).

(2) 조망수용능력

조망수용능력이란 타인의 입장을 이해하고 타인의 감정뿐 아니라 사고, 동기, 의도, 행동 등을 추론하고 이해하는 능력을 말한다. 조망수용능력은 전조작기의 특성인 자기중심적 사고에서 탈중심화인 이타적 사고로 전환이 가능해지는 구체적 조작기가 되면서 획득하게 된다.

조망수용능력은 아동이 사회를 알고 이해하는데도 중요한 역할을 하고 공감능력, 언어발달, 자아개념, 자아존중감, 대인 지각, 타인의 의도 추론능력 등의 발달에 매우 중요한 영향을 미친다(Buckley, Sigel, Ness, 1979). 조망수용능력이 높은 아동은 타인의 행동을 예측할 수 있고, 자신의 행동을 통제하여 사회적 상호작용을 조절하고, 갈등상황을 우호적으로 인식하며, 갈등을 해결하기 위하여 노력한다.

표 12-1 구체적 조작기의 특성

개 념	주요 특성
보존개념	물체의 외형이 변해도 물리적 특성은 동일하다고 인식한다.
탈중심화	자신에게 보여지는 시각적 특징으로 판단하기보다는 여러 특성을 통합하여 판단한다.
가역성	주어진 문제에 대해 단계적으로 사고할 수 있으며, 시작점으로 돌아갈 수 있다는 것을 안다.
유목화	물체를 나눌 때 여러 가지 특성에 따라 다양하게 나눌 수 있다.
서열화	물체를 배열할 때 전체적인 구도를 그리면서 배열한다.
전이적 추론	머리속으로 서열화할 수 있으며, A와 B를 B와 C를 비교한 후 A와 C의 관계를 추론할 수 있다.
공간추론	거리에 대한 보존 개념이 있으며, 거리와 시간, 속도 사이의 관계를 이해하고, 한 장소에서 다른 장소까지 갈 수 있는 방법에 대해 이야기할 수 있다.

아동기의 후기(초등학교 5~6학년)가 되면 구체적 조작의 수준에서 형식적 조작기의 수준으로 발달하게 되어 조작은 좀 더 논리적이고 체계적으로 발달한다. 그러나 아직은 직접적이고, 구체적인 경험을 바탕으로 사고하며, 직접적인 지식이 없는 영역에서는 자신의 경험을 토대로 해서 추론하는 경향을 보인다.

4. 사회정서발달

아동기는 생활의 중심이 가정에서 학교로 이동하게 되고, 활동범위가 넓어지며, 가정 밖에서 보내는 시간이 증가하는 시기이다. 또한 학교생활 속에서 겪게 되는 다양한 경험을 통해 중요한 사회적 관계를 맺어 나가고, 원만한 인간관계 형성과 사회에 적응하는 능력인 사회성을 습득하게 된다. 또한 아동 자신과 그들에게 중요한 인물, 즉 부모, 교사, 친구들과 사회문화적 맥락 간의 상호작용을 통해 사회성이 발달한다. 따라서 이 시기는 많은 또래들과 사귀며 즐겁게 생활하고, 여러 가지 활동에 적극적으로 참여하여 주변 사람들과 우호적인 관계를 가지는 것은 바람직한 인격을 형성하는 데 기초가 된다.

1) 자아개념

자아개념은 아동이 성장하는 동안의 다양한 경험과 상호작용을 통해 형성되며, 자신의 행동을 평가하는데 가장 큰 영향을 미치는 요인이 된다. 특히 학교생활에서 경험한 성공이나 실패의 경험이 중요한 영향을 미치며, 성공적인 경험에 따른 긍정적 평가는 긍정적 자아개념으로 연결되지만, 실패의 경험이나 교사, 부모, 친구들의 부정적인 평가는 부정적 자아개념으로 연결된다. 즉, 부모나 교사로부터 칭찬을 자주 받거나 인정을 받은 경험이 많은 아동은 중요한 과업이나 문제 상황에서 성공할 수 있다는 긍정적 자아개념을 갖게 되는 반면, 주위 사람들로부터 질책이나 비난을 자주 받은 아동은 중요한 과업이나 문제 상황에 실패할 것 같다는 부정적인 자아개념을 갖게 된다.

긍정적 자아개념이 잘 형성된 아동은 성취동기가 높고, 환경의 요구에 잘 반응하며, 정서가 안정적이고, 자신의 가치를 높게 평가하며, 자신과 타인에 대한 신뢰가 높고, 자신의 삶에 대해 만족도와 행복감을 높게 느낀다. 그러나 부정적인 자아개념을 가진 아동은 모든 일에 의욕이 없고 환경의 요구에 잘 반응하지 못하며, 자신에 대한 가치를 낮게 평가하고, 자신과 타인을 신뢰하지 못하며, 삶에 대해 만족도와 행복감이 낮다.

자아개념을 확립해 가는 시기인 아동기에 주변에서 보이는 다양한 아동에 대한 평가는 삶의 전반적인 행동에 지속적인 영향을 미치게 된다.

2) 친사회적 행동

친사회적 행동은 남을 도와줌으로써 사회적 관계를 유지하는 등 사회적으로 긍정적인 평가를 받을 수 있는 행동으로 돕기, 나누기, 협력하기, 위로하기, 배려하기 등이 있다(박성희, 2004, Haffman, 1990). 또한 타인의 이익을 자기의 이익보다 앞세우는 행동, 즉 자신에게 조금 손해가 되더라도 자발적으로 타인을 돕는 행동을 말한다. 예를 들어, 친구의 일을 도와주거나, 자신의 물건을 나누어 쓰기 등과 같이 사회적으로 바람직한 행동을 하는 것이다. 이러한 친사회적 행동은 연령, 과거의 경험, 사회 인지수준, 부모의 양육태도 등에 영향을 받으며, 친사회적 행동을 자주하는 부모의 아동이 친사회적 행동을 더 많이 하게 된다.

친사회적 행동은 연령이 증가함에 따라 의사소통능력이 발달하고 타인과의 상호작용 경험과 타인의 감정을 이해하는 정도가 증가하면서 친사회적 행동을 보이기 시작한다. 이러한 친사회적 행동을 더 많이 보이는 아동은 공격성이나 거짓말, 훔치기와 같은 문제 행동과는 부적상관을 보인다(Perry & Bussey, 1984; 문수경, 2004). 따라서 또래와의 관계가 활발한 시기인 아동기에 친사회적 행동을 증진시키는 것은 아동의 긍정적 발달을 촉진함과 동시에 부정적 행동을 줄일 수 있는 예방적 접근의 방법으로 중요한 역할을 하게 된다.

3) 또래관계

아동기는 자신과 비슷한 관심사가 있는 또래들과의 더 많은 관계를 맺고, 신뢰와 친밀감을 형성하며, 자신의 생각과 감정을 분명히 표현할 수 있게 되면서 또래관계가 좀 더 성숙한 관계로 발전하게 된다. 또한 또래관계는 아동에게 정서적 안정감과 만족감을 제공하고, 올바른 사회성을 갖는데 도움을 준다. 그러나 또래에 대한 애정과 의존도가 어느 시기보다 높기 때문에 또래의 평가에 민감하고 예민한 반응을 보이기도 한다.

아동에게 또래는 다음과 같은 긍정적인 기능을 한다(송명자, 2000).

첫째, 또래는 서로에게 중요한 역할 모델로서의 기능을 한다. 놀이, 운동, 학습 등 여러 상황에서 아동들은 또래의 행동을 관찰하고 모방하며 서로 역할 모델이 된다. 둘째, 또래는 서로에게 중요한 강화자가 된다. 초등학교 시기에는 학급 내에서 주도적인 역할이나 서로 돕고 협동하는 행동은 서로에게 긍정적인 강화를 주며 친사회적 행동을 촉진시킨다. 셋째, 또래는 아동에게 스스로 평가할 수 있는 기준을 제공하는 사회적 비교 기능을 한다. 아동들은 자신이 속한 또래집단에 비추어 자신의 성격, 가치, 능력 등을 비교, 파악하며, 이런 평가 결과는 자아개념과 자아존중감을 형성하는데 중요한 근거가 된다. 넷째, 또래는 사회적 지지기능을 한다. 자신과 함께 있어 주거나 경험을 공유해 주는 또래의 지지는 부모나 교사의 지지보다 더 힘이 되며, 자아존중감과 정서적 안정감을 높여주기도 한다.

4) 자기효능감

자기효능감이란 개인이 어떠한 결과를 얻기 위해 필요한 행동을 했을 때 성공적으로 수행할 수 있는가와 완수해야 할 목표가 있을 때 그 목표달성을 위해 필요한 행동을 조직하고 실행하여 성공할 수 있을 것이라고 믿는 개인의 신념을 말한다(Bandura, 1977).

자기효능감은 자신의 과거 경험이나 그 경험의 결과로 듣게 되는 평가와 주변 사람들의 행동을 관찰하여 자신의 미래를 상상하게 되고, 그러한 상상이 자신의 자기효능감에 영향을 미치게 된다(박아청, 2002). 즉, 아동은 어떤 상황에 직면하였을 때 자신이 그 상황을 대처할 수 있는 능력이 없다는 생각이 들면 문제나 상황을 실제보다 더 어렵다고 느끼고 그 상황을 회피하려고 하며, 심한 무능력감에 빠지게 된다. 반면, 자신이 그 상황을 잘 대처할 수 있다고 생각이 들면 문제나 상황을 자신에게 유리한 쪽으로 만들어 자신감을 갖고 해결하려고 한다.

자기효능감은 학교생활에서 주어지는 과제를 잘 수행하도록 하는 동기를 부여하며, 문제에 직면했을 때 느끼는 감정과 그 문제를 어떻게 생각하고, 해결할 것인가에 대한 내적 동기로 작용하기 때문에 아동의 학교생활에서의 적응과 부적응과도 관련이 있다고 할 수 있다.

5. 도덕성발달

도덕성발달은 개인이 다른 사람과의 관계에서 지켜야 할 사회집단의 규칙을 인식할 수 있는 능력으로 자신이 속한 사회의 문화와 규범에 따라 행동하도록 배우고, 이를 자신의 것으로 받아들이는 과정을 통해 이루어진다.

1) Piaget의 도덕성발달

Piaget는 인지발달이 도덕적 사고의 발달에 가장 큰 영향을 미친다고 주장하였으며, 아동기를 동등한 사람들 사이의 상호존중과 그들 사이의 사회계약, 동의, 협동의 결과로서 규칙을 존중하는 자율적 도덕성의 단계로 보았다. 이 단계에서는 왜 규칙이 있으며, 어떻게 지켜야 하는지를 알고, 어떤 때는 규칙을 변경할 수도 있고, 왜 변경해야 하는지를 알게 된다. 또한 상호 협의하여 규칙을 융통성 있게 적용할 수 있다는 것도 알게 된다.

Piaget는 아동기가 되어야 규칙에 대한 진정한 이해와 함께 상호 존중과 협동, 다른 사람들의 이익에 대해 고려할 수 있으며, 진정한 의미의 도덕성발달이 이루어진다고 하였다. 즉, 아동기가 되면 규칙을 절대적인 것, 신성불가침한 것으로 여기던 타율적 도덕성에서 벗어나 점차 상대적인 것으로 생각하기 시작하고, 지적 수준이 더 발달하게 되며, 규칙의 상대성을 완전히 인식하게 된다는 것이다. 이것은 자기중심성에 고착되어 있던 아동들이 점차 자기중심적 사고에서 벗어나 자신의 생각과 외부의 객관적 현상을 구분하고, 가역적 사고를 보이기 시작하는 것과도 관련이 있다.

도덕성발달은 정확하게 분리되기보다는 인지구조의 연속적인 변화과정으로 보고 있으며, 연령의 증가, 전체적인 인지구조의 변화, 부모의 양육태도와 상호작용에 의해 영향을 받게 된다(Piaget, 1965).

Piaget가 주로 아동기의 도덕적 사고의 발달에 초점을 두고 아동의 도덕성을 '타율적 도덕성'과 '자율적 도덕성'이라는 두 가지 차원에서 파악한 것과는 달리 Kohlberg는 아동기에서 성인기에 이르는 전 시기의 도덕성발달에 관심을 두고 도덕성의 발달과정을 분석하였다.

2) Kohlberg의 도덕성발달

Kohlberg(1963)는 Piaget의 도덕성의 발달적 특성을 확장하여 도덕성의 발달단계를 3수준으로 나누고, 각 수준을 다시 2단계로 나누어 총 6단계로 분류하였다. 그는 가상적인 문제 상황을 제시하고 도덕적인 문제가 야기되는 곤경상황(dilemma)에 빠졌을 때 주인공이 어떻게 행동하는가를 보고 도덕성의 수준을 판단하였으며, 아동기는 인습 이전 단계의 2단계와 인습적 단계의 3단계에 속한다고 하였다.

Kohlberg(1963)가 제시한 도덕성발달 단계를 제시하면 다음과 같다.

표 12-2 Kohlberg의 도덕성발달 단계

도덕발달 수준	도덕발달 단계
인습 이전 수준	1단계: 벌과 복종 지향
	2단계: 목적과 상호교환 지향
인습 수준	3단계: 착한아이 지향
	4단계: 법과 질서 지향
인습 이후 수준	5단계: 사회계약 지향
	6단계: 보편적 원리 지향

(1) 전 인습적 수준

이 수준의 아동은 도덕적 규범이나 선악의 개념은 갖고 있으나 사회규칙이나 기대를 잘 이해하지 못하고, 단순히 보상이나 처벌을 가져다주는 행위의 결과나 외적인 권위에 비추어 해석한다.

① 1단계: 복종과 처벌 지향의 도덕

특정 행위의 결과가 지니고 있는 가치나 의미를 인지하지 못하는 단계로, 그 행위가 가져다주는 물리적 결과가 선과 악의 판단 기준이 된다. 처벌과 같은 외적 규제를 피하거나, 권위에 무조건 복종하는 수준의 도덕성을 보이며, 벌을 피하기 위해서 규칙을 따른다.

② 2단계: 도구적인 목적과 교환 지향의 도덕

흥미와 욕구에 따라 도덕적 행위가 결정되는 단계로 자신이나 타인에게 이익이 되거나 필요를 충족시켜 주는 것이 선과 악의 판단 기준이 된다. 서로 이익을 주고받는 일종의 교환관계로서 공정한 교환이 이루어지는 것이 옳은 것이라고 판단한다.

(2) 인습적 수준

이 수준의 아동은 결과와는 상관없이 가정, 사회 등 집단의 기대를 따르는 것이 가치있는 것이라고 판단한다. 단순히 사회 정서에 수동적으로 동화하는 것이 아니라 적극적으로 질서를 유지하고 정당화하려고 한다. 또한 사회규칙이나 관습에 맞는 행동을 도덕적인 행동으로 생각하는 단계로 대부분의 청소년과 많은 성인들의 도덕성이 인습적 수준에 해당한다.

① 3단계: 착한아이 지향의 도덕

올바른 행동은 다른 사람을 기쁘게 하고 도와줌으로써 다른 사람이 인정해주는 것이라고 생각하는 단계이다. Kohlberg는 이를 착한 소년/소녀 지향이라고 한다. 이 단계가 되면 비로소 행위자의 의도나 내적 특성을 고려하여 다른 사람들과의 긍정적인 관계를 유지하려고 하며, 법에 위배되는 행위라도 상황에 따라 용서될 수 있고, 정당화될 수 있다고 생각한다.

② 4단계: 법과 질서 지향의 도덕

올바른 행동은 자신의 의무와 책임을 다하고, 합법적으로 인정된 권위를 존중함으로써 사회 질서를 유지시키는 것이라고 생각하는 단계이다. 즉, 사회질서를 유지하는 것에 대한 중요성을 인식하고 법의 기능을 개념화하며, 법에 따라 행동하는 것이 도덕적 행동이라고 생각하기 때문에 권위나 사회적 규범과 질서 그 자체를 중요하게 생각한다.

(3) 후 인습적 수준

이 수준의 아동은 도덕적 가치나 권위가 개인이나 집단의 권위와는 관계없이 그 자체로서 타당성을 가지고 있음을 깨닫게 된다. 또한 사회적으로 인정되는 두 가치 사이에 갈등이 있음을 인정하고, 어떤 것을 택할 것인가는 사회나 권위자에 의해서가 아니라 스스로 결정하게 된다.

① 5단계: 사회계약 지향의 도덕

올바른 행동은 개인의 기본 권리와 사회 전체가 합의에 도달한 도덕기준에 비추어 규정되며, 사회적 합의로서의 법과 제도도 중요하지만 사회적 유용성이나 합리성에 따라 법과 제도가 바뀔 수도 있다고 생각하는 단계이다. 자유와 정의, 행복추구 등의 제도적 가치가 법보다 상위에 있음을 조금씩 인식하기 시작한다. 또한 법을 지키겠다고 결심할 때까지는 그 법에 대해 도전적이고 비판적인 자세로 그 법을 충분히 검토한 후에 법을 지킨다.

② 6단계: 보편적 원리 지향의 도덕

올바른 행동은 스스로 선택한 도덕원리, 즉 논리적 일관성과 정의의 보편적 원리에 따른 자신의 양심적인 판단에 따라 행하는 것이라고 생각하는 단계이다. 여기서 도덕원리란 공정성, 정의, 인간권리의 상호성과 평등성, 인간의 존엄성에 대한 존중을 포함한다. 이 단계의 사람들은 다른 사람을 수단으로서가 아니라 목적으로서 존경하는 기본 도덕적 전제를 인식하고 실천하려고 한다.

아동기의 도덕발달 단계가 인습 이전 수준에서 머무르게 되면 사회적 적응에 문제가 발생하며(서미옥, 2005), 도덕적 판단력이 낮은 아동들은 학교를 이탈하거나 사회에 반하는 부적응 행동을 보이기도 한다(Ma, 2003; 양수, 이미형, 1999; 박병희, 장경준, 신지용, 1999)

6. 아동기의 부모역할

1) 권위있는 부모

부모의 권위는 미성숙한 자녀를 올바른 길로 이끌어주는 중요한 요인이다. 자녀에게 큰소리치며, 강압적이고 독단적으로 양육하는 권위주의적 부모와는 반대로, 권위있는 부모는 애정을 바탕으로 자녀에게 관심을 갖고, 적극적이며 긍정적인 의사소통을 한다. 또한 부모가 독단적으로 의사결정을 하지 않고, 자녀의 생각을 존중해 주기 때문에 자녀 또한 부모를 존중하고 부모의 권위를 인정하게 된다. 권위있는 부모는 자녀에게 수용적이며, 부정적인 감정도 자유롭게 표현하도록 격려하기 때문에 자녀의 정서는 비교적 안정적이고, 자신과 타인에 대해 긍정적으로 사고하며, 능동적이고 독립적이며 관계지향적일 뿐만 아니라 사회적응능력 또한 높다. 또한 자녀의 수준에서 과업을 수행하도록 격려하면 사회관계 속에서 절충적이고, 협력적인 갈등해결전략을 사용하며, 학교생활에 잘 적응하고, 스트레스를 받더라도 긍정적으로 대처하려고 한다. 자녀에게 애정적이고 존중해 주는 것도 중요하지만, 무조건적인 애정과 존중보다는 기준을 세우고, 그 기준에 맞춰 엄격하고 일관성 있게 대하는 것이 중요하다. 자녀가 잘한 것에 대해서는 격려하고, 잘못한 부분에 대해서는 비난이나 질책보다는 왜 이런 일이 일어났는지에 대한 이유를 듣고, 자신의 잘못을 정확하게 알게 한다. 또한 앞으로 어떻게 할 것인지에 대해 함께 이야기를 나눔으로써 자신의 행동에는 책임이 따른다는 것을 인지할 수 있도록 도와주어야 한다.

2) 근면성의 발달

아동기는 자아가 성장하는 결정적인 시기이며, 가정을 벗어나 학교를 중심으로 사회적 관계를 넓혀간다. 특히 또래와의 친밀감을 유지함과 동시에 그들과 경쟁하면서 가정에서 경험하지 못한 사회적 경험을 통해 사회적 능력을 향상시키게 된다.

Erikson(1963)은 아동기를 사회적 능력 중 '근면성 대 열등감'을 형성하는 시기라고 하였다. 근면성은 올바른 생활습관을 가지고 성실하고 꾸준히 노력하는 태도와 자세를 갖도록 하는 것으로, 아동이 다양한 기술과 역량을 발휘하여 주어진 과제를 성공적으로 수행하고, 부모나 교사, 또래로부터 인정을 받으면서 발달한다. 그러나 주어진 과제를 제대로 수행하지 못하고 실패를 자주 경험하여 인정받지 못하게 되고, 남들과 비교하여 낮은 평가만 받게 되면 열등감이 형성된다. 열등감은 아동 스스로가 무능하고 자신을 무가치한 존재로 지각하게 하여, 사회 적응에도 어려움을 겪으며, 아동기 이후 일에 대한 태도와 작업습관에 지속적으로 영향을 미치게 된다. 따라서 부모는 형제나 자매 혹은 주변 또래들과 비교하거나 평가하지 않고, 크고 작은 다양한 활동을 통해 자녀를 격려해 주고, 자신감을 가질 수 있도록 끈기있게 도와줌으로써 근면성을 발달시킬 수 있도록 노력하여야 한다.

3) 긍정적인 의사소통

의사소통은 두 사람 이상의 사이에서 언어적 혹은 비언어적 수단을 사용해서 자신의 감정이나 태도 혹은 생각이나 정보 등을 전달하는 과정으로서 관계를 형성하고 유지하기 위한 필수적인 사회적 능력이다. 아동은 부모와 의사소통하면서 자신의 생각을 표현하는 방법과(Franzoi & Davis, 1985) 타인의 감정에 어떻게 반응하고, 어떻게 소통해야 하는지를 배우게 된다(Grotevant & Cooper, 1986). 또한 자녀와의 긍정적인 의사소통은 자녀의 감정을 인정해 줌으로써 정화작용을 하여 스트레스를 해소하도록 도우며, 신뢰가 두터워져 정서적으로 깊은 관계를 형성할 수 있게 된다. 따라서 부모는 자녀가 건강하고 바람직한 인성을 가지고 성장할 수 있도록 자주 대화를 하고, 자신의 생각, 느낌, 가치관을 표현할 수 있는 기회를 주어야 한다. 또한 아동이 타인의 감정과 자신의 감정에 대해 지각하고 자신의 생각과 감정을 표현하는 능력이 증진되기 위해서는 부모 자신의 감정을 자녀에게 전달하고, 자녀의 감정을 있는 그대로 수용하는 개방적인 의사소통 방식을 취하도록 노력하여야 한다.

4) 학교생활 적응

학교생활 적응이란 아동들이 학교생활 속에서 자신의 욕구를 합리적으로 해결하여 만족감을 느끼고, 조화 있는 관계를 유지하며, 교사 및 친구들과의 관계가 만족스러운 상태를 말한다. 더 나아가서는 학교생활에서의 경험을 통한 사회화 과정이라고 한다(이미리, 2000). 반면 학교생활에서 학교 규칙, 질서 등에 적절한 행동을 하지 못하고 집단 내에서 소외되고 위축되어 학교의 규칙을 올바르게 수행하지 못하는 것을 부적응이라고 한다(Bierman, 1994).

사회의 변화에 따라 자기의 욕구를 어떻게 조절해 나가느냐 하는 적응의 문제는 현대를 살아가고 있는 누구에게나 중요하며, 특히 아동기는 부모나 가족과 함께 보내는 시간보다 학교에서 보내는 시간이 많기 때문에 학교생활의 적응은 매우 중요하다.

학교생활에 잘 적응한 학생은 학교에 대한 감정이나, 태도, 동기가 긍정적이기 때문에 학업성적이 향상되고, 행동 특성이 바람직하게 형성되어 개인과 사회발전에 도움을 주게 되며 학교에 대한 만족도가 높다. 그러나 학교생활에서 적응하지 못할 경우 불만, 절망, 불평, 무능력, 자포자기, 소극적, 부정적 감정을 갖게 되고, 비행 행위를 하게 된다. 또한 공격적, 파괴적 행동을 보이고 자아개념과 가치관 형성에 부정적인 영향을 미치게 되어 학교는 물론 아동 자신에게도 부정적인 결과를 가져 오게 된다(성민선 외, 1998).

학교생활 적응은 아동의 미래에 많은 영향을 미친다. 학교생활을 통해 얻는 경험은 지금까지 형성된 인성과 태도를 성숙하게 변화시키기 때문에 부모는 자녀가 학교생활에 원만하게 적응할 수 있도록 바람직한 인격 형성과 자신감 및 자신뿐만 아니라 타인에 대한 존중감을 키워주어야 한다. 또한 올바른 사회규범과 가치, 태도를 익혀 긍정적인 대인관계를 형성하도록 노력해야 한다.

5) 다양한 학습경험의 제공

아동기는 학교생활의 경험뿐만 아니라 학교와 가정 밖에서의 다양한 활동, 예를 들어 스포츠, 음악, 무용, 미술, 스카우트 활동, 종교 활동, 캠프 등을 통하여 학습 범위를 넓혀간다. 또한 집단 내에서 자신의 지위를 획득할 기회를 가지며, 성인과 동일시하는 기회를 얻고, 또래와의 상호작용을 통해 사회성 기술을 발달시키게 된다. 따라서 학교와 가정 밖에서 이루어지는 활동을 적절히 조정하도록 도와주고 격려하여야 한다. 그러나 이러한 활동들이 지나치게 많을 경우나 단순히 부모가 그 활동을 즐기기 때문에 아동에게 참여하도록 강요하는 경우, 아동은 또래 혹은 부모와의 중요한 상호작용을 할 시간이 없으며, 활동에 대한 흥미가 빨리 떨어져 효과적인 학습경험을 제공하지 못할 수도 있게 된다. 또한 활동의 경쟁적인 면이 학습의 흥미를 잃게 할 수 있으며, 승부나 결과에 집착하면 경쟁심과 공격성이 증진될 수 있고 좌절감을 경험하여 자아존중감이 낮아질 수도 있다. 따라서 부모들은 활동을 계획할 때, 자녀의 연령과 활동수준을 고려하고, 활동의 주체인 자녀와 충분히 의논한 후 결정하여야 하며, 긍정적인 발달에 도움이 되는지를 확인하고, 활동 집단의 경쟁적인 측면도 고려해야 할 것이다.

아동의 학습을 방해하는 요인인 TV시청과 컴퓨터, 스마트게임과 같은 문제는 모든 부모들이 가지고 있는 공통된 걱정일 것이다. TV를 시청하는 시간이나 게임에 몰두하는 시간이 많으면 가족과의 대화시간은 자연히 줄어들며, 다른 활동에는 관심을 갖지 않고 부적응 행동이 생기기 쉽다. 따라서 부모들은 TV나 게임의 내용을 충분히 알아야 하며, 언제 어떤 것을 보고, 얼마만큼 할 것인지와 관련된 규칙을 자녀와 논의를 통해 결정하는 것이 필요하다.

아동기 자녀를 둔 부모가 꼭 기억해야 하는 것

-소아비만 예방하기-

소아비만은 보통 유아기에서 아동기까지의 비만을 말하며, 가장 많이 나타나는 시기가 유아기 5~6세와 아동기 12세이다. 신체적 성장이 왕성한 아동기의 비만이 청소년기로 이어질 수 있으며, 이 중 70~75%는 성인비만으로 이어진다. 체내 신진대사율을 높이기 위해 활동량을 늘리고 굶는 다이어트가 아닌 식단표를 이용하여 영양소를 골고루 섭취하여야 한다. 특히 성장호르몬이 왕성하게 나오는 새벽 1시 ~3시에 충분한 숙면을 취하여야 한다. 그러기 위해 부모는 규칙적인 습관을 가질 수 있도록 지도해야 한다.

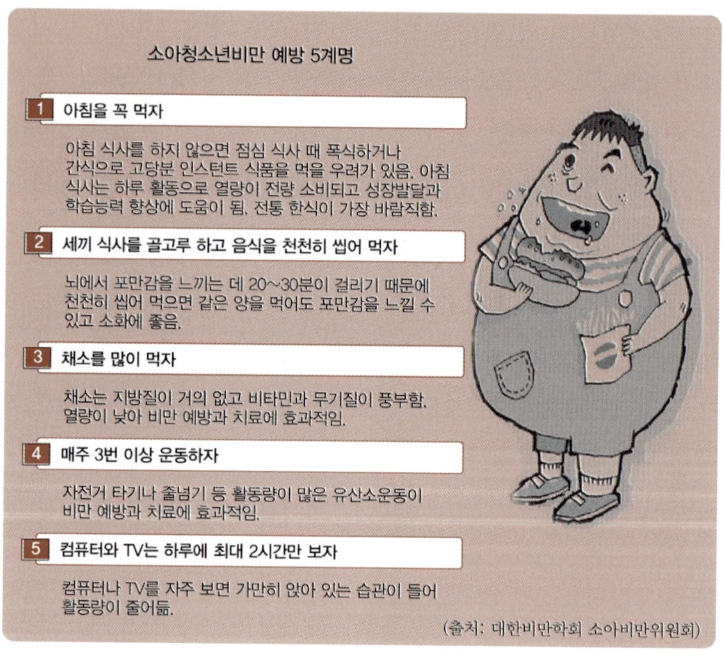

출처: 소아청소년비만 제3판(2019).

13 Chapter 부모가 되면 보이는 세상

부모가 되면 이전에 보이지 않았던 세상이 보이기 시작한다. 아이로 인해 좀 더 폭넓은 세상과 인간관계를 경험하게 되며 아이와 연관된 정책과 사회구조를 유심히 들여다보게 된다. 즉, 부모가 되기 전 경험했던 세상이 막상 부모가 되면 다른 관점으로 보이게 되는데, 이 장에서는 이와 연관된 다양한 사회이슈에 대해 살펴보고자 한다.

1. 노키즈 존(NO KIDS ZONE)

노키즈 존이란 어린이를 동반한 고객의 출입을 금지하는 업소를 가리키는 신조어로, 많은 업소들이 성인손님에 대한 배려와 어린이의 안전사고를 방지하기 위한 목적으로 실시하고 있다. 노키즈 존은 지금까지도 고객의 행복추구권과 어린이의 기본권 중 어느 것이 우선인가에 대한 문제로 사회적 논란을 일으키기도 하였다. 먼저 노키즈 존에 대한 찬성 입장은 다음과 같다.

첫째, 어린이의 영업장 출입제한은 업주의 영업상의 자유이자 고유한 기본권에 해당된다. 둘째, 어린이가 출입함으로써 생기는 안전사고를 방지할 수 있는데, 이는 업소에서 발생한 안전사고의 책임은 업주에게 있기 때문이다. 셋째,

업소를 이용하는 소비자는 아이들로 인해 개인의 시간과 공간이 침해받지 않을 수 있다. 넷째, 사업자는 평소 어린이들과 관련한 애로 사항들로 인해 손해 볼 수 있었던 가게 사정을 개선시킬 수 있으며, 식당 고유의 분위기와 차림을 어린이들로 인해 와해시키지 않을 수 있다. 즉, 노키즈 존은 업주의 자율로, 업소를 노키즈 존으로 운영한다고 하여 법적으로 문제가 되는 것은 아니라는 것이다.

노키즈 존에 대한 반대 입장은 다음과 같다.

2017년 11월 국가인권위원회는 식당 등의 노키즈 존 방침은 어린이에 대한 차별행위라고 발표했다. '업주에게는 헌법 제15조에 따라 영업의 자유가 보장되므로, 본인이 원하는 방식으로 시설을 운영할 자유가 있지만 특정 집단을 공간 또는 서비스의 이용에서 원천적으로 배제하려면 합당한 사유가 인정되어야만 한다. 따라서 13세 이하의 어린이가 반드시 다른 이용자에게 피해를 주는 것이 아니며 어린이만을 배제하는 것은 일부 사례를 객관적·합리적인 이유 없이 일반화한 것에 해당한다'고 밝혔다. 즉, 어린이의 신체적·정신적 건강에 유해한 장소가 아닌 일반식당과 같은 곳은 합당한 사유가 없는 한 어린이와 같은 특정 집단을 서비스 제공 대상에서 원천적으로 배제하는 것은 차별행위라고 판단하였다. 국가인권위원회법 제2조 제3호는 '나이를 이유로 상업시설 이용과 관련해 특정 사람을 배제하는 것은 평등권 침해의 차별행위'라고 명확히 규정하고 있다.

의정부지방법원 판결문

2015. 7. 7. 선고

사건번호(2014가단44161)

위 인정사실에 의하면, 피고 '을'이 이 사건 식당의 종업원으로서 뜨거운 음식을 운반하는 경우 그 음식이 쏟아지지 않도록 최대한 조심하여 손님의 식탁에 안전하게 놓아야 하고, 특히 뜨거운 음식이 운반되는 경로에 유아가 위치하고 있는 경우 그 주위를 보다 더 기울였어야 함에도 이를 해태함에 따라 이 사건사고가 발생하였다고 할 것이므로, 피고 '을'은 불법행위자로서, 피고 '병'은 피고 '을'의 사용자로서 공동으로 이 사건사고로 인하여 원고(선정당사자) 및 선정자들이 입은 손해를 배상할 책임이 있다.

출처: 의정부 지방법원.

노키즈 존에 대한 다양한 통계자료를 살펴보면 다음과 같다. 먼저 성인 1,000명을 대상으로 경기연구원(2017)에서 조사한 내용에 의하면 '공공장소에서 아이들 때문에 불편을 겪은 적이 있다.'가 93.1%를 차지했으며, 가장 불편을 겪은 장소로는 카페나 음식점을 꼽았다. 이들 대부분은 노키즈 존에 대해 찬성입장을 밝혔다. 다음으로 알바생 1,268명을 대상으로 '노키즈 존과 웰컴키즈 존' 실문조사를 실시한 결과(알바몬, 2018), 첫째, 근무 중인 매장의 노키즈 존과 웰컴키즈 존 적용은 별도의 제한이나 환영 없는 일반 매장이 78.6%, 어린이 동반 고객의 출입을 제한하는 노키즈 존 매장이 12.0%, 웰컴키즈 존 매장이 9.4%였다. 둘째, 어린이 동반 고객으로 인해 불편을 겪은 경험이 있는지 조사한 결과 '불편을 겪은 경험이 있다'가 84.3%이다. 셋째, 노키즈 존에 대한 알바생들의 의견에 '노키즈 존 매장 확신에 찬성'이 60.0%였다 이유는 '에티켓을 지키지 않는 어린이 동반 고객을 상대해 봐서'가 60.4%, '아이 우는 소리 등을 불편해하는 손님이 많아서'가 40.2%, '아이들이 다칠 위험이 있어서'가 33.0%였다. 노키즈 존 반대는 17.8%로, '임산부, 어린이 동반 고객에 대한 차별 행위이다', '출입 제한은 너무 과한 것 같다', '개념 없는 일부의 행동을 일반화한 처사다'라는 이유 때문이었다.

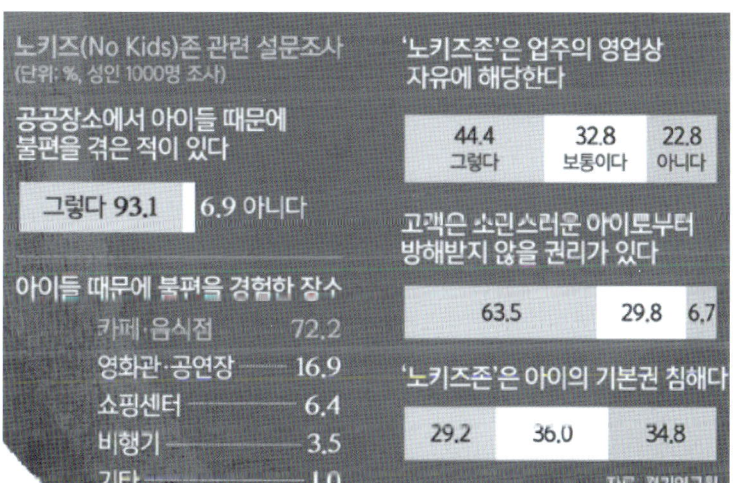

그림 13-1 경기연구원 노키즈 존 관련 설문조사

출처: 경기연구원(2017).

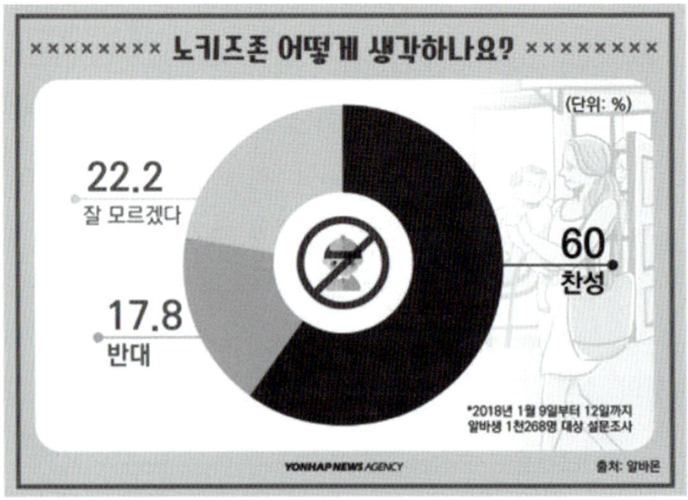

그림 13-2 알바몬 노키즈 존 관련 설문조사

출처: 알바몬(2018).

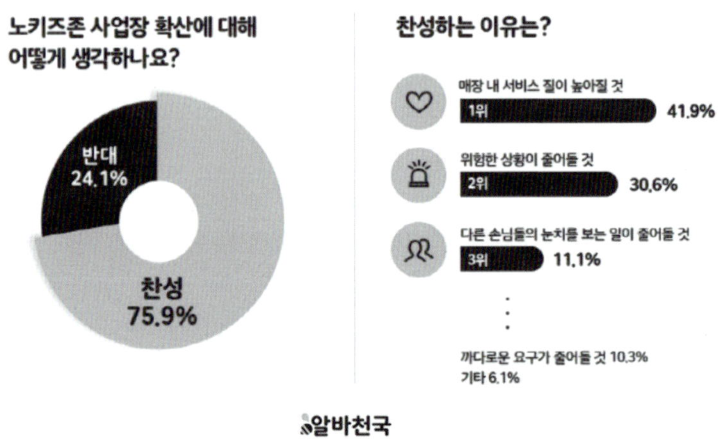

그림 13-3 알바천국 노키즈 존 관련 설문조사

출처: 알바천국(2018).

노키즈 존에 대한 찬반은 나라별로도 차이가 있다. 노키즈 존을 찬성하는 가장 대표적인 나라는 미국이다. 미국은 식당이나 극장은 공공장소라기보다 개인 사업장으로 보며 영업자 개인의 권리를 매우 중시한다. 반대로 독일, 이탈리아, 프랑스, 핀란드와 같은 유럽 국가들은 노키즈 존을 반대하는 입장이다.

표 13-1 나라별 노키즈 존 찬성 VS 반대

반대	독일 • '장애물이 없는 생활환경' 공적으로 접근가능한 모든 건축물을 누구나 자유롭게 접근하고 이용할 자유가 보장되어야 한다는 권리가 우선
	이탈리아 • 아이를 포함한 그 누구도 정당한 이유 없이 식당 및 공공장소에서 거부당할 수 없음
	프랑스(웰컴키즈존) • OECD 국가 중 식탁에서 보내는 시간 '1위' • 아이들이 소란피우는 행위를 '부모의 잘못된 교육'으로 여겨 수치스럽게 생각
	핀란드(웰컴키즈존) • 아이의 발닿는 곳 어디든 '키즈존' • 대부분의 식당에서 아기의자, 놀이공간, 일회용턱받이, 유모차, 기저귀교환대 등 구비
찬성	미국 • 식당이나 극장은 '공공장소'라기보다 '개인사업장'이라는 인식 • 영업자 개인의 권리를 매우 중시 • 노키즈 존 식당이나 카페, 노키즈 항공편 운영

출처: KBS 아침마당(2020.05.02 방송).

읽을거리

영국 중산층은 공공장소에서 남에게 폐 끼치는 걸 싫어할 뿐만 아니라 식사 매너도 엄격하다. 그래서 영국 중산층 부모는 어릴 적부터 철저하게 테이블 매너교육을 시킨다. 식사할 때는 입안의 음식물이 보이지 않게 하고, 소리를 내며 씹지 않도록 가르친다. 포크와 나이프 사용 방법도 정확하게 알려준다. 아울러 아이가 식사 중간에 돌아다니면서 먹지 않도록 가르친다. 이런 철저한 매너교육 덕분인지 영국 레스토랑이나 펍에서 아이들 때문에 특별히 시끄럽거나 방해를 받는다고 느낀 적이 한 번도 없다.

이런 점은 한국과 무척 다르다. 올해 초 한국에 갔을 때 딸아이와 함께 외식할 경우 놀이방 있는 식당을 주로 이용했다. 어느 토요일 오후, 샤브샤브 체인점에 갔더니 레스토랑인지 키즈 카페인지 도저히 구분이 안 될 정도로 아수라장이었다. 아이들은 놀이방뿐만 아니라 테이블 사이사이 좁은 곳에서 마구 뛰어다녔다. 서빙하는 사람이 뜨거운 음식을 들고 다니다 부딪히면 큰 사고로 이어질 게 뻔했다.

그런데도 대부분의 부모들은 테이블에 앉아서 한결같이 말로만 "조용히 해"하며 내버려두었다. 나도 아이를 키우는 입장이라 어느 정도 참고 이해하려 했지만, 그런 상황이 너무 심해 그곳에서 식사하는 게 어느 순간 불쾌해졌다. 왜 한국에서 어린이를 동반한 고객의 출입을 제한하는 노 키즈 존이 늘고 있는지 새삼 느낄 수 있었다.

출처: 최향기(2016). 원칙을 지키고 배려를 가르치는 영국엄마의 힘, p.97.

토론해 봅시다

노 키즈존에 대한 자신의 생각

찬성	반대

2. 맘 신조어

1) 헬리콥터맘(helicopter mom)

헬리콥터맘이란 '엄마가 다 알아서 할게. 넌 공부만 해'라는 신념을 가진 엄마로, 자녀의 일과 교육에 지나치게 관여하는 유형의 엄마를 말한다. 마치 헬리콥터처럼 자녀 주변을 빙빙 돌며 자녀를 과잉보호하기 때문에 생긴 말로, 1990년 정신과 의사 Foster W. Cline과 자녀교육 전문가 Jim Fay가 펴낸 '사랑과 논리로 키우기: 아이들에게 책임감을 가르치는 법(2006)'이라는 책에서 비롯되었다. 헬리콥터맘은 자녀가 어릴 때 뿐 아니라 성인이 되어서까지 자녀의 일거수일투족을 통제하고 간섭한다. 또한 자녀의 숙제, 공부, 입시, 교우관계에서부터 취업, 결혼, 자녀의 부부문제까지 관여한다.

읽을거리 **중학생 아들 옆자리서 3년째 함께 학교 수업…'헬리콥터 맘' 논란**

중국의 한 여성이 자식의 학업을 위해 함께 수업을 듣고 있다는 사실이 알려져 갑론을박이 이어지고 있다. 홍콩 사우스차이나모닝포스트(SCMP)는 중국 후베이성 우한시에서 중학생인 아들과 함께 3년째 수업을 듣고 있는 이른바 '헬리콥터 맘' 다이 지화 씨의 사연을 최근 소개했다. 매체에 따르면, 다이 씨의 아들 샤오 화 군은 초등학교 때까지 우수한 성적을 보였지만, 중학교에 입학한 뒤 성적이 떨어졌다. 다이 씨는 처음엔 아들이 새로운 환경에 적응하느라 그런 것이라고 생각했다. 하지만 샤오 군의 선생님은 직접 수업에 참석해서 아들이 어떻게 공부하는지 지켜보는 건 어떻겠느냐고 조언했다. 아들의 학교 수업을 참관한 다이 씨는 쉽게 산만해지는 아들을 발견했다. 다이 씨는 현지 매체 인터뷰를 통해 "나쁜 버릇을 고치는 것은 쉽지 않다. 또 선생님이 학생들을 항상 주시하고 있기 어렵다는 것도 알고 있다"며 "그래서 직접 학교로 가서 아들과 함께 수업을 듣기로 결심했다"고 밝혔다. 다이 씨는 지난 3년간 샤오 군과 함께 약 3,000번의 수업에 참석했다. 그는 아들 옆자리에 앉아 함께 수업을 들으며 필기를 하고, 아들의 집중력이 흐트러지지 않도록 도왔다. 그 결과 샤오 군의 성적은 향상됐다. 샤오 군은 "처음엔 엄마가 학교에 오는 것을 원치 않았지만 지금은 왜 그런 노력을 하는지 이해하고 있다"며 "성적이 올랐다"고 말했다.

이와 관련해 학교 측은 학부모가 직접 교실에서 자식들의 수업이 진행되는 걸 보는 것을 권장하고 있다고 매체는 전했다. 소식이 전해지자 많은 이들은 비판의 목소리를 높였다. 자식에 대한 지나친 관심이라는 것. 중국의 한 매체는 논평을 통해 "엄마의 사랑이 경계를 넘어섰다"며 "아이들에게 지나친 관심을 가지면 행복한 학생이 될 권리를 빼앗을 수도 있다"고 지적했다. 쓰촨성 지역에서 교사로 재직 중인 왕 아오 씨는 "다이 씨의 경우를 따라하는 것은 아이들에게 추가적인 압박이 될 수 있다"고 우려했다. 반면, 일부는 자식을 위한 희생이라며 박수를 보내기도 했다. 누리꾼 Sha***은 "학교와 다이 씨의 교육 방식이 옳다고 본다"며 "학생에겐 압박으로 느껴질 수도 있겠지만 시간이 지난 뒤 돌이켜보면 부모님의 노력에 감사할 것"이라고 했다. dap***도 "매우 가혹한 결정이다. 하지만 다이 씨는 옳은 행동을 하고 있는 것"이라며 "자식 교육보다 중요한 것은 없다"고 말했다.

출처: 동아닷컴(2018.06.26).

2) 알파맘(alpha mom)

알파맘이란 자녀교육과 가정생활에 기업 경영의 요소를 도입해 최대의 효율을 추구하는 엄마, 즉 자녀의 재능을 발굴해서 탄탄한 정보력으로 체계적인 학습을 시키는 유형의 엄마를 말한다(매경닷컴, 2019). 엄마가 되는 것을 제2의 직업으로 육아 및 교육에 업무 경영능력을 발휘하는 알파맘들은 막강한 정보 탐색 능력을 바탕으로 광범위하고 활발하게 정보를 나눈다. 하지만 자녀에게 성공된 미래를 보장해주는 것보다 스스로 행복한 길을 찾을 수 있도록 지켜봐주고 격려해주는 것이 엄마의 역할이 아니냐는 비판의 목소리도 있다.

3) 베타맘(beta mom)

베타맘이란 자녀가 스스로 그들의 삶을 결정하도록 옆에서 조언해주는 유형의 엄마를 말한다. 이들은 아이의 행복과 주도성, 독립성, 자립성 등을 중요시하며, 자녀가 스스로 자신의 인생을 결정하게끔 옆에서 도움을 줄 뿐, 부모 자신이 원하는 삶을 살도록 강요하지 않는다.

알파맘	베타맘
• 자녀 교육에 기업 경영의 개념을 도입해서 효율성을 추구하는 엄마들 • 특목중, 특목고, 명문대 등의 목표를 정해 놓고 진학을 위한 치밀한 계획을 세운다. • 자녀의 일상을 시간표를 짜서 관리한다. • 자녀 교육에는 주로 학원을 활용한다. • 엄마의 경쟁력은 '정보력'이라고 믿는다.	• 자녀한테 자율권을 주고 스스로 진로를 선택하도록 조언하는 엄마들 • 특목중, 특목고, 명문대 등의 구체적인 목표를 세우기보다 '자녀의 행복한 삶'을 원한다. • 자녀의 일상에 크게 관여하지 않고 하고 싶은 일을 하도록 지원한다. • 자녀 교육의 중심은 학교라고 생각한다. 엄마의 경쟁력은 '관심과 애정'이라고 믿는다.

그림 13-4 알파맘과 베타맘 비교

출처: 한겨레(2009.06.23.).

4) 타이거맘(tiger mom)

타이거맘이란 '호랑이처럼 자녀를 엄격히 관리하는 엄마'를 말한다. 자녀의 스케줄을 하나하나 관리하면서 자녀의 성공을 위해 엄격하고 혹독하게 자녀를 훈육한다. 미 예일대 Amy Chua 교수가 2011년 중국식의 엄격한 자녀 훈육방식을 강조한 <호랑이 엄마의 군가>라는 책을 통해 제시한 개념이다. Chua 교수의 교육 원칙은 '학교공부를 최우선으로 할 것, A보다 낮은 성적을 받아서는 안 될 것, 수학은 동급생들보다 두 학년 선행학습할 것, 특별활동은 반드시 금메달을 딸 수 있는 것만 할 것' 등이다. Chua 교수의 두 딸은 모두 성공했지만, 전문가들은 'Chua 교수 사례는 자녀에 대한 배려 없이 부모가 자신의 성격을 일방적으로 강요한 경우'라고 비판하기도 한다.

5) 스칸디맘(scandimom)

스칸디맘이란 스칸디나비아 스타일의 북유럽식 자녀양육법으로 엄격한 스파르타식 교육을 하는 타이거맘과는 반대되는 양육법을 지향하는 엄마를 일컫는 말이다. 2011년 영국 타임즈지에 보도된 '타이거맘은 잊어라. 스칸디 대디가 온다'에서 유래되었고, 우리나라에서는 서울대 김난도 소비자학과 교수가 출간한 <트렌드 코리아 2013>에서 처음 제시한 용어이다. 인성교육, 책임교육, 정서교육 등 자녀가 잘할 수 있는 것을 발견해주는 조력자의 역할을 하고 공감대의 시간을 함께 보내는 것이 특징이다.

6) 앵그리맘(angry mom)

앵그리맘이란 화가 잔뜩 난 표정의 게임 캐릭터 '앵그리 버드'에서 따온 명칭으로 자녀와 관련된 사회 문제에 분노를 느끼고, 이를 해결하기 위해 적극적으로 행동하는 엄마의 유형을 말한다. 이러한 앵그리맘의 등장을 권리 의식의 향상에서 비롯된 것으로 보는 시각과 반대로 교육 현장에서 앵그리맘이 이기주의로 흐를 가능성이 있다고 경계하는 목소리도 있다. 앵그리맘이라는 용어는 2015년 3월 국립국어원이 발표한 2014년 신조어로 선정되었다.

7) 라떼파파(lattepapa)

라떼파파는 커피를 손에 들고 유모차를 끌고 다니는 육아에 적극적인 아빠를 의미하는 말로 남녀 공동 육아 문화가 자리잡은 스웨덴에서 유래하였다. 라떼파파는 '공동육아'에 초점을 맞추고, 긍정적 남성 이미지 확립을 통해 남녀 상생적 성평등 인식을 확산시키고 있다.

읽을거리 **성인 10명 중 9명 "아빠 육아 '라떼파파' 찬성"**

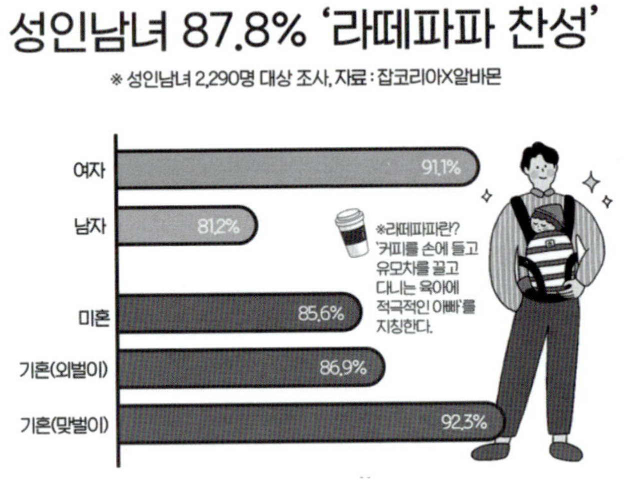

최근 남녀 공동 육아 문화가 형성된 스웨덴에서 유래된 말로 '커피를 손에 들고 유모차를 끌고 다니는 육아에 적극적인 아빠'를 지칭하는 '라떼파파'에 대한 관심이 높아지고 있다.

실제 성인남녀 10명 중 9명은 '라떼파파'에 대해 찬성하고 있었으며, 아빠 육아가 정착되기 위해서는 부부 공동육아에 대한 사회적인 분위기 형성이 가장 우선시돼야 한다고 나타났다. 잡코리아(대표이사 윤병준)와 알바몬이 성인남녀 2,290명을 대상으로 '라떼파파 선호도'에 대해 조사한 결과, 설문에 참여한 응답자 87.8%가 남성들이 육아에 더 적극적으로 참여하는 '라떼파파 현상'에 대해 찬성한다고 밝혔다.

성별로는 여성(91.1%)들이 남성(81.2%)들에 비해 찬성하는 경우가 더 높았으며, 결혼유무별로는 기혼 맞벌이 그룹이 92.3%로 가장 높았고, 뒤를 이어 기혼 외벌이(86.9%), 미혼(85.6%) 순이었다. 연령대별로는 큰 차이가 없었다.

이들이 생각하는 이상적인 육아로는 부부가 똑같이 반반 담당한다(66.6%)는 의견이 압도적인 비율로 1위를 차지했으며, 다음으로 아내가 더 많이 담당(27.5%), 남편이 더 많이 담당(5.5%) 순이었다.

이상적인 육아에 대한 생각은 연령대별로 차이가 있었는데, 40대 이상의 경우 '아내가 더 많이 담당하는 것이 이상적이다'라는 답변이 39.6%로 20대 응답자(9.6%)에 비해 4배 이상 많았다. 또한 기혼 외벌이 그룹에서도 아내가 육아를 더 많이 담당하는 것이 이상적이라는 답변이 49.4%로 절반 이상을 차지해 타 그룹들에 비해 가장 높았다.

한편, 이번 잡코리아 X 알바몬 설문조사 결과, 응답자 10명 중 6명 이상이 부부 공동육아를 가장 이상적인 육아로 꼽았던 것과는 달리, 현실 육아에서는 대부분 아내가 더 많이 담당하고 있는 것으로 나타났다. 육아 담당에 있어 아내가 더 많이 담당하고 있다는 응답이 79.7%로 압도적으로 높았으며, 부부가 똑같이 반반 담당한다는 응답은 17.1%, 남편이 더 많이 담당한다는 의견은 3.2%로 극소수에 불과했다.

특히 기혼 외벌이 그룹의 경우는 87.3%가 '아내가 육아를 더 담당하고 있다'고 밝혀 가장 높았으며, 기혼 맞벌이의 경우도 81.3%가 남편보다는 아내가 육아를 더 담당하고 있는 경우가 많은 것으로 나타났다.

'라떼파파' 같은 육아 담당 아빠들이 늘어나기 위해 가장 우선적으로 요구되는 사항에 대해서는 육아는 부부 공동의 몫이라는 사회적 분위기 형성이 가장 시급하다는 응답이 35.1%로 가장 많았으며, 다음으로 남성직원들이 육아휴직을 자유롭게 쓸 수 있는 기업문화가 정착돼야 한다는 의견도 30.9%로 비교적 높았다.

이 외에 육아에 좀 더 적극적으로 참여하려는 남성들의 인식 개선(17.3%), 출산·육아에 대한 정부지원 강화(6.9%), 유연근무제 및 탄력근무제 정착(4.3%), 직장 내 보육시설 확장(3.9%) 등의 의견도 있었다.

출처: 공감언론 뉴시스(2019.11.24.).

3. 부모가 되면 국가에서 받을 수 있는 지원

다음은 사회정보원 사회서비스 전자바우처포털(2019)에 게시된 내용으로, 부모가 되면 국가에서 지원받을 수 있는 제도 및 구체적인 지원내용이다.

1) 임신과 출산 전 지원

(1) 청소년 산모(만 18세 이하) 의료비 지원

만 18세 이하 청소년 산모에게 건강한 태아의 분만 및 산모의 건강관리를 위해 의료비 일부를 국민행복카드를 통해 지원하는 서비스로, 임신이 확진된 만 18세 이하 청소년이면 신청 가능한 서비스이다. 산부인과 병·의원, 한의원, 조산원에서 임신 및 출산과 관련해 진료받은 급여 혹은 비급여 의료비 중 본인부담금, 출생일로부터 1년 이내의 영유아가 요양기관에서 진료받은 급여 혹은 비급여 의료비 및 처방에 의한 약제 의료비를 지원받을 수 있다. 국민행복카드를 통해 본인부담금을 결제한다. 임신 1회당 120만원이 지원되며 카드 수령 후 분만예정일로부터 1년까지 사용 가능하다.

(2) 임신과 출산 진료비 지원

임산부에게 건강한 태아의 분만과 산모의 건강관리를 위해 진료비 일부를 지원 '국민행복카드'를 통해 지원하고 있다. 임신과 출산이 확인된 건강보험 가입자 또는 피부양자 중 임신·출산 진료비 지원 서비스를 신청할 수 있다.

임신 1회당 60만원이 국민행복카드에 지급되며, 임신·출산과 관련된 진료를 위해 임산부가 의료기관에서 받는 진료비(출산비용, 출산전후 산모의 건강관리와 관련된 진료 포함)나 1세 미만 영유아의 진료비로 사용할 수 있다. 또한 약국에서 임신·출산과 관련한 약제비와 한의원에서 임신과 출산을 위한 치료 및 한약 제조에도 사용이 가능하다.

국민행복카드는 www.voucher.go.kr에서 자세히 알아보고 신청할 수 있다.

(3) 난임부부 시술비 지원

법적으로 혼인상태에 있거나 신청일 기준 1년 이상 사실혼 혼인관계를 유지하였다고 관할 보건소로부터 확인된 경우 난임부부의 시술비를 지원받을 수 있다. 또한 부부 중 한 명이 반드시 우리나라 국적을 가지고 있어야 하며, 나머지 한 명이 외국국적일 경우 두 사람 모두 건강보험 가입자일 경우 지원할 수 있다. 2020년부터 지원 범위가 확대된 내용은 다음과 같다.

[시술 종류 및 여성 만 나이별 시술비 지원 상한액]

<table>
<tr><th colspan="3">적용대상 연령(여성기준)</th><th>만 44세 이하</th><th>만 45세 이상</th></tr>
<tr><td rowspan="4">체외수정</td><td rowspan="2">신선배아</td><td>1~4회</td><td>최대 110만원</td><td rowspan="2">최대 90만원</td></tr>
<tr><td>5~7회</td><td>최대 90만원</td></tr>
<tr><td rowspan="2">동결배아</td><td>1~3회</td><td>최대 50만원</td><td rowspan="2">최대 40만원</td></tr>
<tr><td>4, 5회</td><td>최대 40만원</td></tr>
<tr><td colspan="2" rowspan="2">인공수정</td><td>1~3회</td><td>최대 30만원</td><td rowspan="2">최대 20만원</td></tr>
<tr><td>4, 5회</td><td>최대 20만원</td></tr>
</table>

출처: 보건복지부(2020).

(4) 고위험 임산부 의료비 지원

고위험 임신의 치료와 관리에 필요한 진료비를 지원하여 가정의 경제적 부담을 덜어주고 건강한 출산을 돕는 데 목적이 있다. 5대 고위험 임신질환(조기진통, 분만관련 출혈, 중증 임신중독증, 양막의 조기파열, 태반조기박리)을 진단받고 입원치료를 받은 임산부에 해당되며, 지원한도 300만원 내에서 비급여 본인부담금의 90%를 지원한다. 고위험군 임산부 의료비 지원대상 여부는 www.momg1.co.kr에서 확인 가능하다.

(5) 임산부 검사 및 영양제 지원

임신초기 검사부터 임산부와 태아에 필요한 영양제를 보건소에서 무료로 제공한다. 임신초기 검사로는 기본혈액검사(혈색소, 간기능, 혈액형 등), B형간염, 에이즈, 풍진, 매독, 소변검사 등이 있고, 임신 16~18주 사이는 기형아검사, 임신 24~28주에는 소변검사(소변 내 이상 유무와 임신성 당뇨) 등이 있다.

임신 12주 전부터 엽산제를 지원받을 수 있고, 임신 16주 이상부터 출산 전까지 철분제를 제공받을 수 있다.

2) 출산 후 지원

(1) 출산 장려금 제도

출산 후 부모들의 경제적 부담을 덜어주는 목적으로 각 시도, 지자체가 일시금 혹은 분할금 형태로 지원한다. 지역별로 지원 금액은 다양하다. 지역별 출산장려금은 정부24(2020)에서 확인 가능하다.

(2) 산모 · 신생아 건강관리 지원

출산 가정에 전문교육을 받은 산모·신생아 건강관리사가 방문해 산모와 신생아를 돌봐주는 서비스로 출산가정의 경제적 부담을 완화하는 것을 목적으로 하는 서비스이다. 산모건강관리(유방관리, 체조 지원 등)와 신생아 건강관리(목욕 및 수유

지원 등), 산모 식사 준비, 산모·신생아 세탁물 관리 및 청소 등을 지원한다. 출산 예정일 40일 전부터 출산일로부터 30일까지(임신 4개월 이상 경과된 사산 · 유산도 포함) 신청 가능하며, 출산일로부터 60일 내까지 지원 가능하다. 단 미숙아, 선천성 이상 등의 이유로 입원한 경우 신생아 퇴원일로부터 60일 이내 지원받을 수 있으나 이 경우에도 출산일로부터 120일을 초과할 수 없다.

(3) 저소득층 기저귀/조제분유 지원

저소득층 영아(0~24개월) 가정에 기저귀와 조제분유 지원을 통해 경제적 부담을 경감시키기 위한 서비스로, 기저귀의 경우 월 64,000원, 기저귀+조제분유의 경우 월 150,000원을 지원한다. 지원을 받는 경우 국민행복카드를 발급받아 정부 지원금으로 결제 가능한 곳에서 바우처로 구매 가능한 기저귀 또는 조제분유를 구매한다. 기저귀는 만 2세 미만의 영아를 둔 기초생활보장, 차상위, 한부모가정 등의 수급가구를 대상으로 지원한다(쌍둥이 · 삼둥이 등의 경우 아동별로 지원). 기저귀 지원 대상 중 산모의 질병·사망으로 모유 수유가 불가능하거나, 아동복지시설 공동생활가정·가정위탁아동, 영아입양가정, 한부모가정인 경우 조제분유를 추가로 지원한다.

(4) 공동육아나눔터와 가족 품앗이

지역 중심의 양육친화적 사회환경 조성을 통해 핵가족화로 인한 가족돌봄기능 보완 및 이웃간 돌봄 품앗이 연계 활동을 지원한다. 공동육아나눔터는 부모들이 모여 육아경험과 정보를 공유하면서 소통하는 공간, 자녀들이 또래와 함께 장난감과 도서를 마음껏 이용할 수 있는 놀이 공간, 지역사회 자녀돌봄 사랑방을 운영한다. 가족 품앗이는 이웃간 육아정보를 나누고 각자의 재능과 장점을 살려 학습활동, 체험활동, 등하교 동행 등을 함께 하며 자녀양육 부담을 덜고 자녀의 사회성발달을 돕는 그룹 활동을 지원한다. 신청은 건강가정지원센터 홈페이지(www.familynet.or.kr)에서 가능하다.

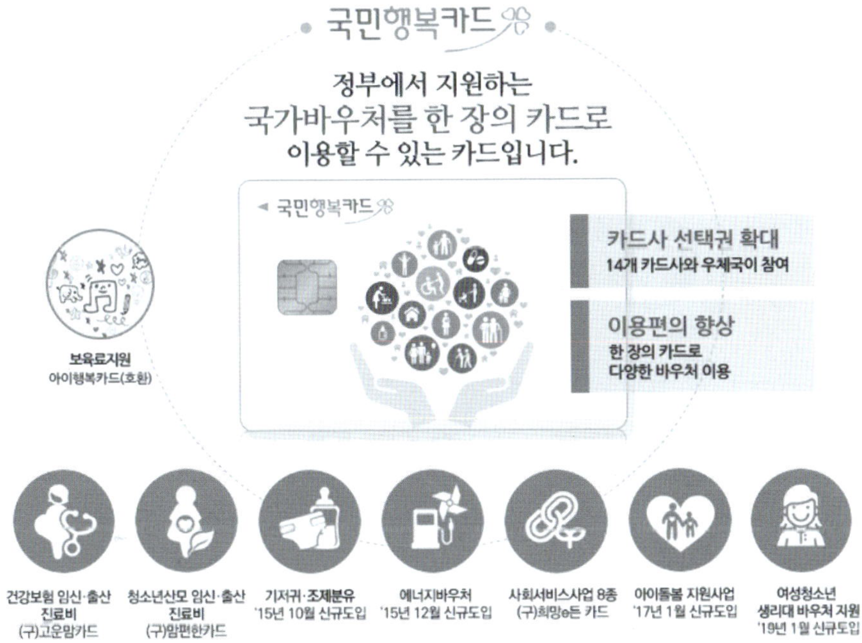

그림 13-5 국민행복카드로 사용가능한 서비스

출처: 사회보장정보원(2019).

4. 육아휴직

육아휴직이란 근로자가 만 8세 이하 또는 초등학교 2학년 이하의 자녀를 양육하기 위하여 신청, 사용하는 휴직을 말한다. 육아휴직은 근로자의 육아부담을 해소하고 계속적으로 근로할 수 있는 환경을 지원함으로써 근로자의 생활안정 및 고용안정을 도모하는 한편, 기업의 숙련인력 확보를 지원하는 제도이다. 2020년 2월 28일부터는 부부가 동시에 육아휴직 신청이 가능하다. 고용노동부에서 제시한 육아휴직 기준, 대상, 특례 등은 다음과 같다.

1) 육아휴직 급여 제공기준

(1) 만 8세 이하 또는 초등학교 2학년 이하의 자녀를 가진 근로자가 그 자녀를 양육하기 위해 남녀 고용평등과 일 가정 양립 지원에 관한 법률 제

19조에 의한 육아휴직을 30일 이상 부여받고 소정의 수급요건을 충족하는 경우 지급한다.

(2) 육아휴직 시작일부터 첫 3개월까지는 통상임금의 100분의 80(상한액: 월 150만원, 하한액: 월 70만원)을 육아휴직 급여액으로 지급하고, 육아휴직 4개월째부터 육아휴직 종료일까지 통상임금의 100분의 50(상한액: 월 120만원, 하한액: 월 70만원)을 육아휴직 급여액으로 지급한다(단, 육아휴직 급여액의 100분의 25는 직장복귀 6개월 후에 합산하여 일시불로 지급한다).

2) 육아휴직 급여 지급대상

(1) 사업주로부터 30일 이상 육아휴직을 부여받아야 한다(단, 근로한 기간이 6개월 미만인 근로자, 같은 자녀에 대하여 배우자가 육아휴직을 하고 있는 근로자에 대하여는 사업주가 육아휴직을 거부할 수 있다).

(2) 육아휴직 개시일 이전에 피보험단위기간(재직하면서 임금 받은 기간)이 모두 합해서 180일 이상이 되어야 한다.

(3) 같은 자녀에 대해서 피보험자인 배우자가 동시에 육아휴직 중인 경우에는 중복된 기간에 대하여는 1명만 지급한다.

3) 육아휴직급여 특례('아빠 육아휴직 보너스제')

(1) 같은 자녀에 대하여 부모가 순차적으로 모두 육아휴직을 사용하는 경우, 두 번째 사용한 사람의 육아휴직 3개월 급여를 통상임금의 100%(상한 250만원)로 상향하여 지급한다.

(2) 육아휴직은 동시에 사용할 수 없으며, 순차적으로 사용할 경우 적용되며, 연속으로 사용할 필요는 없다.

(3) 아빠 육아휴직 보너스제가 적용된 달은 육아휴직 급여 사후지급분 제도는 적용되지 않는다.

(4) 육아휴직 급여의 25%는 육아휴직 급여 종료 후 복귀하여 6개월 이상 근무한 경우에 지급하는 사후지급분 제도가 있다.

(5) 부모가 같은 자녀에 대하여 육아휴직을 사용한 경우 지급되며, 육아기

근로시간 단축을 사용한 경우에는 아빠 육아휴직 보너스제 급여 지급 대상이 아니다.

(6) 배우자가 공무원인 경우나 사립학교 교원인 경우 등은 고용보험 시스템에 육아휴직 이력이 남지 아니하나, 배우자가 육아휴직을 사용한 적이 있다는 확인서 등을 제출한다면, 아빠 육아휴직 보너스제 급여를 지급받을 수 있다.

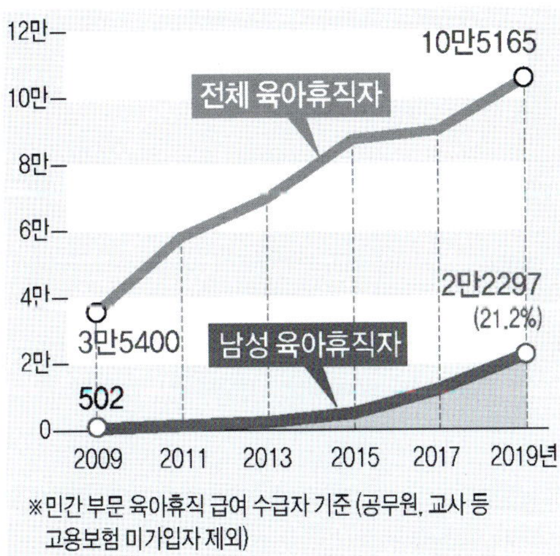

그림 13-6 남성 육아휴직자 증가 추이

출처: 고용노동부(2019).

5. 황혼 육아

• 할마(할머니+엄마)
할머니와 엄마의 합성어로 엄마 대신 손주의 양육을 도맡아 하며 손주를 위해 소비를 아끼지 않는 할머니

• 할빠(할아버지+아빠)
할아버지와 아빠의 합성어로 아빠 대신 손주의 양육을 도맡아 하며 손주를 위해 소비를 아끼지 않는 할아버지

황혼 육아란 황혼 시기에 있는 조부모가 손주를 돌보는 것을 말한다. 최근에 맞벌이 부부가 증가하면서 황혼 육아를 하는 조부모가 증가하는 추세이며, 아이를 맡기는 대상의 83.6%는 조부모라고 한다(보건복지부, 2018).

표 13-2 개인양육지원서비스 제공자별 이용자 특성분포

단위: %(명)

구분	동거 조부모	비동거 조부모	동거 친인척	비동거 친인척	공공 아이 돌보미	민간 육아 도우미	이웃, 지인	기타 비혈연	전체
전체	22.8	61.8	0.6	3.2	3.9	9.0	1.6	–	(607)
영유아구분									
영아	23.8	63.7	0.6	3.0	3.4	9.1	0.9	–	(272)
유아	22.0	60.4	0.7	3.3	4.2	9.0	2.1	–	(335)

출처: 보건복지부(2018). 보육실태조사.

맞벌이를 하는 부모들에게 아이를 가장 마음 편하게 맡길 곳은 조부모이다. 조부모 또한 손자 손녀와 함께 시간을 보내는 것이 노년기에 큰 기쁨이며, 심리적인 안정감과 행복도를 높이는 방법 중 하나이다. 조부모에게는 육아가 황혼의 즐거움으로, 부모에게는 안정된 직장생활과 양육이 보장된다면 가장 이상적이다. 그러나 강도 높은 육체적 노동이 요구되고 개인시간이 없는 일상은 조부모를 신체적, 정신적으로 힘들게 한다. 황혼 육아의 평균 노동시간은 일주일에 47시간이지만 출퇴근 시간의 구분이 모호하다보니, 실제로는 통계보다 훨

씬 많은 시간을 육아노동에 시달리고 있다. 장시간 계속되는 육체노동으로 인해 조부모들은 손목터널 증후군, 관절염, 척추염 등의 질병이 발병하거나 증세가 악화되어 이른바 '손주병'이라는 질병에 시달리게 된다(매일신문, 2020).

대부분 황혼 육아의 시작은 자신의 자녀가 아이 때문에 직장생활에 어려움을 겪는 게 보기 힘들어서이다. 하지만 처음엔 아이를 맡아주는 것만으로도 고마워하던 자녀들은 점점 부모와 자신의 양육관 차이를 경험하게 되고, 이는 곧 조부모와의 다양한 갈등으로 나타난다. 일반적으로 부모는 위생적이고 스마트하게 아이를 키우고 싶지만 조부모는 건강과 안전을 우선시 한다. 부모는 최신 육아 상식과 교육 방법으로 키우길 원하지만 조부모는 그동안의 연륜과 경험으로도 충분히 아이를 키울 수 있다고 생각한다. 조부모는 이러한 양육관의 차이와 신체적 힘듦으로 인해 전반적인 소진을 경험함에도 불구하고 육아를 쉽게 그만두지 못하는 게 현실이다. 자녀를 맡기는 부모도, 아이를 맡은 조부모도 행복한 육아를 위해서는 가족 간의 긴밀한 유대관계와 함께 가족 모두가 '육아는 함께 하는 것'이라는 관점이 필요하다.

최근 지자체에서는 황혼 육아가 늘면서 조부모의 건강하고 슬기로운 육아를 위한 다양한 프로그램들이 생겨나고 있다. 아이와 놀아주는 방법, 아이의 발달단계, 영양간식 만들기 등, '이왕이면 더 잘 알고 키우겠다'는 조부모들의 열정이 고스란히 반영되어 있는 프로그램과 황혼 육아로 힘든 조부모를 위한 육아 스트레스 해소, 명상, 상담 등 힐링 프로그램들이 대표적이다. 이러한 프로그램들이 황혼 육아에 도움이 되는 건 사실이나 가장 근원적인 도움은 가족 간의 친밀한 소통과 이해다. 옛말에 "밭 맬래, 애 볼래?"라고 묻는다면 열에 열명이 "밭 맨다"는 말이 있다. 육아는 육체적으로도 또한 정신적으로 엄청난 에너지를 필요로 하는 일이다. 이런 이유로 많은 신혼부부, 특히 여성들이 출산을 망설이기도 한다. 황혼을 반납하고 육아하는 조부모들의 고충에 도움을 주기 위한 사회 전반의 제도 개선 및 관련 정책 활성화가 필요한 시점이다.

읽을거리 "너 때문에 산다" 황혼 육아에 울고 웃는 할마·할빠

"호호호! 너 때문에 산다. 아이고, 너 때문에 못 살아." 아무리 변덕스러운 게 사람이라곤 하지만 이건 또 무슨? 다름 아닌 황혼 육아로 즐겁거나 때론 괴로운 조부모, 요즘 말로 할빠·할마들의 심정이란다. '눈에 넣어도 아프지 않을 손주가 오면 좋고 가면 더 좋다'는 명언(?)은 그래서 생겨났는지도 모르겠다.

"너 때문에 살고 너 때문에 못 산다."

우리 아파트 뒤편에는 작은 놀이터가 있다. 언제 봐도 그곳은 한산하다. 조물조물 흙놀이를 하는 아기도 없고 씽씽 그네를 타는 어린이도 보이지 않는다. 야밤에 휴대폰으로 야구 중계를 보는 아저씨들은 가끔 있지만 말이다. 하긴 예닐곱 살만 되어도 온갖 학원에 다니느라 바쁜 요즘 아이들인데 그럴 만도 하다 싶다.

오후 네 시쯤 됐을까? 놀이터 옆의 어린이집이 끝나는 시간이었다. 아이를 데려가려는 어른들이 무리지어 모여 있다. 얼핏 보아선 엄마인지 이모인지 모를 젊은층과 할머니, 중년 여인들이다. 자연스럽게 두 그룹으로 갈라져 이야기꽃을 피우는 중이다. 길 건너 어린이수영장은 수질이 그닥이라든지 아동복 패밀리세일이 얼마 안 남았으니 서둘러야 한다는 등의 이야기가 오고 간다. 물론 젊은 아기엄마들 무리의 대화다.

한편에선 전혀 다른 주제로 대화가 오간다. 어깨통증이 심해져서 병원엘 다니는데 좀체 낫지 않는다고 한다. 또 다른 이는 자꾸만 침침해지는 눈 때문에 손주 그림책 읽어주는 게 힘들다는 말도 한다. 황혼에 찾아온 만만찮은 육아가 힘든 모양이다.

그때 귀여운 아이들이 저마다 "엄마, 할머니, 이모"를 부르며 뛰어나왔다. 덥석 아이를 안아주는 이는 조금 전까지 못 살겠다며 어깨통증을 호소하던 할머니다. 양볼에 쪽쪽 입맞춤을 해대며 하는 말 "선생님 말씀 잘 들었지? 아이고 예쁜 내 새끼, 내가 너 때문에 살지 암."

친구들과의 만남이 있던 날, 우리들의 대화는 어느새 많이 변해 있었다. 중년의 갱년기 여자들에게 시댁이나 남편 이야기는 끼어들 틈이 없다. 대신 여기저기 쑤셔대는 관절 등 건강문제와 위협하듯 달려드는 노후문제가 주 내용이다. 그리고 그 틈에 훅! 하고 들어온 녀석, 바로 황혼 육아다. 결혼이 늦었던 난 아들이 아직 20대 초반 대학생이다. 나머지 친구들은 결혼적령기거나 이미 가정을 이루고 있는 자식들을 두고 있다. 개중엔 벌써 내년 봄에 손주를 볼 예정인 친구도 있다. 그러니까 예비 황혼 육아 세대인 것이다. 걱정도 준비해야 하는 걸까?

.....중략......

우리의 대화 주제 1순위는 이제 황혼 육아가 되어 버렸다.

하루가 멀다 하고 저출산율이나 워킹맘의 고충이 신문기사를 장식하고 있다. 인생 2막을 펼쳐야 하는 시기에 고된 육아로 건강을 해치는 경우가 늘어난다는 내용이다. '황혼육아증후군'이라는 신조어까지 생겨났다고도 한다. 불과 몇 년 전까지만 해도 이런 기사는 와 닿지 않았다. 당당하고 우아한 노후가 되어야 한다며 자신만만하던 우리였다.

하지만 세상은 마냥 마음처럼 돌아가지만은 않는다. 자식들을 출가시키고 마음의 여유가 막 생길 무렵에 찾아오는 황혼 육아, 뛰어들기도 외면하기도 어려운 상황이 내게도 찾아올지도 모른다. 그날, 친구들과의 긴 대화에도 불구하고 시원한 결론은 나오지 않았다. 누구는 즐거워서 젊어지고 또 누구는 힘들어서 골병든다는 황혼 육아! 닥치기도 전에 겁부터 나는 건 왜일까?

출처: 중앙일보(2019.11.11.).

6. 베이비박스(baby box)

베이비박스란 아기를 키울 수 없다고 판단한 부모가 아기를 두고 갈 수 있게 마련한 곳이다. 즉, 부양능력이 없는 부모가 아이를 방치하거나 버리는 것을 막기 위해 또는 부득이한 사정으로 아기를 몰래 두고 갈 수 있게 만든 영아 의탁바구니이다. 가로 70cm, 높이 60cm, 깊이 45cm 공간의 베이비박스 앞에는 '미혼모 아기와 장애로 태어난 아기를 유기하거나 버리지 말고 여기에 넣어 주세요.'라고 적혀 있다. 베이비박스에 남겨진 영아들은 경찰조사 등을 거쳐 보육원으로 보내진다.

베이비박스는 우리나라를 포함한 미국, 독일, 체코, 폴란드, 일본 등 약 20개국에서 운영되고 있다. 독일의 '사랑의 바구니', 일본의 '신생아 포스트', 체코의 '베이비박스' 등이 있다. 우리나라는 2009년 12월에 주사랑 공동체교회에서 국내 최초로 베이비박스를 만들었다. 유엔 아동권리위원회는 2011년 8월 체코에 대해 「베이비박스는 아동권리협약에 명시된 부모를 알고 부모로부터 양육받을 권리를 침해하므로 중단시켜야 한다.」고 권고한 바 있다. 우리나라도 국내에선 법적으로 아이를 유기하는 것은 불법이다. 아동인권단체들은 베이비박스가 영아 유기를 조장하고 아동에게서 '친부모를 알 권리'를 박탈시킨다고 비판해 왔다. 그러나 혼자서 자녀를 키우기에 여러 가지 어려움이 있는 미혼모·부들에게는 베이비박스가 최후의 보루여서 오히려 생명권 보호 역할을 한다는 주장도 많다. 이처럼 베이비박스는 지금까지도 찬반논쟁이 계속되고 있다.

주사랑 공동체는 베이비박스 설치 이후 베이비박스 이외의 장소에 유기된 아기의 수가 현저히 줄었으며, 이는 하마터면 차갑고 더러운 곳에 버려져 사망

위험에 노출될 뻔한 아기들이 그만큼 줄었음을 의미한다. 베이비박스 외에 아기들이 유기되는 장소로는 지하철 무인보관함, 버스터미널 화장실, 마트 음식물 쓰레기통, 변기, 야산, 주택가, 다리 밑 등 차갑고, 비위생적이며 사람들의 눈에 거의 띄지 않는 곳이고, 이곳에 유기된 아이들의 1/3 정도는 숨진 채 발견이 된다.

혼자의 힘으로는 생명을 유지할 수 없는 약하고 여린 영아들이 추위, 더러운 공기 및 오염물질에 노출되어 사망에 이르는 것인데, 설사 생존한다 하더라도 차갑고 비위생적인 곳에 방치되었던 아이들은 뇌 및 장기에 큰 손상을 입어 후천적 장애를 가질 가능성이 높다. 주사랑 공동체는 베이비박스가 영아 유기를 조장하는 것이 아니라 좁은 의미의 영아 유기를 흡수, 예방하여 아기들의 생명과 건강을 지키는 긴급보호장치의 역할을 감당하고 있다고 말한다.

표 13-3 연도별 영아유기 건수(경찰청 통계기준)

구분	2000	2001	2002	2003	2004	2005	2006	2007	2008	2009	2010	2011	2012	2013
영아 유기	153	166	155	140	148	142	93	90	64	52	59	105	72	15
베이비 박스	·	·	·	·	·	·	·	·	·	·	·	220	67	220

출처: 주사랑 공동체(2013).

토론해 봅시다

베이비 박스 설치에 대한 자신의 의견

찬성	반대

읽을거리 **"베이비박스, 버려지는 곳이 아니라 살리는 곳이죠"**

"이곳은 영아 유기를 조장하는 곳이 아닙니다. 차가운 길에서 죽어갔을 아이들을 구하고 죄책감과 부담감에 짓눌린 엄마들을 구하는 곳입니다." 이종락(66) 목사가 담담한 목소리로 말했다. 서울 관악구 신림동 주택가 가파른 오르막길에 자리 잡은 주사랑 공동체 교회에는 특별한 상자가 있다. 뜻하지 않게 아이를 낳았지만 기르기 어려운 환경에 처한 미혼모들이 '베이비박스(baby box)'에 아이를 넣는다. 길바닥에 버려지지 않고 보금자리를 찾은 아이들은 시간이 흘러 부모가 다시 데려가기도 하고, 보육원에 보내지거나 입양되기도 한다.

베이비박스를 만들기 전 이 목사는 장애인 공동생활 공간을 운영하고 있었다. 작년 세상을 떠난 그의 아들이 선천성 뇌성마비를 앓아 장애인 보호에 관심이 컸기 때문이다. 베이비박스는 2007년 봄 이곳에 버려진 생선 상자가 계기였다. 상자를 열어보니 갓 태어난 아기의 몸이 차갑게 식어가고 있었다고 한다. 가까스로 아이를 살린 이 목사는 버려지는 아이들을 보호할 공간을 만들겠다고 결심하고 2009년 12월 베이비박스를 설치했다. "화재를 처음 목격한 사람이 신고해야 하듯이, 하지 않으면 안 되는 일이라는 생각으로 시작했어요." 그는 "여기에 오는 아이들이 없으면 좋지만, 어디선가 죽어갈 아이라면 여기에 오게 해달라고 기도했다"며 "3개월 만에 처음으로 아이가 맡겨진 이후 한 달에 서너 명이 맡겨졌다"고 했다. 2012년 입양특례법이 개정돼 입양 절차가 까다로워지자 한 달에 30명씩 들어오기도 했다고 한다.

이 목사는 "아이들만큼이나 엄마들을 살리는 것도 중요하다"고 했다. 베이비박스에 아이를 맡기는 이들은 부모에게조차 임신 사실을 알리지 못하고 혼자 아이를 낳는 10대 소녀가 많다. 죄책감과 두려움에 극단적 선택을 시도하는 경우도 흔하다. "어린 엄마들에게 '너는 지금 아이를 버리러 온 것이 아니라 살리러 온 거야. 넌 엄마로서 최선을 다했어'라는 말을 해줍니다. 이 말을 들은 엄마들이 아이를 잊지 않고 다시 데려가 키우는 경우도 많습니다." 베이비박스에 아이를 넣는 것조차 두려워하는 엄마들을 위해서 최근엔 더 눈에 띄지 않고 아이를 맡길 수 있는 '베이비 룸'도 만들었다. 아이를 다시 데려가 키우기로 한 엄마들을 위해선 쌀, 기저귀, 분유 등을 담은 '베이비키트'를 3년 동안 지원해주고 있다. 미혼모들이 안전하게 아이를 낳고 키울 수 있는 공간도 교회에 마련했다.

일각에선 베이비박스가 영아 유기를 조장한다는 비판도 나온다. 이에 대해 이 목사는 "이곳에 아이를 맡기는 건 유기가 아니라 최소한의 책임을 다하는 것"이라며 "불법이라고 하기 전에 미혼모에 대한 국가 지원을 늘리는 것이 우선"이라고 했다.

이 목사는 "미혼 부모들이 자급자족할 수 있는 공동체 생활공간을 만드는 것이 목표"라고 했다. 그들이 옷을 만들어 파는 작업장, 어린이집, 심리 상담 센터가 모여 있는 복합 공간을 만들겠다는 구상이다. "어린 부모가 생활할 공간이 생기고 아이를 키울 돈이 생기면 결국 베이비박스가 필요 없어지지 않을까요? 제가 할 일은 베이비박스 없는 세상을 만들어가는 것입니다."

출처: 조선일보(2020.03.06.)

참고문헌

제3부 부모됨

강태훈, 김기균, 이대석, 이주하, 이정원(1998). **교육심리학의 이해**. 서울: 학이당.

곽금주, 성현란, 장유경, 심희옥, 이지연, 김수정, 배기조(2005). **한국영아발달연구**. 서울: 학지사.

교육부(1998). 유아를 위한 친사회적 교육활동 지도자료.

권민균, 김정민, 최형성(2008). **아동과 발달(공역)**. 서울: 시그마프레스.

김 연(2007). 유아 기질 및 심리적 가정환경변인과 유아의 문제행동과의 관계. 경기대학교 대학원 박사학위논문.

김 현(2008). 영아의 언어능력과 제반변인에 관한 연구. 전남대학교 대학원 박사학위논문.

김경철, 김은혜, 정혜승(2019). 영유아발달. 서울: 동문사.

김경희(2003). **아동심리학**. 서울: 박영사.

김나영(2005). **영유아발달**. 경기: 양서원.

김미래(2015). 실외 자연놀이에서 나타나는 2세 영아의 인지적 경험의 의미. 중앙대학교 대학원 박사학위논문.

김미예, 구현영, 권윤정(2018). **신생아 건강간호**. 경기: 수문사.

김성준(2009). **행복한 임신, 건강한 출산**. 서울: 시공사.

김성준, 김대인, 김지상, 김칠석, 김혜숙, 박선민, 송윤헌, 신승용, 양성완, 이재혁, 하동주(2009). **행복한 임신, 건강한 출산**. 서울: 시공사.

김수정(2010). **애착장애와 치료놀이**. 경기: 공동체.

김수정, 정익중(2015). 가정환경이 유아발달에 미치는 영향과 교사효능감의 조절효과. **육아정책연구**, 9(1), 1-28.

김숙이, 전정민, 이선미(2017). 부모의 양육행동 유형에 따른 유아의 인지능력 차이 및 부모역할의 상관관계 분석. **미래유아교육학회**, 24(2). 75-100.

김영수(2003). **임신출산 40주**. 서울: 학원사.

김영숙(1999). 유아의 자아존중감과 가정환경 변인과의 관계. 교육심리연구, 13(1), 69-98.

김영숙, 신나리 (2013). 영아의 어머니 및 교사에 대한 안정성이 어린이집 적응에 미치는 영향. **한국보육지원학회지**, 9(5), 229-249.

김영옥(2005). 유아의 친사회적 행동에 관한 연구: 광주 . 전남지역 유치원을 중심으로. **한국영유아교원교육학회**, 9(4), 81-105.

김영태(2009). **아동언어장애의 진단 및 치료**. 서울: 학지사.

김영태, 성태제, 이윤경(2003). **취학전 아동의 수용언어 및 표현언어 발달척도(PRES)**. 서울: 서울장애인종합복지관.

김영희, 고태순, 김경원(2017). **예비부모교육**. 경기: 양서원.

김은숙(2000). 임부의 태교 실천 영향요인. 연세대학교 대학원 석사학위논문.

김은아(2008). 영아의 발달평가에 기초한 개별화 교수-학습활동 적용효과. 원광대학교 교육대학원 박사학위논문.

김정옥, 박귀영, 유가효, 전귀연, 홍계옥, 홍상욱(2012). **가족관계**. 경기: 양서원.

김주영(2011). 영아의 정서조절능력 측정도구개발. 덕성여자대학교 대학원 박사학위논문.

김진용(2003). **임신출산**. 서울: 삼성출판사.

김창복, 노영희, 전유영(2014). **영유아 언어교육**. 경기: 양서원.

김태련(1994). **발달심리학: 태내기부터 성인후기까지**. 서울: 박영사.

김혜원(2007). 베일리 영유아 발달검사 3판 사회-정서 척도 한국표준화를 위한 예비연구: 10개월-42개월을 중심으로. 이화여자대학교 교육대학원 석사학위논문.

김호인(2010). 2세 영아의 사회정서발달 평정척도 개발. 덕성여자대학교 대학원 박사학위논문.

김희수(2005). 고등학생이 지각한 부모의 양육태도와 학생의 자아존중감 및 진로결정과의 관계. **중등교육연구**, 53(3), 63-88.

나양균(2006). 영아의 사회-정서능력과 기질 및 애착간의 관계연구. 전북대학교 대학원 박사학위논문.

남녀고용평등법 3장 2. 일·가정 양립지원 제 19조. 개정 2014.01.14.

대한산부인과학회(2007). 산과학(Obstetrics): 제4판. 경기: 군자출판사.

류왕효(2009). **부모교육**. 서울: 신정.

모용희(2014). 가정과 연계한 인성교육이 유아의 기본생활습관, 도덕적 판단력 및 정서지능에 미치는 영향. 원광대학교 대학원 박사학위논문.

모용희(2015). 가정과 연계한 인성교육이 유아의 기본생활습관, 도덕적 판단력 및 정서지능에 미치는 영향. 원광대학교 대학원 박사학위논문.

문수경(2004). 청소년의 부모-자녀관계에 영향을 미치는 생태체계변인. 숙명여자대학교 대학원 박사학위논문.

박병희, 장경준, 신지용(1996). 주제정의검사(Defining Issues Test)를 사용한 비행청소년의 도덕발달에 대한 연구. **신경정신의학**, 35(3), 594-602.

박성혜, 곽금주, 성현란, 심희옥, 장유경, 김수정, 정윤경(2005). 영아기 사회성 증진 프로그램의 효과. **인간발달연구**, 12(3), 15-29.

박성희(1997). **공감과 친사회행동**. 서울: 문음사.

박수빈, 김소윤, 권오향, 배정훈, 유희정(2013). 외상 후 스트레스장애 아동의 정신병리와 부모의 우울불안 증상과의 관계. **대한불안의학회지**, 9(1), 19-24.

박신진(2010). 영아 어머니 양육행동지원을 위한 맞춤형 예방 중재 프로그램 개발 및 효과: 저소득층을 중심으로. 연세대학교 대학원 박사학위논문.

박아청(2002). 아동의 인식형성에 대한 사회문화적 접근. **아동교육**, 11(1), 183-199.

박영애, 최영희, 박인전(2004). 모-자녀 성격조화유형에 따른 어머니 양육행동과 아동의 자아존중감 및 정서지능. **한국가정관리학회**, 22(4), 29-41.

박요한(2018). 건강한 가정을 위한 학령기 아동의 기독교부모교육에 고나한 연구. 장로회신학대학교 대학원 박사학위논문.

박재윤(2019). 전문대학생이 지각한 부모양육태도와 대인관계문제의 관계: 인지적 정서조절 선택의 매개효과. 한양대학교 대학원 석사학위논문.

박화윤, 박시순, 안라리, 천은영(2006). **부모자녀 관계증진을 위한 부모교육**. 서울: 창지사.

배정인(2015). 어머니의 심리적 건강과 모-아 수면의 질이 영아의 사회정서발달에 미치는 영향: 모-아 애착과 상호작용의 매개효과. 중앙대학교 대학원 박사학위논문.

백경미(2013). 교류분석을 적용한 집단미술치료가 초등학생의 자아존중감과 학교생활적응에 미치는 효과. 영남대학교 대학원 박사학위논문.

보건복지부(2013). 어린이집 표준보육과정 및 0~2세 영아보육프로그램의 이해. 보건복지부 육아정책연구소.

보건복지부(2013). **어린이집표준보육과정지침서**. 서울: 한국보육진흥원.

서미옥(2005). 4구성요소 모델을 중심으로 살펴본 도덕발달 연구의 지향점. **중등교육연구**, 53(2), 159-182.

서천석(2019). **아이와 함께 자라는 부모**. 경기: 창비.

석성우(1986). **胎敎**. 서울: 백양출판사

성민선, 이상오, 정무성, 정은(1998). 학교부적응청소년들을 위한 학교사회사업 실천모델연구. **학교사회복지**, 1, 179-223.

성영혜, 김연지, 이경화, 윤혜경, 송주미, 장미경, 윤석희, 이배근, 최원기(1999). **영유아 발달의 이론과 실제**. 서울: 동문사.

소아청소년 비만-3판-(2019). 대한비만학회 소아비만위원회.

손동우(2011). **신생아 케어(수첩에 담은)**. 서울: 대한의학서적.

손홍숙(2009). **아동발달론**. 경기: 공동체.

송명자(2000). **발달심리학**. 서울: 학지사.

송인섭(1998). **인간의 자아개념 탐구**. 서울: 학지사.

송진영(2011). 학령전환기 유아의 문제행동에 관한 생태학적 변인 탐색 연구. 원광대학교 대학원 박사학위논문.

신명희, 서은희, 송수지(2017). **발달심리학**. 서울: 학지사.

신봉희(2005). 교류분석 부모교육이 어머니의 심리적 자세에 미치는 영향. 고려대학교 교육대학원 석사학위논문.

신연식(1986). **부모교육**. 서울: 학문사.

신연식(1993). **위인들의 어머니는 지혜로웠다**. 서울: 학문사.

신용주, 김혜수(2017). **다음 세대를 위한 부모교육**. 서울: 학지사.

안기주(2001). 출산여성의 태교 실천 정도와 관련요인에 관한 연구. **임상간호연구지**, 5, 175-183.

안수정, 손미아, 김영주(2014). 모 연령, 교육수준 및 출산순위에 따른 유아사망 불평등. 한국자료분석학회지, 16(6). 3073-3081.

양수, 이미형(1999). 잠재력 개발 집단 상담이 비행청소년의 도덕성 발달에 미치는 영향. **정신간호학회지**, 8(2), 343-354.

양연숙(2000). 영아의 타인양육 경험에 따른 어머니에 대한 애착과 정서조절. 경희대학교 대학원 박사학위논문.

양옥승(2006). 3-6세 유아 자기조절력 측정척도개발. **미래유아교육학회지**, 13(2), 161-187.

______(2013). 영아 자기조절 능력 측정척도의 개발. **유아교육연구**, 33(2), 427-443.

양옥승, 류은미, 신성숙, 윤지영(2012). 영아조절의 의미: 두뇌발달의 관점. **유아교육연구**, 32(5), 435-449.

위혜숙(2004). 육아 시초로서의 태교 연구. 전남대학교 교육대학원 석사학위논문.

유안진(1986). **한국의 전통 육아방식**. **서울**: 서울대학교출판부.

유지연(2018). 부모의 양육태도 군집유형에 따른 유아의 사회·정서발달 특성. 경기대학교 대학원 박사학위논문.

유춘원(2008). 양육환경, 양육태도, 자아존중감이 아동의 사회성 발달에 미치는 영향: 청주지역 어린이집 이용아동을 중심으로. 대전대학교 대학원 박사학위논문.

이기영(1992). 기혼여성의 태교에 관한 연구. 성신여자대학교 대학원 석사학위논문.

이리자(2015). 유아교사의 직무만족도, 교사효능감이 유아의 자아존중감에 미치는 영향. 카톨릭관동대학교 대학원 박사학위논문.

이미경, 김소향(2018). 유아기 자녀를 둔 부모의 정신건강이 자녀의 위축 및 불안·우울에 미치는 영향. **유아교육 · 보육복지연구**, 22(3), 235-259.

이민경. 박경자(2015). 유아의 또래 수용이 문제행동에 미치는 영향: 정서조절 능력의 조절효과. **생애학회지**, 5(1), 1-17.

이상범(2019). **아빠육아로 달라지는 것들**. 서울: 씽크스마트.

이숙희, 강병재(2002). 유아의 기본생활습관과 유아의 발달 수준과의 관계. **열린유아교육연구**, 7(2), 243-258.

이영숙, 박재순, 이혜정, 박영주(2014). **여성건강간호학**. 서울: 현문사.

이영자(1994). **유아언어교육**. 경기: 양서원.

이영자, 이종숙, 이정욱(1997). 1, 2, 3세 유아의 의미-통사론적 발달 연구. **유아교육연구**, 17(2), 55-75.

이영호, 박창수, 김부철, 김형선, 이금노, 권미숙(1999). 노령초산모의 임신에 관한 임상통계학적 고찰. **대한산부인과학회**, 42(8), 1695-1700.

이정규(1987). **태교**. 서울: 담수.

이정란(2003). 유아의 자기조절 구성 요인 및 관련 변인에 대한 구조 분석. 덕성여자대학교 대학원 박사학위논문.

이정모, 강은주, 김민식(2017). **인지심리학**. 서울: 학지사.

이정숙(2000). **가족문제**. 경기: 교문사.

이진희(2011). 유아의 외로움과 자아존중감, 또래유능성, 어머니 양육태도와의 관계. 이화여자대학교 대학원 박사학위논문.

이현섭, 김상윤, 추성선, 조선희(1999). **아동발달심리**. 서울: 학지사.

이형석, 이종모(2018). **영유아발달**. 서울: 동문사.

임승렬(2010). **영아보육과정 운영과 실제**. 경기: 교문사.

임신출산 육아백과(2015). 서울: RHK(알에이치코리아).

임형욱(2001). **행복한 임신, 아름다운 태교**. 서울: 몽당연필.

정옥분(2010). **아동발달의 이해**. 서울: 학지사.

______(2014). **영아발달**. 서울: 학지사.

______(2019). **예비부모교육**. 서울: 학지사.

정옥분, 김미진, 노성향, 박연정, 임정하, 정순화(2010). 유아의 정서지능 증진을 위한 프로그램의 개발과 효과 연구. **한국인간발달학회**, 17(4), 191-209.

정옥분, 정순화(2017). **예비부모교육**. 서울: 학지사.

정옥분, 정순화(2019). **예비부모교육**. 서울: 학지사.

정정옥, 이경희, 임은숙(2003). **아동의 성장과 발달의 이해**. 서울: 교육아카데미.

조성연(2008). **예비부모교육**. 서울: 학지사.

조숙환(1997). 언어습득론. **새국어생활**, 7(1), 3-28.

주영희(2001). **유아 언어발달과 교육**. 경기: 교문사.

지성애, 김승희(2010). 유아의 자아존중감, 또래상호작용, 놀이성 간의 관계. **열린유아교육연구**, 15(4), 111-127.

질병관리본부(2017). 한국소아청소년 성장도표 해설집.

최보가, 김태선, 추영란, 손낙주, 송미화, 전귀연(2005). **영유아 발달**. 서울: 정림사.

최삼석, 박찬국(2002). **역주 태교신기**. 서울: 성보사.

최정수(2010). 모성건강 추이의 저출산정책에 대한 함의. 보건·복지 Issue&Focus, 65, 1-8.

최향기(2016). 원칙을 지키고 배려를 가르치는 영국엄마의 힘. 서울: 한소북스.

최혜경(2018). 과체중 및 비만 임부를 위한 생활습관중재프로그램의 효과. 전북대학교 대학원 박사학위논문.

최혜순(2013). **부모교육**. 서울: 동문사.

한상복, 이문웅, 김광억(2011). **문화인류학**. 서울: 서울대학교출판문화원.

황혜정(1997). 아동의 정서 행동문제와 부모의 수용-거부적 양육태도에 관한 연구. **교육심리**

연구, 11(3), 331-350.

Ainsworth, M. D. S. (1979). Infant-mother attachment. *American Psychologist, 34*, 932-937.

Ainsworth, M. D. S., & Witting B. A. (1969). *Attachment and exploratory behavior of one-year-olds in a strange situation, determinants of infant behavior*. NY: John Wiley and Sons.

Alan, S., & Gavin, B. (2014). **발달심리학**(송길연, 유봉현, 장유경, 이지연 공역). 서울: 시그마프레스. (원전 2014년 출판).

Allport, G. W. (1961). *Pattern and growth in personality*. NY: Henry Holt.

Anders, T. F., & Keener, M. (1985). Developmental course of nighttime sleep-wake patterns in full term and preterm infants during the first year of life. *Sleep, 8*, 173-192.

Bandura, A. (1977). Self-efficacy: Toward a unifying theory of behavioral change. *Psychological Review, 84*(2), 191-212.

Barnes, J., & Olson. D. H. (1982). *Parent-adolescent communication family inventories*. Family Social Science. University of Minnesota.

Barrett, M. D. (1995). *Early lexical development*. In P. Fletcher & B. MacWhinney (Eds.), The handbook of child langage(pp.62-392). Oxford, UK: Blackwell.

Barrett, M. D., Harris, M., & Chasin, J. (1991). Early lexical development and maternal speech: A comparison of children's initial and subsequent uses of words. *Journal of Child Language, 18*(1), 21-40.

Baumrind, D. (1971). Current patterns of parental authority. *Developmental Psychology Nonograph, 4(1)*, 1-103.

Baumrind, D. (1991). The influence of parenting style on adolescent competence and subsrance use. *Journal of Early Adolescence, 11*, 56-95.

Berk, L. E. (1996). *Infants, children, and adolescents(2nd ed.)*. Needham Heights, MA: Allyn & Baton.

Berowitz, L., & Macaulary, J. R. (1970). Altruism and helping behavior. NY: Academic Press.

Blakemore, S, J., & Mills, K. (2014). The social brand in adolescence. *Annual Review of Psychology, 65,* 187-208. Palo Alto, CA: Annual Reviews.

Bowlby, J. (1988). *A secure base: Clinical applications of attachment theory*. London: Routledge.

Brazelton, T. B. (1985). *Working and caring*. NY: Basic Books.

Bromley, K. D. (1988). *Language arts*. Boston, MA: Allyn and Bacon.

Buckley, N., Sigel, L. S., & Ness. S. (1979). Egocentrism, empathy, and altruistic behavior in young children. *Developmental Psychology, 15*. 329-330.

Chapman, R. (1978). Comprehension strategies in children. In J. F. Kavanaugh & W. Strange(Eds), *Speech and language in the laboratory, school and clinic*(pp. 308-327). Cambridge, MA: MIT Press.

Clarke-Stewart, K. A. (1988). *Is day care bad for babies?* Paper presented at ICIS, Wachington, D. C.

Cohn, D. A. (1990). Child-mother attachment of six-year olds and social competence at school. *Child Development, 52*, 857-865.

Cohn, J. F., Campbell, S. B., & Ross, S. (1991). Infant response in the still-face paradigm at 6 months predicts avoidat and secure attachment at 12 months. *Development and Psychopathology, 3*, 367-376.

Cratty, B. J. (1986). *Perceptual and motor development in infants and children*. Englewood Cliffs, N.J.: Prentice-Hall.

Crnic, K. A., Greenberg, M. T., & Slough, N. M. (1986). Early stress and social support influences on mothers' and high-risk infants' functioning in late infancy. *Infant Mental Health Journal, 7*, 19-33.

Damon, W. & Hart, D. (1988). *Self-understanding in childhood and adolescence*. Cambridge, MA: Cambridge University.

Davies, P. T., & Cummings, E. M. (1994). Marital conflict and child adjustment: An emotional security hypothesis. *Psychological Bulletin, 108*, 267-290.

Dworetzky, J. P. (1990). *Introduction to child development*(4th ed.). St. Paul, MN: West Publishing.

Egeland, B., & Sroufe, L. A. (1981). Attachment and early maltreatment. *Child Development, 52*, 44-52.

Eisenberg, N., & Fabes, R. (1998). Prosocial development. In W. Damon(Series Ed.). Handbook of child psychology: Vol. 3. *Social, emotional, and personality development*(pp. 701-778). NY: Wiley.

Eisenberg, N., & Fabes, R. A. (1994). The relations of emotionality and regulation to dispositional and situational empathy-related responding. *Journal of Personality and Social Psychology, 66*(4), 776.

Eisenberg, N., Fabes, R. A., Bernzweig, J., Karbon, M., Poulin, R., & Hanish, L. (1993). The relations of emotionality and regulation to preschoolers' social skills and sociometric status. *Child Development, 64*, 1418-1438.

Erikson, E. H. (1963). *Childhood and Society*. NY: Norton.

____________ (1977). *Toy and reason*. NY: Norton.

Fortier, I., Marcoux, S., & Beaulac-Baillargeon, L. (1993). Relation of caffeine intake during pregnancy to intrauterine growth retardation and preterm birth. *American Journal of Epidemiology*, 137, 931-940.

Franzoi, S. L., & Davis, M. H. (1985). Adolescent self-disclosure and loneliness: private self-consciousness and parental influences. *Journal of Personality and Social Psychology, 48*(3), 768.

Galinsky, E. (1987). *The six stages of parenthood*. NY: Addison-Wesley.

Germain, D. (2007). **아이들의 행복에너지, 사아존중감**. (선광철 역). 서울: 한울림.

Goswami, U., & Bryant, P. (1990). *Phonological skills and learning to read*. Lawrence Erlbaum Association. Ltd.

Grotevant, H. D., & Cooper, C. R. (1986). Individuation in family relationships. *Human Development, 29*(2), 82-100.

Grych, J., & Fincham, F. D. (1990). Marital conflict and children's adjustment: A cogonitive-contextual framework. *Psychological Bulletin, 108*, 267-290.

Harrist, A. W., & Ainslie, R. C. (1998). Marital discord and child behavior problems: Parent-child relationship quality and child interpersonal awareness as mediators. *Journal of Family Issues, 19*, 140-163.

Harter, S.(1982). The perceived competence scale for children. *Child Development*, 53(1), 87-97.

Hoffman, M. L. (1990). Empathy and justice motivation. *Motivation and Emotion, 141*, 151-172.

Hurlock, E. B. (1965). *Child Development*. NY: McGraw-Hill Book.

Hyson, M. (2004). *The emotional development of young Children*. NY: Teacher College Press.

Jusczyk, P. W., & Aslin, R. N. (1995). Infants' detection of the sound patterns of words in fluent speech. *Cognitive Psychology, 29*(1), 1-23.

Kohlberg, L & Turiel, E. (1971). *Moral development and moral education, psychology and educational practice*. Chicago: Scott foresman.

Kohlberg, L. (1963). The development of children's orientation toward a moral order: *Sequence in the Development of Moral Thought*, in: VitaHumane.

Kopp, C. B. (1982). Antecedents of self-regulation: A development perspective. *Developmenal Psychology, 18*(2), 199-214.

Kostelnik, M. J., & Grady, M. L. (2009). *Getting it right from the start: The principal's guide to early childhood education*. Thousand Oaks, CA: National Association of Elementary School Principal and Corwin.

Laura, E. B. (2009). **생애발달 I: 영유아기에서 아동기까지**(이옥경, 박영신, 이현진, 김혜리, 정윤경, 김민희 공역). 서울: 시그마프레스. (원전, 2006년 출판).

Lederman, R. P. (1984). *Psychosocial a daptation in pregnancy: Assessment of seven dimensions of maternal development*. New Jersey: Prentice-Hall INC.

Lewis, M. (1993). The development of anger and rage. In R. A. Glick & S. P. Roose(Eds.), *Rage, power, and aggression*(pp.148-168). New Haven, CT: Yale University Press.

Ma, H. K. (2003). The relation of maral orientation and maral judgement to prosocial and antisocial behavior of chinese adolescents. *International Journal of Psychology, 38*(2), 101-111.

Maccoby, E. E., & Martin, J. A. (1983). Socialization in the context of family: Parents-child interaction. In E, M. Hetherington (Ed. P. H. Mussen General Ed.), Handbook of Child Psychology, Vol. 4: *Socialization, personality, and social development*(pp. 1-101). NY: Wiley.

Makin, J., Fried, P., & Watkinson, B. (1991). A comparison of active and passive smoking during pregnancy: Long-term effects. *Neurotoxicology and Teratology, 13*, 5-12.

Malina, R. M., & Bounchard, C. (1991). Growth, maturation, and physical activity. Champaign, Ⅲ.: Human Kinetics Books.

McCormick M. C. (1985). The contribution of low birth weight to infant mortality and childhood morbidity. *N Engl J Med* 312: 82-90.

McCowan, L. M. (2009). SCOPE consortium. Spontaneous preterm birth and small for gestational age infants in women who stop smoking early in pregnancy: A prospective cohort study. *British Medical Journal, 338*, 1081.

O'hara, M.W., & Swain, A. M. (1996). Rates And risks cf postpartum depression: A meta-analtsis. *Internation Rewiew Pstchology, 8*, 37-54.

Owens(1993). *The world of the child*. NY: MacMillan Publishing Co.

Ownes, R. E. (2013). Language Disorders: *A functional approach to as sessment and intervention.* Boston: Pearson.

Perry, D. G., & Bussey, K. (1984). *Social development.* Englewood Cliffs. N. J.: Prentice-Hall.

Piaget, J. (1962). The stages of the intellectual development of the child. *Bulletin of the Menninger Clinic, 26*(3), 120.

Piaget, J. (1965). *The moral judgment of the child.* NY: Norton.

Robert, E. & Owens, Jr. (2013). **언어발달**(이승복, 이희란 공역). 서울: 시그마프레스. (원전 2012년 출판).

Saarni, C. (1992). Children's emotional expressive behaviors as regulators of others' happy and sad states. *New Directions for Child Development, 55,* 91-106.

Saarni, C. (1999).*The development of emotional Conpetence*, NY: Guilford Press.

Santrock, J. W. (2016). *Children*(13th ed.). NY: McGraw-Hill. Education.

Schaefer, E. S. (1959). A circumplex model of maternal behavior. *Journal of Abnormal and Social Psychology, 59,* 226-235.

Shaffer, D. R. (2005). *Social and Personality Development* (5th ed.). Belmont, CA: Wadsworth Publishing.

Sontag, L. W. (1946). The significance of fetal environmental difference. *American Journal of Obstetrics and Gynecology, 42,* 996-1003.

Thelen, E. (1984). Searning to walk: Ecolcgical demands and phylogenetic constraints. In L. P. Lipsitt & C. Rovee-Collier (Eds.), *Advances in infancy research* (Vol. 3). Norwood, NJ: Ablex.

Tom. H. (2012). **즐거운 양육혁명**(문은실 역). 서울: 랜덤하우스코리아.

Vondra, J., Sysko, H., & Belsky, J. (2005). Developmental origins of parenting: Personality and relationship factors. In T. Luster & L. Okagaki (Eds.), *Parenting: An ecological perspective*(2nd ed., pp. 35-71). Hillsdale, NJ: Lawrence Erlbaum.

Weiss, A., & Bates, T. C. (2008). Happiness is a personal (ity) thing the genetics of personality and well-being in a representative sample. *Psychological Science, 19*(3), 205-210.

Weissman, M. M., Warner V., Wickramaratne P., & Kandel, D. (1999). Maternal smoking during pregnancy and psychopathology in off spring followed to adulthood. J Am Acad Child Adolesc. *Psychiatry, 38,* 892-899.

Wittmer, D. S., & Petersen, S. H. (2006). *Infant and toddler development and responsive program planning.* Upper Saddle River, NJ: Pearson.

- **웹사이트 자료** -

경기연구원(2017). 노키즈 존 관련 설문조사. http://www.gri.re.kr

경향신문, "한국에선 특별한 날인 '온가족 저녁식사', 스웨덴에선 일상", 2018.04.02. http://www.news.khan.co.kr. (검색일 2020.01.12)

고용노동부(2019). 남성 육아휴직자 증가추이. https://www.ei.go.kr

과학문화포털사이언스 http://www.scienceall.com

뉴시스, "성인남녀 87.8% 라떼파파 찬성", 2019.11.24. https://www.newsis.com. (검색일 2020.01.17.)

뉴시스, "임신 중 산모 스트레스, 17주부터 태아에 악영향". 2007.06.01.

https://news.v.daum.net/v/20070601112811155?f=o
동아닷컴, "중학생 아들 옆자리서 3년째 함께 학교 수업… '헬리콥터 맘' 논란", 2018.06.26. https://www.donga.com. (검색일 2020.01.03.)
매일신문, "24시간 대기조 황혼육아 어떻게 해결하나?" 2020.01.19.
박문각, 워라밸. http://www.pmg.co.kr
보건복지부(2018). 보육실태조사: 개인양육지원서비스 제공자별 이용자 특성분포. http://www.mohw.go.kr
보건복지부(2019). 보건소 산후우울증 판정 현황. http://www.mohw.go.kr
사회보장정보원 사회서비스 전자바우처 포털(2019). 임신출산진료비지원제도. https://www.socialservice.or.kr
알바몬(2018). 노키즈 존 관련 설문조사. https://www.albamon.com
알바천국(2018). 노키즈 존 관련 설문조사. http://www.alba.co.kr
의정부 지방법원, 사건번호(2014가단44161) https://uijeongbu.scourt.go.kr
조선일보, "베이비박스, 버려지는 곳이 아니라 살리는 곳이죠", 2020.03.06. http://www.chosun.com. (검색일 2020.01.14)
주사랑 공동체(2013). 연도별 영아유기 건수(경찰청 통계기준). http://www.godslove.or.kr.
중앙일보, "너 때문에 산다" 황혼 육아에 울고 웃는 할마·할빠, 2019.11.11. http://www.joongang.joins.com. (검색일 2020.01.07.)
통계청(2019). 2019 일·가정 양립 지표. http://kostat.go.kr
한겨레, "알파맘과 베타맘 비교", 2009.06.23. http://www.hani.co.kr (검색일 2020.01.08.)
http://blog.daum.net/jhwhee/204. 인지발달이론 (검색일 2020.01.16.)
http://blog.daum.net/whatayun/7000731. 무엇이 더 중요한 것일까? (검색일 2020.04.12.)
http://blog.naver.com/PostView.nhn?blogId=lhb1752&logNo=221826113766. 신생아 탯줄과 관리방법. (검색일 2020.02.22.)
http://www.doctor.co.kr(2007). 고령출산 질병발생률 (검색일 2020.01.23.)
https://blog.naver.com/ihappy4080/221326743960. 청소년 비만과 학업성취도. (검색일 2020.03.15.)

찾아보기

국문색인

영문색인

저자소개

이희영
부산대학교 교육학 석사(상담심리 전공)
미국 켄자스 주립대학교 철학 박사(상담학 전공)
현 부경대학교 유아교육과 교수, 한국아동상담학회장, 부경아동가족상담소장

최영미
부산대학교 교육학 석사(유아교육 전공)
부경대학교 교육학 박사(유아교육학 전공)
현 부경대학교 유아교육과 외래교수, 부산여자대학교 아동보육과 외래교수

임희수
동아대학교 교육학 석사(교육학 전공)
동아대학교 교육학 박사(교육학 전공)
현 마산대학교 간호학과 조교수

김문정
부경대학교 교육학 석사(유아교육 전공)
부경대학교 교육학 박사(유아교육학 전공)
현 부경대학교 유아교육과 외래교수

대학생을 위한

예비부모교육

사랑, 결혼 그리고 부모됨

초판 1쇄 발행 / 2021년 1월 25일
초판 2쇄 발행 / 2023년 8월 25일

●

공저자 / 이희영 · 최영미 · 임희수 · 김문정
발행인 / 이 중 수
발행처 / 동 문 사

●

서울특별시 서대문구 홍제원 1길 12
(홍제동 137-8)
Tel : 02)736-3718(대), 736-3710, 3720
Fax : 02)736-3719
등록번호 : 1974.04.27. 제9-17호
가격 : 21,000원

●

ISBN : 979-11-6328-206-8 (93370)
E-mail : dong736@naver.com
www.dongmunsa.com